改訂增補

(1획~3획 女부)

漢字天地

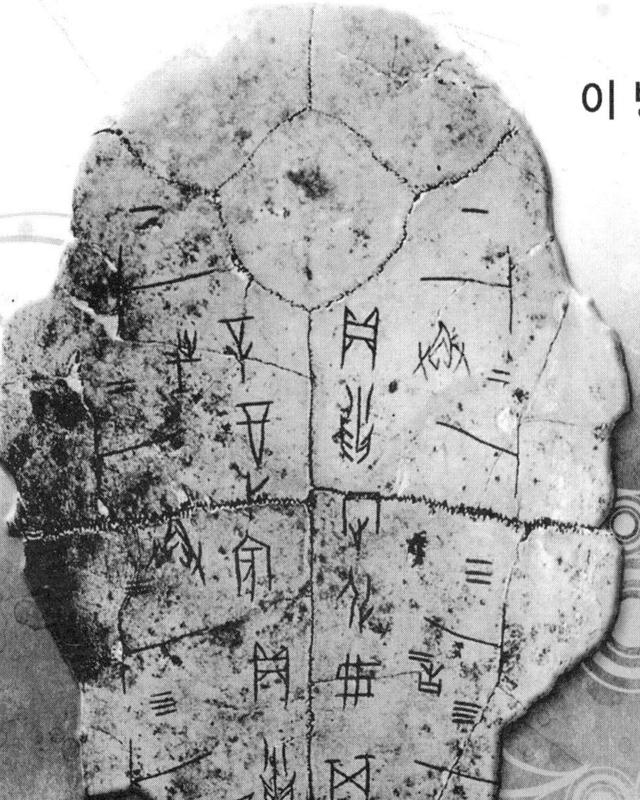

이병관 지음

지은이의 말

　필자가 교육부 지정 상용 1800한자에 대하여 형태와 발음 그리고 뜻의 원류를 풀이한 한자 관련 책을 낸지도 어언 20년이라는 세월이 흘렀다. 그 후로 독자 여러분의 호응에 힘입어 개정판도 내었고, 증보판도 내었다.
　이번에 다시 ≪漢字天地≫(改訂增補)라는 책을 내게 되었는데, 이 책은 이전에 나온 필자의 책들과 비교해서 몇 가지 다른 점이 있어서 독자 여러분께 미리 말씀 드리고자 한다.

　(1) 뜻의 발전 과정을 설명하려고 노력하였다. 사실 어떤 글자가 처음에는 어떤 뜻으로 출발했다가 어느 시기에 무슨 이유로 다른 뜻으로 발전하고, 그 후 어떻게 해서 오늘날의 뜻으로 변화되어 왔는지를 밝히는 일은 그리 쉬운 일이 아니다. 그래서 처음 한자 관련 저작이 나오고 나서도 이것이 늘 필자의 마음에 걸려 왔었다. 이제 15년이라는 세월을 보내면서 그 과정을 밝히는데 힘을 쏟았지만 여전히 만족스럽지는 못해도, 어느 정도는 성과가 있었다. 그래서 부족하나마 그 노력의 결과를 독자 여러분에게 소개해본다.

　(2) 중국의 간체자와 일본의 약자를 병기하였다. 이전의 책에서는 중국의 간체자는 부록 뒤편에 표로 소개하였고, 일본의 약자는 소개조차 하지 않았었다. 그러나 최근 한중일 3국의 교류가 3개국 FTA 협정 체결을 논의하고 있는 현실에 비추어 볼 때, 한중일 3국의 한자 글자체를 이해하는 것이 필수 사항이 되지 않을까 하는 예측에 따라, 이 세 나라에서 사용하는 한자 가운데 서로 달리 쓰는 한자 글자체가 있다면 나란히 옆에 놓아 비교를 하도록 하였다.

　(3) 이전의 책에서는 글자마다 옛날 진(秦)나라 이전의 발음부터 수당(隋唐) 시대의 발음을 글자마다 제시하여 독자 여러분에게 발음의 변천 과정을 소개하였었는데, 굳이 그럴 필요가 없다는 독자 여러분의 의견에 따라, 옛날 발음을 과감히 생략하고 현대 중국의 보통화 발음만 제시하였다. 다만 글자의 설명에 필요한 경우에는 본문에서 그 내용을 담았다.

(4) 이전의 책에서는 자형의 발전 단계를 갑골문에서 금문 그리고 소전까지만 제시하였는데, 이 책에서는 독자 여러분의 요청에 따라 예서와 초서 그리고 행서체까지 포함하였다. 또한 이 책의 자형들은 모두 참고한 문헌의 원전에서 그대로 옮겨 온 것이어서 지난 책 보다 자형의 정확성을 높였다.

(5) 이 글의 서두에서도 이야기 하였듯이 필자가 한자 관련 책을 낸 지 이미 15년이라는 세월이 흘렀기 때문에, 당연히 그 동안 학계에는 새로운 고고학적 발굴과 발견, 새로운 학설과 기존 학설의 변경 등 여러 가지 상황의 변화가 있었다. 따라서 필자도 힘닿는 대로 최근에 나온 자료를 모아 자형을 보충하거나 뜻을 풀이하려고 하였다.

(6) 끝으로 이 책의 또 다른 특징이라면, 가능한 한 글자 옆에 사진이나 그림을 실어 그 글자를 한 눈에 이해하도록 배려했다는 점이다. 여기에는 필자의 늙은 제자인 강태립 원장과 어린 제자인 정은지의 도움이 컸다. 이 자리를 빌려 감사의 말씀을 드린다.

이제 늘 그래왔듯이 보성출판사의 박 사장님께 고마움을 표할 순서가 왔다. 그런데 필자는 이럴 때면 박 사장님께 드릴 말씀이 없다. 필자가 책 출판을 부탁할 때마다 언제나 "그럼요, 교수님께서 말씀만 하시면..."이라면서 흔쾌히 승낙하셨는데, 필자의 책을 출판해서 이득을 보셨다는 얘기는 아직 들어보지 못했기 때문이다. 이번에는 잘 되어야 할 텐데...

2019년 1월 18일

일러두기

중국의 글자체는 은주(殷周) 시대의 갑골문(甲骨文) → 주(周) 나라 때의 금문(金文) → 선진(先秦) 시대의 대전(大篆) 또는 주문(籒文) → 진(秦) 나라의 소전(小篆) → 한(漢) 나라의 예서(隸書) → 위진(魏晉) 시대의 해서(楷書) → 그리고 현재 중국의 간체자(簡體字)에 이르기까지 약 5,000년에 걸쳐서 계속 변화되어 왔는데, 이 변화의 주류(主流)는 복잡한 획수를 줄여 "간단하게 쓰기"였다.

현재 우리가 쓰고 있는 한자는 해서체로서, 이 글자체는 위진시대(3세기)에 한(漢) 나라의 예서체를 이어 받아 생겨난 이래 오늘날까지 큰 변화 없이 쓰이고 있다. 그래서 때로는 이 해서체가 중국 글자체의 원형으로 착각하는 경우가 있는데, 사실 해서체는 중국 글자체의 변천과정에서 볼 때 고대의 자형과 비교하면 이미 변형이 많이 되었을 뿐만 아니라 매우 간략화된 글자체라고 할 수 있다. 그러므로 만약 해서체의 글자를 보고 그 글자가 본래 무엇을 나타내려고 하였는지를 알려고 하는 것은 현재 중국에서 쓰고 있는 간체자를 보고 글자를 분석하는 것과 다를 바가 없다.

예를 들어 '塵(먼지 진)'자의 경우 현재 중국의 간체자는 '尘'으로 쓴다. 이것을 보고 '먼지'란 '흙[土(토)]'이 '작아진 것[小(소)]'이라고 분석하면 그야말로 '망문생의(望文生義, 글자를 보고 뜻을 만들어 냄)'인 것이다. 그렇다면 해서체인 '塵'자를 볼 때 '사슴[鹿(록)]'은 '먼지'와 무슨 상관이 있을까? 이 또한 분명하지 않다.

중국 최초의 자전(字典)인 한(漢) 나라 허신(許愼)의 ≪설문해자(說文解字)≫(이하 ≪설문≫이라고 줄임)를 보면 '塵'자는 소전(小篆)에서는 사슴 세 마리와 '土'의 결합인 '麤' 즉 '麤'으로 썼고, 주문(籒文)에서는 '麤' 즉 '麤'으로 썼다. 여기에서 주문의 자형을 자세히 보면, '사슴[鹿]' 부분의 다리가 그려져 있지 않고 그 앞 뒤에 흙[土]이 놓여 있다. 즉 "여러 마리의 사슴이 달리니 먼지가 일어나서 다리가 보이지 않을 정도"라는 것이다. 그런데 소전은 주문의 간략형이고, 현재의 '塵'자는 소전 '麤'의 간략형인 예서체에서 비롯된 것이므로 해서체를 보고 글자의 본뜻을 파악하기란 이미 어려운 일이 되었다.

또한 비교적 오래된 글자체라고 할 수 있는 소전 역시 갑골문·금문과 비교할 때 본래의 모습에서 많이 간략화된 글자체이므로, 소전에만 의거해서 자형을 분석하면 해서를 보고 분석하는 잘못과 똑같은 잘못을 저지를 수 있다.

예를 들어 '止(발 지, 그칠 지)'자의 경우 지금은 '그치다'·'그만두다'라는 뜻으로 쓰이지만, 갑골문을 보면 '𝄆'로 발을 그린 상형자(象形字)였다. 따라서 '止'는 본래 '이동하다'·'행동하다'라는 뜻을 나타낸다. 만약 '武(건장할 무)'자의 자형을 분석할 때 '止'를 '그치다'라는 뜻으로 보고 글자를 해석하면 "싸움[戈(과)]을 멈추(게 하)는 것[止]이 (진정한) 武"라고 다소 철학적이면서 약간은 억지스러운 해석을 할 수 밖에 없다. 그러나 '止'를 본래의 의미인 '이동하다'의 뜻으로 해석하면 '창[戈]을 들고 이동[止]하다'라는 뜻이 된다. 그러므로 '武'는 오늘날의 용어로 하자면 '무력시위(武力示威)' 또는 '정벌(征伐)하러 가다'라는 뜻을 나타낸다.

또 '東(동녘 동)'자의 경우 우리는 대부분 '나무[木(목)]에 해[日(일)]가 걸리는 쪽이 동쪽'이라는 뜻으로 알고 있다. 이 같은 분석은 ≪설문≫에서 "동쪽을 '동'이라고 부르는 까닭은 동쪽은 만물이 '생동(生動)'하는 방향이기 때문이다. 木은 의미부분이다. 관부(官溥)는 '해가 나무 가운데에 있는 구조(의 회의자)이다.'라고 말하였다.(『東, 動也. 从木. 官溥說: '从日在木中.'』)"라고 한 것에서 비롯된 것으로 보인다. 그러나 갑골문 '𝄆'과 금문 '𝄆' 등의 자형에서 보듯이, 보면 '東'자는 '木'과 '日'과는 상관없이 오늘날 사탕을 포장한 것처럼 가운데 무슨 물건을 넣고 위 아래를 잡아맨 것과 같은 모양이다. 즉 '東'은 '자루'를 본뜬 상형자였는데, 뒤에 동서남북의 '東'자로 가차(假借)된 것이다.

그러므로 글자의 원래의 뜻을 정확히 파악하려면, 먼저 그 글자의 가장 오래된 형태 즉 갑골문·금문의 자형을 살펴보고, 그 다음 ≪설문≫의 해석을 참고하는 것이 올바른 방법이라고 할 수 있다. 그래서 이 책의 해설 역시 이러한 순서로 되어 있다.

본문의 배열은 전통적 방식인 부수(部首)의 순서에 따라 배열하고, 그 안에서는 획이 적은 글자를 앞에 놓았다. 그리고 낱개 글자의 해설 방식은 먼저 그 글자의 훈과 발음 그리고 현대 중국어 보통화(普通話)의 발음을 제시하고, 그 다음 해당 글자의 형태를 갑골문부터 금문, 소전, 예서, 초서(草書) 그리고 행서(行書) 순으로 배열하였는데, 그 출처는 예로 든 글자의 아래에 밝혀 놓았다. 그리고 필요한 경우에는 옛날 발음을 소개하였다. 옛날 발음 즉 상고음(上古音, 선진(先秦) 시대의 발음)과 중고음(中古音, 수(隋)·당(唐) 시대의 발음)의 음가(音價)는 임결명(林潔明)·장일승(張日昇) 합편(合編) ≪주법고상고음운표(周法高上古音韻表)≫(대만(台灣) 삼민서국(三民書局) 1973)에 의거하였고, 우리말의 훈과 발음은 ≪동아 현대활용옥편(現代活用玉篇)≫(<제4판>)(이병관 자원 집필, 두산동아출판사 2001)을 따랐다.

예를 들어 '對(대)'자를 보면 아래와 같다.

위의 예에서 보듯이 예로 든 글자 아래에 각각 그 출처를 표시해 놓았는데, 금문(金文)은 그 글자가 새겨져 있는 종정이기(鐘鼎彝器) 기물의 이름을 밝혀 놓았고, 소전은 ≪설문≫에 의거하였으며, 예서·초서·행서 등은 인용한 출처 또는 쓴 사람의 이름을 밝혔다.

갑골문의 경우는 그 출처가 조금 복잡하여 줄여서 썼다. 예를 들어 <전(前) 4.36.4>라고 할 때, '前'은 나진옥(羅振玉)의 ≪은허서계전편(殷虛書契前編)≫을 가리키고, '4.36.4'는 제4권 제36페이지 4번째 조각[片(편)]을 가리킨다. 여기에서 인용된 갑골문의 원전(原典) 출처를 가나다 순으로 소개하면 아래와 같다.

甲(갑): ≪은허문자갑편(殷虛文字甲編)≫, 동작빈(董作賓), 상무인서관(商務印書館), 1948년, 3942편(片).

京都(경도): ≪경도대학 인문과학연구소장 갑골문자(京都大學人文科學硏究所藏甲骨文字)≫, 패총무수(貝塚茂樹), 1959년, 3246片.

京津(경진): ≪전후경진신획갑골집(戰後京津新獲甲骨集)≫, 호후선(胡厚宣), 군련출판사(群聯出版社), 1954, 5642片.
庫(고): ≪고방이씨장갑골복사(庫方二氏藏甲骨卜辭)≫, 방법렴(方法斂), 상무인서관(商務印書館), 1935년, 1687片.
寧滬(녕호): ≪전후녕호신획갑골집(戰後寧滬新獲甲骨集)≫, 호후선(胡厚宣), 내훈각서점(來薰閣書店), 1951년, 1145片.
屯南(둔남): ≪소둔남지갑골(小屯南之甲骨)≫, 중국 사회과학원(社會科學院), 고고연구소(考古硏究所), 중화서국(中華書局), 1980년, 4589片.
錄(록): ≪갑골문록(甲骨文錄)≫, 손해파(孫海波), 1938년, 930片.
六(륙): ≪갑골륙록(甲骨六錄)≫, 호후선(胡厚宣), 1945년, 659片.
林(림): ≪귀갑수골문자(龜甲獸骨文字)≫, 임태보(林泰輔), 1921년, 1023片.
明(명): ≪명의사수장갑골(明義士收藏甲骨)≫, 허진웅(許進雄), 1972년, 3176片.
簠(보): ≪보실은계징문(簠室殷契徵文)≫, 왕양(王襄), 1925년, 1125片.
卜(복): ≪복사통찬(卜辭通纂)≫, 곽말약(郭沫若), 1933년, 929片.
福(복): ≪복씨소장갑골문존(福氏所藏甲骨文存)≫, 상승조(商承祚), 1933년, 37片.
續(속): ≪은허서계속편(殷虛書契續編)≫, 나진옥(羅振玉), 1933년, 2016片.
粹(수): ≪은계수편(殷契粹編)≫, 곽말약(郭沫若), 1937년, 1595片.
拾(습): ≪철운장귀습유(鐵雲藏龜拾遺)≫, 엽옥삼(葉玉森), 1925년, 240片.
鄴初(업초): ≪업중편우초집(鄴中片羽初集)≫, 황준(黃濬), 1935년, 245片.
鄴二(업이): ≪업중편우이집(鄴中片羽二集)≫, 황준(黃濬), 1937년, 93片.
鄴三(업삼): ≪업중편우삼집(鄴中片羽三集)≫, 황준(黃濬), 1942년, 215片.
餘(여): ≪철운장귀지여(鐵雲藏龜之餘)≫, 나진옥(羅振玉), 1915년, 40片.
燕(연): ≪은계복사(殷契卜辭)≫, 용경(容庚)·구윤민(瞿潤緡) 합편, 하버드 연경학사(燕京學舍) 영인본(影印本), 1933년, 874片.
外(외): ≪은허문자외편(殷虛文字外編)≫, 동작빈(董作賓), 1956년, 464片.
乙(을): ≪은허문자을편(殷虛文字乙編)≫(상·중·하), 동작빈(董作賓), 상: 상무인서관, 1948년 3472片; 중: 상무인서관, 1949년 2800片; 하: 과학출판사 1953년 2833片, 합계 9105片.
佚(일): ≪은계일존(殷契佚存)≫, 상승조(商承祚), 1933년, 1000片.
前(전): ≪은허서계전편(殷虛書契前編)≫, 나진옥(羅振玉), 1913년, 2229片.
戩(전): ≪전수당소장은허문자(戩壽堂所藏殷虛文字)≫, 희불타(姬佛陀), 1917년, 655片.

存(존): ≪갑골속존(甲骨續存)≫(3책), 호후선(胡厚宣), 1955년, 3753片.
珠(주): ≪은계유주(殷契遺珠)≫, 김조동(金祖同), 공덕도서관(孔德圖書館), 1939년, 1459片.
周甲(주갑): ≪주원갑골문(周原甲骨文)≫, 조위(曹瑋), 세계도서출판공사(世界圖書出版公司), 2002년.
陳(진): ≪갑골문령습(甲骨文零拾)≫, 진방회(陳方懷), 천진(天津) 인민출판사 1959년, 160片.
天(천): ≪천양각갑골문존(天壤閣甲骨文存)≫, 당란(唐蘭), 1939년, 108片.
摭(척): ≪은계척일(殷契摭佚)≫, 이단구(李旦丘), 1941년, 118片.
摭續(척속): ≪은계척일속편(殷契摭佚續編)≫, 이아농(李亞農), 중국과학원, 1950년, 343片.
掇(철): ≪은계습철(殷契拾掇)≫, 곽약우(郭若愚), 내훈각서점(來薰閣書店), 1편(編) 1951년; 2편(編) 1953년.
綴(철): ≪갑골철합편(甲骨綴合編)≫(2책), 증의공(曾毅公), 1950년.
鐵(철): ≪철운장귀(鐵雲藏龜)≫(6책), 유악(劉鶚), 1903년, 1058片.
菁(청): ≪은허서계청화(殷虛書契菁華)≫, 나진옥(羅振玉), 1914년, 68片.
探(탐): ≪주원갑골초탐(周原甲骨初探)≫, 왕우신(王宇信), 1984년.
河(하): ≪갑골문록(甲骨文錄)≫, 손해과(孫海波), 1938년, 930片.
合集(합집): ≪갑골문합집(甲骨文合集)≫(13책), 곽말약(郭沫若) 등, 중화서국(中華書局) 1978~1982년, 41956片.
花東(화동): ≪은허화원장동지갑골(殷墟花園莊東之甲骨)≫, 중국사회과학원 고고연구소편, 운남(雲南) 인민출판사 2003년.
後(후): ≪은허서계후편(殷虛書契後編)≫, 나진옥(羅振玉), 1916년, 2016片.

그리고 책의 뒤에는 부록을 마련하여 이 책에서 쓰인 전문 용어, 거론된 주요 인물·책들에 대한 풀이를 하여 읽는 분들로 하여금 도움이 되도록 하였다.

참고로 이 책을 쓰면서 도움을 받은 서적 가운데 주요한 것들을 소개하면 다음과 같다.

이효정(李孝定)선생 편술(編述), ≪갑골문자집석(甲骨文字集釋)≫, 대만(台灣) 중앙연구원(中央研究院) 역사어언연구소(歷史語言硏究所) 1982.

서중서(徐中舒) 주편(主編), ≪갑골문자전(甲骨文字典)≫, 사천(四川) 사서출판사(辭書出版社) 1988.

주법고(周法高)선생 주편, ≪금문고림(金文詁林)≫, 경도(京都) 중문출판사(中文出版社) 1981.

주법고선생 편찬(編撰), ≪금문고림보(金文詁林補)≫, 대만 중앙연구원 역사어언연구소 1982.

용경(容庚) 편저(編著), ≪금문편(金文編)≫, 북경 중화서국 1985.

진초생(陳初生) 편(編), ≪금문상용자전(金文常用字典)≫, 섬서(陝西) 인민출판사(人民出版社) 1987.

허신(許愼), ≪설문해자(說文解字)≫, 북경 중화서국 1992.

단옥재(段玉裁) 주(注), ≪설문해자주(說文解字注)≫, 상해 고적출판사(古籍出版社) 1981.

정복보(丁福保) 편, ≪설문해자고림(說文解字詁林)≫, 대만 정문서국(鼎文書局) 1984.

탕가경(湯可敬) 찬(撰), ≪설문해자금석(說文解字今釋)≫ (상·하), 악록서사(岳麓書社) 1997.

고명(高明) 편, ≪고문자류편(古文字類編)≫, 북경 중화서국 1987.

고명·도백규(涂白奎) 편저, ≪고문자류편≫ 증정본(增訂本), 상해 고적출판사 2008.

고수번(高樹藩) 편찬(編纂), ≪형음의종합대자전(形音義綜合大字典)≫, 대만 정중서국(正中書局) 1984.(약칭 正中大字典)

서무문(徐無聞) 주편, ≪갑금전례대자전(甲金篆隷大字典)≫, 사천 사서출판사 1991.

서중서 주편, ≪한어고문자자형표(漢語古文字字形表)≫, 사천 사서출판사 1987.

장선(張瑄) 편석(編釋), ≪문자형의원류변석전(文字形義源流辨釋典)≫, 대만 서남서국(西南書局) 1980.

장설명(張雪明) 편찬, ≪형음의자전(形音義字典)≫, 호북(湖北) 사서출판사 1992.

≪한어대자전(漢語大字典)≫(1~8), 호북 사서출판사·사천 사서출판사 1990.

끝으로 이 책은 1972년 교육부가 제정한 교육용 기초 한자 1800자를 기본으로 하여, 2000년 교육부에서 새롭게 조정한 44자를 더하였다. 새롭게 더해진 44자는 색인에서 해당 글자 뒤에 '㊛'이라고 표시하였고, 이번에 빠진 글자 44자 옆에는 '☒'라고 표시하였다.

차 례

※괄호 안의 숫자는 본문의 쪽수,
㉠은 2000년 12월 30일 교육부가 새롭게 지정한 글자, ⊠는 빠진 글자

1획

一부　一(1) **1** 丁(2) 七(3) **2** 三(4) 上(4) 丈(5) 下(6) **3** 不(7) 丑(8) **4** 丘(9) 丙(10) 世(11) 且(12)

｜부　｜(13) **3** 中(13)

丶부　丶(15) **2** 丸(15) **3** 丹(16) **4** 主(17)

丿부　丿(18) **1** 乃(18) **2** 久(19) **3** 之(20) **4** 乎(21) **9** 乘(22)

乙부　乙(23) **1** 九(24) **2** 乞㉠(24) 也(25) **7** 乳(25) **10** 乾(26) **12** 亂(27)

亅부　亅(28) **1** 了(28) **3** 予(29) **7** 事(29)

2획

二부　二(33) **1** 于(34) **2** 五(35) 云(36) 井(36) 互(37) **6** 亞(37)

亠부　亠(39) **1** 亡(39) **4** 交(40) 亦(41) 亥(41) **5** 亨(43) **6** 京(43) 享(45) **7** 亭(46)

人(亻)부　人(46) **2** 介(47) 今(48) 仁(49) **3** 代(49) 付(50) 仙(51) 令(52) 仕(53) 以(53) 他(55) **4** 件(56) 企(56) 伐(57) 伏(59) 任(59) 仰(60) 仲(61) 休(61) **5** 伴㉠(62) 伯(62) 但(63) 佛(63) 似(64) 伸(65) 余(65) 位(66) 作(67) 低(68) 佐(68) 佑(69) 住(69) 何(70) **6** 佳(71) 供(71) 來(72) 例(73) 使(73) 侍(74) 依(75) **7** 係(75) 侮㉠(76) 保(77) 俗(78) 信(78) 俊(79) 促(80) 侵(81) 便(81) 侯(82) **8** 個(83) 俱(84) 倒(84) 倫(85) 倍(85) 修(86) 借(86) 倉(87) 値(88) 候(89) **9** 假(89) 健(90)

차례　xi

儿부	偶(90) 偉(91) 停(91) 側(92) 偏㉑(92) ❿ 傑(93) 傍(93) 備(94) 傘(95) ⓫ 傾(96) 僅(96) 傷(97) 傲(97) 傳(98) 債(99) 催(99) ⓬ 僚㉑(100) 像(100) 僧(101) 僞(101) ⓭ 價(102) 儉(102) 億(103) 儀(103) ⓮ 儒(104) ⓯ 償(105) 優(105)
儿부	儿(106) ❷ 元(106) ❸ 充(108) 兄(108) ❹ 光(109) 先(110) 兆(111) ❺ 克(111) 免(112) ❻ 兒(113)
入부	入(114) ❸ 內(115) ❹ 全(115) ❻ 兩(116)
八부	八(117) ❷ 公(118) 六(119) 兮(120) ❹ 共(121) ❺ 兵(122) ❻ 具(122) 其(123) 典(124) ❽ 兼(125)
冂부	冂(126) ❸ 冊(127) ❹ 再(128) ❼ 冒㉑(128)
冖부	冖(129) ❼ 冠(129) ❽ 冥(130)
冫부	冫(131) ❸ 冬(132) ❺ 冷(133) ❽ 凍(133) 凉(134) ⓮ 凝㉑(134)
几부	几(135) ❶ 凡(136)
凵부	凵(137) ❷ 凶(137) ❸ 出(138)
刀(刂)부	刀(139) ❷ 分(140) 切(140) ❸ 刊(141) ❹ 列(142) 刑(142) ❺ 利(143) 別(144) 初(145) 判(145) ❻ 刻(146) 券(147) 到(147) 刷(148) 刺(148) 制(149) ❼ 削(150) 前(150) 則(152) ❽ 剛(153) ❾ 副(154) ❿ 創(154) 割(155) ⓬ 劃(156) ⓭ 劍(157) 劇(157)
力부	力(158) ❸ 加(159) 功(159) ❹ 劣(160) ❺ 努(160) 助(161) ❼ 勉(161) 勇(162) ❾ 動(162) 勞(163) 務(164) 勝(164) ⓫ 勤(165) 募(165) 勢(166) ⓯ 勵(167) ⓲ 勸(167)
勹부	勹(168) ❷ 勿(168) ❸ 包(169)
匕부	匕(170) ❷ 化(171) ❸ 北(172)
匚부	匚(173)
匸부	匸(174) ❷ 匹(174) ❾ 區(176)
十부	十(177) ❶ 千(178) ❷ 午(178) ❸ 半(179) ❻ 卑(180) 卒(181) 卓㉑(181) 協(182) ❼ 南(183) ❿ 博(184)

卜부　卜(185)　③ 占(186)

卩(巳)부　卩(186)　③ 卯(187)　④ 危(188)　印(189)　⑤ 卻(却)(190)　卵(190)
　　　⑥ 卷(191)　⑦ 卽(191)　⑩ 卿(192)

厂부　厂(193)　② 厄(194)　⑦ 厚(195)　⑧ 原(195)　⑩ 厥(196)

厶부　厶(197)　③ 去(197)　⑨ 參(199)

又부　又(200)　② 及(201)　反(201)　友(202)　⑥ 受(203)　叔(204)　取(205)
　　　⑦ 叛(205)

3획

口부　口(207)　② 可(207)　古(208)　句(209)　叫(210)　司(210)　史(211)　召(213)
　　　右(214)　只(214)　③ 各(215)　吉(216)　同(217)　名(218)　吏(219)　吐(220)
　　　合(220)　向(221)　④ 告(222)　君(223)　否(224)　吾(224)　吟(225)　吹(226)
　　　含(226)　吸(227)　⑤ 命(227)　味(228)　周(228)　呼(230)　和(230)　⑥ 哀(231)
　　　哉(231)　品(232)　咸(233)　⑦ 哭(233)　唐(235)　員(236)　哲(237)　⑧ 啓(238)
　　　問(239)　商(239)　唯(240)　唱(241)　⑨ 單(242)　喪(243)　善(244)　喉⊠(244)
　　　喜(245)　⑩ 鳴(246)　⑪ 嘗(246)　⑬ 器(247)　⑰ 嚴(248)

囗부　囗(249)　② 四(250)　囚(250)　③ 因(251)　回(252)　④ 困(252)　⑤ 固(253)
　　　⑧ 國(254)　⑨ 圍(255)　⑩ 園(256)　圓(256)　⑪ 團(257)　圖(258)

土부　土(259)　③ 在(260)　地(260)　④ 均(261)　坐(261)　⑤ 坤(262)　垂㉕(262)
　　　⑦ 埋(263)　城(264)　⑧ 堅(265)　基(265)　堂(266)　培(267)　域(267)　執(268)
　　　⑨ 報(269)　場(270)　堤(270)　⑩ 塊(271)　塗㉕(271)　塞(272)　塔(273)
　　　⑪ 境(273)　墓(274)　⑫ 墨(275)　墳(275)　增(276)　墮(276)　⑬ 壇(277)
　　　壁(277)　墻(278)　⑭ 壓(278)　⑯ 壞(279)　⑰ 壤(279)

士부　士(280)　① 壬(281)　④ 壯(282)　⑪ 壽(283)

夂부　夂(284)

夊부　夊(285)　⑦ 夏(286)

夕부　夕(287)　② 外(287)　③ 多(288)　⑤ 夜(289)　⑪ 夢(290)

차례 xiii

大부	大(291) **1** 夫(292) 天(293) 太(294) **2** 失(295) 央(295) **3** 夷(296) **5** 奇(297) 奈(298) 奉(298) **6** 契(299) 奔(299) 奏㉑(300) **7** 奚(301) **11** 獎(302) 奪(303) **13** 奮(303)
女부	女(304) **2** 奴(305) **3** 妄(305) 妃(306) 如(307) 好(308) **4** 妙(308) 妥(309) **5** 姑(310) 妹(311) 姓(311) 始(312) 委(313) 姉(314) 妻(314) 妾(315) **6** 姦(316) 威(316) 姻(317) 姿(317) 姪(318) **7** 娘(319) 娛(319) **8** 婦(320) 婢(320) 婚(321) **9** 媒(322) **10** 嫌㉑(323)
子부	子(326) **1** 孔(327) **3** 字(328) 存(328) **4** 孝(329) **5** 季(330) 孤(331) 孟(331) **7** 孫(332) **8** 孰(333) **13** 學(334)
宀부	宀(335) **3** 守(336) 安(337) 宇(337) 宅(338) **4** 完(339) **5** 官(339) 宜(340) 定(341) 宗(342) 宙(343) **6** 客(343) 宣(344) 室(345) **7** 家(346) 宮(347) 宴(348) 容(348) 宰㉑(349) 害(350) **8** 寄(351) 密(351) 宿(352) 寅(353) 寂(354) **9** 富(355) 寒(355) **11** 寡(356) 寧(357) 實(358) 察(358) 寢(359) **12** 寬(360) 寫(360) 審(361) **17** 寶(362)
寸부	寸(363) **3** 寺(364) **6** 封(365) **7** 射(366) **8** 將(367) 專(367) **9** 尋(368) 尊(370) **11** 對(371) **13** 導(372)
小부	小(372) **1** 少(373) **3** 尖(374) **5** 尙(374)
尢(兀·尣)부	尢(375) **1** 尤(376) **9** 就(377)
尸부	尸(377) **1** 尺(378) **4** 局(379) 尾(380) **5** 居(381) 屈(382) **6** 屋(382) **7** 展(383) **8** 屛(384) **11** 屢(384) **12** 履(385) 層(385) **18** 屬(386)
屮부	屮(387) 中(387) **1** 屯㉑(388)
山부	山(390) **5** 岳(390) 岸(391) **7** 島(392) 峯(392) **8** 崩(392) 崇(393) **14** 嶺(393) **20** 巖(394)
巛부	巛(394) 川(395) **3** 州(395) **4** 巡(396)
工부	工(397) **2** 巨(398) 巧(399) 左(399) **7** 差(400)
己부	己(401) 巳(403) 已(404) **6** 巷(404)
巾부	巾(405) **2** 市(405) 布(406) **4** 希(407) **6** 帥(407) 帝(408) **7** 師(409) 席(410) **8** 帶(411) 常(412) 帳(412) **9** 幅(413) **11** 幕(413) **12** 幣(414)

| 干부 | 干(414) **2** 平(416) **3** 年(417) **5** 幸(418) **10** 幹(419) |

| 幺부 | 幺(420) **2** 幼(420) **6** 幽(421) **9** 幾(422) |

| 广부 | 广(423) **4** 床(423) 序(424) **5** 庚(425) 府(426) 底(427) 店(427) **6** 度(428) **7** 庫(429) 庭(429) 座(430) **8** 康(431) 庶(432) 庸(433) **10** 廊(433) 廉(434) **12** 廣(434) 廟(435) 廢(436) **22** 廳(436) |

| 廴부 | 廴(437) **4** 延(437) 廷(438) **6** 建(439) |

| 廾부 | 廾(440) **4** 弄(441) **12** 弊(441) |

| 弋부 | 弋(442) **3** 式(443) |

| 弓부 | 弓(443) **1** 引(444) 弔(445) **2** 弗㐬(446) 弘(447) **4** 弟(448) **7** 弱(448) **8** 強(449) 張(450) **12** 彈(450) |

| 크(⺕·彑)부 | 크(451) |

| 彡부 | 彡(452) **4** 形(453) **8** 彩(454) **12** 影(454) |

| 彳부 | 彳(455) **4** 役(456) **5** 往(456) 征(457) 彼(458) **6** 待(458) 律(459) 後(460) **7** 徑(461) 徒(461) 徐(462) **8** 得(463) 御(464) 從(465) **9** 復(466) 循(467) **10** 微(467) **12** 德(468) 徵(469) 徹(470) |

4획

| 心(忄)부 | 心(471) **1** 必(472) **3** 忌(472) 忘(473) 忙(473) 忍(474) 志(474) **4** 念(475) 忠(476) 快(476) 忽(477) **5** 怪(477) 急(478) 怒(478) 思(479) 性(479) 怨(480) 怠(480) **6** 恭(481) 恐(481) 恕(482) 息(482) 恩(483) 恣(484) 恥(484) 恨(484) 恒(485) **7** 悅(486) 悟(486) 悠(487) 患(487) 悔(488) **8** 悲(488) 惜(489) 惡(489) 惟(490) 情(490) 惠(491) 惑(491) **9** 感(492) 惱(492) 想(493) 愁(493) 愛(494) 愚(494) 愈(495) 意(495) **10** 愧(496) 愼(497) 慈(497) 態(498) **11** 慨(498) 慶(499) 慣(500) 慮(500) 慢(501) 慕(501) 慾(502) 憂(502) 慰(503) 慘(504) 慙(504) 慧(504) **12** 憐(505) 憫(505) 憤(506) 憎(506) 憲(506) **13** 懇(507) 憶(508) 應(508) **15** 懲(509) **16** 懸(509) 懷(509) **18** 懼(510) **19** 戀(510) |

| 戈부 | 戈㐬(511) **1** 戊(512) **2** 戌(513) **3** 戒(514) 成(515) 我(516) **4** 或(516) |

| 戶부 | 戶(520) ④ 房(521) 所(521)

| 手(扌)부 | 手(522) 才(523) ② 打(524) ③ 托(524) ④ 技(525) 扶(525) 批(526) 承(527) 抑(527) 折(528) 抄(529) 投(529) 把㊤(530) 抗(530) ⑤ 拒(531) 拘(531) 拍(532) 拔(532) 拜(533) 拂(533) 押㊤(534) 抵(535) 拙(535) 拓(536) 招(536) 抽(537) 抱(537) ⑥ 拳(538) 挑(539) 拾(539) 持(540) 指(540) ⑦ 振(541) 捉(541) 捕(542) ⑧ 掛(542) 掠(543) 排(543) 捨(544) 掃(544) 授(545) 掌(545) 接(546) 採(546) 推(547) 探(547) ⑨ 揚(548) 援(549) 提(549) 換(550) 揮(550) ⑩ 損(551) 搜㊤(551) 搖(552) 携(552) ⑪ 摘(553) ⑫ 播(553) ⑬ 據(554) 擊(554) 擔(555) 擁㊤(555) 操(556) 擇(556) ⑭ 擧(557) ⑮ 擴(558) ⑱ 攝㊤(559)

| 支부 | 支(559)

| 攴(攵)부 | 攴(560) ② 收(561) ③ 改(561) 攻(562) ④ 放(563) ⑤ 故(564) 政(564) ⑥ 效(565) ⑦ 敎(566) 救(567) 敏(567) 敍(568) 敗(569) ⑧ 敢(570) 敦(571) 散(571) ⑨ 敬(572) ⑪ 數(573) 敵(574) ⑫ 整(574)

| 文부 | 文(575)

| 斗부 | 斗(576) ⑥ 料(577) ⑦ 斜(578)

| 斤부 | 斤(578) ① 斥(579) ⑧ 斯(579) ⑨ 新(580) ⑭ 斷(581)

| 方부 | 方(582) ④ 於(583) ⑤ 施(583) ⑥ 旅(584) ⑦ 旋(585) 族(586) ⑩ 旗(587)

| 无(旡)부 | 无(587) ⑦ 旣(588)

| 日부 | 日(589) ① 旦(590) ② 旬(591) 早(591) ③ 旱(592) ④ 明(593) 昔(594) 昇(595) 易(595) 昌(596) 昏(597) ⑤ 星(598) 昭(599) 是(599) 映(600) 昨(601) 春(601) ⑥ 時(602) ⑦ 晚(603) 晨(603) 晝(605) ⑧ 景(605) 普(606) 智(606) 晴(607) ⑨ 暇(608) 暖(608) 暑(608) 暗(609) ⑩ 暢(609) ⑪ 暮(610) 暫(610) 暴(611) ⑫ 曆(612) 曉(612)

| 曰부 | 曰(613) ② 曲(614) ③ 更(614) ⑥ 書(615) ⑧ 曾(616) 替(617) 最(618) ⑨ 會(618)

| 月부 | 月(619) ② 有(620) ④ 服(621) 朋(622) ⑥ 朔(623) ⑦ 望(623) ⑧ 期(624) 朝(625)

⑦ 戚(517) ⑫ 戰(518) ⑬ 戲(519)

木부 木(626) **1** 末(627) 未(627) 本(628) **2** 朴(629) 朱(629) **3** 李(630) 束(631) 材(632) 村(632) **4** 果(633) 東(634) 林(635) 杯(635) 析(636) 松(637) 枝(637) 枕(638) 板(638) **5** 架(639) 枯(640) 柳(640) 某(641) 査(642) 染(642) 柔(643) 柱(644) **6** 格(644) 桂(645) 校(645) 根(646) 桃(647) 栗(647) 桑(648) 案(648) 栽(649) 株(650) 核(650) **7** 械(651) 梁(651) 梨(652) 梅(652) 條(653) **8** 棄(653) 植(654) **9** 極(655) 楊(655) 業(656) **10** 構(657) 榮(657) **11** 槪(658) 樓(659) 模(659) 樂(660) 樣(661) 標(661) **12** 橘(662) 機(662) 樹(663) 橫(663) **13** 檢(664) 檀(665) **17** 欄(665) **18** 權(666)

欠부 欠(666) **2** 次(667) **7** 欲(668) **8** 欺(668) **10** 歌(669) **11** 歎(669) **18** 歡(670)

止부 止(670) **1** 正(671) **2** 此(672) **3** 步(673) **4** 武(674) **9** 歲(675) **12** 歷(676) **14** 歸(676)

歹(歺)부 歹(677) **2** 死(678) **5** 殃(679) 殆(679) **6** 殊(680) 殉(680) **8** 殘(681)

殳부 殳(682) **5** 段(683) **7** 殺(683) **9** 殿㉔(684) 毀(685)

毋부 毋(686) **1** 母(686) **3** 每(687) **4** 毒(688)

比부 比(689)

毛부 毛(690) **7** 毫(690)

氏부 氏(691) **1** 民(692)

气부 气(693) **6** 氣(695)

水(氵)부 水(696) **1** 氷(697) 永(697) **2** 求(698) **3** 江(699) 汝(700) 汚(700) 池(701) 汗(701) **4** 決(702) 沒(702) 沙(703) 沈(704) **5** 泥(705) 泊(705) 法(706) 沿(707) 泳(707) 油(708) 泣(708) 注(709) 泉(709) 治(710) 波(711) 泰(711) 河(712) 況(713) **6** 洞(713) 流(714) 洗(714) 洋(715) 洲(715) 派(716) 洪(716) 活(717) **7** 浪(718) 浮(718) 涉(719) 消(720) 浴(720) 浸(721) 浦(721) 海(722) 浩(722) **8** 淡(723) 淚(723) 淑(724) 深(724) 涯(725) 淫(725) 淨(726) 淺(726) 添(727) 淸(728) 混(728) **9** 渴(729) 減(729) 渡(730) 測(730) 湯(731) 港(731) 湖(732) **10** 溪(732) 滅(733) 源(733) 溫(734) 準(734) **11** 漏(735) 漠(736) 滿(736) 漫(737) 漁(737) 演(738) 滴(739) 漸(740) 滯㉔(740) 漆(741)

漂(741) 漢(742) ⓬ 潔(743) 潤(743) 潛(744) 潮(744) ⓭ 激(745)
濃(745) 濁(746) 澤(746) ⓮ 濫(747) 濕(748) 濟(748) 濯(749)

火(灬)부 火(750) ③ 災(750) ④ 炎(751) ⑤ 炭(752) ⑥ 烈(752) 烏(753)
⑦ 焉(754) ⑧ 無(754) 然(755) ⑨ 煩(756) 煙(757) 照(757) ⑪ 熟(758)
熱(758) ⑫ 燈(759) 燒(760) 燕(760) ⑬ 營(761) 燥(761) 燭(762)
⑮ 爆(762) ⑯ 爐(763)

爪(爫)부 爪(763) ④ 爭(764) ⑧ 爲(765) ⑭ 爵(766)

父부 父(766)

爻부 爻(767)

爿부 爿(768)

片부 片(769) ④ 版(770)

牙부 牙(771)

牛부 牛(772) ④ 牧(772) 物(773) ⑥ 特(774) ⑦ 牽(775)

犬(犭)부 犬(775) ② 犯(776) ④ 狂㊙(777) 狀(777) ⑤ 狗(778) ⑧ 猛(779)
⑨ 猶(779) ⑩ 獄(780) ⑬ 獨(781) ⑭ 獲(781) ⑮ 獵㊙(782) 獸(782)
⑯ 獻(783)

5획

玄부 玄(785) ⑥ 率(786)

玉부 玉(787) 王(788) ⑤ 珍(789) ⑥ 班(789) 珠㊙(790) ⑦ 球(790) 理(791)
現(792) ⑧ 琴(792) ⑬ 環(793)

瓜부 瓜㊅(794)

瓦부 瓦(794)

甘부 甘(795) ④ 甚(795)

生부 生(796) ⑥ 産(798)

用부 用(798)

田부	田(800) 甲(801) 申(802) 由(804) **2** 男(804) **4** 界(805) 畓(805) 畏(806) **5** 留(807) 畜(807) **6** 略(808) 異(809) 畢(810) **7** 番(811) 畵(812) **8** 當(813) **10** 畿(814)
疋부	疋(814) **6** 疏(815) **9** 疑(816)
疒부	疒(817) **4** 疫(818) **5** 病(818) 症(819) 疾(819) 疲(820) **7** 痛(821)
癶부	癶(821) **4** 癸(822) **7** 登(823) 發(824)
白부	白(825) **1** 百(826) **3** 的(827) **4** 皆(828) 皇(829)
皮부	皮(830)
皿부	皿(831) **5** 益(832) **7** 盜(832) 盛(833) **8** 盟(834) **9** 監(835) 盡(836) **10** 盤(836)
目부	目(837) **3** 盲(838) 直(839) **4** 看(839) 眉(840) 相(841) 省(842) 盾신(843) **5** 眠(843) 眞(844) **6** 眼(845) **7** 着(846) **8** 督(846) 睦(846) 睡(847)
矛부	矛신(848)
矢부	矢(849) **2** 矣(849) **3** 知(850) **7** 短(851) **12** 矯(851)
石부	石(852) **5** 破(852) **6** 硏(853) **7** 硬(853) **8** 碑(854) **9** 碧(854) **10** 確(855) **11** 磨(855) **13** 礎(856)
示(礻)부	示(857) **3** 社(858) 祀(859) **4** 祈(859) **5** 祕(860) 神(861) 祖(861) 祝(862) **6** 祥(863) 祭(864) 票(864) **8** 禁(865) 祿(865) **9** 福(866) 禍(867) **12** 禪(868) **13** 禮(868)
内부	内(870) **8** 禽(870)
禾부	禾(871) **2** 私(872) 秀(873) **4** 科(873) 秒신(874) 秋(874) **5** 租(875) 秩(876) **6** 移(876) **7** 稅(877) 程(877) 稀(878) **9** 種(878) 稱(879) **10** 稿(880) 穀(880) 稻(881) **11** 積(882) **14** 穫(882)
穴부	穴(883) **2** 究(883) **3** 空(884) **4** 突(884) **6** 窓(885) **10** 窮(886) **17** 竊신(886)
立부	立(887) **5** 竝(888) **6** 竟(888) 章(889) **7** 童(890) **9** 端(891) **15** 競(891)

6획

竹부 竹(893) ④ 笑(894) ⑤ 符(894) 第(895) ⑥ 答(896) 等(896) 策(897)
筆(898) ⑧ 管(898) 算(899) ⑨ 範(900) 節(900) 篇(901) ⑩ 篤(902)
築(902) ⑫ 簡(903) ⑬ 簿(903) ⑭ 籍(904)

米부 米(904) ④ 粉(905) ⑥ 粟(905) 粧(906) ⑧ 精(907) ⑩ 糖(907) ⑫ 糧(907)

糸부 糸(908) ① 系(909) ② 糾㊙(910) ③ 紀(910) 約(911) 紅(912) ④ 級(912)
納(912) 紛(913) 索(913) 素(914) 純(915) 紙(916) ⑤ 累(916) 細(917)
紫(918) 組(918) 終(919) 統(919) 絃(920) ⑥ 結(920) 給(921) 絡(921)
絲(922) 絶(922) ⑦ 絹(923) 經(924) ⑧ 綱(925) 緊(925) 綠(926)
綿(926) 維(927) ⑨ 練(927) 緖(928) 線(928) 緣(929) 緩(929) 緯(930)
編(930) ⑩ 縣(931) ⑪ 繁(931) 績(932) 縱(932) 總(933) 縮(933)
⑫ 織(934) ⑬ 繫㊙(935) ⑭ 繼(935) ⑮ 續(936)

缶부 缶(937) ④ 缺(938)

网부 网(939) ⑧ 罪(940) 置(941) ⑨ 罰(941) 署(942) ⑩ 罷(942) ⑭ 羅(943)

羊부 羊(944) ③ 美(945) ⑦ 群(945) 義(946)

羽부 羽(947) ④ 翁(948) ⑤ 習(948) ⑪ 翼(949)

老(耂)부 老(950) ② 考(951) ⑤ 者(952)

而부 而(953) ③ 耐(953)

耒부 耒(954) ④ 耕(955)

耳부 耳(955) ③ 耶(956) ⑦ 聘(956) 聖(957) ⑧ 聞(958) ⑪ 聯(959) 聲(959)
聰(960) ⑫ 職(960) ⑯ 聽(961)

聿부 聿(962) ⑦ 肅(963)

肉부 肉(964) ③ 肝(964) 育(965) 肖(966) ④ 肩(966) 肯(967) 肥(967) 肺(968)
⑤ 背(968) 胃(969) 胞(970) 胡(970) ⑥ 能(971) 脈(972) 脅(972)
胸(973) ⑦ 脚(973) 脣(974) 脫(974) ⑧ 腐(975) ⑨ 腦(975) 腹(976)
腰(977) 腸(977) ⑱ 臟(977)

| 臣부 | 臣(978) **2** 臥(979) **11** 臨(980) |

| 自부 | 自(980) **4** 臭(981) |

| 至부 | 至(982) **3** 致(983) **8** 臺(983) |

| 臼부 | 臼(984) **7** 與(985) **9** 興(986) **12** 舊(987) |

| 舌부 | 舌(988) **2** 舍(989) |

| 舛부 | 舛(990) **8** 舞(990) |

| 舟부 | 舟(991) **4** 般(992) 航(993) **5** 船(994) |

| 艮부 | 艮(995) **1** 良(995) |

| 色부 | 色(996) |

| 艸(艹)부 | 艸(997) **4** 芳(998) 芽(998) 花(999) **5** 苦(999) 苟(1000) 苗(1001) 茂(1002) 若(1002) 英(1003) **6** 茶(1004) 芒(1005) 茲(1005) 草(1006) 荒(1006) **7** 莫(1007) 莊(1008) 荷(1008) **8** 菊(1009) 菌(1009) 菜(1010) 華(1010) **9** 落(1011) 萬(1012) 葉(1013) 葬(1013) 著(1014) **10** 蓋(1015) 蒙(1015) 蒸(1016) 蒼(1016) 蓄(1017) **11** 蓮(1017) 蔬(1018) **12** 蔽(1018) **14** 藏(1019) **15** 藥(1019) 藝(1020) **16** 蘇(1020) **17** 蘭(1021) |

| 虍부 | 虍(1021) **2** 虎(1022) **5** 處(1023) **6** 虛(1024) **7** 號(1024) |

| 虫부 | 虫(1025) **5** 蛇(1026) **7** 蜂(1027) **8** 蜜(1027) **9** 蝶(1028) **10** 螢(1028) **12** 蟲(1029) |

| 血부 | 血(1029) **6** 衆(1030) |

| 行부 | 行(1031) **5** 術(1032) **6** 街(1032) **9** 衝(1033) **10** 衛(1033) 衡㉑(1034) |

| 衣(衤)부 | 衣(1035) **3** 表(1036) **4** 衰(1036) **5** 被(1037) **6** 裂(1038) 裁(1038) **7** 裏(1039) 補(1039) 裕(1040) 裝(1040) **8** 裳(1041) 製(1041) **9** 複(1042) **16** 襲(1042) |

| 襾(西)부 | 襾(1043) 西(1043) **3** 要(1044) **12** 覆㉑(1045) |

7획

見부 見(1047) ④ 規(1048) ⑤ 視(1048) ⑨ 親(1049) ⑬ 覺(1050) ⑭ 覽(1050) ⑱ 觀(1051)

角부 角(1052) ⑥ 解(1053) ⑬ 觸(1054)

言부 言(1054) ② 計(1055) 訂(1056) ③ 記(1056) 討(1057) 訓(1057) ④ 訪(1058) 設(1058) 訟(1059) 許(1059) ⑤ 詐(1060) 詞(1060) 訴(1061) 詠(1061) 評(1062) ⑥ 誇(1062) 詳(1063) 試(1063) 詩(1064) 該(1064) 話(1065) ⑦ 誓㉑(1065) 說(1066) 誠(1067) 誦(1067) 語(1068) 誤(1068) 誘(1069) 認(1069) 誌(1070) 誕㉑(1070) ⑧ 課(1071) 談(1071) 諒(1072) 論(1072) 誰(1073) 調(1073) 請(1074) ⑨ 諾(1074) 謀(1075) 謁(1076) 謂(1076) 諸(1077) ⑩ 講(1077) 謙(1078) 謝(1078) 謠(1079) ⑪ 謹(1080) ⑫ 譜(1080) 識(1081) 證(1081) ⑬ 警(1082) 譯(1082) 議(1083) ⑭ 譽(1083) 護(1084) ⑮ 讀(1084) ⑯ 變(1085) ⑰ 讓(1085) ⑲ 讚(1086)

谷부 谷(1086)

豆부 豆(1087) ③ 豈(1088) ⑪ 豐(1089)

豕부 豕(1090) ④ 豚(1091) ⑤ 象(1091) ⑦ 豪(1092) ⑨ 豫(1093)

豸부 豸(1094) ⑦ 貌(1094)

貝부 貝(1095) ② 負(1096) 貞(1096) ③ 貢(1097) 財(1098) ④ 貫(1098) 貧(1099) 責(1099) 貪(1100) 販(1101) 貨(1101) ⑤ 貴(1102) 貸(1102) 買(1103) 貿(1104) 費(1104) 貯(1105) 賀(1106) ⑥ 賃(1106) 資(1107) 賊(1107) ⑦ 賓(1108) ⑧ 賣(1109) 賦(1109) 賜(1110) 賞(1111) 質(1111) 賤(1112) 賢(1113) ⑨ 賴(1113) ⑫ 贈(1114) 贊(1115)

赤부 赤(1115)

走부 走(1116) ② 赴(1117) ③ 起(1118) ⑤ 越(1118) 超(1119) ⑧ 趣(1119)

足부 足(1120) ⑤ 距(1121) ⑥ 跳(1121) 路(1122) 跡(1123) ⑧ 踏(1123) 踐(1124) ⑭ 躍㉑(1124)

身부 身(1125)

車부	車(1126) ② 軍(1127) 軌㊗(1128) ③ 軒(1129) ④ 軟(1129) ⑥ 較(1130) 載(1130) ⑦ 輕(1131) ⑧ 輪(1132) 輩(1132) 輝(1133) ⑨ 輸(1133) ⑩ 輿(1134) ⑪ 轉(1134)
辛부	辛(1135) ⑨ 辨(1136) ⑫ 辭(1137) ⑭ 辯(1137)
辰부	辰(1138) ③ 辱(1139) ⑥ 農(1140)
辵(辶)부	辵(1141) ④ 近(1141) 返(1142) 迎(1143) ⑤ 迫(1143) 述(1144) ⑥ 逃(1145) 迷(1145) 送(1146) 逆(1146) 追(1147) 退(1148) ⑦ 途(1149) 連(1150) 逢(1150) 逝㊗(1151) 速(1152) 造(1152) 逐(1154) 通(1154) 透(1155) ⑧ 逸(1156) 進(1157) 逮㊗(1157) ⑨ 過(1158) 達(1159) 道(1160) 遂(1161) 遇(1161) 運(1162) 違(1162) 遊(1163) ⑩ 遣(1163) 遙(1164) 遠(1165) 遞㊗(1165) ⑪ 適(1166) 遷(1167) ⑫ 選(1167) 遺(1168) 遵(1168) 遲(1169) ⑬ 避(1170) 還(1171) ⑮ 邊(1172)
邑부	(오른쪽 阝) 邑(1173) ④ 那(1174) 邦(1174) 邪(1175) ⑥ 郊(1176) ⑦ 郡(1176) 郎(1177) ⑧ 郭(1177) 部(1178) 郵(1178) ⑨ 都(1179) ⑩ 鄕(1180)
酉부	酉(1181) ③ 配(1182) 酌(1183) 酒(1183) ⑧ 醉(1184) ⑩ 醜(1185) ⑪ 醫(1185)
釆부	釆(1186) ⑬ 釋(1186)
里부	里(1187) ② 重(1188) ④ 野(1189) ⑤ 量(1190)

8획

金부	金(1191) ② 針(1192) ④ 鈍(1193) ⑤ 鉛(1193) ⑥ 銅(1193) 銘(1194) 銀(1194) 銃(1195) ⑦ 銳(1195) ⑧ 鋼(1196) 錦(1196) 錄(1197) 錢(1197) 錯(1198) ⑨ 鍊(1198) ⑩ 鎖(1199) 鎭(1199) ⑪ 鏡(1200) ⑫ 鐘(1200) ⑬ 鐵(1201) ⑭ 鑑(1202) 鑄㊗(1202) ⑮ 鑛(1203)
長부	長(1204)
門부	門(1205) ③ 閉(1206) ④ 間(1206) 開(1207) 閏(1208) 閑(1208) ⑥ 閣(1209) ⑦ 閱㊗(1210) ⑪ 關(1210)

阜부	(왼 쪽 阝) 阜(1211) ④ 防(1212) ⑤ 附(1213) ⑥ 降(1213) 限(1214) ⑦ 院(1214) 陣(1215) 除(1215) ⑧ 陸(1216) 陶(1217) 陵(1218) 陰(1219) 陳(1219) 陷(1220) ⑨ 階(1221) 隊(1221) 隆(1222) 陽(1222) ⑩ 隔㉑(1223) ⑪ 障(1224) 際(1224) ⑫ 隣(1225) ⑬ 隨(1225) 險(1226) ⑭ 隱(1226)
隶부	隶(1227) ⑧ 隷㉑(1227)
隹부	隹(1228) ④ 雅(1229) 雁(1229) 雄(1230) 集(1231) ⑤ 雌㉇(1231) ⑨ 雖(1232) ⑩ 雙(1232) 雜(1233) ⑪ 難(1233) 離(1234)
雨부	雨(1235) ③ 雪(1236) ④ 雲(1237) ⑤ 零(1237) 雷(1238) 電(1239) ⑥ 需(1240) ⑦ 震㉑(1241) ⑨ 霜(1242) ⑪ 霧(1242) ⑫ 露(1242) ⑯ 靈(1243)
靑부	靑(1244) ⑧ 靜(1245)
非부	非(1246)

9획

面부	面(1247)
革부	革(1248)
韋부	韋(1249) ⑧ 韓(1250)
韭부	韭(1251)
音부	音(1251) ⑩ 韻(1252) ⑬ 響(1253)
頁부	頁(1253) ② 頃(1254) 頂(1255) ③ 須(1256) 順(1256) 項(1257) ④ 頌(1258) ⑤ 領(1258) 頗(1259) ⑦ 頭(1259) 頻(1260) ⑨ 顔(1260) 額(1261) 題(1261) ⑩ 類(1262) 願(1263) ⑫ 顧(1263) ⑭ 顯(1264)
風부	風(1265)
飛부	飛(1266) ⑫ 飜(1267)
食부	食(1267) ② 飢(1268) ④ 飯(1269) 飲(1269) ⑤ 飾(1270) 飽(1271) ⑥ 養(1271) ⑦ 餓(1272) 餘(1273) ⑧ 館(1273)
首부	首(1274)

香부　香(1275)

10획

馬부　馬(1277) ⑧ 騎(1278) ⑩ 騰⑳(1278) 騷(1279) ⑪ 驅(1279) ⑬ 驚(1280) 驛(1281) 驗(1281)

骨부　骨(1282) ⑬ 體(1282)

高부　高(1283)

髟부　髟(1284) ⑤ 髮(1284)

鬥부　鬥(1285) ⑩ 鬪(1286)

鬯부　鬯(1286)

鬲부　鬲(1287)

鬼부　鬼(1288) ④ 魂(1289)

11획

魚부　魚(1291) ⑥ 鮮(1291)

鳥부　鳥(1292) ③ 鳴(1293) 鳳(1294) ⑥ 鴻(1295) ⑩ 鷄(1295) 鶴(1296)

鹵부　鹵(1297) ⑬ 鹽(1297)

鹿부　鹿(1298) ⑧ 麗(1299)

麥부　麥(1300)

麻부　麻(1301)

12획

黃부　黃(1303)

黍부　黍(1304)

黑부 黑(1305) **4** 黙(1305) **5** 點(1306) **8** 黨(1306)
黹부 黹(1307)

13획

黽부 黽(1309)
鼎부 鼎(1310)
鼓부 鼓(1311)
鼠부 鼠(1312)

14획

鼻부 鼻(1313)
齊부 齊(1314)

15획

齒부 齒(1315)

16획

龍부 龍(1317)
龜부 龜(1318)

17획

龠부 龠(1319)

一部　1

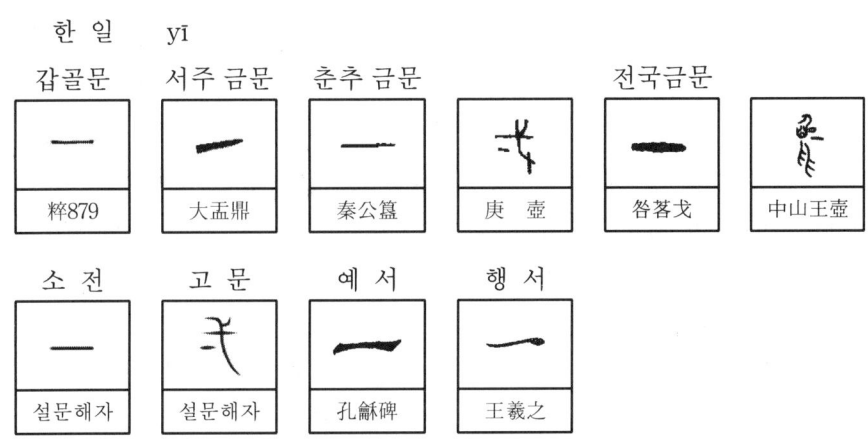

'一'자는 갑골문·금문·소전 등이 모두 같은 모양이다.

춘추(春秋)시대 금문 <경호(庚壺)>에서의 자형은 '弌'로 ≪설문해자≫에 수록된 고문(古文)과 같다.

갑골문에서는 '1'에서 '4'까지는 '一'·'二'·'三'·'亖'의 형태로 가로획을 하나씩 더해 가며 썼다. 모두 지사자(指事字)이다.

≪설문해자(說文解字)≫에서는 "一, 태초(太初)에 도(道)는 하나[一]에서 비롯되어, 그것이 하늘과 땅으로 나뉘었으며, 그런 다음 만물(萬物)이 생겨났다. 弌은 一의 고문이다.(「一, 惟初太始, 道立於一, 造分天地, 化成萬物. 弌, 古文一.」)"라고 하였다.

<一부>에 속하는 글자로는 '丁(넷째 천간 정)', '七(일곱 칠)', '三(석 삼)', '上(위 상)', '丈(어른 장)', '下(아래 하)', '不(아닐 불)', '丑(소 축)', '丘(언덕 구)', '丙(남녘 병)', '世(대 세)', '且(또 차)', '丞(도울 승)' 등이 있다. ■

1 丁

①넷째 천간 정 ②장정 정   dīng zhēng

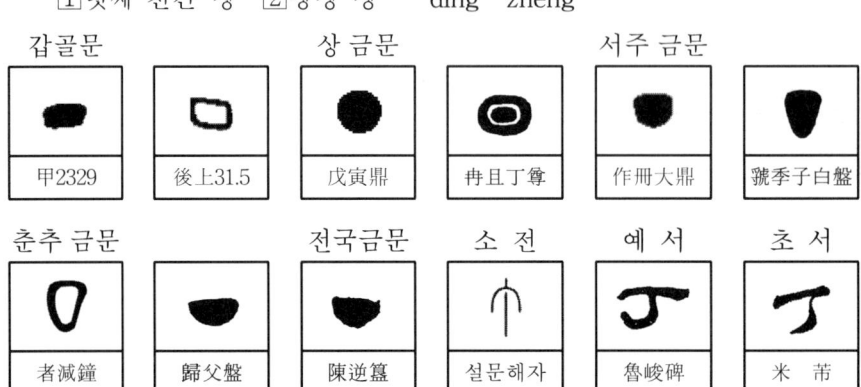

갑골문		상 금문		서주 금문	
甲2329	後上31.5	戊寅鼎	冉且丁尊	作冊大鼎	虢季子白盤

춘추 금문	전국금문	소 전	예 서	초 서
者滅鐘	歸父盤	陳逆簋	설문해자	魯峻碑	米 芾

'丁'자는 갑골문과 금문에서는 대체로 '■'·'□'·'●'·'▽' 등으로 썼다. 이것이 무엇을 본뜬 것인지에 대해서는 크게 두 가지 설이 있다.

하나는 사람의 정수리[頂(정)]를 그린 것이라는 주장이고, 다른 하나는 못[釘(정)]을 위에서 본 모양이라는 주장이다.

'정수리'설을 펴는 학자로는 엽옥삼(葉玉森)과 서중서(徐中舒)가 있다.

엽옥삼은 본래 사람의 정수리를 뜻하는 '天(천)'자를 '𠆢'·'𠊥' 등으로 썼으므로, 여기서의 '□'·'●'가 곧 후대의 '丁'자가 아닌가 한다고 하였고(≪은허서계전편집석(殷虛書契前編集釋)≫), 서중서는 "갑골문에서는 '宮(궁)'자를 '𠆢'·'𠆢' 등으로 쓴다. 여기에서 '口'는 창문을 위한 구멍을 뜻하고, 집을 지을 때 그것을 제일 위에 설치한다. 따라서 丁은 사람에서 제일 높은 정수리[頂]의 본자(本字)였는데, 10천간(天干)의 4번째 글자인 丁으로 가차(假借)되었다."라고 주장하였다(≪갑골문자전(甲骨文字典)≫).

한편 '못'설을 주장하는 학자로는 주준성(朱駿聲, ≪설문통훈정성(說文通訓定聲)≫)·오기창(吳其昌, ≪금문명상소증(金文名象疏證)≫)·당란(唐蘭, ≪은허문자기(殷虛文字記)≫) 등이 있는데, 이들은 모두 '丁'은 '釘'의 본자라고 하였다.

≪설문해자≫에는 "丁은 여름에 만물이 모두 튼튼하게[丁實(정실)] 자란다는 뜻이다. 상형자이다. 丁은 丙(병) 다음이다. 사람의 마음을 그린 것이다.(「丁, 夏時萬物皆丁實. 象形. 丁承丙. 象人心.」)"라고 하였는데, 이 해설은 '丁'자의 본뜻을 설명한 것이 아니라, '丁'자가 10천간의 4번째 글자로 가차된 다음 다시 음양오행설에 따라 뜻

을 설명한 것이다.

 '丁'은 본래 '못'이라는 뜻이 있어서, '단단하다'라는 뜻으로도 쓰이고, 다시 '나이 스무 살 된 남자'라는 뜻으로도 쓰인다. '장정(壯丁)'(①성년에 이른 혈기가 왕성한 남자 ②징병 적령(適齡)의 남자)이라는 말은 여기에서 나온 것이다.

 참고로 우리말에서는 '丁'을 '고무래 정'이라고도 훈을 하는데, 이는 글자 모양이 고무래와 비슷해서 붙여진 것으로, 본래의 글자 뜻과는 아무 관계가 없다. ■

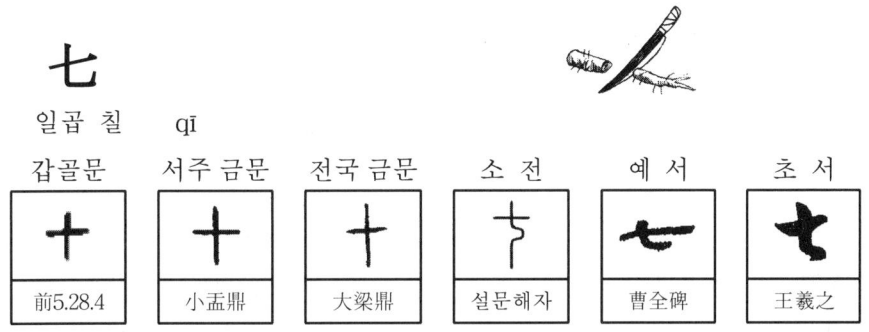

七

일곱 칠   qī

갑골문	서주 금문	전국 금문	소 전	예 서	초 서
十	十	十	㆔	七	七
前5.28.4	小盂鼎	大梁鼎	설문해자	曹全碑	王羲之

 갑골문과 금문의 '七'자는 모두 '十'로 썼다. 갑골문과 금문에서는 숫자 '10'은 'ㅣ'으로 쓰고, 숫자 '7'은 '十'로 썼다.

 소전에서 가운데 획을 구부려 '㆔' 즉 '七'로 쓴 것은 소전의 '十(십)'자와 구별하기 위해서이다.

 정산(丁山)은 '十'은 본래 가운데를 자른다는 뜻으로서 '切(절)'자의 초문(初文)이었는데, 이것이 숫자 '7'로 가차(假借)되어 가자 다시 '刀(도)'를 더하여 '切'자를 만든 것이라고 하였다.(≪수명고의(數名古誼)≫) 이 설은 여러 학자들이 동의하고 있다.

 ≪설문해자≫에서는 "七은 양(陽)의 바름을 뜻한다. 一(일)은 의미부분이고, (나머지 부분은) 약한 음기(陰氣)가 가운데로부터 비스듬히 나오고 있는 형태이다.(「七, 陽之正也. 从一. 微陰从中穿出也.」)"라고 하였는데, 원래의 자형과는 다른 해석이라 하겠다.

 왕균(王筠)은 "一은 양을 뜻한다. 양 가운데 음이 있으므로, 그래서 소양(少陽)이 되는 것이다.(「一者, 陽也. 陽中有陰, 故爲少陽.」)"라고 하였다.(≪설문해자구두(句讀)≫) 소양은 곧 정양(正陽)을 가리킨다. ■

2 三

① 석 삼 ② 거듭 삼   sān

 '三'자는 갑골문과 금문 그리고 소전 등이 모두 획을 세 번 그은 형태이다. 숫자 '3'을 나타내는 지사자(指事字)이다.
 ≪설문해자≫에서는 "三은 천(天)·지(地)·인(人)의 도(道)를 뜻한다. 3획으로 이루어졌다. 弎은 三의 고문(古文)이다.(「三, 天地人之道也. 从三數. 弎, 古文三.」)"라고 하여, 단순한 숫자 표시인 '三'에 철학적 내용을 덧붙였다. ■

上

① 위 상 ② 오를 상   shàng shǎng sháng

 '上'자는 갑골문과 금문을 보면 모두 한 가로획을 기준으로 그 위에 다시 한 획을 그어 위쪽을 표시하였다. 지사자(指事字)이다.

갑골문에서는 기준이 되는 획이 휘어지기도 하였는데(<후하(後下) 8.7>), 이것은 숫자 '二(2)'와 구별하기 위해서라고 생각된다.

전국(戰國)시대 금문 <중산왕호(中山王壺)1>에서의 자형은 다시 세로 획 'ㅣ'을 더하여 오늘날의 '上'자와 같은 형태를 하고 있는데, ≪설문해자≫에 수록된 전문(篆文)은 이 자형과 같다. 또한 <중산왕호2>에서의 자형은 발음부분으로 '尙(상)'이 더해졌다.

≪설문해자≫에서는 "丄은 위를 뜻한다. 이것은 上의 고문(古文)이다. 지사(指事)이다. 上은 丄의 전문이다.(「丄, 高也. 此古文上. 指事也. 上, 篆文丄..」)"라고 하였다.

丈

어른 장 zhàng

소 전	예 서	행 서
丈	丈	丈
설문해자	何君碑	王 鐸

갑골문과 금문에서는 '丈'자가 보이지 않는다.

≪설문해자≫에서는 "丈은 10척(尺)이다. 손[又(우)]으로 十(십)을 쥐고 있는 형태(의 회의자)이다.(「丈, 十尺也. 从又持十.」)"라고 하였다.

'丈'이 '10척'이라는 길이를 뜻한다는 풀이는 '十'자를 쥐고 있다는 형태에서 나왔을 것이다. 그렇지만 이 자형을 해서체로 쓰면 支(지)'자가 된다. 이에 대해 소영(邵瑛)은 "아마 예서에서 소전 '丈'자를 支로 쓰자, 하는 수 없이 支를 丈자로 쓴 것이 아닌가 한다."라고 하였다.(≪군경정자(群經正字)≫)

'丈'은 10척에 해당한다. 현재의 길이 표준에 따르면 1척이 약 33cm에 해당하므로, 10척이면 3m30cm에 달하지만, 한(漢)나라 때의 1척은 27.65cm였다.

일반적으로 성년이 되면 키가 1丈에 가까워지게 되므로 장부(丈夫) 또는 대장부(大丈夫)라는 말로도 쓰이고, 성년 남자는 결혼을 하게 마련이라 '丈夫'가 남편이라는 뜻으로도 쓰이는 것이다. 결혼한다는 뜻의 '장가(丈家)'라는 말은 여기에서 나온 것이다.

또 '丈'은 '杖(지팡이 장)'자로도 쓰이는데, 사람이 나이가 들면 지팡이를 짚게 되므로, 나이 많은 분에 대한 존칭으로도 쓰인다. 노인장(老人丈), 장인(丈人), 장모(丈母)등과 같은 말은 여기에서 비롯된 것이다.

해세한(奚世戟)은 "丈은 杖의 본자(本字)로서, 손[又]으로 지팡이[十]를 쥐고 있는 형태이다. (여기에서의 十은) 숫자 9·10이라고 할 때의 十자가 아니다."라고 하였다.(<설문교안(說文校案)>, ≪상해국학잡지(上海國學雜誌)≫1915년 제1·2기)

이 주장에 따른다면 '丈'은 본래 '지팡이'를 뜻하였는데, 뒤에 도량형(度量衡) 단위로 쓰이게 되자, '지팡이'라는 뜻은 다시 '木(목)'자를 덧붙인 '杖'자를 만들어 그 자리를 보충한 것이 아닌가 생각된다. ■

① 아래 하 ② 내릴 하   xià

갑골문		서주 금문	춘추 금문		전국금문
前4.6.8	粹79	番生簋	哀成叔鼎	蔡侯申盤	中山王鼎

고문	전문	예서	행서	초서
설문해자	설문해자	史晨奏銘	王羲之	王羲之

'下'자는 갑골문과 서주(西周)시대 금문인 <번생궤(番生簋)>에서의 자형을 보면 모두 '二'로 썼다. 그런데 기준이 되는 획이 굽은 것은 '上(상)'자에서 설명한 바와 같이 숫자 '二(2)'와 구별하기 위함이다.

또 춘추(春秋)시대 금문인 <애성숙정(哀成叔鼎)>에서의 자형은 다시 세로 획 'ㅣ'을 더하여 오늘날의 '下'자와 같은 형태를 하고 있는데, ≪설문해자≫에 수록된 전문(篆文)은 이 자형과 같다.

≪설문해자≫에서는 "丅는 아래쪽을 가리킨다. 지사(指事)이다. 下는 丅의 전문이다.(「丅, 底也. 指事. 下, 篆文丅.」)"라고 하였다. ■

3 不

아닐 불·부   bù

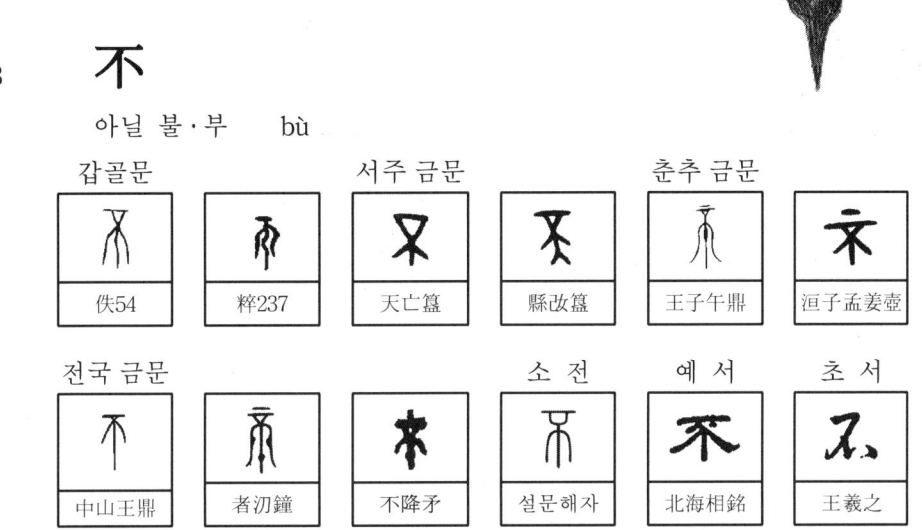

갑골문		서주 금문		춘추 금문	
佚54	粹237	天亡簋	縣改簋	王子午鼎	洹子孟姜壺

전국 금문		소 전		예 서	초 서
中山王鼎	者汈鐘	不降矛	설문해자	北海相銘	王羲之

'不'자는 갑골문, 금문 그리고 소전 등의 자형이 대체로 비슷하다. '不'은 꽃받침대를 그린 상형자라는 것이 학계의 정설이다.

곽말약(郭沫若)은 "不자가 柎(꽃받침대 부)자라는 주장은 한(漢)나라의 정현(鄭玄, 127~200)에서 시작되었다. ≪시경(詩經)·소아(小雅)·상체(常棣)≫에서 '아가위 꽃이여, 꽃송이가 울긋불긋하네.(「常棣之華, 鄂不韡韡.」)'라고 하였는데, 정현은 '不은 마땅히 柎로 써야 한다. 柎는 꽃받침이란 뜻이다. 옛날 발음으로는 不와 柎는 같은 발음이다.'라고 전(箋)을 달았다."라고 하였다.(≪갑골문자연구(甲骨文字硏究)·석조비(釋祖妣)≫)

이밖에 나진옥(羅振玉, ≪증정은허서계고석(增訂殷虛書契考釋)≫), 왕국유(王國維, ≪관당집림(觀堂集林)·석천(釋天)≫) 등도 '不'은 '柎'의 본자(本字)라고 보았다.

'不'은 복사(卜辭)에서부터 이미 부정사(否定詞)로 가차(假借)되어 쓰인 이후 거의 모든 경전에서 '不'을 부정사로 사용하고 있으며, 본래의 의미인 '꽃받침대'로 쓰인 예는 위에서 든 ≪시경·소아·상체≫의 예 하나 뿐이다.

≪설문해자≫에서는 "不은 새가 하늘을 날면서 내려오지 않는 것이다. 一(일)은 의미부분으로, 여기에서는 하늘과 같다. 상형이다.(「不, 鳥飛上翔不下來也. 从一. 一猶天. 象形.」)"라고 하였는데, 믿기가 어렵다. ∎

丑

소 축(본음 추)   chǒu

갑골문		서주 금문			춘추 금문
後上1.6.2	後上8.2	作冊大鼎	競卣	同簋	郘公簋

전국금문		소전	예서	행서
陳騂鐘	書也缶	大梁戈	설문해자	武后銘	王羲之

'丑'자는 갑골문, 금문, 소전 등의 자형이 거의 같다. 모두 손을 그린 상형자인데, 손가락이 굽어 있는 모양이다. 이에 대해 곽말약(郭沫若)은 '爪(손톱 조)'자의 고문(古文)이라고 하였고(≪갑골문자연구(甲骨文字硏究)·석간지(釋干支)≫), 엽옥삼(葉玉森)은 '手(수)'자의 고문이라고 하였다(≪은허서계전편고석(殷虛書契前編考釋)≫).

한편 이효정(李孝定)선생은 '丑'은 손을 그린 것인데, '又(우)'와 구별하기 위하여 그 손가락을 굽힌 것뿐이라고 하였다.(≪갑골문자집석(甲骨文字集釋)≫)

'丑'은 복사(卜辭)에서 이미 12지지(地支)의 두 번째 지지로 가차(假借)되어 쓰이면서, '손'이라는 뜻으로는 쓰이지 않게 되었다.

≪설문해자≫에서는 "丑, 丑이 두 번째 지지로 쓰이는 까닭은 음기의 견고한 묶음[紐(뉴)]이 서서히 풀리기 때문이다. 12월에는 만물이 움직이고 일을 한다. 손을 그린 것이다. 시간이 축시(丑時, 새벽 1시~3시)를 지나면 역시 손을 들어 일을 할 때라는 것이다.(「丑, 紐也. 十二月, 萬物動用事. 象手之形. 時加丑, 亦擧手時也.」)"라고 하였다. 이 해설은 '丑'자의 본뜻을 설명한 것이 아니라, '丑'자가 12지지의 2번째 글자로 가차된 다음 다시 음양오행설에 따라 뜻을 설명한 것이다.

단옥재(段玉裁)는 "<사부(糸部)>에 이르기를 '紐는 묶는다는 뜻이다. 일설에는 묶였지만 가히 풀 수 있다는 뜻이라고도 한다.(「紐, 系也. 一曰: 結而可解.」)'라고 하였다. 12월은 음기의 견고함이 서서히 풀리는 때이므로, 그래서 紐라고 한 것이다."라고 하였다.(≪설문해자주(注)≫)

참고로 고대에는 12지지로 월을 표시하였는데, 하(夏)나라의 월력에 따르면 자월(子月)은 11월, 축월(丑月)은 12월, 인월(寅月)은 정월에 해당한다. ■

4 丘
언덕 구 qiū

갑골문		춘추 금문		전국 금문	
佚733	前1.24.3	商丘叔臣	子禾子釜	鄂君車節	閭丘戈

전국 금문		소전	고문	예서	행서
廿二年戈	兆域圖	설문해자	설문해자	華山廟碑	王羲之

'丘'는 갑골문을 보면 봉우리가 두 개인 산(山)의 모양이다. 그러므로 산 보다는 약간 작은 규모인 언덕 또는 구릉(丘陵)을 그린 상형자임을 알 수 있다.

그런데 금문에서부터 자형의 변화가 일어나기 시작하여, 소전에 이르러서는 원래의 형태와는 차이가 많이 나게 되었다. 현재의 '丘'자는 소전 '丠'를 예서로 쓰면서 다시 변형된 글자체이다.

《설문해자》에서는 "丠(丘)는 지역이 높은 곳을 뜻하는데, 사람이 만든 바가 아닌 것을 가리킨다. 北(북)과 一(일)은 모두 의미부분이다. 一은 땅을 가리킨다. 사람은 언덕의 남쪽에 기거(寄居)하므로 北이 의미부분이 되는 것이다. …… 일설에는 사방이 높고 가운데가 낮은 곳을 丘라고 한다고도 한다. 상형이다. 坴는 고문(古文)으로 土(토)를 더하였다.(「丠, 土之高也. 非人所爲也. 从北, 从一. 一, 地也. 人居在丘南, 故从北. …… 一曰四方高中央下爲丘. 象形. 坴, 古文从土.」)"라고 하였다.

또 일설에는 '丘'를 "사방이 높고 가운데가 들어간 지형을 그린 상형자라고 한다"라고 소개하였는데, 갑골문을 보면 봉우리가 두 개이므로 "가운데가 들어가 있는 모양"이라는 설도 전혀 근거가 없는 것은 아니라고 생각된다. ■

丙

남녘 병, 셋째 천간 병   bǐng

'丙'자는 갑골문, 금문 그리고 소전 등의 자형이 완전히 같다고는 할 수 없지만 대체로 비슷한 모양을 하고 있다. 그런데 이것이 무엇을 본뜬 것인지에 대해서는 아직 정설이 없다. 전국(戰國)시대 금문에서는 '口(구)'가 더해져 '吾'으로 쓰기도 하였다.

곽말약(郭沫若)은 물고기의 꼬리 모양이라고 하였고(≪갑골문자연구(甲骨文字硏究)·석간지(釋干支)≫), 우성오(于省吾)는 물건을 위에 놓을 수 있게 만든 받침대 모양 같다고 하였으며(≪은계변지(殷契騈枝)≫), 엽옥삼(葉玉森)은 궤(几)의 모양 같다고 하였는데(≪은허서계전편고석(殷虛書契前編考釋)≫), 누구의 설이 맞는지는 알 수 없다.

'丙'은 복사(卜辭)에서 10천간(天干)의 3번째 글자로 가차(假借)되어 쓰였다.

≪설문해자≫에서는 "丙은 남방에 해당한다. 만물이 성장하고 빛난다. 음기가 일어나기 시작하니, 양기가 점차 쇠퇴해 간다. 一(일)·入(입)·冂(경)은 모두 의미 부분이다. 一은 양(陽)을 뜻한다. 丙은 乙(을) 다음으로, 사람의 어깨를 그린 것이다.(「丙, 位南方. 萬物成, 炳然. 陰气初起, 陽气將虧. 从一·入·冂. 一者, 陽也. 丙承乙, 象人肩.」)"라고 하였는데, 이 해설은 '丙'자의 본뜻을 설명한 것이 아니라, '丙'자가 10천간의 3번째 글자로 가차된 다음 다시 음양오행설에 따라 뜻을 설명한 것이다. ■

一部　11

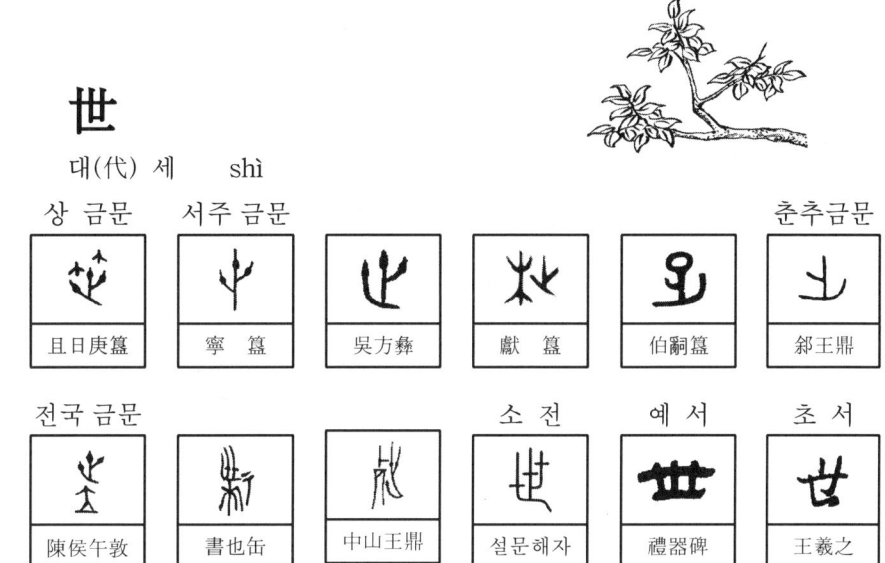

世
대(代) 세　shì

상 금문	서주 금문			춘추금문	
且日庚簋	寧簋	吳方彝	獻簋	伯嗣簋	郐王鼎

전국 금문			소 전	예 서	초 서
陳侯午敦	書也缶	中山王鼎	설문해자	禮器碑	王羲之

　갑골문에는 '世'자가 보이지 않는다.

　금문의 자형은 '世'(<녕궤(寧簋)>·<오방이(吳方彝)>)를 기본으로, '笹'(<(차일경궤(且日庚簋)>), '枻'(<헌궤(獻簋)>), '荳'(<진후오돈(陳侯午敦)>), '襟'(<서야부(書也缶)>), '枻'(<중산왕정(中山王鼎)>) 등으로 썼다.

　임의광(林義光)은 "금문의 世자는 葉(엽)자의 고문(古文)으로 줄기와 잎을 그린 상형자이다. 초목의 잎은 세월이 흐르면서 겹쳐 자라기 때문에, 세대(世代)라고 할 때의 世는 여기에서 비롯된 것이다."라고 하였다.(《문원(文源)》)

　한편 고홍진(高鴻縉)은 '世'는 세 개의 '十(십)'자로 30년을 나타내고, '止(지)'는 발음부분이라고 하였는데(《중국자례(中國字例)》), 대부분의 학자들은 '世'자는 '葉'자와 관계있는 글자로 본다.

　《설문해자》에서는 "世는 30년을 1세대가 된다. 卅(삽)자를 잡아 늘인 형태로서, (卅에서) 발음도 취했다.(「世, 三十年爲一世. 从卅而曳長之, 亦取其聲.」)"라고 하였다.

　그런데 '世'가 30년을 뜻한다는 것은 뒤에 파생되어 나온 뜻이고, 금문의 자형으로 볼 때 '世'자가 '卅'자를 잡아 늘인 것은 아니다.

　'世'자가 본래 '30년'을 가리키는 말은 아니었지만, 후대에 이 뜻을 기초로 하여 부모와 자식 간의 연령 차이를 뜻하는 세대, 또 좀 더 발전하여 그런 사람들이 사는 세상(世上) 또는 세계(世界) 등과 같은 뜻으로도 쓰이게 되었다. ■

且

또 차 qiě

'且'가 무엇을 본뜬 것인지에 대해서는 아직 정론이 없다.

먼저 서중서(徐中舒)는 '且'는 '𖼀'(<삼년흥호(三年瘐壺)>) 즉 '俎(제사 그릇 조)'와 같은 글자라고 하였고(《갑골문자전(甲骨文字典)》), 진초생(陳初生)은 신주(神主) 즉 위패(位牌)를 그린 상형자라고 하였다(《금문상용자전(金文常用字典)》). 두 사람은 모두 '且'는 '祖(조)'자의 초문(初文)으로 보았다.

한편 곽말약(郭沫若)은 고대에는 생식신(生殖神)을 중시하였으므로 '且'는 남성의 생식기를 그린 것이라고 하였다.(《갑골문자연구(甲骨文字研究)·석조비(釋祖妣)》)

《설문해자》에서는 "且는 바친다는 뜻이다. 几(궤)는 의미부분으로, (안석(案席)의) 다리(사이)에 두 가로획이 있고, 一은 그 아래 땅을 표시한다.(「且, 薦也. 从几, 足有二橫. 一, 其下地也.」)"라고 하였다. ■

 部

丨

뚫을 곤　gǔn

소 전

丨
설문해자

갑골문과 금문에는 '丨'자가 보이지 않는다.

《설문해자》에서는 "丨은 위와 아래가 통한다는 뜻이다. 위로 올라가는 것은 囟(신)자처럼 읽고, 아래로 내려가는 것은 退(퇴)자처럼 읽는다.(「丨, 上下通也. 引而上行, 讀若囟; 引而下行, 讀若退.」)"라고 하였다.

현재 <丨부>에 속한 글자로는 '屮(넝쿨 구)', '个(낱 개)', 'Y(가장귀 아)', '中(가운데 중)', '丮(잡을 극)', '丰(예쁠 봉)', '丱(쌍상투 관)', '串(익힐 관; 꿸 천; 땅이름 곶)' 등이 있다. 이 가운데서 '위아래를 관통(貫通)하다'라는 뜻이 살아 있는 글자로는 '丰'과 '串'이 있을 뿐이고, 나머지는 글자의 뜻과는 상관없이 글자 모양이 해서체로 정형화되면서 '丨'부로 들어간 글자들이다.

'丰'은 본래 구슬[玉(옥)]을 꿰어 놓은 모양을 그린 상형자로서, 그래서 '예쁘다'라는 뜻을 갖는 것이다. 또 '串'은 위에서 밝힌 바대로 세 가지 발음이 있는데, '천'이라고 읽을 때는 '穿(뚫을 천)'자와 같은 뜻이 된다. ■

3　

1 가운데 중　2 맞을 중　zhōng

갑골문　　　　　　　　　　　　　　　　　상 금문

前5.6.1	林2.11.1	前6.2.3	菁3.1	中婦鼎	中父辛爵

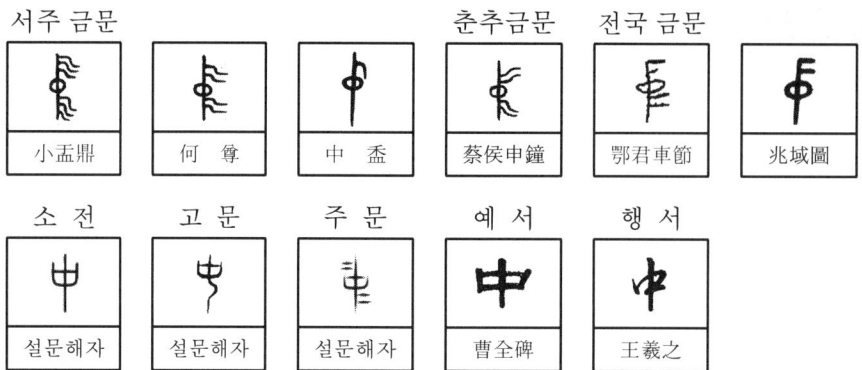

'中'자는 본래 '깃발'을 그린 상형자이다. 갑골문과 금문의 '中'자를 보면 그 형태는 모두 4가지로 나뉜다.

첫째, 그 형태가 깃발이 휘날리는 가장 기본적인 형태인 '𣅊'(<전(前) 5.6.1>·<중부정(中婦鼎)>); 둘째, 깃대 가운데에 '口' 또는 '○'가 들어간 형태인 '𠁩'(<임(林) 2.11.1>·<수(粹)597>·<소우정(小盂鼎)> 등); 셋째, 깃발이 위아래 한 쪽만 휘날리는 형태인 '𠁧'(<전(前) 6.2.3>·<중화(中盉)>·<조역도(兆域圖)>) 그리고 넷째, 생략 형태인 '中'(<청(菁) 3.1>) 등이다.

예전에는 첫 번째 형태인 '𣅊'은 '㫃(깃발 언)'자로, 두 번째와 세 번째 형태인 '𠁩'과 '𠁧'은 '中'으로, 그리고 네 번째 형태인 '中'은 '仲(버금 중)'으로 각각 다르게 분석하였다.

그런데 당란(唐蘭)은 기존의 학설을 부정하고 이 네 가지 형태 모두를 '中'자로 간주하면서, 다만 그 형태가 첫 번째 형태에서 네 번째 형태로 변화하였을 뿐이라고 하였다. 그의 견해에 따르면 고대에는 큰 일이 있을 때는 먼저 넓은 곳에 깃발을 세웠는데, 그러면 사람들이 그 깃발을 보고 모여들게 되고 따라서 자연히 깃발을 세운 곳이 중앙이 된다는 것이다.(《은허문자기(殷虛文字記)》) 이 설은 학계에서 널리 받아들여지고 있다.

《설문해자》에서는 "中은 안[內(내)]을 뜻한다. 口(위)는 의미부분이고, ㅣ(곤)은 위아래가 통했다는 뜻이다. 𠁩은 中의 고문(古文)이다. 𠁧은 中의 주문(籀文)이다.(「中, 內也. 从口; ㅣ, 上下通. 𠁩, 古文中. 𠁧, 籀文中.」)"라고 하였다. ■

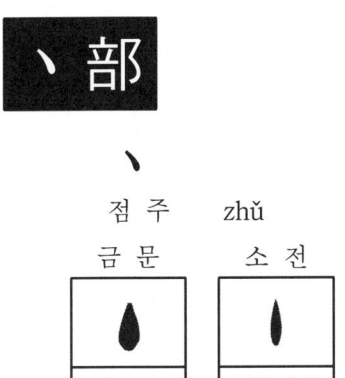
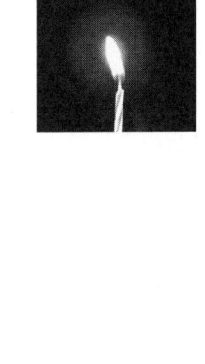

丶

점 주 zhǔ

금 문	소 전
庚 爵	설문해자

'丶'는 갑골문에는 보이지 않고, 금문과 소전의 자형은 '丶'로 같다.

마서륜(馬敍倫)은 침[涶(타), 즉 唾]과 불꽃[主(주)]은 모두 '丶'로 나타냈는데, 뒤에 침은 '涶' 또는 '唾'로 쓰고, 불꽃은 등잔[王]이 더해져 '主'로 쓰면서 둘로 나누어졌다고 하였고(≪독금기각사(讀金器刻詞)≫), 고홍진(高鴻縉) 역시 '丶'는 불꽃을 그린 것이라고 하였다(≪중국자례(中國字例)≫).

≪설문해자≫에서는 "丶는 멈추고자 하는 곳이 있을 때, 丶를 쳐서 표시한다.(「丶, 有所絶止, 丶而識之也.」)"라고 하였다.

현재 <丶부>에 속한 글자로는 '丸(알 환)', '丹(붉을 단)', '主(주인 주)', '丼(우물 정)' 등이 있는데, '불꽃'이라는 원래의 뜻과는 상관없이 모두 해서체에 의한 자형 분류에 따랐을 뿐이다. ■

2 丸

알 환 wán

소 전	예 서	초 서
설문해자	隸字彙	王羲之

갑골문과 금문에는 '丸'자가 보이지 않는다.

≪설문해자≫에서는 "丸은 둥글다는 뜻으로, 한 쪽으로 기울어져서 도는 것이다.

仄(측)자를 거꾸로 한 형태이다.(「丸, 圜, 傾側而轉者. 从反仄.」)"라고 하였다.

'丸'자는 본래 '둥글다'는 뜻을 가지고 있기 때문에, 뒤에 '작고 동글동글한 물건'에는 '丸'자를 쓰게 되었다. 동글동글한 모양의 한약을 환약(丸藥)이라고 하고, 배 아플 때 먹는 정로환(正露丸) 등의 이름은 여기에서 비롯된 것이다. ■

3 丹

붉을 단　dān

갑골문	서주 금문	춘추 금문	전국 금문
乙6451	京津3649	庚嬴卣	姬丹盤	甘丹上庫戈

소 전	고 문	고 문	예 서	초 서
설문해자	설문해자	설문해자	禮器碑	王羲之

'丹'자는 갑골문, 금문, 그리고 소전 등이 모두 같은 형태이다.

갑골문에서 '丹'은 나라 이름으로 쓰였다.

≪설문해자≫에서는 "丹은 파(巴, 지금의 중경시 일대) 지방과 월(越, 지금의 광동성과 광서성 일대) 지방에서 나는 주사(朱砂)를 뜻한다. (月은) 주사가 나는 우물[井(정)]을 그린 것이고, ㅅ은 바로 주사를 그린 것이다. 冃은 丹의 고문(古文)이다. 彤도 역시 丹의 고문이다.(「丹, 巴越之赤石也. 象采丹井, ㅅ象丹形. 冃, 古文丹. 彤, 亦古文丹.」)"라고 하였다.

'丹'자는 본래 '朱砂'라는 뜻을 가지고 있기 때문에, 뒤에 '붉다'라는 뜻으로도 쓰인다. 궁궐이나 사찰에 그린 그림이나 무늬를 단청(丹靑)이라고 하고, 변치 않는 마음이라는 뜻의 일편단심(一片丹心, 한 조각의 붉은 마음)이라는 말에도 쓰이게 되었다.

또 옛날에 먹으면 장생불사(長生不死)를 한다는 영약(靈藥)은 겉에 붉은 칠을 해서인지 이런 약들을 선단(仙丹) 또는 영단(靈丹)이라고 불렀다. ■

4 主

주인 주   zhǔ

소전 — 설문해자
예서 — 曹全碑
초서 — 王羲之

≪고문자류편(古文字類編)≫(2010)을 보면 '主'자의 갑골문으로 신주(神主)를 그린 '𤈨'(<합집(合集) 22062>)·'𠂉'(<후상(後上) 1.5 >) 등과 같은 글자를 수록하고 있다. 그런데 이와 같은 글자들은 ≪갑골문자집석(甲骨文字集釋)≫·≪갑골문자전(甲骨文字典)≫·≪한어고문자자형표(漢語古文字字形表)≫ 등에서는 모두 '示(시)'자로 여기고 있다.

≪설문해자≫에서는 "主는 촛대 위의 불꽃을 뜻한다. 뽀는 의미부분으로, (촛대를 그린) 상형자이다. ㇀(주) 역시 의미부분인데, 발음부분이기도 하다.(「主, 鐙中火主也. 从뽀, 象形. 从㇀, ㇀亦聲.」)"라고 하였다.

단옥재(段玉裁)는 '主'자는 본래 '불꽃'이라는 뜻이었는데 뒤에 주인(主人)이라는 뜻으로 가차(假借)되어 쓰이자, 본래 '불꽃'이라는 의미의 '主'자는 다시 '火(화)'자를 더한 '炷(심지 주)'자를 새로이 만들어 그 자리를 보충하였다고 하였다.(≪설문해자주≫)

'主'자가 본래 '주인'을 가리키는 말은 아니었지만, 후대에 이 뜻을 기초로 하여 군주(君主), 주권(主權), 주동자(主動者), 가정주부(家庭主婦, 한 집안을 다스리는 주인이 되는 여자), 주제(主題) 등과 같은 뜻으로도 쓰이게 되었다. ■

ノ部

ノ
삐침 별　piě yì

소 전

ノ
설문해자

갑골문과 금문에는 'ノ'자가 보이지 않는다.

≪설문해자≫에서는 "ノ은 오른 쪽에서 삐쳐 나간 것이다. 왼 쪽으로 잡아당긴 모양을 그린 것이다.(「ノ, 右戾也. 象左引之形.」)"라고 하였다.

현재 <ノ부>에 속한 글자로는 '乀(파임 불)', '乂(벨 예)', 'ナ(=左, 좌)', '乃(이에 내)', '久(오랠 구)', '乇(부탁할 탁)', '之(갈 지)', '乍(잠깐 사)', '乎(인가 호)', '乏(가난할 핍)', '丟(아주 갈 주)', '乖(어그러질 괴)', '乘(탈 승)' 등이 있다. 모두 글자의 뜻과는 상관없이 해서체의 자형 분류에 따른 것이다. ■

1　乃
　　이에 내　nǎi

갑골문			서주 금문		춘추 금문
菁3.1	前4.45.2	後下36.2	大盂鼎	毛公鼎	吳王光鐘

전국금문	소 전	고 문	주 문	예 서	초 서
者汈鐘	설문해자	설문해자	설문해자	史晨後碑	王羲之

'乃'자는 갑골문, 금문, 소전 등의 자형이 거의 같다. 다만 이것이 무엇을 본뜬 것인 지에 대해서는 아직 정론이 없다.

곽말약(郭沫若)은 '乃'는 사람의 옆모습에서 가슴 부분이 돌출한 모양으로 수유(授乳)와 관계있는 글자인 '奶(젖 내)' 또는 '嬭(젖 내)'의 초문(初文)이라고 하였는데(≪금문총고(金文叢考)≫), 학자들은 대체로 이 견해를 따르고 있다.

그런데 주방포(朱芳圃)는 '繩(새끼줄 승)'자의 초문이라고 하였고(≪은주문자석총(殷周文字釋叢)≫), 일본인 시라가와(白川靜)는 '乃'자는 자형상 '弓(궁)'자와 큰 차이가 없다고 하였는데(≪금문통석(金文通釋)≫), 이러한 견해를 따르는 학자들은 많지 않다.

≪설문해자≫에서는 "乃는 말을 이끌어 내기가 어렵다는 뜻이다. 기(氣)가 나오기 어려운 모습을 그렸다. ᛂ는 乃의 고문(古文)이다. ᛃ는 乃의 주문(籀文)이다.(「乃, 曳詞之難也. 象气之出難. ᛂ, 古文乃. ᛃ, 籀文乃.」)"라고 하였다.

임의광(林義光)은 ≪설문해자≫의 해설에 근거하여 '乃'를 '扔(당길 잉)'자의 초문이라고 하였다.(≪문원(文源)≫)

또한 양(梁) 고야왕(顧野王, 519~581)의 ≪옥편(玉篇)≫(543년)에서 ≪설문해자≫를 인용하여 "乃는 말을 하기가 어렵다는 것이다.(「乃者, 申辭之難也.」)"라고 한 것으로 볼 때, ≪설문해자≫ '乃'자 해설에서의 '曳(끌 예)'자는 '申(신)' 즉 '伸(펼 신)'자를 잘못 쓴 것일 수도 있다.

'乃'자는 본래의 자형과는 상관없이 옛날 책에서는 2인칭대명사 또는 '곧'·'즉'·'따라서'·'그리하여' 등과 같은 뜻을 갖는 부사나 접속사로 많이 쓰였다. ■

2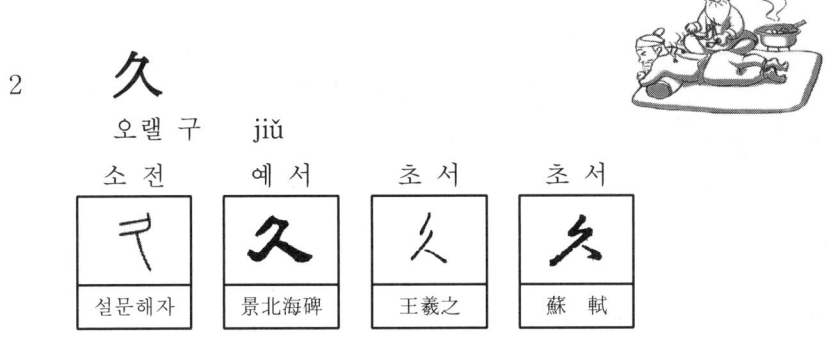

久

오랠 구 jiǔ

소전	예서	초서	초서
ᛉ	久	久	久
설문해자	景北海碑	王羲之	蘇軾

갑골문과 금문에는 '久'자가 보이지 않는다.

≪설문해자≫에서는 "久는 한참 동안 뜸을 뜬다는 뜻이다. 사람 양 쪽 정강이 뒤에 복사뼈가 있는 것을 그린 것이다.(「久, 以後灸之. 象人兩脛後有距也.」)"라고 하였다.

한편 양수달(楊樹達)은 '久'는 뜸을 뜬다는 뜻의 '灸(구)'자의 초문(初文)으로, 사람이 병이 들어 누워 있는 모습에 '\'은 뜸을 뜨는 것을 그린 것이라고 하였다.(≪적미거소학술림(積微居小學述林)≫)

이 주장에 따르면 '久'와 '灸'는 고금자(古今字)로서 '久'가 '오래되다'라는 뜻으로 쓰이게 되자, '久'자에 다시 '火(화)'자를 더한 '灸'자를 만들어 원래의 뜻을 나타내도록 한 것으로 볼 수 있다.

'久'자는 본래 '뜸을 뜬다'는 뜻이었다. 뜸을 뜨려면 시간이 오래 걸리므로 후대에는 이 뜻을 기초로 하여 '久'는 시간적으로 '오래되었다'는 뜻으로 많이 쓰인다. 장구(長久)하다, 유구(悠久)한 역사, 구원(久遠, 아득히 멀고 오램) 등과 같은 말이 그러한 예이다. ■

3   之
   갈 지   zhī

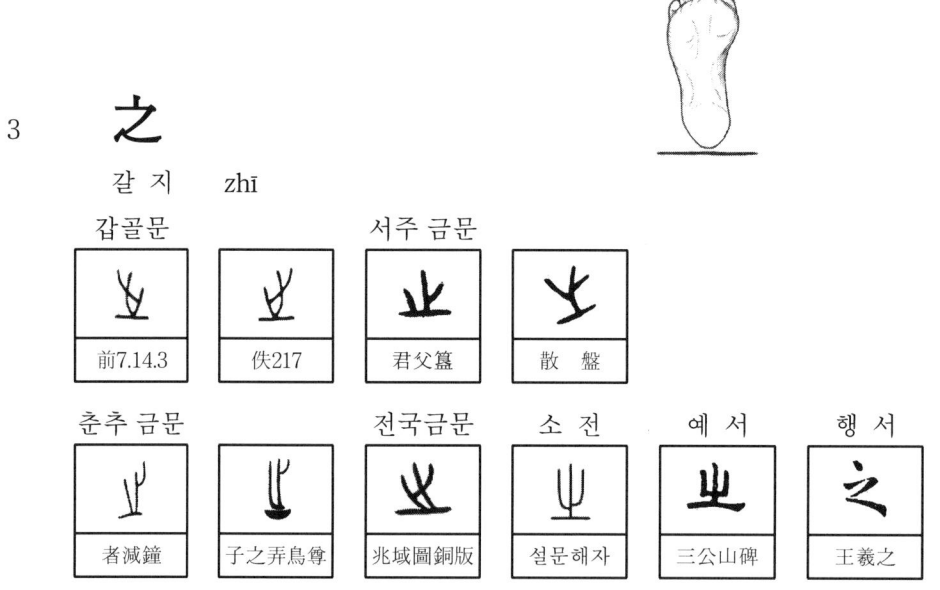

'之'자는 갑골문을 보면 발을 간단하게 그린 '止' 즉 '止(지)'와 '一'로 이루어진 형태이다.

'止'는 현재는 '멈추다'의 뜻으로 쓰이지만, 본래는 '행동'·'이동' 등 '가다'라는 뜻으로 쓰였고, '一'은 지면(地面) 또는 출발선을 표시하므로, '之'는 '가다'라는 뜻을 나타내는 회의자임을 알 수 있다. '之'자를 '갈 지'로 훈을 하는 까닭도 여기에 있는 것이다. '之'는 후에 '그것'을 가리키는 대명사 또는 '…의'라는 의미의 조사로 가차(假借)되어 쓰인 다음에는 '가다'라는 본래의 뜻으로 쓰인 예는 별로 없다.

금문과 소전은 그 형태가 약간 변하여 '屮'처럼 썼다.

≪설문해자≫에서는 "之는 나간다는 뜻이다. 풀잎이 돋아 나오면서 그 가지와 줄기가 점점 커져 뻗어 나가는 바가 있음을 그린 것이다. 一은 땅을 가리킨다.(「屮, 出也. 象艸過屮, 枝莖益大, 有所之. 一者, 地也.」)"라고 하였는데, 갑골문을 볼 때 이러한 분석은 믿기가 어렵다. ■

4 乎

어조사 호   hū

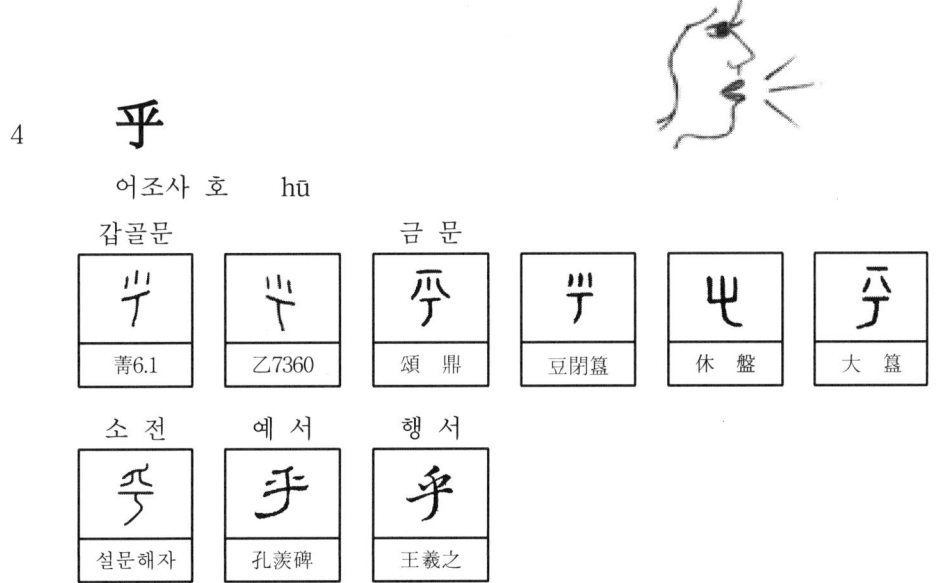

갑골문		금문			
菁6.1	乙7360	頌鼎	豆閉簋	休盤	大簋

소전	예서	행서
설문해자	孔羨碑	王羲之

'乎'는 '丁' 위에 '爫'이 있는 형태인데, 이것은 갑골문·금문·소전 등이 모두 같다.

이에 대해 고홍진(高鴻縉)은 "乎는 呼(부를 호)의 초문(初文)이다. '爫'는 기(氣)가 위로 올라가는 것을 표시한 것이지 문자는 아니다. 丂(고)는 발음부분이다. 乎는 뒤에 의미부분으로 口(구)를 더한 呼자로 쓰거나 또는 言(언)을 더한 評(호), 虍(호랑이 무늬 호)를 더한 虖(울부짖을 호)자로 썼다."라고 하였다.(≪중국자례(中國字例)≫)

이 주장에 따르면 '乎'는 '呼'의 초문(初文)이고, '評'와 '虖'는 '呼'의 이체자(異體字)가 된다.

≪설문해자≫에서는 "乎는 말의 여운을 뜻한다. 兮(혜)는 의미부분이다. (丿은) 소리가 점점 위로 올라가는 모양을 그린 것이다.(「乎, 語之餘也. 从兮, 象聲上越揚之形也.」)"라고 하였다. ■

9   乘

①탈 승 ②수레 승   chéng shèng

갑골문			서주 금문		
粹209	乙071	佚875	格伯簋	虢季子白盤	克鐘

춘추 금문	전국 금문	소 전	고 문	예 서	초 서
匽公匜	鄂君車節	설문해자	설문해자	魯峻碑	王義之

'乘'자는 갑골문과 금문을 보면 사람이 나무 위에 올라가 있는 모양이다. 즉 '오르다'라는 뜻을 나타내는 회의자임을 알 수 있다.

이효정(李孝定)선생은 "乘의 본뜻은 升(오를 승)이요, 登(오를 등)이다. 인신(引伸)하여 '그 위에 더한다[加其上(가기상)]'는 뜻으로 쓰인다. 허신은 乘을 '덮는다[覆(복)]'라고 풀이하였는데, 이것은 '그 위에 더한다'는 것과 같은 뜻이다."라고 하였다.(≪갑골문자집석(甲骨文字集釋)≫)

금문 <격백궤(格伯簋)> 등에서는 두 발을 강조하였는데, 소전은 이 형태를 따라 '桀'으로 썼다. '乘'은 '桀'의 예서체이다.

≪설문해자·걸부(桀部)≫에서는 "桀(乘)은 덮는다는 뜻이다. 入(입)과 桀(걸)은 모두 의미부분이다. 桀은 강하다는 뜻이다. 군법(軍法)에서는 (하극상을) 乘이라고 한다. 烝은 乘의 고문(古文)으로 (木(목) 대신) 几(궤)를 썼다.(「桀, 覆也. 从入·桀. 桀, 黠也. 軍法曰乘. 烝, 古文乘, 从几.」)"라고 하였는데, 갑골문과 금문을 볼 때 '乘'이 '入'과 '桀'로 이루어졌다는 분석은 믿기가 어렵다.

다만 '入'은 '人(인)'과 같고 '桀(홰 걸)'에서 '舛(어그러질 천)'은 사람의 두 발을 그린 것의 변형이므로, '乘'자가 '入'과 '桀'의 결합이라고 하더라도 "사람이 두 발로 나무에 올라가 있는 모양"이라는 뜻은 어느 정도 반영하고 있다고 할 수 있다.

'乘'자는 본래 '나무에 오른다'는 뜻을 가지고 있기 때문에, 뒤에 일반적으로 '오르는' 것 또는 '타는' 행위에는 '乘'자를 쓰게 되었다. 승차(乘車), 승마(乘馬), 승무원(乘務員), 합승(合乘) 등과 같은 말은 여기에서 비롯된 것이다. ■

乙部

乙
새 을   yǐ

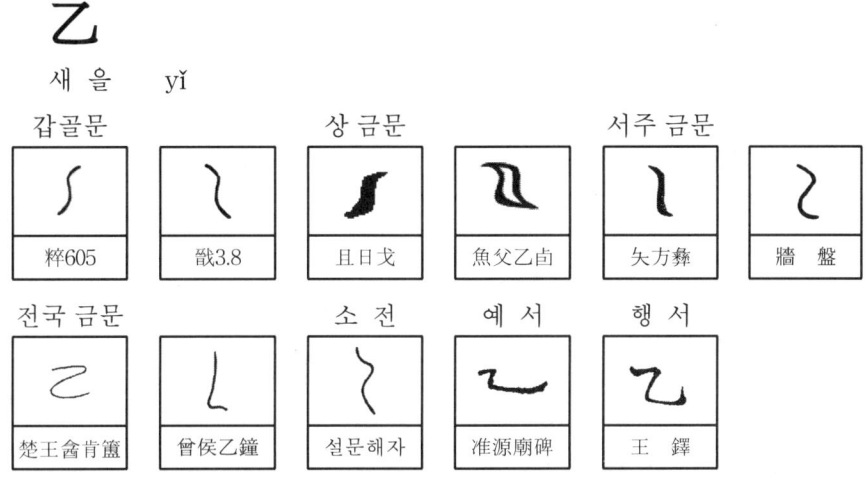

'乙'자의 형태는 갑골문·금문·소전 등이 모두 비슷한데, 이것이 무엇을 본뜬 것인지에 대해서는 학자들 사이에 의견이 분분하다.

곽말약(郭沫若)은 물고기의 내장(內腸)이라고 하였고(≪갑골문자연구(甲骨文字研究)·석간지(釋干支)≫), 오기창(吳其昌)은 칼[刀(도)]을 그린 것이라고 하였고(≪금문명상소증(金文名象疏證)≫), 당란(唐蘭)은 현조(玄鳥)를 그린 것이라고 하였으며(≪천양각갑골문자고석(天壤閣甲骨文字考釋)≫), 이효정(李孝定)선생은 '乙'과 작은 시냇물 '〻'은 본래 한 글자였는데 '乙'자가 10천간(天干)의 두 번째 글자로 가차(假借)되어 가면서 두 개의 글자로 나누어지게 되었다고 주장하였는데(≪갑골문자집석(甲骨文字集釋)≫), 어느 주장이 옳은지는 아직 확실하지 않다.

≪설문해자≫에서는 "乙은 봄에 초목이 꾸불꾸불 나오는 모습인데, 음기(陰氣)가 아직 강하여 그 나오는 모습이 곧바르지 못하고 꾸불꾸불한 것이다. ㅣ(뚫을 곤)자와 같은 뜻이다. 乙은 甲(갑) 다음이며, 사람의 목을 그린 것이다.(「乙, 象春艸木冤曲而出, 陰气尙彊, 其出乙乙也. 與ㅣ同意. 乙承甲, 象人頸.」)"라고 하였는데, 이 해설은 '乙'자의 본뜻을 설명한 것이 아니라, '乙'자가 10천간(天干)의 2번째 글자로 가차된 다음 다시 음양오행설에 따라 뜻을 설명한 것이다.

<乙부>에 속한 글자로는 '九(아홉 구)', '乞(빌 걸)', '也(어조사 야)', '乳(젖 유)', '乾(하늘 건)', '亂(어지러울 란)' 등이 있다. 모두 해서체로 볼 때 '乙'이나 'ㄴ'과 같은 형태가 들어간 글자들로 이루어져 있다. ■

1 九
아홉 구   jiǔ

갑골문	상 금문	서주 금문		춘추 금문	
後下13.9	戌嗣鼎	大盂鼎	小臣宅簋	余義鐘	嘉子伯昜匜

전국 금문			소 전	예 서	행 서
者汈鐘	胤嗣壺	陳喜壺	설문해자	孔龢碑	王羲之

'九'자가 무엇을 본뜬 것인가에 대해서는 아직까지 정설이 없다.

나진옥(羅振玉)은 '九'는 갈고리[鉤(구)] 모양을 본뜬 것으로 발음이 같아 숫자 9로 가차(假借)되어 쓰이게 된 것이라고 하였고(≪정송당집고유문(貞松堂集古遺文)≫ 제11권), 정산(丁山)은 팔꿈치[肘(주)]를 본뜬 것으로서 팔꿈치를 굽혔다 폈다 하는 모습이라고 하였으며(≪수명고의(數名古誼)≫교기(校記)), 우성오(于省吾)는 벌레[蟲(충)]를 그린 것이라고 하였다(≪은계변지삼편(殷契駢枝三編)≫).

이상에서 보듯이 누구의 설이 옳은지는 판단하기 어렵지만, '九'가 본래 '구부러졌다'는 뜻에서 숫자 9로 가차된 것은 분명하다고 할 수 있다.

≪설문해자≫에서는 "九는 양(陽)의 변화를 뜻한다. 그 굴곡이 다했음을 그린 모양이다.(「九, 陽之變也. 象其屈曲究盡之形.」)"라고 하였다.

허신(許愼)은 '四(사)'·'五(오)'·'六(육)'·'七(칠)' 등과 같은 숫자에 대해서도 음양오행설을 가지고 설명을 하고 있는데, 이것은 당시 동한(東漢) 때의 학풍에 영향을 받은 것이라고 짐작된다. ■

2 乞
빌 걸   qǐ qì

고문자에서는 '气(기운 기)'자와 '乞(빌 걸)'자의 구분이 없었다. 예서에 이르러 그 구별을 하기 위해 '气'자에서 가로획 하나를 뺀 '乞'자를 새로 만들어 오늘날까지 쓰이고 있다.

현재 '汩(편편할 골)'·'矻(수고로울 굴)'·'屹(산 우뚝 솟을 흘)'·'訖(이를 흘; 마칠 글)'·'忔(기쁠 흘)'·'汔(물 마를 흘)'·'迄(이를 흘) 등에서의 '乞' 부분은 모두 '气'자에서 온 것이다.

≪광운(廣韻)≫에서는 "乞은 구한다는 뜻이다.(「乞, 求也.」)"라고 하였다. ■

也
어조사 야　yě

서주 금문	전국 금문	소 전	진 석각	예 서	초 서
子仲匜	書也缶	설문해자	설문해자	史晨奏銘	王羲之

갑골문에는 '也'자가 보이지 않는다.

금문의 '也'자는 갑골문 '它(타)' 즉 '蛇(뱀 사)'자와 거의 같다. 용경(容庚) 역시 금문에서 '也'와 '它'는 같은 글자라고 하였다.(≪금문편(金文編)≫)

한편 왕균(王筠)은 '也'는 '匜(주전자 이)'자의 고문(古文)으로 물을 담는 그릇이라고 하였다.(≪문자몽구(文字蒙求)·상형(象形)≫) 이 주장에 따른다면 '也'자는 본래 '주전자'를 그린 상형자였는데 어조사(語助詞)로 가차(假借)되어 가자, 다시 그릇을 뜻하는 '匸(방)'자를 더한 '匜'자를 만들어 원래의 자리를 보충한 것이 된다.

≪설문해자≫에서는 "也는 여자의 음부(陰部)를 뜻한다. 상형이다. ㄵ는 진(秦) 석각(石刻)의 也자이다.(「也, 女陰也. 象形. ㄵ, 秦石刻也字.」)"라고 하였다. ■

7 乳
젖 유　rǔ

갑골문	소 전	예 서	초 서
乙8896	설문해자	張公神碑	王羲之

'乳'자는 갑골문을 보면 어머니가 아이를 품에 안고 젖을 먹이는 모습이다.

소전은 그 형체가 이미 많이 간략화 되었기 때문에 글자만을 보고 이와 같은 의미를 파악하기가 어려워졌다.(<자부(子部)> 1획 '孔(구멍 공)'자 참조.)

≪설문해자≫에서는 "乳, 사람이나 새가 자식을 낳는 것을 乳라고 하고, 짐승은 産(산)이라고 한다. 孚(부)와 乙(알)은 모두 의미부분이다. 乙은 현조(玄鳥; 생산을 상징하는 철새, 제비)이다.(「乳, 人及鳥生子曰乳, 獸曰産. 从孚, 从乙. 乙者, 玄鳥也.」)"라고 하였다. 허신(許愼)은 이미 많이 간략화된 소전체의 자형을 바탕으로 해석을 하였기 때문에 가끔씩 그 설명이 부정확할 때가 있다.

'孚'는 '부화(孚化)하다'라는 뜻이다. 그래서 의미부분이라고 한 것이다.

한편 서개(徐鍇)는 ≪설문해자계전(繫傳)·알부(乙部)≫ '乙'자 해설에서 "이 글자(즉 乙)와 갑을(甲乙)이라고 할 때의 乙자와는 (자형이) 서로 비슷하다. 이 글자의 발음은 軋(알)이다. 그 형태는 머리 부분이 올라가 있고 아래가 굽은 것이, 甲乙의 乙자와는 다르다."라고 하였다.

오늘날 '乙'은 '乙'자와 통합해서 쓰이거나, 'ㄴ'의 형태로 쓰인다. ■

10 乾

① 하늘 건 ② 마를 건(본음 간)   gān qián

소 전	주 문	예 서	행 서	초 서
乾	乾	乾	乾	乾
설문해자	설문해자	孔龢碑	王羲之	孫虔禮

갑골문과 금문에는 '乾'자가 보이지 않는다.

≪설문해자≫에서는 "乾은 위로 나온다는 뜻이다. 乙(을)은 의미부분이다. 乙은 물체가 위로 나온다는 뜻이다. 倝(간)은 발음부분이다. 𠃵은 乾의 주문(籒文)이다.(「乾, 上出也. 从乙. 乙, 物之達也. 倝聲. 𠃵, 籒文乾.」)"라고 하였다.

단옥재(段玉裁)는 "乾의 본래의 뜻은 '위로 나오다'라는 뜻이다. 땅 위에 나와 있으면 건조(乾燥)하게 되고 땅 아래에 있으면 축축하게[濕(습)] 되므로, 乾과 濕은 상대적인 것이다."라고 주를 하였다.(≪설문해자주≫) ■

12 亂

어지러울 란   luàn

금 문	소 전	예 서	초 서	초 서
番生簋	설문해자	曹全碑	王羲之	米芾

갑골문에는 '亂'자가 보이지 않고, 서주(西周) 금문에서는 단순히 '𤔔(란)'으로 썼다. 그러므로 '𤔔'과 '亂'은 고금자(古今字)인데, '亂'이 널리 쓰이자 '𤔔'은 쓰이지 않게 되었다.

≪설문해자≫에서는 "亂은 다스려지다[治(치)]라는 뜻이다. 乙(을)은 의미부분이다. 乙은 다스리다[治之(치지)]라는 뜻이다. 𤔔은 의미부분이다.(「亂, 治也. 从乙. 乙, 治之也. 从𤔔.」)"라고 하였다.

이에 대해 양수달(楊樹達)은 '亂'이 '다스려지다'라는 뜻이 되는 것은 '𤔔'이 본래 기계를 이용해서 한 손으로 실을 풀고 다른 한 손으로 그것을 감는 모습이므로, 실을 풀고 감을 때는 당연히 조리(條理)가 있어야 하기 때문이라고 하였다.(≪적미거소학술림(積微居小學述林)≫)

그런데 본래 '다스리다'·'다스려지다'·'조리가 있다' 등으로 쓰이던 '亂'이 어떻게 해서 '어지럽다'·'혼란(混亂)스럽다'라는 뜻으로 바뀌게 되었는지 그 과정이 분명하지 않다.

참고로 옛날 중국어에서 어떤 낱말들은 자신의 품사가 명사에서 동사로 바뀌면 가끔 본래 명사로서 가지고 있던 뜻을 '제거(除去)하는' 의미로 쓰이는 수가 있다. 이런 경우 이 낱말은 본래의 뜻과는 정반대되는 뜻으로 비쳐진다. 이러한 현상을 중국 언어학에서는 '반훈(反訓)'이라고 부른다. 반훈의 예를 들어보면 다음과 같다.

'皮(피)': 명사 – '가죽'; 동사 – '가죽을 벗기다'
'釁(흔)': 명사 – '틈'; 동사 – '틈을 메우다'
'糞(분)': 명사 – '오물'; 동사 – '오물을 치우다'·'청소하다' 등

중국어 낱말의 쓰임새 가운데 위와 같은 '반대로 해석되기' 현상이 분명히 존재한다고 해서 '亂'이 반드시 이에 해당하는 예라고 하는 것도 확실하지는 않다. 다만 그러한 가능성의 예를 든 것뿐이다. ■

亅部

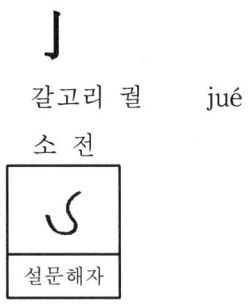

亅

갈고리 궐   jué

갑골문과 금문에는 '亅'자가 보이지 않는다.

≪설문해자≫에서는 "亅은 갈고리가 거꾸로 휘어진 것을 말한다. 상형이다. 橛(궐)자처럼 읽는다.(「亅, 鉤逆者謂之亅. 象形. 讀若橛.」)"라고 하였다.

현재 <亅부>에 속한 글자로는 '了(마칠 료)', '亅(매어 달 조)', '予(나 여)', '事(일 사)' 등이 있다. 모두 글자의 뜻과는 상관없이 해서체의 모양에 따른 것이다. ∎

1 了

마칠 료   liǎo

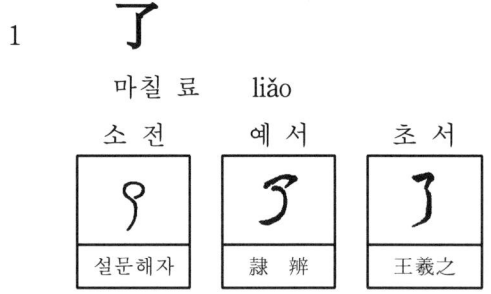

갑골문과 금문에는 '了'자가 보이지 않는다.

≪설문해자≫에서는 "了는 걸을 때 다리가 꼬인다는 뜻이다. 子(자)자에서 팔이 없는 모양이다. 상형이다.(「了, 尥也. 从子無臂. 象形.」)"라고 하였다. 그런데 '了'가 이런 뜻으로 경전에서 쓰인 예는 찾아보기 어렵다.

≪광아(廣雅)·석고(釋詁)≫를 보면 "了는 끝났다는 뜻이다.(「了, 訖也.」)"라고 하였다. 완료(完了), 종료(終了) 등과 같은 말은 여기에서 나온 것이다. 또 중국어에서 '了'는 이해한다는 뜻의 '료해(了解)'라고 할 때도 쓰인다. ∎

3 予
　　①나 여 ②줄 여　yú yǔ

갑골문과 금문에는 '予'자가 보이지 않는다.
≪설문해자≫에서는 "予는 준다는 뜻이다. 서로 주는 모양을 그렸다.(「予, 推予也. 象相予之形.」)"라고 하였다. ■

7 事
　　일 사　shì

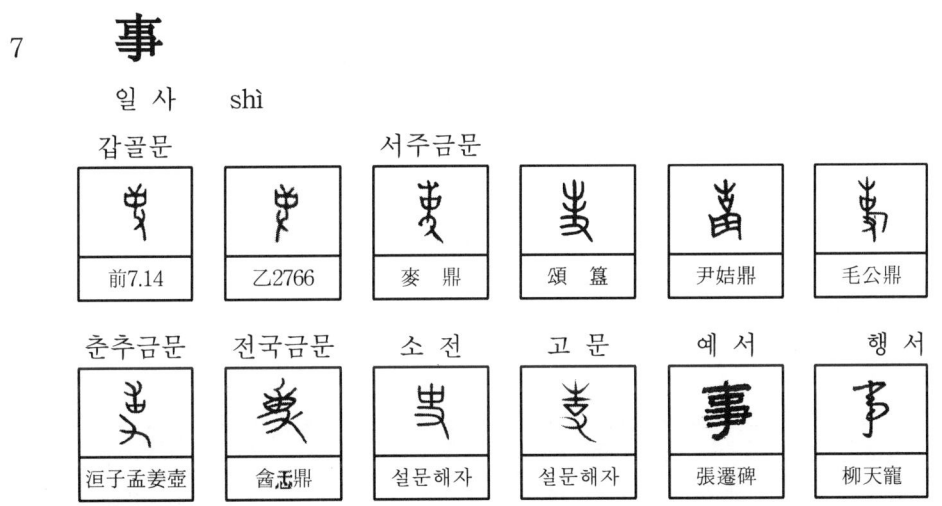

갑골문·금문 등 고문자에서는 '事'·'史(사)'·'吏(리)' 그리고 '使(사)' 등 네 글자는 본래 한 글자였다. 아래에서 예를 든 이들 글자의 형태를 비교하여 보면 잘 알 수 있다.
다만 '使'는 갑골문과 춘추(春秋)시대 금문까지는 '吏' 또는 '事'자와 같이 썼는데, 전국(戰國)시대에 들면서 '人(인)'·'亻(척)'·'辶(착)' 등이 더해졌다. ■

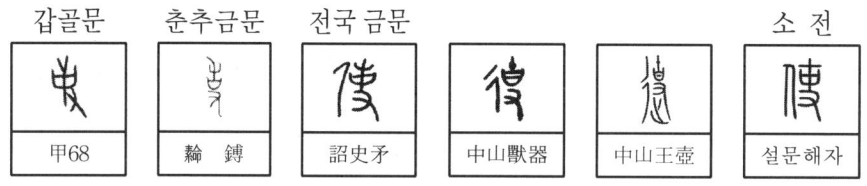

'事'·'史'·'吏' 등은 같은 글자로서, 손으로 무엇인가를 잡고 있는 형태이다. 그런데 무엇을 잡고 있는지에 대해서는 아직 정론이 없다.

오대징(吳大徵)은 손으로 간서(簡書)를 쥐고 일을 하는 모양이라고 하였고(≪설문고주보(說文古籒補)≫), 왕국유(王國維)는 손으로 책을 쥐고 있는 모양을 그린 것이라고 하였으며(≪관당집림(觀堂集林)≫), 마서륜(馬敍倫)은 손으로 붓을 거꾸로 잡고 있는 모양이라고 하였다(≪마서륜학술논문집(馬敍倫學術論文集)≫).

또한 서중서(徐中舒)는 사냥 도구인 창을 잡고 사냥을 한다는 뜻이라고 하였고

(≪갑골문자전(甲骨文字典)≫), 하록(夏淥)은 손으로 풀[屮(철)]을 땅에 심고 있는 모양으로 '蒔(모종낼 시)'자의 초문(初文)이라고 하였는데(장설명(張雪明)의 ≪형음의자전(形音義字典)≫에서 재인용), 누구의 주장이 옳은지는 아직 분명하지 않다.

≪설문해자≫에서 '事'·'史'·'吏'·'使' 네 글자에 대한 풀이를 살펴보면 다음과 같다.

'事': "事는 일을 한다는 뜻이다. 史는 의미부분이고, 之(지)의 생략형(즉 屮)은 발음부분이다. 叀는 事의 고문(古文)이다.(「事, 職也. 从史, 之省聲. 叀, 古文事.」)"

'史': "史는 일을 기록하는 사람이다. 손[又(우)]으로 中(중)을 쥐고 있는 형태(의회의자)이다. 中은 올바르다는 뜻이다.(「史, 記事者也. 从又持中. 中, 正也.」)"

'吏': "吏는 사람을 다스리는 자이다. 一(일)과 史는 모두 의미부분인데, 史는 발음부분이기도 하다.(「吏, 治人者也. 从一, 从史. 史亦聲.」)"라고 하였는데, 이는 후대에 파생되어 나온 뜻이다.

'使': "使는 시킨다는 뜻이다. 人은 의미부분이고, 吏는 발음부분이다.(「使, 伶也. 从人, 吏聲.」)"

'事'·'史'·'吏'·'使' 등이 본래 무엇을 그린 것인지에 대해서는 아직 정론이 없지만, 어떤 물건을 손에 쥐고 '일을 한다'거나 '글을 쓰는' 것과 관련이 있는 것은 사실이다. 따라서 본래는 한 글자였지만 '일을 한다'는 포괄적인 뜻으로는 명사 '事'로 쓰고, '일을 하는 사람'이라는 뜻으로는 '吏'를 쓰고, 그 동사형으로 '일을 시킨다'는 뜻의 '使'를 만들고, 다시 '글을 쓴다'는 뜻으로는 '사관(史官)'을 뜻하는 '史'로 각각 구별해서 쓰게 된 것이라고 생각된다.

본래는 한 글자였는데, 후세에 글자의 모양을 약간 달리해서 각자 다르지만 연관된 뜻으로 쓰이는 경우는 문자의 사용 과정에서 종종 있는 현상이다. ■

二部

二

두 이　èr

갑골문	서주 금문	전국 금문	소 전	고 문
二	二	🔣	二	弍
菁3.1	大盂鼎	纕安君壺	설문해자	설문해자

예 서	행 서
二	二
隸 辨	王羲之

갑골문에서는 1·2·3·4를 '一'·'二'·'三'·'亖'의 형태로 모두 획을 하나씩 더해서 만들었다.

'二'자는 위와 아래의 획의 길이가 똑같은데, 이것으로 '二'(=上, 상)·'二'(=下, 하)자와 구별하였다.

전국(戰國)시대 금문 <양안군호(纕安君壺)>에서의 자형은 ≪설문해자≫에 수록된 고문(古文)과 같다.

≪설문해자≫에서는 "二는 땅에 해당하는 수이다. 一(일)자를 두 번 쓴 형태이다. 弍는 고문이다.(「二, 地之數也. 从偶一. 弍, 古文.」)"라고 하였다.

<二부>에 속한 글자로는 '于(어조사 우)', '五(다섯 오)', '云(이를 운)', '井(우물 정)', '互(서로 호)', '亞(버금 아)', '亟(빠를 극)' 등이 있다. 모두 본뜻과는 상관없이 '二'라는 형태가 들어간 글자들로 이루어져 있다. ■

1 于

어조사 우   yú

'于'는 갑골문이나 금문을 보면 '于' 또는 '𠂤'로 썼다.

서중서(徐中舒)는 "于는 본래 오늘날의 컴퍼스에 해당하는 원을 그리는 도구를 그린 것이다. 위의 가로획은 기준 점을 뜻하고 아래의 가로획은 이동하는 것을 의미한다. '𠂤'에서 '𠄌' 역시 이동을 뜻한다."라고 하였고(≪갑골문자전(甲骨文字典)≫), 고홍진(高鴻縉)은 '𠂤'에서 '𠄌'은 굽은 것을 나타내고 '于'가 발음부분으로 쓰인 형태로서 오늘날의 '紆(굽을 우)'자의 초문(初文)이라고 하였다.(≪중국자례(中國字例)≫)

≪설문해자≫에서는 "于는 於(어)이다. 기(氣)가 펼쳐 나오는 것을 그렸다. 丂(고)와 一(일)은 모두 의미부분이다. 一은 그 기를 평탄하게 한다는 뜻이다.(「于, 於也. 象气之舒于. 从丂, 从一. 一者, 其气平之也.」)"라고 하였다.

이효정(李孝定)선생은 "갑골문의 于자는 丂와 一로 이루어지지 않았다. (丂와 一이 합해진) 이 자형이 어떻게 于자가 되었는지 설명할 수 없다. 복사(卜辭)에서 于는 후대 경전에서의 于자처럼 소재(所在)를 표시하였다."라고 하였다.(≪갑골문자집석(甲骨文字集釋)≫)

'于'와 '於'는 고금자(古今字)로서 '于'가 먼저 쓰였고 '於'는 후대에 쓰였다. 모두 시간과 장소를 표시하는 허사(虛詞)이다. 우리말로는 "…에(서)" 정도에 해당한다. ■

二部　35

2　**五**
　　다섯 오　wǔ

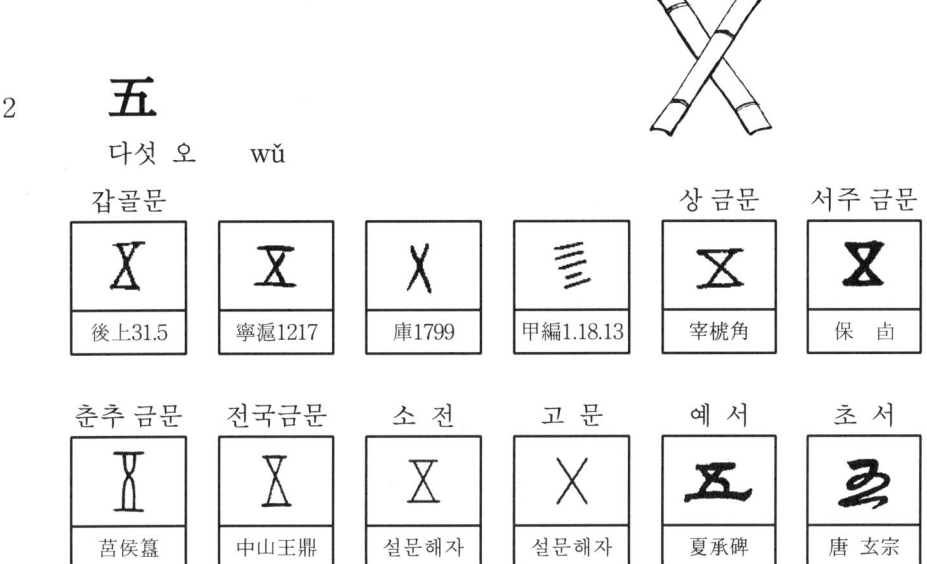

갑골문				상 금문	서주 금문
後上31.5	寧滬1217	庫1799	甲編1.18.13	宰椃角	保卣

춘추 금문	전국금문	소 전	고 문	예 서	초 서
莒侯簋	中山王鼎	설문해자	설문해자	夏承碑	唐 玄宗

'五'는 숫자 '5'를 가리키는 가차자(假借字)이다.

갑골문의 '五'자는 'X'(<후상(後上) 31.5>·<영호(寧滬) 1217>)와 'X'(<고(庫)1799>) 그리고 '≡'(<갑편(甲編) 1.18.13)>) 등과 같은 자형이 있다. 이 가운데 '≡'는 획을 다섯 번 그은 것이므로 그 자체로 '5'를 뜻하기 때문에 설명이 필요 없지만, 'X' 또는 'X'가 무엇을 뜻하는 것인지에 대해서는 아직 정론이 없다.

정산(丁山)은 '五'는 새끼줄을 담는 그릇을 그린 것이었는데 후에 '교착(交錯)'·'엇갈리다' 등의 뜻으로 인신(引伸)되었다고 하였고(≪수명고의(數名古誼)≫), 주방포(朱芳圃)는 'X'에서 '二'는 물체의 사이를 뜻하고 'X'는 교차(交叉)하는 모양이므로 '五'는 마땅히 '교차하다'라는 뜻이라고 하였다.(≪은주문자총석(殷周文字叢釋)≫)

'五'는 'X'의 예서체이다.

≪설문해자≫에서는 "X(五)는 5행(五行)을 뜻한다. 二는 의미부분으로, 음(陰)과 양(陽)이 하늘과 땅 사이에서 교차한다는 뜻이다. X, 五의 고문(古文)으로 (二를 생략한) 생략형이다.(「X, 五行也. 从二, 陰陽在天地間交午也. X, 古文五省.」)"라고 하였는데, 이는 당시 한(漢)나라 때 유행하던 음양오행설에 따라 풀이를 한 것이고 글자의 본뜻하고는 상관이 없는 설명이다. ■

云
이를 운   yún

소전	예서	초서
설문해자	白神君碑	王羲之

'云'은 '雲(운)'자의 초문(初文)으로, 본래 구름이 뭉게뭉게 피어오르는 모양을 그린 상형자이다. 옛날 책에서는 대부분 '말하다'라는 뜻으로 가차(假借)되어 쓰였다.

'云'이 '말하다'라는 뜻으로 가차되어 쓰이자 다시 '雨(우)'자를 덧붙인 '雲'자를 만들어 본래의 '구름'이라는 뜻의 자리를 보충하였다. ■

井
우물 정   jǐng

갑골문		상 금문	서주 금문		소전
甲2913	粹263	乙亥鼎	大盂鼎	克鼎	설문해자

예서	초서
天子道碑	王羲之

'井'자는 갑골문·금문 그리고 소전 등이 모두 같은 형태로서, 우물을 그린 상형자이다.

때로는 가운데에 점[•]을 찍은 형태(<극정(克鼎)>)도 있는데, 이것은 별다른 의미가 있는 것은 아니다. 소전은 이 형태를 따랐다.

≪설문해자≫에서는 "丼, 여덟 집이 한 우물을 쓰는데, (井은) 우물의 난간을 그린 것이고, •은 두레박을 그린 것이다. 옛날 백익(伯益)이 처음으로 우물을 만들었다.

(「丼, 八家一井, 象構韓形. ●, 甕之象也. 古者伯益初作井.」)"라고 하였다.

'井'이 '우물'에서 '정전법(井田法)'을 뜻하는 토지 제도로 쓰이게 된 것은 아마 '井' 자의 자형에서 비롯된 것이 아닌가 생각된다. '井'자는 가운데 '口'부분을 중심으로 모두 9조각으로 나뉘는데, 가운데 '口' 부분은 공전(公田)이고, 그 주위의 8조각은 8가구가 경작하는 사전(私田)을 가리킨다. ■

互
서로 호 hù

소 전	혹 체	예 서	행 서	초 서
설문해자	설문해자	隷篆	王羲之	王曇

갑골문과 금문에는 '互'자가 보이지 않고, ≪설문해자≫에서는 '𥰖(줄 감는 기구 호)'자의 혹체자(或體字)로 수록하였다.

≪설문해자≫에서는 "𥰖는 새끼줄을 감는 도구이다. 竹(죽)은 의미부분이고, (互는) 상형이다. (互의) 가운데는 사람의 손이 맞잡고 있는 것을 그린 것이다. 互는 𥰖의 혹체자로 (竹을) 생략하였다.(「𥰖, 可以收繩也. 从竹. 象形. 中象人手所推握也. 互, 𥰖或省.」)"라고 하였다.

'互'는 후에 '서로'라는 뜻을 나타내는 부사로 가차(假借)되어 쓰이면서, 본래의 뜻으로는 잘 쓰이지 않게 되었다. ■

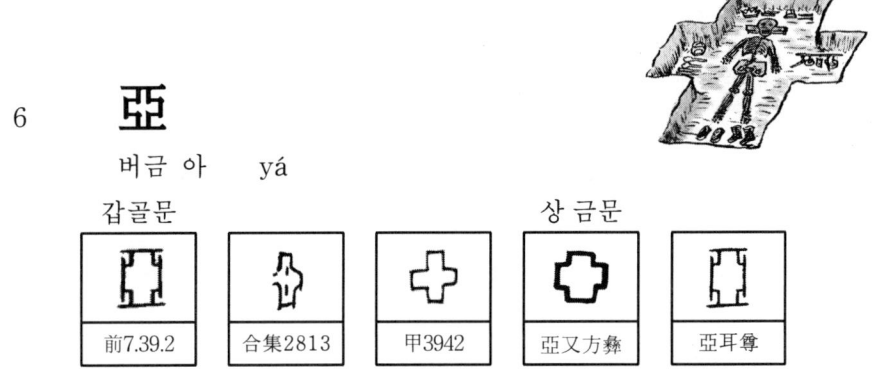

6 亞
버금 아 yá

갑골문			상 금문	
前7.39.2	合集2813	甲3942	亞又方彝	亞耳尊

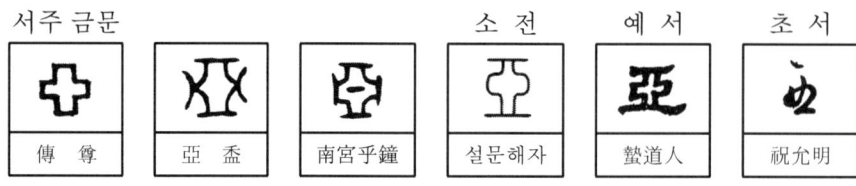

'亞'자는 갑골문, 금문 그리고 소전 등의 자형이 거의 같다. 그런데 이것이 무엇을 그린 것인지에 대해서는 아직 정론이 없다.

우성오(于省吾)는 '亞'는 사각형의 모서리 또는 '口'에서 모서리 부분이 떨어져 나간 형태이므로 '亞'자는 '모서리([隅角之形(우각지형)])'를 그린 것이 분명하다고 하였다.(≪갑골문자석림(甲骨文字釋林)≫)

한편 이효정(李孝定)선생은 은허(殷墟) 발굴 작업 당시 은왕(殷王) 능묘(陵墓)의 내부 구조가 '亞' 모양이었다고 할 뿐 그 뜻이 무엇인지에 대해서는 언급이 없는데(≪갑골문자집석(甲骨文字集釋)≫), 서중서(徐中舒)는 '亞'는 고대 대형 취락(聚落) 구조물의 평면도라고 주장하면서 사람이 많이 모여 살게 되면 자연히 상하관계·순서 등의 개념이 생기게 마련이므로 '亞'가 '두 번째'라는 의미를 가지게 된 것은 여기에서 파생되어 나온 것이라고 하였다.(≪갑골문자전(甲骨文字典)≫)

'亞'자가 '집'과 관계가 있다는 주장은 위의 두 사람 외에도 더 있다.

일본인 다카다(高田忠周)는 큰 방 안에 작은 방이 있는 구획을 표시한 것이라고 하였고(≪고주편(古籒篇)≫), 마서륜(馬敍倫)은 '家(가)'자의 초문(初文)이라고 하였으며(≪독금기각사(讀金器刻詞)≫), 고홍진(高鴻縉)은 '亞'는 네 방향으로 집이 연결되어 있는 형태인데, 전기(前期) 금문 족휘(族徽) 문자에서 '亞'자를 많이 쓰고 있는 것으로 볼 때, '亞'는 '가족'이라는 뜻의 '家'자의 최초 문자가 아닌가 생각하며, '亞'가 '순서'·'다음' 등과 같은 뜻으로 쓰이게 된 것은 가차(假借)라고 하였다(≪중국자례(中國字例)≫).

≪설문해자≫에서는 "亞는 못생겼다는 뜻이다. 사람이 등이 굽은 모양을 그린 것이다. 가시중(賈侍中, 즉 가규(賈逵), 30~101)께서는 '다음 차례'라는 뜻이라고 하였다.(「亞, 醜也. 象人局背之形. 賈侍中說以爲次第也.」)"라고 하였다. ■

亠部

亠
돼지 해 머리 두   tóu

갑골문과 금문, 그리고 ≪설문해자≫등에는 '亠'자가 보이지 않는다.

≪정자통(正字通)·두부(亠部)≫를 보면, "亠는 육서(六書)에서는 글자로 취급하고 있지 않기 때문에 본래 발음과 뜻이 없다. 이러한 현상은 人(인)자 아래 부분인 儿(인)도 마찬가지인데, 亠와 儿은 모두 단독으로는 쓰이지 못하므로 굳이 해설을 하지 않겠다. 이들은 囗(둘레 위)·乙(새 을)·匚(상자 방)·凵(입 벌릴 감)·宀(집 면)·厂(바윗집 엄) 등이 각자 가리키는 바가 있고 발음과 뜻을 가지고 있는 것과는 다르다.(「亠者, 六書不用爲字母, 本無音義. 猶人字在下之文作儿, 亠·儿皆不獨用, 不煩訓釋. 非如囗·乙·匚·凵·宀·厂之各有所指, 各具音義也.」)"라고 하였다.

현재 <亠부>에 속한 글자로는 '亡(망할 망)', '亢(목 항)', '交(사귈 교)', '亥(돼지 해)', '亦(또 역)', '亨(형통할 형)', '享(누릴 향)', '京(서울 경)', '亭(정자 정)', '亮(밝을 량)', '亳(땅이름 박)', '𠅃(날 우)', '亶(믿음 단)', '𠅻(힘쓸 미)' 등이 있다. 모두 글자의 뜻과는 상관없이 해서체의 형태 분류에 따른 것이다. ■

1 亡
   ①망할 망 ②없을 무   wáng wú

'亡'자는 갑골문에서는 '𠃑' 또는 '𠃊' 등으로 썼고, 금문도 갑골문과 대체로 비슷하다. 그런데 이것이 무엇을 본뜬 것인지에 대해서는 아직 정론이 없다. 소전에서는 '亾'으로 썼다.

마서륜(馬敍倫)은 '亾'은 '巷(거리 항)'자의 본자(本字)라고 하였는데(≪마서륜학술논문집(馬敍倫學術論文集)·중국 문자의 원류와 연구 방법의 신경향(中國文字之源流與硏究方法之新傾向)≫), 이효정(李孝定)선생은 증거가 없다고 하였다.(≪갑골문자집석(甲骨文字集釋)≫)

또한 임결명(林潔明)은 '亾'은 '칼날[鋒芒(봉망)]'을 뜻하였던 지사자(指事字)로서 '刀(도)'를 기본으로 하고 그 옆에 있는 '／'·'＼' 등은 칼날의 '서슬'을 표시하는 것이었는데, 후에 유무(有無)의 '亾'으로 가차(假借)되고 또 '도망(逃亡)'이라는 뜻으로도 쓰이게 된 다음부터 원래의 뜻인 '칼날' 또는 '칼날의 서슬'이란 뜻은 사라지게 되었다고 하였으며(≪금문고림(金文詁林)≫), 곽말약(郭沫若)은 '亾'은 횡격막(橫隔膜)의 단면을 그린 것이라고 하였다.(≪금문총고(金文叢考)≫)

≪설문해자≫에서는 "亾(亡)은 도망친다는 뜻이다. 入(입)과 乚(은)은 모두 의미부분이다.(「亾, 逃也. 从入, 从乚.」)"라고 하였다.

단옥재(段玉裁)는 "亡의 본뜻은 '도망친다'는 뜻이다. 요즘 사람들은 단지 사망(死亡)이라는 뜻이라고 하는데, 이는 틀린 것이다. 인신(引伸)하면 '잃어버리는 것[失(잃을 실)]'도 亡이라고 할 수 있고, '죽는 것' 역시 亡이라고 할 수 있다."라고 하였다.(≪설문해자주≫) ■

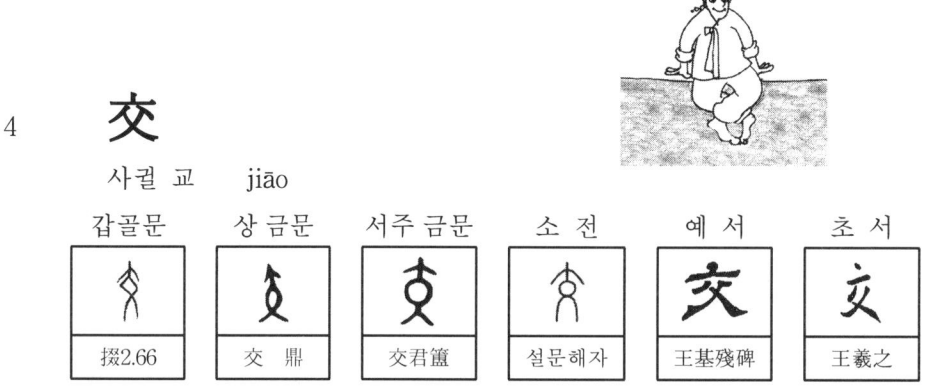

4 **交**

사귈 교   jiāo

갑골문	상 금문	서주 금문	소전	예서	초서
掇2.66	交鼎	交君簠	설문해자	王基殘碑	王羲之

'交'자는 갑골문, 금문, 소전 모두가 사람이 다리를 교차(交叉)시킨 모습을 그린 것이다. 따라서 교착(交錯), 교접(交接), 교합(交合), 교배(交配), 사교(社交) 등과 같은 뜻은 여기에서 파생되어 나온 것이다.

≪설문해자≫에서는 "交는 정강이를 교차시켰다는 뜻이다. 大(대)는 의미부분이고, 다리를 교차시킨 모양을 그린 것이다.(「交, 交脛也. 从大, 象交形.」)"라고 하였다. ■

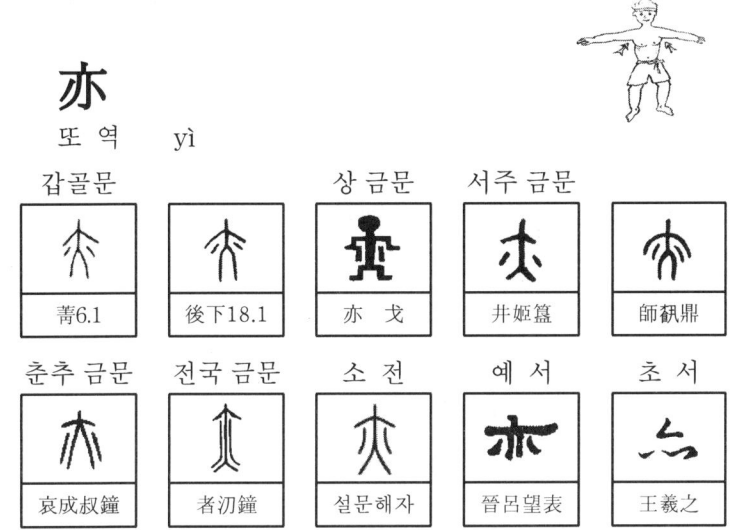

亦
또 역　yì

갑골문		상 금문	서주 금문	
夨 菁6.1	夨 後下18.1	夨 亦戈	夨 井姬簋	夨 師酉鼎

춘추 금문	전국 금문	소 전	예 서	초 서
夨 哀成叔鐘	夨 者汈鐘	夨 설문해자	亦 晉呂望表	亦 王羲之

'亦'자는 갑골문, 금문 그리고 소전 등의 자형이 모두 사람의 정면 모양을 그린 '大(대)'자와 겨드랑이를 가리키는 지사(指事) 부호인 'ハ'로 이루어져 있다. 즉 '亦'은 사람의 '겨드랑이'를 가리키는 지사자임을 알 수 있다.

그런데 '亦'자가 '역시'라는 뜻의 부사로 가차(假借)되어 쓰이자, 새로이 '腋(액)'이라는 형성자를 만들어 그 자리를 보충하였다.

≪설문해자≫에서는 "亦은 사람의 겨드랑이를 뜻한다. 大는 의미부분이고, (ハ은) 두 겨드랑이의 모양을 그린 것이다.(「亦, 人之臂亦也. 从大, 象兩亦之形.」)"라고 하였다. ■

亥
돼지 해　hài

갑골문		상 금문	서주금문		
粹1043	前1.20.7	乙亥鼎	昏鼎	師兌簋	叔尃父匜

춘추금문	전국금문	소 전	고 문	예 서	초 서
陳公子甗	陳肪簋	설문해자	설문해자	張君碑	王羲之

'亥'가 무엇을 본뜬 것인지에 대해서는 아직 정설이 없다.

허신(許愼)은 '豕(돼지 시)'로 여겼고, 상승조(商承祚, ≪설문중지고문고(說文中之古文攷)≫)와 오기창(吳其昌, ≪금문명상소증(金文名象疏證)≫)은 이 설에 동조하였다.

그런데 갑골문을 보면 '豕'는 '𢑚'(<수(粹) 947>)·'𢑛'<속(續) 1.42.3>) 등으로 썼으므로 '亥'와는 다른 형태임을 알 수 있다.

곽말약(郭沫若)은 '亥'는 일종의 반인반마형(半人半馬形)의 괴수(怪獸)라고 주장하였고(≪갑골문자연구(甲骨文字硏究)·석간지(釋干支)≫), 임의광(林義光)은 풀뿌리[荄(해)]가 땅 밑에 있는 모양이라고 여겼는데(≪문원(文源)≫), 이 또한 확실하지 않다.

≪설문해자≫에서는 "亥, 亥가 12지지(地支)의 맨 마지막 글자로 쓰이는 까닭은 그것이 뿌리[荄]이기 때문이다. 10월에 미약한 양기가 일어나, 왕성한 음기와 만난다. 二(상)은 의미부분이다. 二은 고문(古文)의 上(상)자이다. (𠆢에서) 한 사람은 남자이고, 다른 한 사람은 여자를 가리킨다. 乙(을)도 의미부분으로, 아이를 가져서 배가 불룩한 모양을 그린 것이다. ≪춘추좌전(春秋左傳)·양공(襄公) 30년≫에 이르기를 '亥는 위의 두 획은 머리이고, 아래의 여섯 획은 몸이다.'라고 하였다. 丙는 고문(古文)의 亥자로, 돼지[豕]를 대표하는데, 豕자와 모양새가 같다. (12지지의 순서로 볼 때) 亥 다음에 子(자)가 다시 되는 것처럼 (이 책의 부수도 亥 다음에) 一(일)부터 다시 시작한다.("亥, 荄也. 十月微陽起, 接盛陰. 从二. 二, 古文上字, 一人男, 一人女也. 从乙, 象裹子咳咳之形. ≪春秋傳≫曰: '亥有二首六身.' 丙, 古文. 亥爲豕, 與豕同. 亥而生子, 復從一起.")"라고 하였는데, 이 해설은 '亥'자의 본뜻을 설명한 것이 아니라, '亥'자가 12지지의 12번째 글자로 가차(假借)된 다음 다시 음양오행설에 따라 뜻을 설명한 것이다.

고대에는 12지지로 월을 표시하였는데, 하(夏)나라 월력에 따르면 해월(亥月)은 10월에 해당한다.

고형(高亨)은 "허신은 亥를 亥月의 亥로 보았다. 亥는 荄에서 발음을 취하였는데, 이것은 10월에는 초목의 뿌리가 지하에서 자라나기 때문이다. 허신은 또 10월에 미약한 양기와 왕성한 음기가 만나는 것이 사람으로 치면 여자인 음과 남자인 양이 만나서 서로 교접하여 아이가 생기는 것과 같다고 여겼다. 그래서 亥자에서 二(상)이 의미부분이 되고, 음양을 그린 것이라고 한 것이다. 또 두 사람이 의미부분이 되는데, 뒤는 남자고 앞은 여자이다. (여자를 그린 부분) 그 앞에 굽은 획 하나를 더한 것은 여자가 아이를 가진 모양을 그린 것이다. '咳咳'는 어린아이의 모습이다."라고 하였다.(≪문자형의학개론(文字形義學槪論)≫) ■

5 亨

형통할 형   hēng xiǎng pēng

'亨'자는 ≪설문해자≫에 수록된 '享(누릴 향)'자의 전문(篆文) 즉 소전(小篆)이다. ≪설문해자≫에서는 "亯(享)은 바친다는 뜻이다. 高(고)자의 생략형은 의미부분이다. 일설에는 익은 음식을 내놓는 모양을 그린 것이라고도 한다. 亭은 亯의 전문이다.(「亯, 獻也. 从高省. 曰: 象進孰物形. 亭, 篆文亯.」)"라고 하였다.

'亨'·'享'·'烹(삶을 팽)'은 본래 한 글자였다. 그래서 '亨'은 위에서 보듯이 중국어에서는 세 가지로 읽는 방법이 있었다. 예를 들어 [hēng](헝)으로 읽으면 '형통(亨通)하다'의 뜻이 되고, [xiǎng](샹)으로 읽으면 '享'자와 같은 뜻이 된다. 또 [pēng](펑)으로 읽으면 '삶는다'는 '烹'의 뜻이 된다. 현재 중국에서는 [hēng]으로만 읽는다. ■

6 京

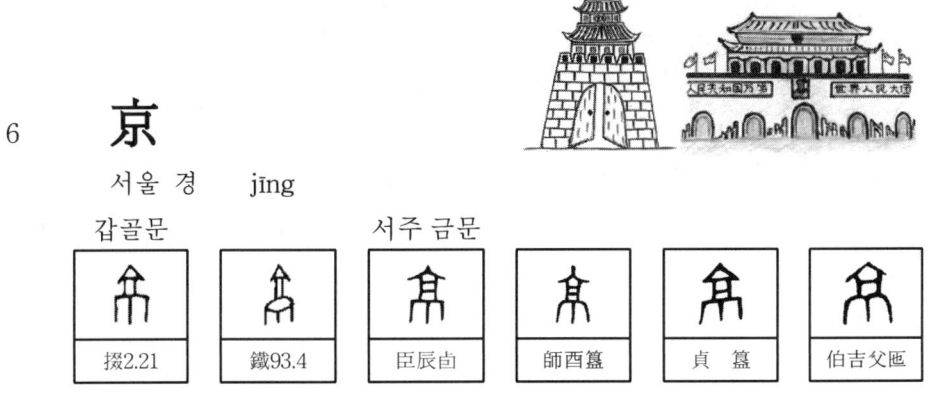

서울 경   jīng

'京'자는 갑골문, 금문, 소전 등이 모두 '高(고)'자와 비슷한 모양이다. 다만 '高' 자는 아래 부분이 '口'로 되어 있고 '京'자는 'ㅣ'로 되어 있는 것이 다를 뿐이다.

곽말약(郭沫若)은 '京'자는 궁궐의 누대(樓臺)를 그린 것으로, '높다'·'크다'라는 뜻은 여기에서 발전되어 나온 것이라고 하였다.(《양주금문사대계고석(兩周金文辭大系攷釋)》) 대부분의 학자들은 이 설을 긍정하고 있다.

한편 서중서(徐中舒)는 '京'은 사람이 움집에서 사는 모양[穴居(혈거)]을 그린 것으로서, '冂'은 언덕 위에 흙을 높이 쌓은 모양이고, '合'은 움집 위로 나온 계단 또는 지붕을 그린 것이며, 'ㅣ'은 주춧대를 그린 것이라고 하였다.(《갑골문자전(甲骨文字典)》)

《설문해자》에서는 "京은 사람이 만든 매우 높은 언덕을 뜻한다. 高의 생략형은 의미부분이고, ㅣ은 높은 모양을 그린 것이다.(「京, 人所爲絶高丘也. 从高省, ㅣ象高形.」)"라고 하였다.

참고로 《설문해자》의 '高'자 해설을 보면 "高는 높다는 뜻이다. 누각(樓閣)의 높은 모양을 그린 것이다. 冖(멱)과 口(구)는 의미부분으로, 창고 또는 객사(客舍)와 같은 뜻이다.(「高, 崇也. 象臺觀高之形. 从冖·口, 與倉舍同意.」)"라고 하였다.

결론적으로 갑골문과 금문의 자형으로 볼 때 '京'자와 '高'자는 모두 '궁궐의 누대' 또는 '누각' 그린 것이라고 보는 것이 타당하다고 생각된다. 나아가 '수도(首都)'를 뜻하는 '경성(京城)'이라는 말도 여기에서 나온 것이고, '京'자의 훈을 '서울 경'이라고 하는 이유도 여기에 있다. ■

享

누릴 향　xiǎng

갑골문		상 금문		서주 금문	
京津1046	鐵152.3	且辛且癸鼎	享觥	大盂鼎	豐兮夷簋

춘추 금문	전국금문	고 문	전 문	예 서	초 서
吳王光鑑	曾侯乙鎛	설문해자	설문해자	張遷碑	王羲之

　'享'자는 본래 '盲'으로 썼는데, 이는 종묘(宗廟)를 그린 상형자라는 것(오대징(吳大徵), ≪설문고주보(說文古籒補)≫)이 학계의 정설이다.

　종묘는 제사를 지내는 곳이고, 제물을 바치는 곳이기도 하기 때문에 '제사' 또는 '바치다'라는 뜻은 여기에서 나온 것이다.

　한편 서중서(徐中舒)는 '훕'은 움집을 그린 상형자로서, 'ㅂ'는 거처하는 구덩이를 그린 것이고, '仚'는 드나들기 쉽도록 만든 계단에 그 위에 빗물 등이 흘러들지 않도록 지붕을 씌운 모양이라고 하였다. 그리고 음식을 만들고, 제사를 지내고 또 제물을 바치고 하는 등등의 뜻은 모두 '사는 곳'이라는 뜻에서 인신(引伸)된 것이라고 하였다.(≪갑골문자전(甲骨文字典)≫)

　'盲'자는 후세에 '亨(형통할 형)'·'享'·'烹(삶을 팽)'등으로 나뉘어졌는데, 옛날 책에서 이 세 글자는 통용되었다.

　≪설문해자≫에서는 "盲(=享)은 바친다는 뜻이다. 高(고)자의 생략형은 의미부분이다. 일설에는 익은 음식을 내놓는 모양을 그린 것이라고도 한다. 亯(=亨)은 盲의 전문(篆文)이다.(「盲, 獻也. 从高省. 曰: 象進孰物形. 亯, 篆文盲.」)"라고 하였다.

　'享'자는 위에서 본 바와 같이 '종묘'를 그린 글자였다. 제사를 지내려면 음식도 만들어야 하고, 또 그것을 먹기도 하고 나누어 주기도 하기 때문에, '享'에서 '一'획을 뺀 '亨'과 '火(화)'를 더한 '烹' 등과 같이 쓰이는 것이다. 본래는 한 글자였는데, 후세에 글자의 모양을 약간 달리해서 각자 다르지만 연관된 뜻으로 쓰이는 경우는 문자의 사용 과정에서 종종 있는 현상이다. ■

7 亭

정자 정   tíng

소 전	예 서	행 서
설문해자	華山廟碑	王羲之

갑골문과 금문에는 '亭'자가 보이지 않는다.

≪설문해자≫에서는 "亭은 사람이 편안하게 머무르는 곳을 뜻한다. 亭에는 다락이 있다. 高(고)의 생략형은 의미부분이고, 丁(정)은 발음부분이다.(「亭, 民所安定也. 亭有樓. 从高省, 丁聲.」)"라고 하였다.

'亭'은 옛날 행인들을 위하여 도로 옆에 마련한 숙식(宿食)을 제공하는 장소로서, 오늘날의 여관과 같은 곳이었다. ■

人部

人

사람 인   rén

갑골문		상 금문		서주 금문	
菁6.1	前2.31.2	般甗	人矛	令簋	王人甗

춘추 금문		전국금문	주문	예서	초서
樊夫人匜	攻敔王光劍	中山王鼎	설문해자	禮器碑	王羲之

'人'은 사람이 옆으로 서 있는 모양을 그린 것이다. 자형은 갑골문·금문·주문(籒文) 등이 모두 비슷하다.

≪설문해자≫에서는 "人은 세상의 생물 가운데에서 가장 귀한 것이다. 이것은 주문이다. 팔과 다리의 모양을 그렸다.(「人, 天地之性最貴者也. 此籒文. 象臂脛之形.」)"라고 하였다.

임의광(林義光)은 "人자는 사람이 옆으로 서 있는 모양을 그린 것으로, 머리·배·팔·다리 등이 있다.(「象人側立形, 有頭背臂脛也.」)"라고 하여(≪문원(文源)≫), ≪설문해자≫보다 자형에 대해 좀 더 상세히 설명을 하였다.

<인부>에 속한 글자들은 대부분 '사람'과 관련이 많다. 예는 너무 많아 생략한다.

2 **介**
끼일 개   jiè

갑골문		춘추 금문	전국 금문	소 전
佚575	前1.45.6	禹邦王壺	柉里瘟戈	설문해자

예 서	초 서	초 서
祝睦後碑	王羲之	饒 介

'介'는 갑골문을 보면 '㇒' 즉 '人(인)'과 '八' 등으로 이루어져 있다.

이에 대해 나진옥(羅振玉)은 '介'는 사람이 갑옷을 입은 모습을 그린 것으로, 사람 옆에 있는 '八' 등은 갑옷의 조각이라고 하였다.(≪증정은허서계고석(增訂殷虛書契考釋)≫) 대부분의 학자들은 이 주장에 동의하고 있다.

≪설문해자≫에서는 "介는 경계(境界)를 가른다는 뜻이다. 八(팔)과 人은 모두 의미부분이다. 사람은 각기 가르는 면이 있다.(「介, 畫也. 从八, 从人. 人各有介.」)"라고

하여, 'ハ' 부분을 '分(분)'자의 윗부분과 같은 글자로 보았는데 이는 잘못이다.

'介'자는 본래 '갑옷을 입은 사람'을 뜻하였다. 사람이 갑옷을 입으려면 그 사이에 끼게 되므로, 후대에는 이 뜻을 기초로 하여 '사이에 낀다'는 동사의 뜻으로 많이 쓰인다. 개입(介入)하다, 중개(仲介)하다 또는 중개인(仲介人) 등과 같은 말이 그러한 예이다. ■

이제 금   jīn

'今'자의 자형은 갑골문·금문·소전 등이 모두 비슷한데, 이것이 무엇을 그린 것인지에 대해서는 여러 가지 견해가 있다.

먼저 서중서(徐中舒)는 목탁(木鐸)을 그린 것이라고 주장하였다. 그의 견해에 따르면 은(殷)나라나 주(周)나라 때에는 목탁으로 명령을 내렸는데, 명령을 내릴 때가 '현재 시점'이 되므로 뜻이 넓어져 '곧'·'지금'이라는 뜻이 되었다는 것이다.(≪갑골문자전(甲骨文字典)≫)

또한 임의광(林義光)은 '厶'는 '口(구)'자를 거꾸로 한 것이므로 '今'은 입안에 무엇을 물고 있는 모양이라고 하여 '含(함)'자의 고문(古文)이라고 하였다.(≪문원(文源)≫) 그리고 주방포(朱芳圃)는 '箝(재갈 겸)'자의 초문(初文)이라고 하면서, 마서륜(馬敍倫)은 '檼(집 마룻대 은)'자의 초문이라고 하였다고 인용하였는데(≪은주문자석총(殷周文字釋叢)≫), 어느 설이 옳은지 현재는 판단하기 어렵다.

≪설문해자≫에서는 "今은 지금이라는 뜻이다. 亼(집)과 フ은 모두 의미부분이다. フ은 及(급)의 고문이다.(「今, 是時也. 从亼, 从フ. フ, 古文及.」)"라고 하였다. ■

'仁'자는 전국(戰國)시대 금문과 소전의 자형이 모두 '人(인)'과 '二(이)'로 이루어져 있다.

참고로 ≪고문자류편(古文字類編)≫(1980)에서는 '仁'자의 갑골문으로 '⺈='(<전(前) 2.19.1>)과 같은 글자를 수록하고 있는데, ≪갑골문자집석(甲骨文字集釋)≫·≪갑골문자전(甲骨文字典)≫·≪한어고문자자형표(漢語古文字字形表)≫·≪한어대자전(漢語大字典)≫ 그리고 증정본 ≪고문자류편≫(2010) 등에는 '仁'자의 갑골문이 없는 것으로 되어 있다.

≪설문해자≫에서는 "仁은 사람들에게 친절하게 대한다는 뜻이다. 人과 二는 모두 의미부분이다. 忎은 仁의 고문(古文)으로 千(천)과 心(심)으로 이루어졌다. 尸은 仁의 고문으로 (人 대신) 尸(시)를 쓰기도 하였다.(「仁, 親也. 从人, 从二. 忎, 古文仁, 从千·心. 尸, 古文仁, 或从尸.」)"라고 하였다. ■

3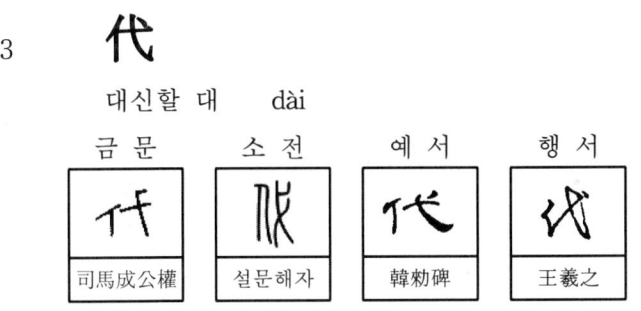

갑골문에는 '代'자가 보이지 않고, 전국(戰國)시대 금문과 소전의 자형은 '代'로 같다.

≪설문해자≫에서는 "代는 바꾼다는 뜻이다. 人(인)은 의미부분이고, 弋(익)은 발음부분이다.(「代, 更也. 从人, 弋聲.」)"라고 하였다.

'代'자는 본래 '바꾼다'는 뜻이었다. 그래서 역사적으로 시기 또는 왕조를 구분하는 뜻으로도 쓰이게 되었다. 고대(古代), 현대(現代), 한대(漢代), 청대(淸代) 등과 같은 말이 그러한 예이다.

또 '세대(世代)'라고 하여 '30년'을 뜻하거나 어떤 연대를 구분하는 말로 쓰이는데, 사실 '世'는 이러한 뜻이 있지만 '代'가 본래 이런 뜻이 있었던 것은 아니다. '代'가 '世代'라는 뜻으로 쓰이게 된 까닭은, 당(唐)나라의 제2대 황제인 태종(太宗)의 이름이 이세민(李世民)이어서 당시 사람들은 '世'자를 감히 쓰지 못하고 모든 '世'자는 '代'자로 대신하였다. 이러한 이유로 그 다음부터 사람들은 '世'와 '代'를 구별하지 않고 쓰게 되었고, '世代'라는 말도 자연스럽게 생겨나게 된 것이다.

참고로 '代'의 고음(古音)은 음성운(陰聲韻) *dəɣ / dəi(더이→대)이고 '弋'의 고음은 입성운(入聲韻) *riək / iIk(익)이다. '代'와 '弋' 두 글자는 상고음(上古音)의 주모음(主母音)이 [ə]로 같고, 운미(韻尾)는 혀뿌리소리[설근음(舌根音)]인 [-ɣ]과 [-k]으로 발음 부위가 같다. 그래서 '代'자에서 '弋'이 발음부분이 될 수 있는 것이다. 고대에는 음성운과 입성운이 협운을 하기도 하였다. ■

付

줄 부　fù

상 금문	서주 금문		소전	예서	초서
付鼎	永盂	散盤	설문해자	隸辨	王羲之

갑골문에는 '付'자가 보이지 않는다.

금문을 보면 '人(인)'에 '又(우)'를 쓴 형태(<부정(付鼎)>·<산반(散盤)>)와 '寸(촌)'을 쓴 형태(<영우(永盂)>) 등 두 종류가 있다. '又'와 '寸'은 모두 손을 그린 것으로 뜻의 차이는 없다.

≪설문해자≫에서는 "付는 준다는 뜻이다. 寸은 의미부분이고, 물건을 가지고 사람을 대한다는 뜻이다.(「付, 與也. 从寸, 持物對人..」)"라고 하였다. ■

人部 51

仙(僊·仚)

신선 선   xiān

소 전	예 서	행 서	초 서
(설문해자)	(孔廟碑)	(王羲之)	(王 鐸)

갑골문과 금문에는 '仙'자가 보이지 않는다.

소전에서는 '僊(선)' 즉 '僊'으로 썼다.

≪설문해자≫에서는 "僊은 오래 살다가 하늘로 올라가는 사람을 뜻한다. 人(인)과 𠍱(선)은 모두 의미부분인데, 𠍱은 발음부분이기도 하다.(「僊, 長生僊去. 从人, 从𠍱, 𠍱亦聲.」)"라고 하였다.

단옥재(段玉裁)는 '仙'자가 널리 쓰이면서 '僊'자는 잘 쓰이지 않게 되었다고 하였다.(≪설문해자주≫)

한편 ≪설문해자≫에는 '仚(사람이 산 위에 있을 현)'이라는 글자도 있어서 오늘날의 '仙'자와 매우 비슷한 모양을 하고 있다.

참고로 ≪설문해자≫ '仚'자 해설을 보면, "仚은 사람이 산 위에 있다는 뜻이다. 人과 山(산)은 모두 의미부분이다.(「仚, 人在山上. 从人, 从山.」)"라고 하였다.

이에 대해 청나라 고애길(顧藹吉)은 "僊 즉 仙은 본래 仚으로 썼다. 발음은 '현'이다. 후세 사람들이 人을 옆으로 옮겨 신선(神仙)이라고 할 때의 仙자로 삼았다.(「僊, 仙本作仚. 音許延切. 後人移人於旁, 以爲神仙之仙.」)"라고 하였다.(≪예변(隸辨)·선운(仙韻)≫) ■

令

① 명령할 령 ② 하여금 령   líng lǐng lìng

갑골문		상 금문		서주 금문	
鐵78.1	後上16.10	父辛卣	令己甗	大保簋	成周鈴

춘추 금문	전국 금문	소 전	예 서	초 서
秦公鐘	陳逆簋	鄂君舟節	설문해자	景君銘	王羲之

'令'자는 갑골문, 금문, 소전 등의 자형이 모두 '亼'과 '卩' 즉 '卩(절)'로 이루어져 있다.

한편 전국(戰國)시대 금문 <악군차절(鄂君車節)>에서는 '敓'으로 썼다. 갑골문과 금문에서 '令'과 '命(명)'은 같은 글자였다.(<구부(口部)> 5획 '命'자 참조)

이에 대해 임의광(林義光)은 '卩'은 사람을 그린 것이고 그 위에 '亼' 즉 '口(구)'가 있으므로 '令'은 "입으로 명령(命令)을 내리고 사람이 꿇어앉아 듣는 모양을 그린 것"이라고 하였고(≪문원(文源)≫), 서중서(徐中舒)는 '亼'는 목탁을 그린 'A'(즉 今)의 생략형으로서, 옛날에는 목탁을 두드려 명령을 내렸으므로 '令'자는 "목탁을 두드려 명령을 내리고 사람이 꿇어앉아 그 명령을 듣는 모양"이라고 주장하였다.(≪갑골문자전(甲骨文字典)≫)

≪설문해자≫에서는 "令은 명령을 내린다는 뜻이다. 亼(집)과 卩은 모두 의미부분이다.(「令, 發號也. 从亼·卩.」)"라고 하였다.

'令'자는 본래 '명령을 내린다'는 뜻이었다. 명령(命令), 훈령(訓令), 법령(法令) 등과 같은 말은 모두 여기에서 나온 것이다.

중국 고대에는 계절이 바뀌면 그 때마다 그에 맞는 조치가 취해졌다. 그래서 '시령(時令)'이라고 하면 계절(季節)·절기(節氣)를 뜻한다. 나아가 계절에 알맞은 조치가 취해진다는 것은 좋은 일이므로 '令'자는 또 '예쁘다'·'좋다'라는 뜻으로 쓰이기도 하였다. 다른 사람의 아들과 딸을 높여 부르는 말로 영식(令息)·영애(令愛)라고 하는 말은 여기에서 비롯된 것이다. ■

仕

벼슬 사 shì

갑골문에는 '仕'자가 보이지 않는다.

전국(戰國)시대 금문과 소전의 자형은 모두 '人(인)'과 '士(사)'로 이루어져 있다.

≪설문해자≫에서는 "仕는 배운다는 뜻이다. 人과 士는 모두 의미부분이다.(「仕, 學也. 从人, 从士.」)"라고 하였다.

≪설문해자계전(繫傳)≫과 ≪설문해자주(注)≫에서는 '士'를 발음부분이라고 하였다.

단옥재(段玉裁)는 "仕는 오늘날 벼슬을 한다는 뜻으로 쓰인다. 士와 仕는 모두 일[事(사)]을 한다는 말이다. 배운다는 것은 깨닫는다는 뜻이다. 일을 하려면 날마다 깨달아야 하기 때문이다."라고 하였다.(≪설문해자주≫)

이 주장에 따라 '仕'자의 구조를 분석하면, "人과 士는 모두 의미부분인데, 士는 발음부분이기도 하다.(「从人, 从士, 士亦聲.」)"라고 하면 될 것이다. ■

以

써 이 yǐ

'以'자는 갑골문, 금문 그리고 소전 등이 모두 '𠂢' 즉 '㠯'로 썼다.

서중서(徐中舒)는 이것을 '耜(쟁기 사)'자의 초문(初文)이라고 하였는데(≪뇌사고(耒耜考)≫), 이효정(李孝定)선생은 확실한 증거는 없다고 하였다.(≪갑골문자집석(甲骨文字集釋)≫)

≪설문해자≫에서는 "㠯는 쓴다는 뜻이다. 巳(사)자를 거꾸로 한 형태이다. 가시중(賈侍中, 즉 가규(賈逵))께서는 '巳는 율무의 열매이다. (열매의 모양을 본뜬) 상형이다.'라고 하였다.(「㠯, 用也. 从反巳. 賈侍中說: '巳, 意已實也. 象形.'」)"라고 하였다.

계복(桂馥)은 '巳意巳實(사의사실)'은 마땅히 '苢薏苢實(이의이실)'로 써야 하며, ≪옥편(玉篇)≫에서 "㠯, 意也; 實也."라고 한 것으로 볼 때, (여기서의 '巳意巳實也'는) 송나라 사람들이 이 책을 다시 만들면서 실수를 한 것이라고 하였다.(≪설문해자의증(義證)≫)

서호(徐灝)는 "㠯(以)의 본뜻은 율무의 열매[薏苢實(의이실)]를 말한다. (그런데 以가) 오로지 개사(介詞)로 쓰이게 되었기 때문에, 艸(초)를 더하여 苢자를 만들게 된 것이다.(「㠯之本義謂薏苢實, 因爲語詞所專, 又加艸爲薏苢字.」)"라고 하였다.(≪설문해자주전(注箋)≫)

한편 ≪설문해자주≫에서는 '己意已實也(기의사실야)'라고 하였는데, 이에 대해 단옥재(段玉裁)는 "己를 각 판본에서는 巳라고 하고 있는데, 이제 바로 잡는다. 己는 '나'를 뜻하고, 意는 의지(意志)이다. '己意已實'은 사람의 의지가 이미 견실하여 그것이 시행되는 것이 보인다는 말이다. 무릇 사람의 의지가 견실하지 못하면 시행되는 것이 보이지 않는다. 내 의지가 견실하면 스스로 행하든가 아니면 다른 사람을 이용하여 그것을 행한다.(「己各本作巳, 今正. 己者, 我也; 意者, 志也. 己意已實謂人意已堅實, 見諸施行也. 凡人意不實, 則不見諸施行. 吾意已堅實, 則或自行之, 或用人行之.」)"라고 하여, '以'가 어떻게 '用(용)'의 뜻으로 쓰이는 지에 대해서까지 설명하였다.

'以'자가 본래 무엇을 그린 것인지에 대해서는 아직 정론이 없다. 다만 '以'는 개사(介詞)로 쓰일 때는 '…을 가지고 …을 하다'라고 할 때의 '…로써'라는 의미를 가진다. '以'를 '써 이'로 훈을 하는 까닭도 여기에 있는 것이다. 또 '以'가 접속사로 쓰일 때는 여러 가지 용법이 있지만 '而(이)'와 비슷하게 쓰인다. ■

人部　55

他
다를 타　tā

'他'는 갑골문과 금문 그리고 ≪설문해자≫ 등에 보이지 않는다.

주법고(周法高)선생의 견해에 따르면 '他'는 본래 '它(타)'로 썼다고 한다. '它'는 오늘날의 '蛇(뱀 사)'자이다.

≪설문해자≫의 '它'자 해설을 보면, "它는 뱀이다. 일반 뱀보다는 조금 더 길다. 꼬부라지고 꼬리를 늘어뜨린 모양을 그렸다. 상고(上古)시대에는 수풀에서 살았기 때문에 뱀을 무서워하여 서로 它가 없느냐고 물었다. 蛇는 혹체자(或體字)로 虫(충)자가 더해졌다.(「, 虫也. 从虫而長. 象冤曲垂尾形. 上古艸居患它, 故相問無它乎? 蛇, 它或从虫.」"라고 하였는데, 단옥재(段玉裁)는 서로 '它'가 없느냐고 묻는 것이 '무고(無故)한가' 하는 인사처럼 되었다고 주를 하였다.(≪설문해자주≫)

주법고선생은 뱀이라는 뜻의 '它'를 빌려 '다른 것'이라는 표현을 하였던 것이 오늘날 '기타(其他)'라는 의미로 남아 있는 것이라고 하였고, '他'가 제3인칭대명사로 쓰인 것은 동한(東漢) 약 2세기경부터라고 하였다.(<몇몇 상용사의 유래(幾個常用詞的來源)>, ≪중국어문논총(中國語文論叢)≫, 대만 정중서국(正中書局) 1963)

'他'자의 구조를 분석한다면, 人(인)은 의미부분이고, 也(야)는 발음부분이 될 것이다. 그런데 '也'자는 금문을 보면 '它'(즉 蛇)자와 같은 글자라는 주장도 있으므로, '他'와 '它'는 발음·의미·형태 방면에서 모두 관련이 있다고 할 수 있다. ■

4 件
사건 건   jiàn

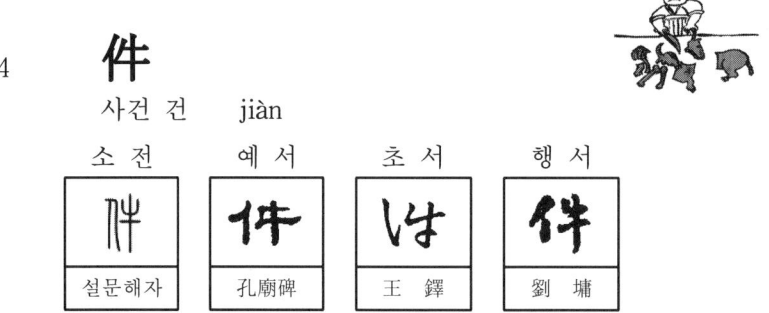

소전	예서	초서	행서
설문해자	孔廟碑	王 鐸	劉 墉

갑골문과 금문에는 '件'자가 보이지 않는다.

≪설문해자≫에서는 "件은 나눈다는 뜻이다. 人(인)과 牛(우)는 모두 의미부분이다. 소[牛]는 큰 짐승이므로 가히 나눌 수 있다.(「件, 分也. 从人, 从牛. 牛, 大物, 故可分.」)"라고 하였다.

계복(桂馥)은 '件'자는 본래 ≪설문해자≫ 원본에는 없었던 글자였는데, 서현(徐鉉, 917∼992)이 첨가한 것이라고 하였다.(≪설문해자의증(義證)≫)

'件'자는 현재 나누어진 물체 하나하나씩을 말하는 명사 또는 그것을 세는 단위사(單位詞)로 쓰인다. 사건(事件), 안건(案件), 물건(物件), 문건(文件) 등과 같은 말이 그러한 예이다. ■

企
꾀할 기   qǐ

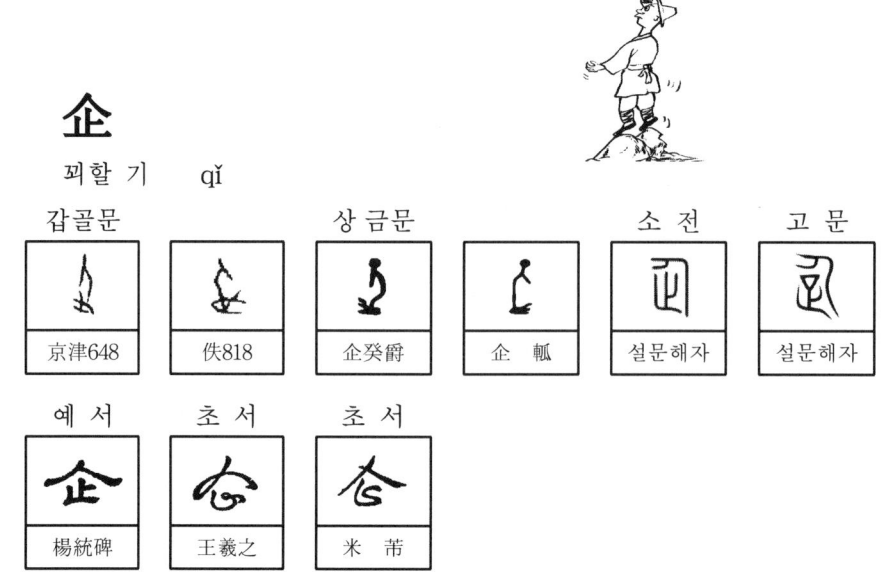

갑골문	상금문		소전	고문
京津648	佚818	企癸爵	企 瓠	설문해자	설문해자

예서	초서	초서
楊統碑	王羲之	米 芾

人部

'企'자는 갑골문과 상(商)나라 금문을 보면 사람[𠆢]의 모습에서 특별히 발[⾔, 즉 止(지)]을 강조한 형태이다. 아마 발돋움을 하고 있다는 뜻을 표현하는 것 같다. 소전과 ≪설문해자≫에 실린 고문(古文)의 자형도 대체로 이와 같다.

≪설문해자≫에서는 "企는 발돋움한다는 뜻이다. 人(인)은 의미부분이고, 止는 발음부분이다. 𨑞는 企의 고문으로 (止 대신) 足(족)을 썼다.(「企, 擧踵也. 从人, 止聲. 𨑞, 古文企, 从足.」)"라고 하였는데, 갑골문을 볼 때 '止'는 발음부분이라기보다는 의미부분으로서 발음부분의 역할도 담당하고 있다고 하는 것이 좀 더 타당할 것이다.

'企'자는 위에서 본 바와 같이 '사람이 발돋움을 하고 있는 모습'을 그린 글자였다. 사람이 발돋움을 하는 이유는 앞이 가려져서 안 보일 때 잘 보려고 하거나 또는 무엇을 간절히 기다린다거나 할 때 하는 행위이다. '기대(企待)하다'라는 말은 여기에서 나온 것이다. 또 나아가 무슨 일을 하고 싶거나 계획할 때도 쓰인다. 기획(企劃), 기도(企圖), 기업(企業) 등과 같은 말이 그러한 예이다. ■

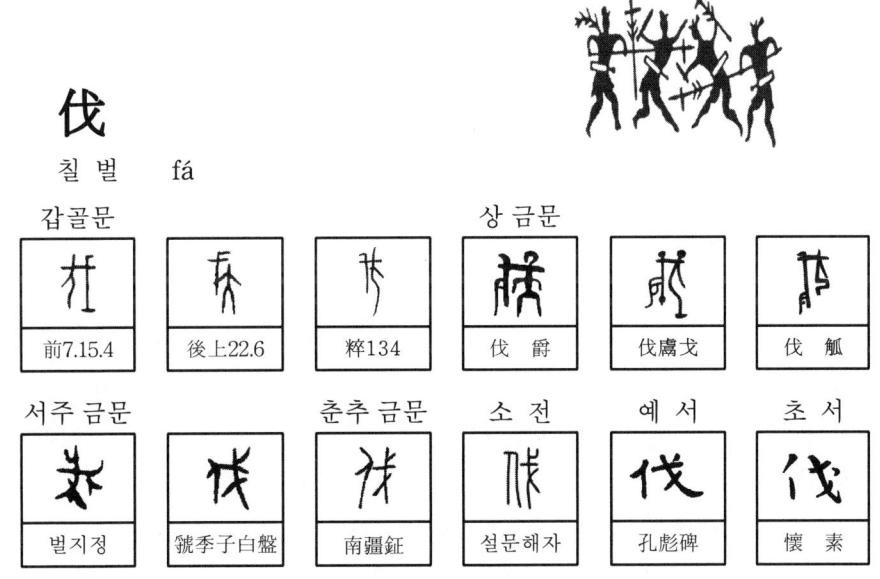

伐
칠 벌 fá

갑골문			상 금문		
前7.15.4	後上22.6	粹134	伐爵	伐虜戈	伐觚

서주 금문		춘추 금문	소 전	예 서	초 서
벌지정	虢季子白盤	南疆鉦	설문해자	孔彪碑	懷素

'伐'자는 갑골문과 금문을 보면 대부분 창[戈(과)]이 사람의 목에 닿아 있는 모양이다. 즉 '창으로 사람의 목을 치다'라는 뜻을 나타내는 회의자임을 알 수 있다.

때로는 갑골문 <후하(後下)22.6>과 춘추(春秋)시대 금문 <남강정(南疆鉦)>에서와 같이 사람과 창이 떨어져 있는 자형도 있는데, 소전은 이 자형을 따랐다.

한편 나진옥(羅振玉, ≪증정은허서계고석(增訂殷虛書契考釋)≫)과 동작빈(董作賓, ≪획백린해(獲白麟解)≫)은 '伐'자는 사람이 창을 메고 있는 모양으로 '정벌(征伐)'의 뜻을 나타내기도 하고 춤의 이름으로도 쓰인다고 하였다.

또 오기창(吳其昌)은 '伐'은 사람의 목을 베어 제사를 지내는 행위를 표현한 글자라고 하였는데(<은대인제고(殷代人祭考>), 상승조(商承祚)는 은나라 때는 행정 체제가 이미 다 갖추어졌던 시대인데 어떻게 그토록 잔혹한 제도가 있을 수 있느냐고 의심하였다.(≪은계일존(殷契佚存)≫)

이효정(李孝定)선생은 위와 같은 여러 가지 주장에 대하여 다음과 같이 결론을 내리고 있다.

"갑골문의 伐자는 창의 날로 사람의 목을 친다는 뜻으로, 사람이 창을 들고 있는 것이 아니다. 또 伐이 창을 메고 있다거나 춤을 추고 있다거나 하는 주장은 다른 글자를 놓고 말한 것으로 글자의 구조가 다르다. 은허(殷墟) 발굴 작업에서 드러난 왕실 대묘(大墓)의 통로에 보면 수많은 사람의 해골이 나란히 배열된 것을 볼 수 있다. 이것은 사람의 머리를 바쳐서 제사를 지냈다는 추측 외에는 달리 해석할 방법이 없다. 또 후세 문헌에서도 이와 비슷한 기록들이 있다. 그러므로 야만적이라고 해서 그런 일이 없었다고 할 수는 없는 것이다."(≪갑골문자집석(甲骨文字集釋)≫)

≪설문해자≫에서는 "伐은 공격한다는 뜻이다. 사람[人]이 창[戈]을 가지고 있는 형태(의 회의자)이다. 일설에는 졌다[敗(패)]는 뜻이라고도 한다.(「伐, 擊也. 从人持戈. 一曰敗也.」)"라고 하였다.

'伐'이 갑골문·금문의 '사람을 죽이다'라는 뜻에서 인신(引伸)되어 '공격하다'·'정벌하다'로 해석되는 것은 의미의 발전상 있을 수 있는 일이다. 그렇지만 ≪설문해자≫의 풀이처럼 '伐'이 사람[人]이 창[戈]을 가지고 있다는 의미에서 '공격하다'라는 뜻으로 단선적으로 발전한 것은 아니다.

또한 '伐'이 '지다[敗]'라는 뜻으로도 해석이 되는 이유는 창으로 다른 사람을 공격할 수도 있고, 반대로 다른 사람이 창으로 자신을 공격할 수도 있기 때문이다. 고대 중국어의 낱말들은 쓰임새에 있어서 때로는 이렇게 주체(主體)와 객체(客體)의 구분이 없이 통합된 의미로 쓰이는 경우가 종종 있다.(<패부(貝部)> 5획 '買(매)'자 참조) ■

伏

엎드릴 복   fú

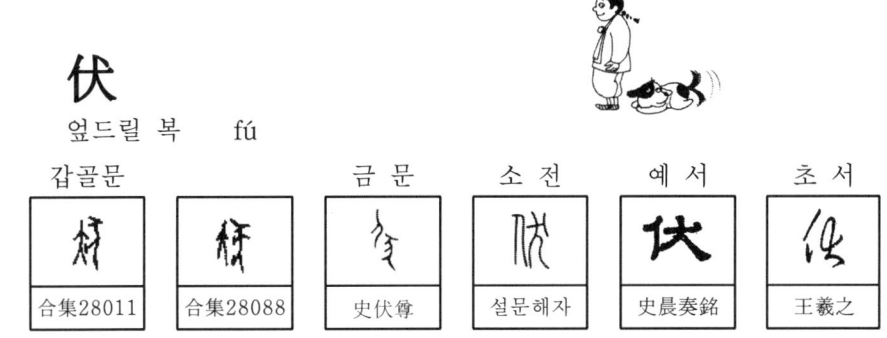

갑골문		금 문	소 전	예 서	초 서
合集28011	合集28088	史伏尊	설문해자	史晨奏銘	王羲之

'伏'자는 갑골문을 보면 '大(대)'와 '犬(견)'으로 이루어져 있고, 서주(西周) 금문과 소전의 자형은 '人(인)'과 '犬'으로 이루어져 있다.

'大'는 사람을 정면으로 본 모양이고, '人'은 옆에서 본 모양이므로 뜻의 차이는 없다.

≪설문해자≫에서는 "伏은 살핀다는 뜻이다. 人과 犬은 모두 의미부분이다.(「伏, 司也. 从人, 从犬.」)"라고 하였다.

한편 ≪설문해자계전(繫傳)≫에서는 '司(맡을 사)'를 '伺(살필 사)'로 쓰고, "人과 犬은 모두 의미부분이다. (개가) 사람을 살핀다는 뜻이다.(「伏, 伺也. 從人·犬. 伺人也.」)"라고 하였다.

단옥재(段玉裁)는 "司는 오늘날의 伺자로서, 무릇 살피기 위해서는 먼저 잘 지켜야 하므로, '엎드리다'라는 뜻이 파생되어 나왔고, 여기에서 또 '숨다'라는 뜻으로도 인신(引伸)되었다."라고 하였다.(≪설문해자주≫)

'伏'은 또 특별히 여름날 가장 더운 시기를 뜻하기도 한다. 즉 하지(夏至) 다음 세 번째 경일(庚日)을 초복(初伏)이라고 하고, 네 번째 경일(庚日)을 중복(中伏), 그리고 입추(立秋) 후의 첫 번째 경일(庚日)을 말복(末伏)이라고 한다. ■

任

맡길 임   rèn

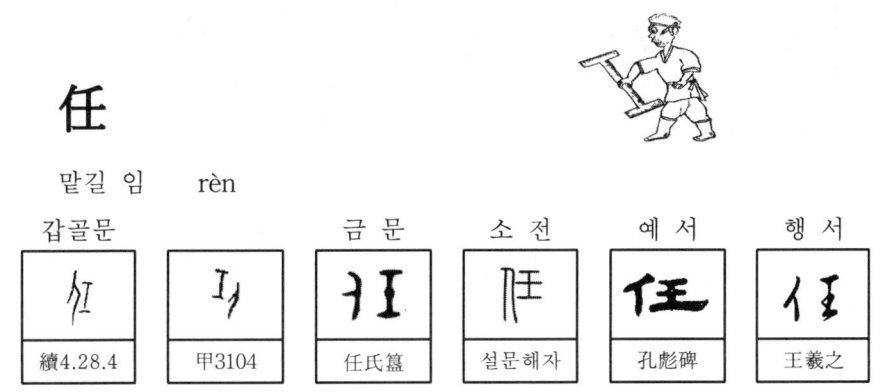

갑골문	금 문	소 전	예 서	행 서
續4.28.4	甲3104	任氏簋	설문해자	孔彪碑	王羲之

'任'자는 갑골문에서는 '人(인)'과 '工(공)'으로 이루어져 있다. 즉 사람이 工(직선을 그릴 때 쓰는 자)을 쥐고 일을 한다는 뜻이다. 서주(西周) 금문과 소전에서는 '人'과 '壬(임)'으로 이루어져 있다. 갑골문에서는 '壬'을 '工'으로 썼으므로 모두 같은 구조라고 할 수 있다.

정산(丁山)은 갑골문에서의 '任'자는 주(周)나라 때의 남작(男爵)에 해당하는 작위를 뜻하였다고 하였다.(≪갑골문으로 본 씨족 및 그 제도(甲骨文所見氏族及其制度)≫)

≪설문해자≫에서는 "任은 추천한다는 뜻이다. 人은 의미부분이고, 壬은 발음부분이다.(「任, 符也. 从人, 壬聲.」)"라고 하였다.

≪설문해자계전≫·≪설문해자주≫·≪설문해자의증≫·≪설문통훈정성≫·≪설문해자구두≫·≪설문해자교록(校錄)≫ 등에서는 모두 '符(부신 부)'를 '保(지킬 보)'로 썼다.

단옥재(段玉裁)는 "(保는) 오늘날 '보거(保擧)'(상급자에게 인재를 추천한다는 뜻)라고 말하는 것이 바로 이것이다.(「如今言保擧是也.」)"라고 하였다.(≪설문해자주≫) 여기에서도 이에 따라 번역하였다.

'任'자는 본래 "사람이 工 즉 자를 쥐고 일을 한다"는 뜻이었다. 임무(任務)라는 말은 여기에서 나온 것이다. 임무에는 책임(責任)이 따르기 마련이고, 임무를 맡기려면 믿음이 있어야 하므로 신임(信任)이라는 말도 나오게 된 것이다. 나아가 책임을 놓아버리면 방임(放任, 간섭하지 않고 내버려 둠)이 된다. ■

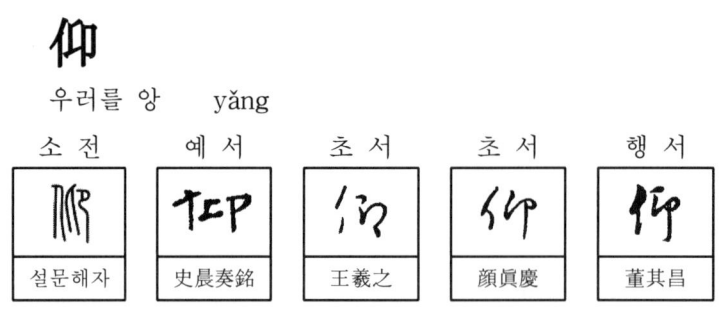

갑골문과 금문에는 '仰'자가 보이지 않는다.

≪설문해자≫에서는 "仰은 들어 올린다는 뜻이다. 人(인)과 卬(앙)은 모두 의미부분이다.(「仰, 擧也. 从人, 从卬.」)"라고 하였다.

'仰'은 본래 '(머리를) 들어 올린다'는 뜻이다. 풀이하면 '앙망(仰望)' 즉 '우러러 본다'는 뜻이다. 존경(尊敬)과 흠모(欽慕, 기쁜 마음으로 사모함)의 뜻도 함께 있다. ■

仲

버금 중   zhòng

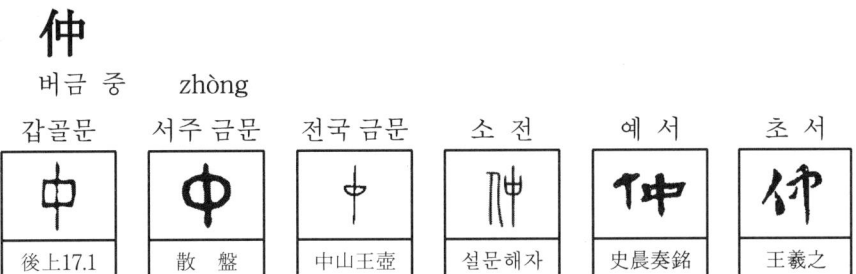

갑골문	서주 금문	전국 금문	소 전	예 서	초 서
後上17.1	散 盤	中山王壺	설문해자	史晨奏銘	王羲之

'仲'자는 갑골문과 금문에서는 모두 '中(중)'자로 썼는데, 소전에서 '人(인)'자를 더하여 현재의 '仲'자를 만들었다.

나진옥(羅振玉)은 "옛날에는 伯(백)·仲을 모두 白(백)·中으로만 썼다. 따라서 가운데를 뜻하는 中자와는 같은 글자가 아니었는데, 후세 사람들이 人자를 더하여 구별한 것이다. 허신의 ≪설문해자·인부(人部)≫에 들어가 있는 仲자는 본래의 형태가 아니다."라고 하였다.(≪증정은허서계고석(增訂殷虛書契考釋)≫)

≪설문해자≫에서는 "仲은 가운데를 뜻한다. 人과 中은 모두 의미부분인데, 中은 발음부분이기도 하다.(「仲, 中也. 从人, 从中, 中亦聲.」)"라고 하였다. ■

休

쉴 휴   xiū

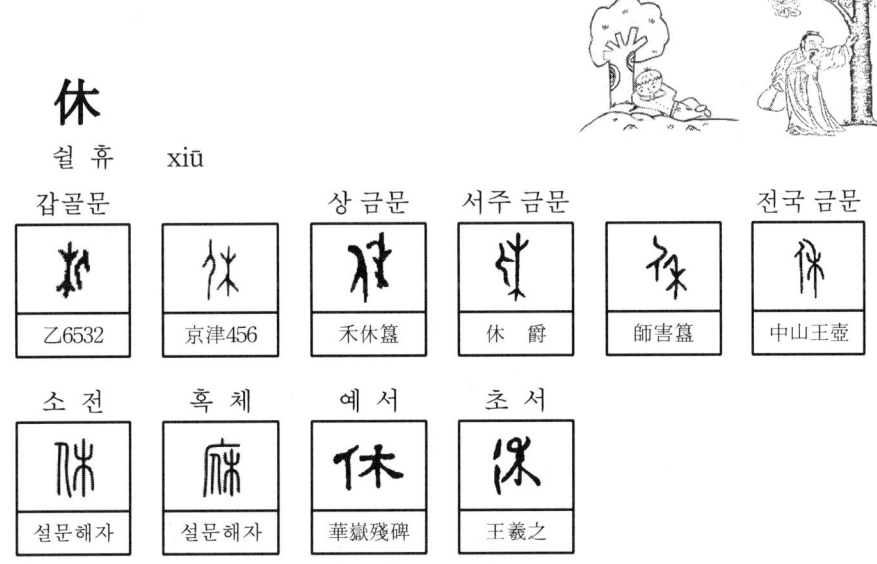

'休'자는 갑골문·금문·소전 모두가 '人(인)'과 '木(목)'으로 이루어져 있다. 즉 "사람이 나무 옆에서 쉰다"는 뜻을 나타내는 회의자이다.

다만 금문에서 '木' 대신 '禾(화)'를 쓴 것(<화휴궤(禾休簋)>·<사해궤(師害

篇)>)도 있는데, 고문자에서는 '木'과 '禾'를 구분하지 않고 통용하였으므로 뜻의 차이는 없다.

≪설문해자≫에서는 "休는 쉰다는 뜻이다. 사람[人]이 나무[木]에 의지하고 있는 형태(의 회의자)이다. 庥는 休의 혹체자(或體字)로 广(엄)을 더하였다.(「休, 息止也. 从人依木. 庥, 休或从广.」)"라고 하였다.

휴식(休息), 휴양(休養), 휴전(休戰), 연휴(連休) 등과 같은 말은 여기에서 나온 것이다. ■

5

짝 반   bàn

갑골문과 금문에는 '伴'자가 보이지 않는다.

≪설문해자≫에서는 "伴은 큰 모양을 뜻한다. 人(인)은 의미부분이고, 半(반)은 발음부분이다.(「伴, 大皃. 从人, 半聲.」)"라고 하였다.

단옥재(段玉裁)는 당시 동한(東漢) 때 이미 '반려(伴侶)'라는 의미로 '伴'자가 쓰이고 있었지만 허신(許愼)은 이 뜻이 속어이기 때문에 채택하지 않은 것 같고, 현재 '크다'라는 의미로 쓰이고 있는 '胖(살찔 반)'자는 '伴'의 가차자(假借字)라고 하였다.(≪설문해자주≫) ■

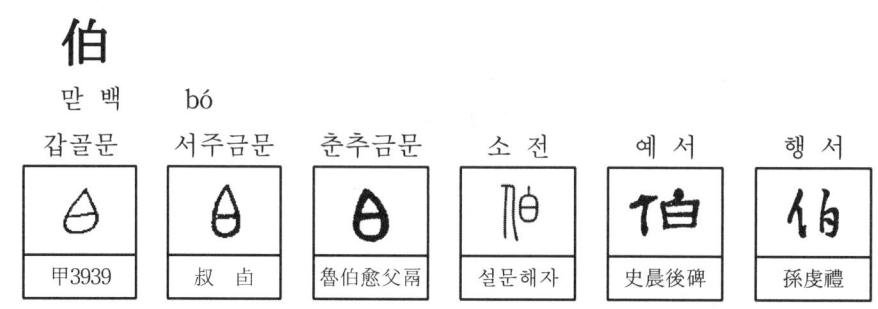

맏 백   bó

갑골문과 금문에는 '伯'자가 보이지 않고, '白(백)'자를 써서 대신 하였다.

≪설문해자≫에서는 "伯은 우두머리를 뜻한다. 人(인)은 의미부분이고, 白은 발음부분이다.(「伯, 長也. 从人, 白聲.」)"라고 하였다. ■

但
다만 단   tǎn dàn

금 문	소 전	예 서	초 서	행 서
上造但車專	설문해자	孔廟碑	王羲之	謝莊

'但'자는 전국(戰國)시대 금문과 소전의 자형이 '但'으로 같다.

≪설문해자≫에서는 "但은 옷을 벗어 어깨가 드러난 상태를 뜻한다. 人(인)은 의미부분이고, 旦(단)은 발음부분이다.(「但, 裼也. 从人, 旦聲.」)"라고 하였다.

현재 이 뜻으로는 '袒(웃통 벗을 단)'자를 쓴다.

'但'자는 현대 중국어에서는 'tǎn(탄)'과 'dàn(단)' 두 가지 발음이 있다. [tǎn]이라고 읽을 때는 ≪설문해자≫에서 설명한 뜻과 같고, [dàn]이라고 읽을 때는 '다만'·'그러나'·'그런데' 등과 같은 뜻으로 쓰인다.

한편 ≪고문자류편(古文字類編)≫과 ≪갑금전례대자전(甲金篆隸大字典)≫에는 '但'자의 갑골문으로 '㣎'(<습(拾) 2.19>)와 같은 자형을 소개하고 있는데, ≪갑골문자집석(甲骨文字集釋)≫·≪갑골문자전(甲骨文字典)≫·≪한어대자전(漢語大字典)≫·≪한어고문자자형표(漢語古文字字形表)≫ 등에는 이 글자를 수록하고 있지 않다. ■

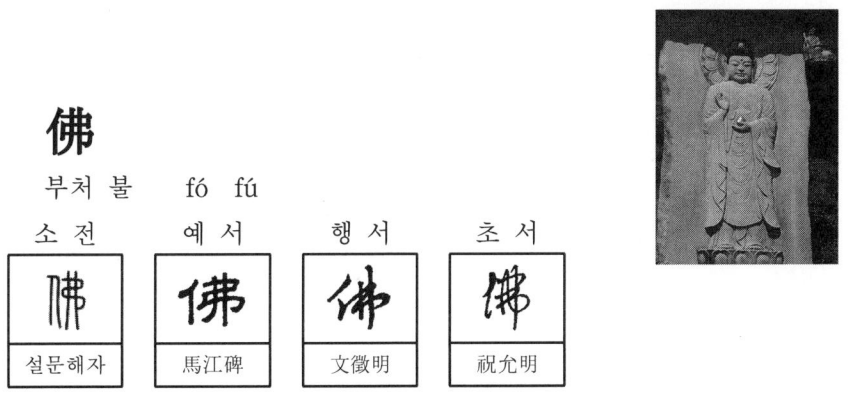

佛
부처 불   fó fú

소 전	예 서	행 서	초 서
설문해자	馬江碑	文徵明	祝允明

갑골문과 금문에는 '佛'자가 보이지 않는다.

≪설문해자≫에서는 "佛은 대충 본다는 뜻이다. 人(인)은 의미부분이고, 弗(불)은 발음부분이다.(「佛, 見不審也. 从人, 弗聲.」)"라고 하였다.

'佛'은 본래 '비슷하다'는 뜻의 '彷佛(방불)'이라는 연면자(連綿字) 가운데 한 글자이다. '彷佛'은 '彷彿(방불)', '髣髴(방불)' 등으로도 쓴다.

불교(佛敎)가 중국에 들어온 이후(서기 67년) Buddha(붓다)에 대한 중국어 발음 표기로 '佛陀(불타)'를 쓰기 시작하면서 '佛'자는 불교 관계 낱말을 대표하는 글자가 되었다. ■

似

같을 사 sì

서주금문	춘추금문	소전	예서	초서
似 鼎	莒平鐘	설문해자	嚴訴碑	王羲之

갑골문에는 '似'자가 보이지 않고, 금문에서는 '㠯'로 썼다.

소전에서는 '侣'로 썼는데, '似'는 '侣'의 예서체이다.

≪설문해자≫에서는 "侣(似)는 닮았다는 뜻이다. 人(인)은 의미부분이고, 㠯(=以, 이)는 발음부분이다.(「侣, 象也. 从人, 㠯聲.」)"라고 하였다.

근사(近似), 유사(類似), 흡사(恰似), 사이비(似而非, 비슷해 보이나 실제로는 다름) 등과 같은 말은 여기에서 나온 것이다. ■

伸
펼 신 shēn

소전	예서	행서	초서
설문해자	任伯嗣碑	孫虔禮	懷素

갑골문과 금문에는 '伸'자가 보이지 않는다.

《설문해자》에서는 "伸은 굽었다 폈다 할 때의 '펴다'라는 뜻이다. 人(인)은 의미부분이고, 申(신)은 발음부분이다.(「伸, 屈伸. 从人, 申聲.」)"라고 하였다.

신축(伸縮), 신장(伸張) 등과 같은 말은 여기에서 나온 것이다. ■

余
나 여 yú

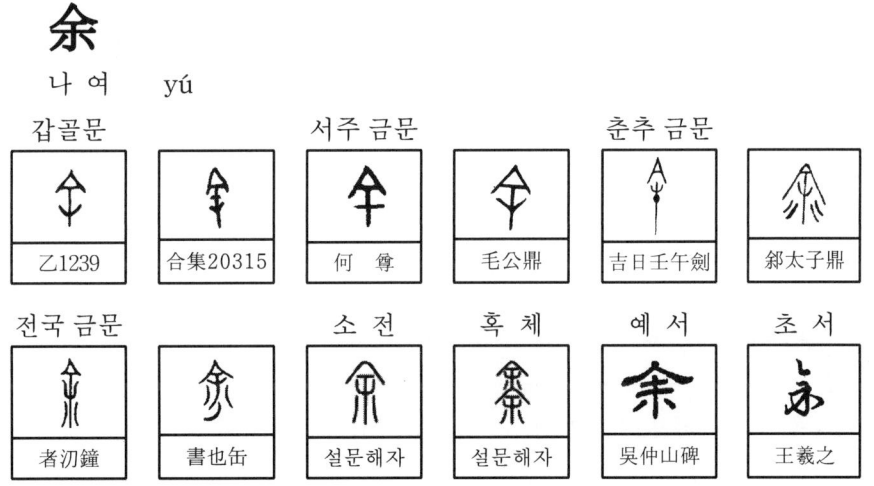

갑골문		서주 금문		춘추 금문	
乙1239	合集20315	何尊	毛公鼎	吉日壬午劍	郜太子鼎

전국 금문		소전	혹체	예서	초서
者汈鐘	書也缶	설문해자	설문해자	吳仲山碑	王羲之

'余'자는 갑골문을 보면 '亼' 아래에 '屮'(<을(乙) 1239>)이 있는 형태이다. 금문도 대체로 이와 같다. 그런데 이와 같은 자형이 무엇을 의미하는지에 대해서는 아직 정론이 없다.

먼저 서중서(徐中舒)는 '余'는 나무 기둥이 지붕을 받치고 있는 모양으로 원시시대의 지상 주택을 그린 상형자였는데, 복사(卜辭)에서는 제1인칭 대명사로 가차(假借)되어 쓰였다고 하였고(《갑골문자전(甲骨文字典)》), 고홍진(高鴻縉) 역시 '亼(집)'은 '집'을 의미하고 '屮(싹날 철)'은 '艸(초)'와 같으므로 '余'는 '초가집'을 뜻하는 회의자라고 하였다.(《산반집석(散盤集釋)》)

한편 오기창(吳其昌)은 '余'는 '화살촉'을 그린 상형자라고 하였고(<금문명상소증(金文名象疏證)>, 무한대학(武漢大學) ≪문사철계간(文史哲季刊)≫ 6권 1기), 임의광(林義光)은 '주다'라는 뜻의 '予(여)'자의 변형된 글자체라고 하였다(≪문원(文源)≫). 또한 문일다(聞一多)는 '余'는 농기구의 일종인 여도(畲刀)를 본뜬 것이라고 하였다.(≪문일다전집(聞一多全集)·석여(釋余)≫)

≪설문해자≫에서는 "余는 허사(虛詞) 가운데 느슨하다는 어감을 나타내는 말이다. 八(팔)은 의미부분이고, 舍(사)의 생략형은 발음부분이다. 㒰는 (余의 혹체자(或體字)로) 두 개의 余로 이루어졌다. 발음은 余자와 같다.(「余, 語之舒也. 从八, 舍省聲. 㒰, 二余也. 讀如余同.」)"라고 하였는데, '余'가 '八'과 '舍'의 생략형으로 이루어졌다는 분석은 갑골문·금문의 자형으로 볼 때 믿기가 어렵다.

주준성(朱駿聲)은 "(余는) 대체로 스스로 말을 시작할 때 내는 ('에~' 하는) 소리인데, 일설에는 가차되어 '나'라는 뜻으로 쓰인다고도 한다."라고 하였다.(≪설문통훈정성≫) ■

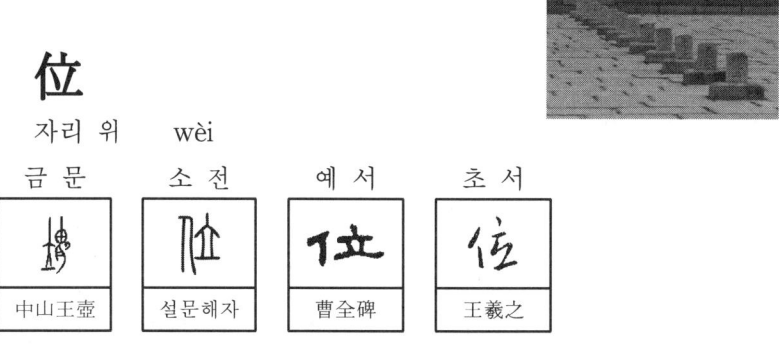

位

자리 위   wèi

금 문	소 전	예 서	초 서
中山王壺	설문해자	曹全碑	王羲之

갑골문에는 '位'자가 보이지 않고, 전국(戰國)시대 금문에서는 '人(인)' 대신 '鬼(귀)'를 썼다.

≪설문해자≫에서는 "位는 조정(朝廷)에서 좌우로 늘어선 자리를 말한다. 人과 立(립)은 모두 의미부분이다.(「位, 列中庭之左右謂之位. 从人·立.」)"라고 하였다.

'位'자는 본래 '조정에서의 자리'를 뜻하였는데, 뒤에 일반적인 '자리'에 관련된 말에 넓게 쓰인다. 위계(位階), 위치(位置), 방위(方位), 지위(地位) 등과 같은 말이 그러한 예이다.

또 '자리를 차지하고 계신 분'이라는 의미에서 존칭의 뜻도 가진다. 제위(諸位)가 그런 말이다. ■

人部

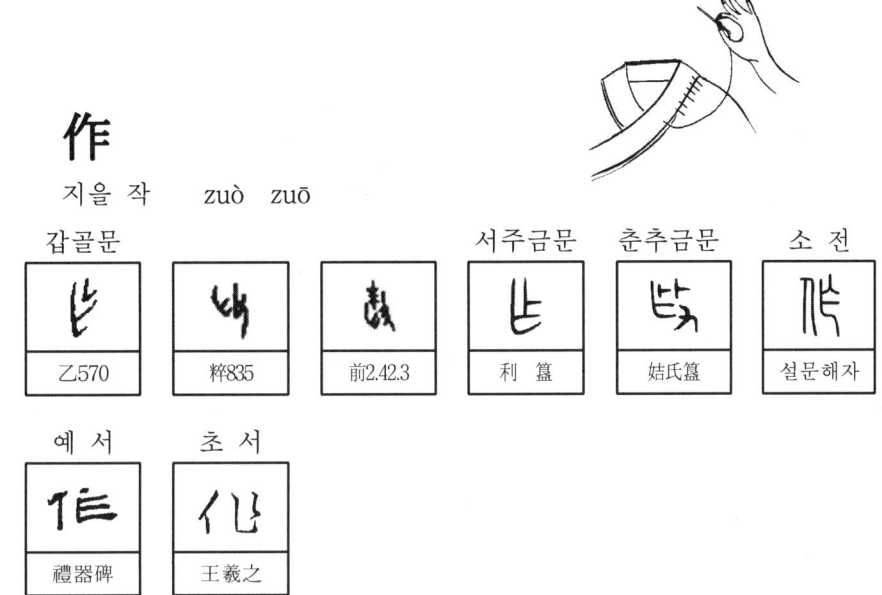

作
지을 작   zuò   zuō

갑골문			서주금문	춘추금문	소 전
乙570	粹835	前2.42.3	利 簋	姞氏簋	설문해자

예 서	초 서
禮器碑	王羲之

 '作'자는 갑골문에서는 '乍'(＝乍, 사)를 기본으로 'ㅋ'·'ㅣ' 등이 더해진 형태이다.
 서중서(徐中舒)는 '乍'는 옷을 만들 때 옷깃을 완성한 모양을 그린 것이고, 'ㅋ'는 실로 꿰맨 흔적을 나타낸 것이며, 'ㅣ'은 손으로 바늘을 쥐고 있는 모양을 그린 것이라고 하였다.(≪갑골문자전(甲骨文字典)≫)
 이 주장에 따르면 갑골문의 '作'자는 '옷을 만들다'라는 뜻을 나타내는 회의자이며, '일하다'라는 뜻은 여기에서 파생되어 나왔다고 할 수 있다.
 금문의 '作'자는 단순히 '乍'로 쓰거나(<이궤(利簋)>), 손으로 일을 한다는 뜻의 '攴(복)'자를 더한 '敄'(<길씨궤(姞氏簋)>)으로 썼고, 소전에서는 '乍'에 '人(인)'을 더하여 현재의 자형과 같은 '作'으로 썼다.
 ≪설문해자≫에서는 "作은 일어난다는 뜻이다. 人과 乍는 모두 의미부분이다.(「作, 起也. 从人, 从乍.」)"라고 하였다.
 '作'은 본래 '옷을 만든다'는 뜻이었는데, 뒤에 '일을 한다'는 의미로 뜻이 넓어졌다. 작업(作業), 작성(作成), 작품(作品), 걸작(傑作), 조작(操作), 풍작(豊作) 등과 같은 말이 그러한 예이다. 무슨 일이 '일어나다'·'생기다'라는 뜻은 여기에서 파생되어 나온 뜻이다. ■

低

낮을 저   dī

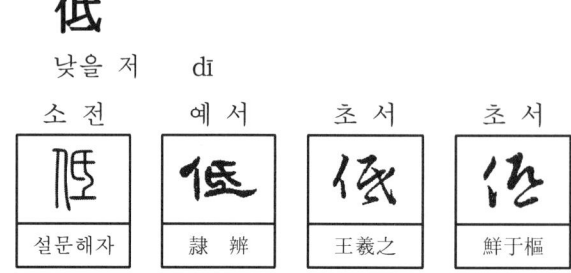

갑골문과 금문에는 '低'자가 보이지 않는다.

≪설문해자·인부(人部)·신부(新附)≫에서는 "低는 아래라는 뜻이다. 人(인)과 氐(저)는 모두 의미부분인데, 氐는 발음부분이기도 하다.(「低, 下也. 从人·氐, 氐亦聲.」)"라고 하였다.

저렴(低廉), 저속(低俗), 저질(低質), 저하(低下) 등과 같은 말은 여기에서 나온 것이다. ■

佐

도울 좌   zuǒ

'佐'자는 갑골문과 금문 그리고 ≪설문해자≫ 등에 보이지 않는다.

≪광아(廣雅)·석고(釋詁)≫를 보면 "佐는 돕는다는 뜻이다.(「佐, 助也.」)"라고 하였고, ≪자휘(字彙)·인부(人部)≫에서도 "佐는 돕는다는 뜻이다.(「佐, 輔也.」)"라고 하여, '돕다'라는 의미로 쓰였음을 알 수 있다. '보좌(補佐)'라는 말은 여기에서 나온 것이다.

사실 '佐'자는 '左'에서 비롯된 것이다. 갑골문에서는 왼 손과 오른 손의 구별이 없이 쓰이다가, 뒤에 좌우의 의미를 분명히 하기 위해 왼쪽 손을 그린 'ナ' 즉 '屮(좌)'에 '工(공)'을 더하여 지금과 같은 '左'자를 만든 것이다. '左'가 왼 쪽이라는 뜻으로 굳어지자, '돕다'라는 뜻의 '左'자는 (임금을) 좌우에서 보필하는 사람이라는 의미로 '人(인)'자를 더한 '佐'자를 만들어 그 자리를 보충하였다. 이것은 바로 다음에 나오는 '佑'자의 경우도 마찬가지이다. ■

佑

도울 우   yòu

'佑'자는 갑골문과 금문 그리고 ≪설문해자≫ 등에 보이지 않는다.

≪옥편(玉篇)·인부(人部)≫를 보면 "佑는 돕는다는 뜻이다.(「佑, 助也.」)"라고 하였고, ≪광운(廣韻)·유운(有韻)≫에서도 "佑는 돕는다는 뜻이다.(「佑, 佐也.」)"라고 하여, '佐(도울 좌)'와 같은 뜻으로 풀이하였다.

'佑'자에서 '右'는 'ㅋ' 즉 '又(우)'로 썼는데, '又'는 본래 '손'을 그린 상형자였다.(고문자에서는 '왼 손'·'오른 손'의 구별이 없었다.) 그런데 '又'가 '또한'이라는 부사로 가차(假借)되어 쓰이자 口(구)를 더한 '右'를 만들어 그 자리를 대신하게 하였고, 본래 '돕다'라는 뜻의 '右'의 자리는 다시 '佑'자를 만들어 보충하였다. 이것은 바로 앞에서 설명한 '佐'자의 경우와 마찬가지이다. ■

住

살 주   zhù

갑골문과 금문 그리고 ≪설문해자≫ 등에는 '住'자가 보이지 않는다.

≪광운(廣韻)·우운(遇韻)≫을 보면 "住는 멈춘다는 뜻이다.(「住, 止也.」)"라고 하였다.

'住'자의 구조를 분석해 보면, 人(인)이 의미부분이고, 主(주)가 발음부분이 될 것이다.

'住'는 본래 '멈춘다'는 뜻이었는데, 뒤에 '오래 멈추는 것'에 관련된 말에 쓰인다. 주소(住所), 주택(住宅), 거주(居住), 이주(移住) 등과 같은 말이 그러한 예이다. ■

何
어찌 하 hé hè

갑골문			상 금문	서주 금문	
燕795	京津2208	後下22.3	何父乙卣	何尊	何簋

춘추 금문	전국 금문	소 전	예 서	행 서
何次匜	王何戈	설문해자	任君殘碑	王羲之

'何'자는 갑골문과 상(商)나라 금문을 보면 사람이 어떤 물건을 짊어지고 있는 모양을 그린 상형자임을 알 수 있다. 오늘날 이 뜻으로는 '荷(하)'자를 쓴다.

이효정(李孝定)선생은 "갑골문의 何자는 사람[人(인)]이 'ㄱ'(=可)(즉 柯, 도끼자루 가)를 짊어진 모양이다. 可(가)가 발음부분의 역할도 하고 있는 자형(<연(燕) 795>·<경진(京津) 2208>)을 기본 형태로, 戈(과)를 짊어진 자형(<후하(後下) 22.3>)도 있다. 여기에서의 戈 역시 발음부분의 역할을 담당한다. 그 후 전서(篆書)·예서에서 可를 쓴 형태만이 쓰이게 됨에 따라 戈를 쓴 자형은 사라졌다."라고 하였다.(≪갑골문자집석(甲骨文字集釋)≫)

금문에서는 'ㄱ' 부분에 '口(구)'를 더하여 현재와 같은 '何'자로 쓴 형태(<하궤(何簋)>)도 있는데, 소전은 이 자형을 따랐다.

≪설문해자≫에서는 "何는 짊어진다는 뜻이다. 일설에는 무엇[誰(수)]이라는 뜻이라고도 한다. 人은 의미부분이고, 可는 발음부분이다.(「何, 儋也. 一曰誰也. 从人, 可聲.」)"라고 하였다.

'何'는 본래 '짊어지다'라는 뜻이었는데, 뒤에 의문대명사 '무엇'으로 가차(假借)되어 쓰이자 발음이 비슷한 '荷'자를 빌려서 그 자리를 보충하였다. ■

6 佳

아름다울 가   jiā

소전	예서	초서	초서
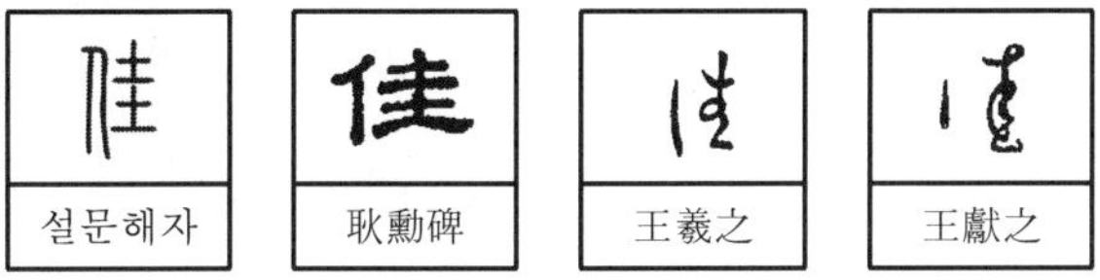 설문해자	耿勳碑	王羲之	王獻之

'佳'자는 갑골문과 금문에는 보이지 않는다.

≪설문해자≫에서는 "佳는 좋다는 뜻이다. 人(인)은 의미부분이고, 圭(규)는 발음부분이다.(「佳, 善也. 从人, 圭聲.」)"라고 하였다.

가인(佳人), 가작(佳作), 가약(佳約) 등과 같은 말은 여기에서 나온 것이다.

참고로 '佳'의 고음(古音)은 *kreɣ / kæi(개이→가)이고, '圭'의 고음은 *kweɣ / kiuɛi(궤이→규)이다. '佳'와 '圭' 두 글자는 첫소리가 [k-]로 같고, 상고음(上古音)의 주모음(主母音)과 운미(韻尾) 역시 [eɣ]으로 같다. 그래서 '佳'자에서 '圭'가 발음부분이 될 수 있는 것이다.

供

이바지할 공, 바칠 공   gōng gòng

소전	예서	초서	초서
 설문해자	苑鎭碑	王凝之	蔡襄

갑골문과 금문에는 '供'자가 보이지 않는다.

≪설문해자≫에서는 "供은 설치한다는 뜻이다. 人(인)은 의미부분이고, 共(공)은 발음부분이다. 일설에는 공급(供給)한다는 뜻이라고도 한다.(「供, 設也. 从人, 共聲. 一曰供給.」)"라고 하였다.

공양(供養), 불공(佛供), 제공(提供) 등과 같은 말은 여기에서 나온 것이다.

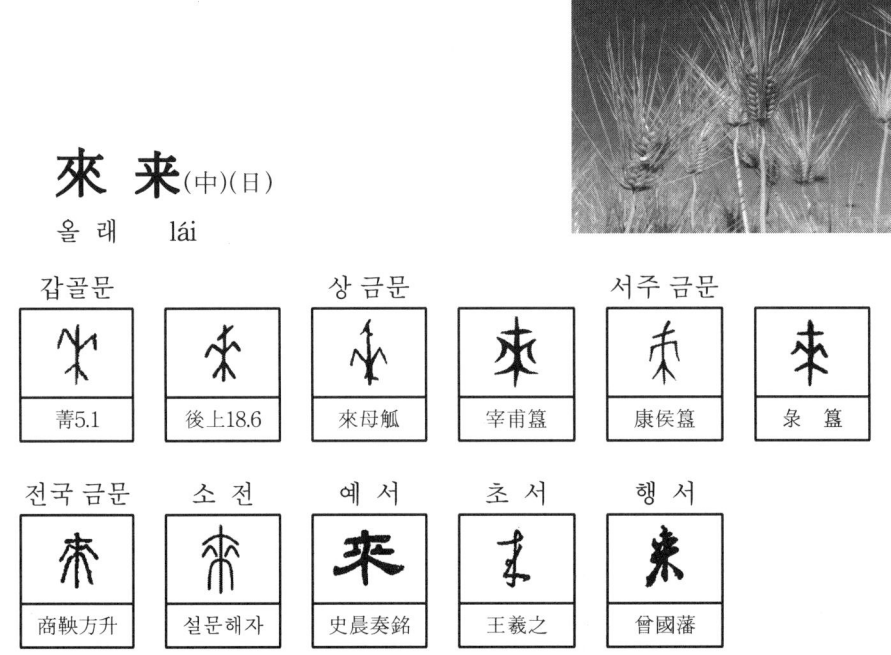

來 来(中)(日)
올 래 lái

갑골문		상 금문		서주 금문	
菁5.1	後上18.6	來母觚	宰甫簋	康侯簋	彔簋

전국 금문	소 전	예 서	초 서	행 서
商鞅方升	설문해자	史晨奏銘	王羲之	曾國藩

 '來'는 본래 보리를 그린 상형자였다. 그런데 갑골문에서 이미 '오다'라는 뜻으로 가차(假借)되어 쓰이면서 '보리'라는 뜻으로는 더 이상 쓰이지 않게 되었다.(<맥부(麥部)>의 부수자인 '麥(보리 맥)'자 참조)

 ≪설문해자≫에서는 "來는 주(周) 지방에서 수확하던 좋은 보리, 소맥(小麥, 밀)과 대맥(大麥, 보리)이다. 보리 한 줄기에 두 이삭이 패어 있고, 까끄라기와 가시가 난 모양을 그린 것이다. 하늘에서 내려주시는 것이기 때문에 '가고 오다'라고 할 때의 '오다'라는 뜻으로 쓰이게 되었다.(「來, 周所受瑞麥·來麰. 一來二縫, 象芒束之形. 天所來也, 故爲行來之來.」)"라고 하였다.

 허신(許愼)도 '來'가 '보리'를 그린 것이라고 알고 있으면서, '보리는 하늘에서 내려 주시기 때문'에 '來'가 '오다'라는 뜻을 가지게 되었다고 그 유래를 설명한 것은 발음만 빌려 쓰는 가차(假借)를 인신(引伸) 즉 뜻의 파생·발전으로 오해한 것이라고 볼 수 있다. ■

人部

例

법식 례 lì

소 전	예 서	초 서
	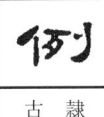	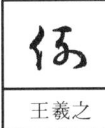
설문해자	古 隸	王羲之

갑골문과 금문에는 '例'자가 보이지 않는다.

≪설문해자≫에서는 "例는 나열한다는 뜻이다. 人(인)은 의미부분이고, 列(렬)은 발음부분이다.(「例, 比也. 从人, 列聲.」)"라고 하였다.

단옥재(段玉裁)는 '例'는 후대에 만들어진 글자로서 한(漢)나라 사람들은 '例'자 대신 대부분 '列'자를 사용했다고 하였다.(≪설문해자주≫)

'例'는 본래 '나열한다'는 뜻이었다. 물건을 죽 늘어놓다보면 자연히 '규칙'이 생기게 마련이고, 또 한 번 규칙이 정해지면 다음에 같은 일을 할 때는 그것을 바탕으로 일을 하는 것이 상례(常例)이다. '例'가 법식(法式)·보기 등과 같은 뜻으로 쓰이는 것은 이 때문이다. 예문(例文), 예시(例示), 예외(例外), 관례(慣例) 등과 같은 말이 그러한 예이다. ■

使

①하여금 사 ②사신 사 shǐ

갑골문	춘추금문	전국 금문			소 전
甲68	鬱鎛	詔史矛	中山獸器	中山王壺	설문해자

예 서	초 서
華山廟碑	王羲之

갑골문·금문 등 고문자에서는 '史(사)'·'事(사)'·'吏(리)' 그리고 '使' 이들 네 글자는 본래 한 글자였다.(<궐부(亅部) 7획 '事'자 참조>)

다만 '使'는 갑골문과 춘추(春秋)시대 금문까지는 '吏' 또는 '事'자와 같이 썼는데, 전국(戰國)시대에 들면서 '人(인)'·'亻(척)'·'辶(착)' 등이 더해졌다.

≪설문해자≫에서는 "使는 시킨다는 뜻이다. 人은 의미부분이고, 吏는 발음부분이다.(「使, 伶也. 从人, 吏聲.」)"라고 하였다.

참고로 '使'의 고음(古音)은 *sliəɣ / ʂli(시→사)이고, '吏'의 고음은 *liəɣ / li(리)이다. '使'는 상고음(上古音)의 성모가 'sl'로 's'와 'l' 두 개의 성모를 동시에 갖는 복성모(複聲母) 글자였다. 그래서 '吏'와는 첫소리가 [l-]로 같다고 할 수 있고, 상고음의 주모음(主母音)과 운미(韻尾) 역시 [əɣ]으로 같다. 그래서 '使'자에서 '吏'가 발음부분이 될 수 있는 것이다. ■

侍

모실 시 shì

금 문	소 전	예 서	초 서	초 서
陳旺戈	설문해자	孔龢碑	張芝	王羲之

갑골문에는 '侍'자가 보이지 않고, 전국(戰國)시대 금문과 소전의 자형은 '侍'로 같다.

≪설문해자≫에서는 "侍는 받든다는 뜻이다. 人(인)은 의미부분이고, 寺(사)는 발음부분이다.(「侍, 承也. 从人, 寺聲.」)"라고 하였다.

시녀(侍女), 층층시하(層層侍下, 부모와 조부모가 다 살아 있어 모시고 있는 처지) 등과 같은 말은 여기에서 나온 것이다. ■

人部 75

依
의지할 의　yī

갑골문		소 전	예 서	초 서
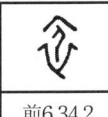	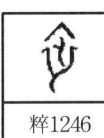		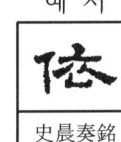	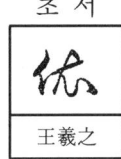
前6.34.2	粹1246	설문해자	史晨奏銘	王羲之

'依'자는 갑골문을 보면 옷[衣(의)] 안에 사람[人(인)]이 있는 형태이다.

이효정(李孝定)선생은 "갑골문의 '依'자는 사람이 옷을 입는 모양을 그린 것이다. '의지(依支)한다'라는 뜻은 인신의(引伸義)이다. 그 본래의 뜻은 당연히 '옷을 입다'라는 뜻의 동사이다."라고 하였다.(≪갑골문자집석(甲骨文字集釋)≫)

≪설문해자≫에서는 "依는 의지한다는 뜻이다. 人은 의미부분이고, 衣는 발음부분이다.(「依, 倚也. 从人, 衣聲.」)"라고 하였다.

'依'는 본래 '옷을 입는다'는 뜻이었다. 옛날에는 신분에 따라 입는 옷이 달랐고, 지금도 사람은 옷의 영향을 벗어날 수 없다. '의지하다'라는 말은 여기에서 나온 것이다. 의거(依據), 의뢰(依賴), 의존(依存), 귀의(歸依) 등과 같은 말도 모두 '의지하는 것'과 관련이 있는 말이다. ■

7
係
맬 계, 이을 계　xì

갑골문				상 금문	
			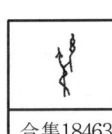		
續2.18.7	合集1098	合集39808	合集18463	係父乙簋	係父乙觚

'係'자는 갑골문과 상(商)나라 금문을 보면 사람의 목을 새끼줄로 묶은 모양이다. 따라서 '묶다'·'엮다'·'관계(關係)' 등과 같은 뜻은 모두 여기에서 비롯된 것이다.

전국(戰國)시대의 금문과 소전의 자형은 '係'로 같다.

≪설문해자≫에서는 "係는 삼으로 만든 끈으로 묶는다는 뜻이다. 人(인)과 系(계)는 모두 의미부분인데, 系는 발음부분이기도 하다.(「係, 絜束也. 从人, 从系. 系亦聲.」)"라고 하였다.

이에 대해 우성오(于省吾)는 "係자는 갑골문을 보면 人과 새끼줄을 뜻하는 糸(멱·사)로 이루어져 '묶다'라는 뜻을 나타내는 회의자인데, 허신(許愼)은 係자의 구조에 대해 '매달다'라는 뜻의 系를 의미부분으로 하고 또 발음도 담당한다는 형성자로 분석하고 있으니 이는 잘못이다."라고 하였다.(≪갑골문자석림(甲骨文字釋林)≫) ■

侮

업신여길 모　wǔ

'侮'자는 갑골문과 전국(戰國)시대 금문 그리고 ≪설문해자≫에 수록된 고문(古文)에서는 '侮'로 썼고, 소전에서는 '侮'로 썼다.

≪설문해자≫에서는 "侮는 다쳤다는 뜻이다. 人(인)은 의미부분이고, 每(매)는 발음부분이다. 侮는 고문으로 (每 대신) 母(모)를 썼다.(「侮, 傷也. 从人, 每聲. 𠈌, 古文从母.」)"라고 하였다.

≪설문해자주≫에서는 '傷(상처 상)'을 '偒(업신여길 이)'로 썼다.

'侮'는 '다쳤다' 또는 '다치게 하다'라는 뜻이다. 남의 마음을 다치게 하는 것이 모욕(侮辱)·모멸(侮蔑)이고, 그것을 받는 것이 수모(受侮)이다. ■

保

지킬 보　bǎo

갑골문			상 금문		
乙3686	拾9.5	合集18970	父丁簋	保卣	子保卣

서주 금문			춘추 금문		전국 금문
大盂鼎	矢方彝	格伯簋	國差䤭	邾叔鐘	陳侯午錞

소전	고문	고문	예서	초서
설문해자	설문해자	설문해자	劉熊碑	王羲之

'保'자는 갑골문과 금문을 보면 모두 사람이 어린아이를 등에 업고 있는 모습을 그린 상형자이다. 상(商)나라 금문 <부정궤(父丁簋)>의 자형을 보면 더욱 잘 알 수 있다. '기르다'·'보호하다'라는 뜻은 모두 여기에서 나온 것이다.

여기에 '玉(옥)'이나 '貝(패)'가 더해진 자형도 있는데, 이것은 '귀하다'라는 뜻을 좀 더 잘 나타내기 위함으로 생각된다.

≪설문해자≫에서는 "保(보)는 기른다는 뜻이다. 人(인)과 㞑의 생략형은 모두 의미부분이다. 㞑는 孚(부)의 고문(古文)이다. 采(呆)는 保의 고문이다. 儵는 保의 고문으로 생략하지 않은 형태이다.(「保, 養也. 从人, 从㞑省. 㞑, 古文孚. 采, 古文保. 儵, 古文保, 不省.」)"라고 하였다.

'保'자는 본래 '어린아이를 업고 있는 모양'을 그린 상형자이다. 보호(保護)라는 말은 여기에서 나온 것이고, '지키다'라고 훈을 하는 이유도 여기에 있는 것이다. 보관(保管), 보수(保守), 보험(保險), 안보(安保) 등과 같은 말은 모두 '지키는 것'과 관련이 있는 예이다. ≪설문해자≫에서 '기르다'라고 뜻풀이를 한 것은 '어린아이를 업고 기른다'는 뜻에서 나온 것이라고 하겠다. ■

俗

풍속 속   sú

금문		소전	예서	행서	초서
衛鼎	毛公鼎	설문해자	校官碑	王羲之	孫虔禮

갑골문에는 '俗'자가 보이지 않는다.

금문과 소전의 자형은 모두 '人(인)'과 '谷(곡)'으로 이루어졌다.

≪설문해자≫에서는 "俗은 관습(慣習)을 뜻한다. 人은 의미부분이고, 谷은 발음부분이다.(「俗, 習也. 从人, 谷聲.」)"라고 하였다.

'俗'은 본래 '여러 사람이 같이 하는 습관'을 뜻하였다. 풍속(風俗), 세속(世俗) 등과 같은 말은 여기에서 나온 것이다. 나아가 '俗'은 '일반 세상' 또는 '민간'을 가리키는 말로도 쓰인다. 속담(俗談), 속세(俗世), 속어(俗語) 등과 같은 말이 그러한 예이다. ■

信

믿을 신   xìn

'信'자는 갑골문을 보면 '口(구)'와 '人(인)'으로 이루어져 있다.

금문을 보면 '仞'(<부숙정(敊叔鼎)>), '誀'(<중산왕정(中山王鼎)>), '訐'(<벽대부호부(辟大夫虎符)>) 등으로 썼다.

이러한 금문의 자형을 보면 '信'은 '口' 또는 '言(언)'이 의미부분이고, '人'·'身(신)'·'千(천)' 등이 발음부분인 형성자였음을 알 수 있다.('人'·'千'·'身' 등은 선진(先秦)시대 때는 발음이 거의 같았다.) 물론 '人'과 '身'은 모두 사람을 뜻하므로, '믿음'이란 의미의 쓰임새로 보자면 이들 역시 의미부분이라고 할 수도 있을 것이다.

≪설문해자≫에 수록된 고문(古文)(1)은 '伵'으로 금문 <부숙정>의 자형과 같다. 또 다른 고문(2)는 '訫'으로 썼는데, 이 형태는 금문 <중산왕정>의 '諄'자와 비슷한 구조로서 '言'이 의미부분이고 '心(심)'이 발음부분인 형성자의 구조라고 할 수 있다.(진초생(陳初生), ≪금문상용자전(金文常用字典)≫)

≪설문해자≫에서는 "信은 성실하다는 뜻이다. 人과 言은 모두 의미부분이다. 伵은 信의 고문으로, 口는 言의 생략형이다. 訫도 역시 信의 고문이다.(「信, 誠也. 从人, 从言. 伵, 古文从言省. 訫, 亦古文信.」)"라고 하였다.

오늘날 '信'자를 설명할 때 "사람의 말에는 믿음이 있어야 한다"라든가 또는 "사람의 말을 전할 때는 정확하고 성실하게 전해야 한다"라는 의미에서 '信'이라는 글자가 비롯되었다고 하는 견해는 허신(許愼)과 같이 '信'을 회의자로 보고 그 뜻을 유추한 것이다. 그렇지만 금문의 자형을 보면 '信'이 반드시 회의자로만 볼 것이 아니라 형성자로 보아도 될 만한 근거도 있다.

'信'은 '믿음'을 대표하는 글자이다. 예를 들어 신앙(信仰), 신뢰(信賴), 신용(信用), 신념(信念) 등은 모두 믿음과 관련 있는 말이다.

또 '信'은 '사람의 말'이라는 뜻도 되므로 '편지'나 '소식'을 뜻하기도 한다. 서신(書信), 통신(通信), 신호(信號) 등과 같은 말이 그러한 예이다. ■

俊

준걸 준   jùn

소 전	예 서	초 서
설문해자	郙閣頌	王羲之

갑골문과 금문에는 '俊'자가 보이지 않는다.

≪설문해자≫에서는 "俊은 재능이 천 사람에 해당할 정도의 뛰어난 사람을 뜻한다. 人(인)은 의미부분이고, 夋(준)은 발음부분이다.(「俊, 材千人也. 从人, 夋聲.」)"라고 하였다.

한편 ≪설문해자주≫에는 '材(재)'자 다음에 '過(과)'자가 한 글자 더 있다. 즉 "재능이 천 명을 뛰어 넘는다"는 뜻이다. 그리고 단옥재(段玉裁)는 다시 "≪윤문자(尹文子)≫에서는 '천 명의 재능에 해당하는 사람을 俊이라고 하고, 만 명을 傑(걸)이라고 한다'라고 하였고, ≪회남자(淮南子)·태속훈(泰俗訓)≫에서는 '지혜가 만 명을 뛰어 넘는 사람을 英(영)이라고 하고, 천 명은 俊, 백 명은 豪(호), 열 명은 傑이라고 한다'라고 하였으며, ≪춘추번로(春秋繁露)≫에서는 '만 명은 英, 천 명은 俊, 백 명은 傑, 열 명은 豪라고 한다'라고 하였다."라고 주를 달았다.

'俊'은 본래 '재능이 천 사람에 해당할 정도의 뛰어난 사람'을 뜻하였는데, 뒤에는 그냥 '재능이 뛰어난 사람'이라는 뜻으로 쓰였다. 준걸(俊傑), 준수(俊秀), 준재(俊才) 등과 같은 말이 그러한 예이다. ■

갑골문과 금문에는 '促'자가 보이지 않는다.

≪설문해자≫에서는 "促은 급박하다는 뜻이다. 人(인)은 의미부분이고, 足(족)은 발음부분이다.(「促, 迫也. 从人, 足聲.」)"라고 하였다.

촉박(促迫), 촉진(促進), 독촉(督促) 등과 같은 말은 여기에서 나온 것이다. ■

人部 81

侵

침노할 침　qīn

갑골문		금문	소전	예서	초서
鐵140.2	菁1.1	鐘伯侵鼎	설문해자	靈臺碑	皇 象

갑골문의 '侵'자는 '人(인)'자 없이, '掃(쓸 소)'(<철(鐵) 140.2>), '帚'(<청 1.1>) 등으로 썼다. 손에 빗자루[帚(추)]를 들고 청소를 하거나, 빗자루로 소를 몰고 가는 의미라고 여겨진다. 빗자루 옆에 있는 점들은 먼지를 표시한 것이다.

춘추(春秋)시대 금문에서는 '人'과 손[彐](즉 又(우))이 더해져서 '侵'으로 썼는데, 소전은 금문의 형태를 따랐다. '侵'은 '侵'의 예서체다.

≪설문해자≫에서는 "侵(침)은 차츰차츰 나아간다는 뜻이다. 사람[人]이 손[又]에 빗자루[帚]를 쥐고 있는 형태(의 회의자)이다. 빗자루로 쓸면서 앞으로 나아가는 것과 같다는 것이다. 又는 손이다.(「侵, 漸進也. 从人又持帚, 若埽之進. 又, 手也.」)"라고 하였다.

'侵'은 본래 '청소를 한다'거나 '소를 몰고 간다'는 뜻이었다. ≪설문해자≫에서 "천천히 나아간다는 뜻이다"라고 한 것은 여기에서 비롯된 것이다. 지금은 뜻이 공격적으로 변해서 '침범(侵犯)한다'는 뜻으로 많이 쓰인다. 침략(侵略), 침입(侵入), 침해(侵害), 외침(外侵) 등과 같은 말이 그러한 예이다. ■

便

①편할 편(본음 변) ②오줌 변　pián　biàn

금문	소전	예서	초서	초서
僧匜	설문해자	祝睦後碑	王羲之	虞世南

'便'자는 갑골문에 보이지 않는다.

서주(西周) 금문과 소전은 '偓'으로 '人(인)'과 '夐' 즉 '更(경·갱)'으로 이루어졌다. '便'은 '偓'의 예서체이다.

진초생(陳初生)은 "금문의 偓은 鞭(채찍 편)자의 초문(初文)이고, 偓은 夐의 번체자(繁體字)이다. 뒤에 偓자가 현재의 '편안(便安)하다'라는 뜻으로 가차(假借)되어 쓰이자 다시 革(혁)을 더한 鞭자를 만들어 그 자리를 보충하였다."라고 하였다.(≪금문상용자전(金文常用字典)≫)

≪설문해자≫에는 "便은 편안하다는 뜻이다. 사람은 불편한 것이 있으면 바꾼다. 人과 更은 모두 의미부분이다.(「便, 安也. 人有不便, 更之. 从人·更.」)"라고 하였는데, 허신(許愼)은 '便'이 본래 '채찍'이라는 뜻에서 온 가차자인줄 모르고 '人'과 '更'이라는 자형에 얽매여 이와 같은 해석을 하였다고 볼 수 있다.

'便'은 본래 '편안(便安)하다'는 뜻이었다. 편의(便宜), 편리(便利), 간편(簡便) 등과 같은 말이 그러한 예이다. 나아가 사람은 대변(大便)·소변(小便)을 잘 보아야 몸이 편안하다. 이럴 때는 '변'이라고 읽는다.

사람이 편안한 것만을 좇다보면 좋지 않을 수도 있다. 편법(便法)이나 편승(便乘)이 그러한 말에 속한다. '남을 편안하게 해주는 것'이 지나치면 '아첨'이 된다. 편벽(便辟)이라는 말이 바로 그 뜻이다.

또 '便'은 '片(편)'자와 발음이 같아서 서로 통용하기도 한다. 편지(便紙)가 그런 예이다. 편지(片紙)도 같은 뜻이다. ■

侯

제후 후   hóu hòu

갑골문		상 금문	서주 금문		
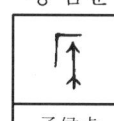					
後下37.5	甲2292	子侯卣	大盂鼎	侯父戊簋	禹鼎

人部 83

'侯'자는 갑골문과 금문 그리고 ≪설문해자≫에 수록된 고문(古文)을 보면 모두 '厌'와 같은 형태이다. '厂' 등은 포장(布張)을 그린 것이고, '矢' 등은 화살을 그린 것이다. 그러므로 侯는 본래 '厂'과 '矢(시)'로 이루어져 '활쏘기의 과녁'을 뜻하는 회의자였음을 알 수 있다.

갑골문과 금문에서는 '人(인)'자를 쓰지 않았는데, 소전에서 '矦' 즉 '侯'로 쓰면서 '厌'자는 쓰이지 않게 되었다.

≪설문해자≫에서는 "矦는 봄 잔치 때 쓰는 활쏘기의 과녁을 뜻한다. 人과 厂(엄)은 모두 의미부분이다. 장막이 쳐져 있고 그 아래에 화살이 있는 것을 그린 것이다. 厌는 矦의 고문이다.(「矦, 春饗所射侯也. 从人, 从厂. 象張布, 矢在其下. 厌, 古文侯.」)"라고 하였다.

'侯'는 본래 '활쏘기의 과녁'을 뜻하였는데, 뒤에 작위(爵位)의 이름으로 가차(假借)되었다. ≪예기(禮記)·왕제(王制)≫를 보면 "제도상 작위의 서열은 공(公)·侯·백(伯)·자(子)·남(男) 등 5등급이다.(「王者之制祿爵, 公·侯·伯·子·男, 凡五等.」)"라고 하였다. ■

8　**個 个(中)**
　　낱 개　gè

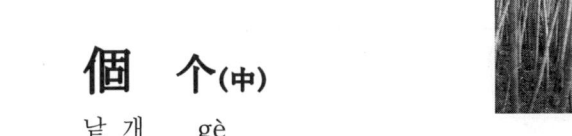

'個'자는 갑골문, 금문 그리고 ≪설문해자≫ 등에는 보이지 않는다.

'個'는 본래 '竹(죽)'자의 반쪽인 '个(개)'자로서 처음에는 대나무를 세거나 또는 화살을 세는 단위로 쓰였다. 그 후 '个'는 각종 사물을 세는 양사(量詞)(또는 단위사라고도 함)로 쓰임새가 넓어졌고, 글자 형태 역시 발음부분인 '固(고)'가 더해져 '箇(낱 개)'로 쓰이게 되었다. 이 글자는 ≪설문해자≫에 수록되어 있다.

그런데 근래에 '箇'가 사람을 세는 단위로 많이 쓰이게 되자, '箇'에서 '竹'을 없애고 대신 '人(인)'을 넣어 현재 사용되는 '個'자로 만들었다.
　오늘날 중국에서 사용되는 간체자에서는 '個'를 '个'로 쓰는데, 이것은 원래의 모양으로 되돌아 간 꼴이라고 하겠다.
　참고로 ≪설문해자·죽부(竹部)≫ '箇'자 해설을 보면, "箇는 대나무 가지를 뜻한다. 竹은 의미부분이고, 固는 발음부분이다.(「箇, 竹枝也. 从竹, 固聲.」)"라고 하였다. ■

俱

함께 구　jū jù

갑골문과 금문에는 '俱'자가 보이지 않는다.
　≪설문해자≫에서는 "俱는 '함께 하다'라는 뜻이다. 人(인)은 의미부분이고, 具(구)는 발음부분이다.(「俱, 偕也. 从人, 具聲.」)"라고 하였다.
　구존(俱存), 구전(俱全), 구현(俱現) 등과 같은 말은 여기에서 나온 것이다. ■

倒

①넘어질 도 ②거꾸로 도　dǎo dào

갑골문과 금문에는 '倒'자가 보이지 않는다.
　≪설문해자·인부(人部)·신부(新附)≫를 보면, "倒는 넘어졌다는 뜻이다. 人(인)은 의미부분이고, 到(도)는 발음부분이다.(「倒, 仆也. 从人, 到聲.」)"라고 하였다.
　'倒'는 '넘어졌다'는 뜻이다. 도산(倒産), 졸도(卒倒), 압도(壓倒), 타도(打倒) 등과 같은 말이 그러한 예이다. '倒'는 또 '뒤집어졌다'→'거꾸로 되었다'는 뜻도 있다. 도치(倒置), 전도(顚倒) 등이 그러하다. ■

倫 伦(中)

인륜 륜   lún

소전	예서	초서	행서
설문해자	侯成碑	王獻之	顏眞卿

갑골문과 금문에는 '倫'자가 보이지 않는다.

≪설문해자≫에서는 "倫은 '같은 무리'라는 뜻이다. 人(인)은 의미부분이고, 侖(륜)은 발음부분이다. 일설에는 도리(道理)라는 뜻이라고도 한다.(「倫, 輩也. 从人, 侖聲. 一曰道也.」)"라고 하였다.

단옥재(段玉裁)는 "군대에서 100대의 수레를 출발시키는 것을 輩(배)라고 한다. 인신(引伸)하여 같은 무리나 또래를 輩라고 한다."라고 하였다.(≪설문해자주≫)

'倫'은 '같은 무리'를 뜻하였다. 절륜(絶倫)이라고 하면 "같은 무리를 다 잘라버리는 수준"이라는 의미이므로 "그 무리 가운데 가장 뛰어나다"는 뜻이 된다. 또 '도리'라는 뜻도 가진다. 윤리(倫理), 인륜(人倫), 천륜(天倫) 등과 같은 말이 그러한 예이다. ■

倍

곱 배   bèi

소전	예서	초서	행서
설문해자	禮器碑	董其昌	顏眞卿

갑골문과 금문에는 '倍'자가 보이지 않는다.

≪설문해자≫에서는 "倍는 뒤집는다는 뜻이다. 人(인)은 의미부분이고, 咅(투부)는 발음부분이다.(「倍, 反也. 从人, 咅聲.」)"라고 하였다.

단옥재(段玉裁)는 "反은 뒤집는다는 뜻이다. 뒤집으면 두 개의 면(面)이 있게 되므로, 그래서 두 배를 '倍'라고 하는 것이다."라고 하였다.(≪설문해자주≫) ■

修

닦을 수　xiū

갑골문과 금문에는 '修'자가 보이지 않는다.

≪설문해자≫에서는 "修는 꾸민다는 뜻이다. 彡(삼)은 의미부분이고, 攸(유)는 발음부분이다.(「修, 飾也. 从彡, 攸聲.」)"라고 하였다.

'修'는 본래 '꾸민다'는 뜻이다. 수식(修飾)이 바로 그런 말이다. 꾸미려고 하면 '갈고 닦아야' 하고, 또 '고쳐야' 하기도 하므로 이와 관련된 말에 넓게 쓰인다. 수련(修鍊), 수리(修理), 수양(修養), 수도(修道), 보수(補修), 연수(硏修), 이수(履修) 등과 같은 말이 그러한 예이다. ■

借

빌릴 차　jiè

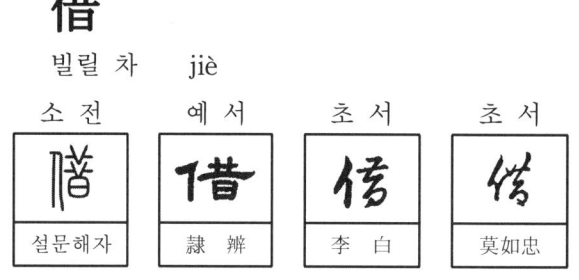

갑골문과 금문에는 '借'자가 보이지 않는다.

≪설문해자≫에서는 "借는 빌린다는 뜻이다. 人(인)은 의미부분이고, 昔(석)은 발음부분이다.(「借, 假也. 从人, 昔聲.」)"라고 하였다.

차용(借用), 차명(借名), 차입(借入), 차관(借款) 등과 같은 말은 여기에서 나온 것이다.

참고로 '借'의 고음은 음성운(陰聲韻) *ts'aɣ / ts'uo(취→차)와 *tsjiaɣ / tsia(쟈→차) 그리고 입성운(入聲韻) *tsjiak / tsiæk(잭→적) 등 세 가지이고, '昔'의 고음은 입성운 *sjiak / siæk(색→석)이다. '借'와 '昔'은 '借'를 입성운으로 읽을 때는 발음이 거의 같고, '借'를 음성운으로 읽을 때는 상고음(上古音)의 주모음(主母音)이 [a]로 같으며, 운미(韻尾)는 혀뿌리소리[설근음(舌根音)]인 [-ɣ]과 [-k]으로 발음 부위가 같다. 그래서 '借'자에서 '昔'이 발음부분이 될 수 있는 것이다. 고대에는 음성운과 입성운이 협운을 하기도 하였다. ■

倉
곳집 창   cāng

갑골문		상 금문	서주 금문	
合集9645	合集188664	倉鼎	猷鐘	叔倉父盨

춘추 금문		소 전	기 자	예 서	초 서
者減鐘	宜陽右倉簋	설문해자	설문해자	西狹頌	王羲之

'倉'자가 무엇을 본뜬 것인지에 대해서는 아직 정론이 없다.

당란(唐蘭)은 '倉'은 의미부분으로 뚜껑이 달린 그릇을 그린 '合'(=合, 합)과 발음부분인 '爿(장)'으로 이루어진 형성자라고 하였다.(≪천양각갑골문존고석(天壤閣甲骨文存考釋)≫) 이 견해는 많은 학자들이 긍정하고 있다.(<구부(口部)> 3획 '合'자; <왈부(曰部)> 9획 '會(회)'자 참조) 이 주장에 따르면 '倉'은 본래 '그릇'을 뜻하였다가 후에 '창고(倉庫)'로 인신(引伸)된 것이 된다.

한편 정산(丁山)은 '倉'에서 '合'은 땅에 장막을 친 모양이고, 그 안의 '뉴'은 병풍을 친 모양으로 '倉'은 '冢(덮어쓸 몽)'자의 초문(初文)이 아닌가 한다고 하였고(<석倉(釋倉)>, 역사어언연구소(歷史語言研究所) 집간(集刊) 2본(本) 1분(分)), 방준익(方濬益, ≪철유재이기관지고석(綴遺齋彝器款識考釋)≫)과 일본인 다카다(高田忠周, ≪고주편(古籀篇)≫)는 '倉'자에서 '亼' 부분은 '집'을 그린 것이고, 가운데 부분은 '舍(집 사)'자의 가운데 부분과 마찬가지로 건축물의 일부분을 나타낸다고 하였다.

금문에서는 가운데 부분이 '日' 또는 '戶'로 바뀌었다. 이에 대해 이효정(李孝定)

선생은 금문의 '日' 또는 '戶'는 '卄'의 변형이라고 하였는데(≪갑골문자집석(甲骨文字集釋)≫), 장설명(張雪明)의 ≪형음의자전(形音義字典)≫에서는 창고를 드나드는 문을 표시한 것이라고 하였다.

≪설문해자≫에서는 "倉은 곡식을 저장하는 곳이다. 창졸간(倉卒間, 갑자기)에 거두어 저장한다고 하여 (창고를) 倉이라고 부르는 것이다. 食(식)의 생략형은 의미부분이고, 口는 창고의 모양을 그린 것이다. 仺은 倉의 기자(奇字)이다.(「倉, 穀藏也. 倉黃取而藏之, 故謂之倉. 从食省, 口象倉形. 仺, 奇字倉.」)"라고 하였다.

'倉'은 본래 '곡식 창고(倉庫)'를 뜻하였는데, 뒤에 일반적인 '창고'로 가리키는 말이 되었다. 참고로 '庫(곳집 고)'는 본래 '무기와 전차(戰車)를 보관하는 곳'을 뜻하였다. ■

값 치   zhí

소전	예서	초서	초서
설문해자	張平子碑	王羲之	李卓吾

갑골문과 금문에는 '値'자가 보이지 않는다.

≪설문해자≫에서는 "値는 둔다는 뜻이다. 人(인)은 의미부분이고, 直(직)은 발음부분이다.(「値, 措也. 从人, 直聲.」)"라고 하였다.

'値'는 본래 '보관한다'는 뜻이었다. 여기에서 '보관할 만하다'라는 뜻이 나오게 되고 지금은 '그럴 만한 값'에 관련된 말에 넓게 쓰인다. 가치(價値), 수치(數値) 등과 같은 말이 그러한 예이다.

참고로 '値'의 고음(古音)은 음성운(陰聲韻) *diəɣ / ɖi(디→치)이고, '直'의 고음은 입성운(入聲韻) *diək / ɖiIk(딕→직)과 음성운 *diəɣ / ɖi 등 두 가지이다. '値'와 '直' 두 글자는 '直'을 음성운 '치'로 읽을 경우에는 발음이 완전히 같고, '直'을 입성운 '직'으로 읽을 경우에도 첫소리가 [d-]로 같고, 상고음(上古音)의 주모음(主母音) 역시 [ə]로 같으며, 운미(韻尾)는 혀뿌리소리[설근음(舌根音)]인 [-ɣ]과 [-k]으로 발음 부위가 같다. 그래서 '値'자에서 '直'이 발음부분이 될 수 있는 것이다. 고대에는 음성운과 입성운이 협운을 하기도 하였다. ■

候

철, 절기(節氣) 후   hòu

갑골문과 금문에는 '候'자가 보이지 않는다.

≪설문해자≫에서는 "候는 가만히 바라본다는 뜻이다. 人(인)은 의미부분이고, 侯(후)는 발음부분이다.(「候, 伺望也. 从人, 侯聲.」)"라고 하였다.

유월(兪樾)은 '侯'는 본래 활쏘기의 뜻이었으므로, 옆에서 활 쏘는 것을 가만히 지켜본다는 뜻에서 '侯'자를 발음부분으로 삼았다고 하였다.(≪아점록(兒笘錄)≫)

'候'는 본래 '가만히 바라본다'는 뜻이었다. 척후(斥候)라는 말은 여기에서 나온 것이다. 가만히 바라보다 보면 어떤 조짐 즉 징후(徵候)를 볼 수도 있고, 또 그러려면 기다리기도 해야 하므로 그래서 무엇을 하려고 기다리는 사람을 후보(候補)라고 하는 것이다.

또 날씨는 자연의 변화를 잘 바라보는 것이 기본이므로, 기후(氣候), 절후(節侯)라는 말도 나오게 되었다. 나아가 사람의 상태를 물어보는 것을 문후(問候)라고 하는 것도 여기에서 나온 말이다. ■

9 假

거짓 가   jiǎ jià

갑골문과 금문에는 '假'자가 보이지 않는다.

≪설문해자≫에서는 "假는 가짜라는 뜻이다. 人(인)은 의미부분이고, 叚(가)는 발음부분이다. 일설에는 '도착하다'라는 뜻도 있다고 한다.(「假, 非眞也. 从人, 叚聲. 一曰至也.」)"라고 하였다.

'假'가 '도착하다'라는 뜻도 있다는 해설에 대해 단옥재(段玉裁)는 "<척부(彳部)>에 '徦는 도착한다는 뜻이다.(「徦, 至也.」)'라고 하여, 경전에서는 假를 徦의 뜻으로

많이 빌려서 썼다. 그래서 이렇게 말하는 것이다."라고 하였다.(≪설문해자주≫)

참고로 ≪설문해자·우부(又部)≫ '叚(가)'자 해설을 보면, "叚는 빌린다는 뜻이다.(「叚, 借也..」)"라고 하였으니, '假'자에서 '叚'는 발음부분만이 아니라 의미부분도 된다. 빌렸으니 가짜라는 뜻도 되기 때문이다. 가식(假飾), 가장(假裝) 등과 같은 말은 여기에서 나온 것이다.

또 '假'는 '借(차)'와는 달리, 빌렸으나 '잠시 빌리는' 경우에 쓰인다. 가정(假定), 가설(假說), 가칭(假稱) 등은 '임시로' 무엇을 하는 경우이다. 여기에서 '만약'이라는 뜻의 가령(假令), 가사(假使) 등과 같은 말이 나온 것이다. ■

健
굳셀 건   jiàn

갑골문과 금문에는 '健'자가 보이지 않는다.

≪설문해자≫에서는 "健은 튼튼하다는 뜻이다. 人(인)은 의미부분이고, 建(건)은 발음부분이다.(「健, 伉也. 从人, 建聲.」)"라고 하였다.

건강(健康), 건전(健全), 보건(保健) 등과 같은 말은 여기에서 나온 것이다. 몸이 건강하면 무엇이든 '잘 하게' 마련이다. 그래서 건망증(健忘症)이라고 하면 무엇을 잘 잊어버리는 증세를 말한다. ■

偶
짝 우   ǒu

갑골문과 금문에는 '偶'자가 보이지 않는다.

≪설문해자≫에서는 "偶는 인형(人形)을 뜻한다. 人(인)은 의미부분이고, 禺(우)는 발음부분이다.(「偶, 桐人也. 从人, 禺聲.」)"라고 하였다.

'偶'는 본래 '진흙이나 나무로 만든 인형'을 뜻하였다. 우상(偶像)이 그런 말이다.

또 '偶'는 옛날부터 두 사람이 밭을 간다는 뜻의 '耦(짝 우)'자와 통용되었다. '짝'이라는 훈은 여기에서 비롯된 것이다. 배우자(配偶者), 대우(對偶), 우수(偶數, 짝수) 등과 같은 말이 그러한 예이다.

'偶'는 부사로 '뜻밖에'라는 의미로도 쓰인다. 우연(偶然), 우발(偶發) 등이 그런 예이다. ■

위대할 위   wěi

갑골문과 금문에는 '偉'자가 보이지 않는다.

≪설문해자≫에서는 "偉는 기이(奇異)하다는 뜻이다. 人(인)은 의미부분이고, 韋(위)는 발음부분이다.(「偉, 奇也. 从人, 韋聲.」)"라고 하였다.

허신(許愼)이 '奇'라고 하는 것은 '이상하다'라는 뜻이 아니라 일반사람하고 다른 '뛰어나다'라는 의미이다. 위대(偉大), 위인(偉人) 등과 같은 말은 여기에서 나온 것이다. ■

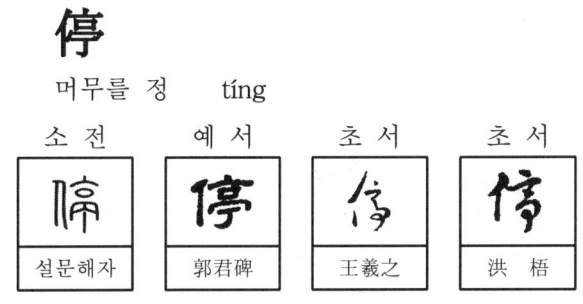

머무를 정   tíng

갑골문과 금문에는 '停'자가 보이지 않는다.

≪설문해자·인부(人部)·신부(新附)≫에서는 "停은 멈춘다는 뜻이다. 人(인)은 의

미부분이고, 亭(정)은 발음부분이다.(「停, 止也. 从人, 亭聲.」)"라고 하였는데, '멈춘다'라는 뜻은 '亭'자에서 비롯되었다고 할 수 있으므로 '亭'은 의미부분과 발음부분을 겸하고 있다고 보아야 할 것이다.(<두부(亠部)> 7획 '亭'자 참조)

형성자는 일반적으로 한 쪽은 뜻을 담당하고, 한 쪽은 소리를 담당한다고 알려져 있다. 그런데 어떤 글자들은 '停'자의 경우처럼 의미부분은 전체 뜻의 범위를 정할 뿐이고, 구체적인 뜻은 발음부분에 있을 때도 있다.(<부록·낱말풀이> 우문설(右文說) 참조) ■

'側'자는 갑골문에는 보이지 않고, 서주(西周) 금문에서는 가운데 부분인 '貝(패)'를 '鼎(정)'으로 썼다. 갑골문이나 금문에서의 '鼎'자는 소전에서는 종종 모양이 비슷한 '貝'로 바뀌어 쓰였다.

≪설문해자≫에서는 "側은 옆이라는 뜻이다. 人(인)은 의미부분이고, 則(측)은 발음부분이다.(「側, 旁也. 从人, 則聲.」)"라고 하였다.

측근(側近), 측면(側面), 양측(兩側) 등과 같은 말은 여기에서 나온 것이다. ■

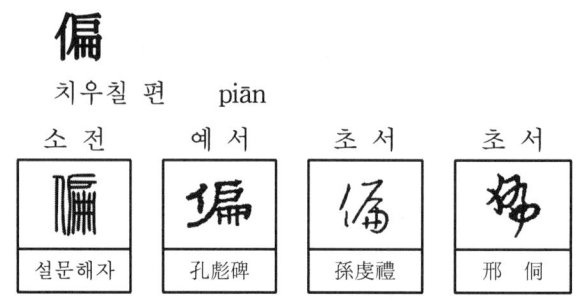

갑골문과 금문에는 '偏'자가 보이지 않는다.

≪설문해자≫에서는 "偏은 치우쳤다는 뜻이다. 人(인)은 의미부분이고, 扁(편)은

발음부분이다.(「偏, 頗也. 从人, 扁聲.」)"라고 하였다.

편견(偏見), 편식(偏食), 편애(偏愛), 편파(偏頗)적 판정 등과 같은 말은 여기에서 나온 것이다. ■

10 傑
　　뛰어날 걸　　jié

갑골문과 금문에는 '傑'자가 보이지 않는다.

≪설문해자≫에서는 "傑은 오만하다는 뜻이다. 人(인)은 의미부분이고, 桀(걸)은 발음부분이다.(「傑, 傲也. 从人, 桀聲.」)"라고 하였다.

≪설문해자계전≫·≪설문해자주≫·≪설문해자구두≫ 등에서는 '傲(거만할 오)'를 '埶(심을 예)'(=藝)로 쓰고, 그 다음에 "재능이 만 사람을 뛰어넘는다는 뜻이다.(「材過萬人也.」)"라는 글귀가 더 있다.

단옥재(段玉裁)는 '俊(준)'자 해설에서 "≪윤문자(尹文子)≫에서는 '천 명의 재능에 해당하는 사람은 俊이라고 하고, 만 명에 해당하는 사람은 傑이라고 한다'라고 하였고, ≪회남자(淮南子)·태속훈(泰俗訓)≫에서는 '지혜가 만 명을 뛰어 넘는 사람은 英(영)이라고 하고, 천 명은 俊, 백 명은 豪(호), 열 명은 傑이라고 한다'라고 하였으며, ≪춘추번로(春秋繁露)≫에서는 '만 명은 英, 천 명은 俊, 백 명은 傑, 열 명은 豪라고 한다'라고 하였다."라고 주를 달았다. ■

傍
　　곁 방　　bàng　páng

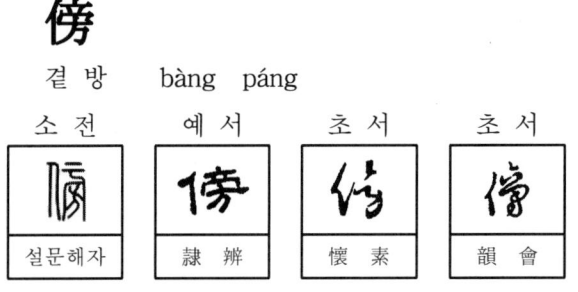

갑골문과 금문에는 '傍'자가 보이지 않는다.

≪설문해자≫에서는 "傍은 가깝다는 뜻이다. 人(인)은 의미부분이고, 旁(방)은 발음부분이다.(「傍, 近也. 从人, 旁聲.」)"라고 하였다.

'傍'자에서 의미부분인 '人'은 단지 사람하고 관계된다는 넓은 범위를 나타낼 뿐 실제 '가깝다'라는 구체적인 뜻은 발음부분인 '旁'에서 비롯되었다고 할 수 있다. 그러므로 '傍'자에서 '旁'은 의미부분과 발음부분을 겸하고 있다고 보아야 할 것이다. 옆에서 보고 듣는다는 뜻의 방관(傍觀), 방청(傍聽) 등과 같은 말은 여기에서 나온 것이다.

형성자는 일반적으로 한 쪽은 뜻을 담당하고, 한 쪽은 소리를 담당한다고 알려져 있다. 그런데 어떤 글자들은 '傍'자의 경우처럼 의미부분은 전체 뜻의 범위를 정할 뿐이고, 구체적인 뜻은 발음부분에 있을 때도 있다.(<부록·낱말풀이> 우문설(右文說) 참조) ■

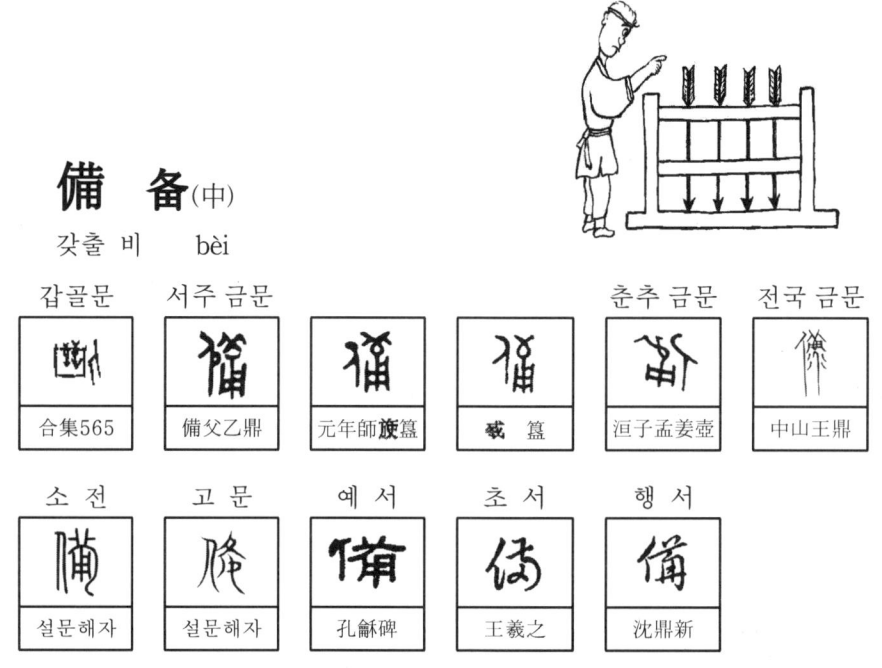

備 备(中)

갖출 비　bèi

갑골문	서주 금문			춘추 금문	전국 금문
合集565	備父乙鼎	元年師旗簋	䟨簋	洹子孟姜壺	中山王鼎

소전	고문	예서	초서	행서
설문해자	설문해자	孔龢碑	王羲之	沈鼎新

'備'자는 갑골문과 금문 그리고 소전의 자형이 모두 '人(인)'과 '𦰩(비)'로 이루어졌다. 금문에서는 단순하게 '𦰩'로 쓰기도 하였다.

≪설문해자≫에서는 "備는 신중(愼重)하다는 뜻이다. 人은 의미부분이고, 𤰇는 발음부분이다. 㑞는 備의 고문(古文)이다.(「備, 愼也. 从人, 𤰇聲. 㑞, 古文備.」)"라고 하였다.

'𤰇'는 갑골문을 보면 '𩰲'으로 화살통에 화살이 들어가 있는 모양을 그린 상형자이다. '준비(準備)하다'·'갖추다'라는 뜻은 여기에서 나온 것이다. 여기에 사람이 화살을 갖추는 일은 신중해야 하므로 '備'자에서 '𤰇'는 의미부분도 된다고 할 수 있다. ■

傘 伞(中)
우산 산　sǎn

'傘'자는 갑골문, 금문 그리고 ≪설문해자≫ 등에 모두 보이지 않는다.

≪옥편(玉篇)·산부(傘部)≫를 보면 "傘은 가린다는 뜻이다.(「傘, 蓋也.」)"라고 하였고, ≪집운(集韻)·완운(緩韻)≫에서는 "繖(산)은 ≪설문해자≫를 보면 '가린다는 뜻이다'라고 하였다. 때로는 (糸 대신) 巾을 쓰기도 한다. 또 傘으로 쓰기도 한다.(「繖, ≪說文≫: '蓋也.' 或从巾, 亦作傘.」)"라고 하였다. '繖'과 '傘'은 모두 우산(雨傘)을 뜻하는 글자인데, '傘'자가 많이 쓰인다.

한편 ≪정자통(正字通)·인부(人部)≫에서는 "傘은 비를 막고 해를 가리는 것으로, 접었다 폈다 할 수 있다.(「傘, 禦雨蔽日, 可以卷舒者.」)"라고 하여, 오늘날의 우산을 잘 표현하고 있다.

참고로 ≪설문해자·사부(糸部)·신부(新附)≫를 보면 "繖은 가린다는 뜻이다. 糸(멱·사)는 의미부분이고, 散(산)은 발음부분이다.(「繖, 蓋也. 从糸, 散聲.」)"라고 하였다. ■

11 傾 倾(中)
기울 경　qīng

갑골문과 금문에는 '傾'자가 보이지 않는다.

≪설문해자≫에서는 "傾은 기울었다는 뜻이다. 人(인)과 頃(경)은 모두 의미부분인데, 頃은 발음부분이기도 하다.(「傾, 仄也. 从人, 从頃. 頃亦聲.」)"라고 하였다.

僅 仅(中)
겨우 근　jǐn

갑골문과 금문에는 '僅'자가 보이지 않는다.

≪설문해자≫에서는 "僅은 간신히 할 수 있다는 뜻이다. 人(인)은 의미부분이고, 堇(근)은 발음부분이다.(「僅, 材能也. 从人, 堇聲.」)"라고 하였다.

위의 풀이 가운데 '재능(材能)'에서의 '材'는 '纔(겨우 재)'의 통가자(通假字)로서, '간신히'·'비로소' 등과 같은 뜻을 나타낸다. 그래서 '간신히 할 수 있다'라고 번역을 한 것이다. 현재 중국의 간체자에서는 '纔'를 '才(재)'로 줄여 쓰고 있다.

傷 伤(中)
상할 상　shāng

금문	소전	예서	초서
莒梁斧	설문해자	夏承碑	王羲之

갑골문에는 '傷'자가 보이지 않고, 전국(戰國)시대 금문과 소전의 자형은 '傷'으로 같다.

≪설문해자≫에서는 "傷은 상처(傷處)를 뜻한다. 人(인)은 의미부분이고, 煬(창)의 생략형은 발음부분이다.(「傷, 創也. 从人, 煬省聲.」)"라고 하였다.

상해(傷害), 부상(負傷) 등과 같은 말은 여기에서 나온 것이다. 동사로 쓰면 '상처를 입히다'라는 뜻이 된다. 상심(傷心)이 그런 예이다. 남을 헐뜯고 비난 하는 것도 상처를 주는 일이기 때문에 중상모략(中傷謀略)이라는 말도 나왔다. ■

傲
거만(倨慢)할 오　ào

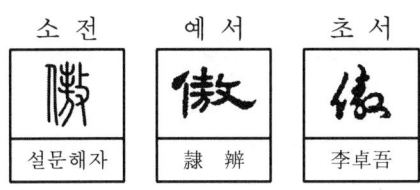

소전	예서	초서
설문해자	隸辨	李卓吾

갑골문과 금문에는 '傲'자가 보이지 않는다.

≪설문해자≫에서는 "傲는 오만(傲慢)하다는 뜻이다. 人(인)은 의미부분이고, 敖(오)는 발음부분이다(「傲, 倨也, 从人, 敖聲.」)"라고 하였다. ■

傳 传(中) 伝(日)

① 전할 전 ② 전기(傳記) 전　　chuán　zhuàn

갑골문		서주 금문			
佚728	後下7.13	傳卣	叔傳簠	傳鼎	散盤

전국 금문			소전	예서	초서
王命龍節	王命虎符	騎傳馬節	설문해자	夏堪碑銘	王獻之

'傳'자는 갑골문, 금문 그리고 소전 등이 대부분 '人(인)'과 '專(전)'으로 구성되어 있는데, 때로는 여기에 '辵(착)'이 더해져 '遱'으로 쓰기도 하였다.

'專'자는 실북[紡塼(방전)]을 그린 것으로, '專'자와 함께 쓰이는 글자는 대체로 '돌아가면서 움직이는[轉動(전동)]' 의미로 많이 쓰인다.(<촌부(寸部)> 8획 '專'자 참조)

≪설문해자≫에서는 "傳은 (역참에 있는) 수레나 말을 뜻한다. 人은 의미부분이고, 專은 발음부분이다.(「傳, 遽也. 从人, 專聲」)"라고 하였다.

이에 대해 단옥재(段玉裁)는 "오늘날의 역마(驛馬)와 같다.(「如今之驛馬.」)"라고 하였고(≪설문해자주≫), 주준성(朱駿聲)은 "수레를 이용해서 전달하는 것은 傳이라고 하고, 말을 이용해서 전달하는 것은 遽(거)라고 한다.(「以車曰傳, 以馬曰遽.」)"라고 하였다.(≪설문통훈정성(說文通訓定聲)≫)

'傳'은 동사로 '전한다'는 뜻이다. 전달(傳達), 전래(傳來), 전염(傳染), 전통(傳統) 등과 같은 말은 여기에서 나온 것이다. 이때는 중국어로 [chuán](촨)이라고 읽는다.

또 '傳'은 명사로 쓰일 때는 옛날 공문서를 전달할 때 중간에 말을 바꾸어 탈수 있는 '역참'을 뜻하였다. 오늘날 '정거장'에 해당한다. 여기에서 '문서 전달'→'성현(聖賢)의 말씀 전달'→'개인의 일생 이야기' 등으로 뜻이 발전해갔다. 전기(傳記)라는 훈은 여기에서 나온 것이다. 경전(經傳), 춘추좌전(春秋左傳), 사기열전(史記列傳) 등과 같은 말도 그러한 예이다. 이때는 중국어로 [zhuàn](좐)이라고 읽는다. ∎

빚 채   zhài

갑골문과 금문에는 '債'자가 보이지 않는다.

≪설문해자·인부(人部)·신부(新附)≫에서는 "債는 빚을 뜻한다. 人(인)과 責(책)은 모두 의미부분인데, 責은 발음부분이기도 하다.(「債, 債負也. 从人·責, 責亦聲.」)"라고 하였다.

채권(債權), 채권(債券), 채무(債務), 부채(負債) 등과 같은 말은 여기에서 나온 것이다. ■

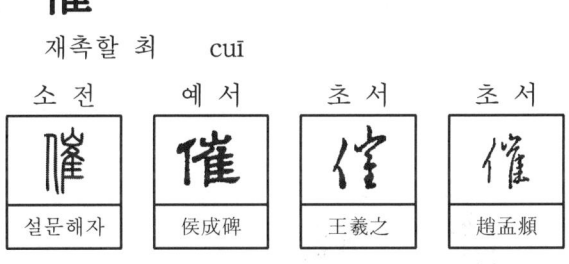

재촉할 최   cuī

갑골문과 금문에는 '催'자가 보이지 않는다.

≪설문해자≫에서는 "催는 재촉한다는 뜻이다. 人(인)은 의미부분이고, 崔(최)는 발음부분이다.(「催, 相擣也. 从人, 崔聲.」)"라고 하였다.

최루탄(催淚彈), 최고장(催告狀), 최면술(催眠術) 등과 같은 말은 모두 '재촉한다'는 뜻에서 나온 것이다. 지금은 무슨 행사를 '연다'는 뜻으로도 쓰인다. 개최(開催), 주최(主催) 등과 같은 말이 그러한 예이다. ■

12 **僚**

동료 료 liáo liǎo

소 전	예 서	초 서	초 서
설문해자	曹全碑	王羲之	趙孟頫

갑골문과 금문에는 '僚'자가 보이지 않는다.

≪설문해자≫에서는 "僚는 좋은 모습을 뜻한다. 人(인)은 의미부분이고, 尞(료)는 발음부분이다.(「僚, 好皃. 从人, 尞聲.」)"라고 하였다.

'僚'는 본래 '예쁘다'·'잘생겼다'는 뜻이다. 이때는 중국어로 제3성 [liǎo](랴오)라고 읽는다. 명사로 쓰일 때는 벼슬 또는 관료(官僚)를 뜻하였다. 동료(同僚)라는 훈은 여기에서 비롯된 것이다. 이때는 중국어로 제2성 [liáo]라고 읽는다. ■

像

형상 상 xiàng

소 전	예 서	행 서	초 서
설문해자	聊敏碑	王羲之	李 靖

갑골문과 금문에는 '像'자가 보이지 않는다.

≪설문해자≫에서는 "像은 형상(形象)을 뜻한다. 人(인)과 象(상)은 모두 의미부분인데, 象은 발음부분이기도 한다.(「像, 象也. 从人, 从象, 象亦聲.」)"라고 하였다.

'像'은 본래 '어떤 모양' 즉 '형상'을 뜻하였다. 동상(銅像), 우상(偶像), 상상(想像), 초상(肖像) 등과 같은 말이 그러한 예이다. 동사로 쓰이면 '(모양이) 닮았다'라는 뜻으로 쓰인다. ■

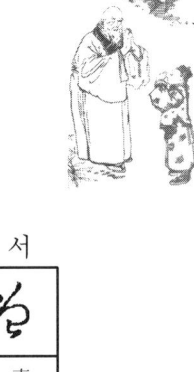

僧

중 승   sēng

소전	예서	행서	초서
僧	僧	僧	僧
설문해자	魏大饗碑	王羲之	懷素

갑골문과 금문에는 '僧'자가 보이지 않는다.

≪설문해자·인부(人部)·신부(新附)≫에서는 "僧은 스님을 뜻한다. 人(인)은 의미 부분이고, 曾(증)은 발음부분이다.(「僧, 浮屠道人也. 从人, 曾聲.」)"라고 하였다.

'浮屠(부도)'는 'Buddha(붓다)'의 중국어식 발음 표기이고, '僧'은 산스크리트어 'samgha(僧伽, 승가)'의 생략형이다. ■

거짓 위   wěi

소전	예서	초서
僞	僞	僞
설문해자	孫叔敖碑	王羲之

갑골문과 금문에는 '僞'자가 보이지 않는다.

≪설문해자≫에서는 "僞는 속인다는 뜻이다. 人(인)은 의미부분이고, 爲(위)는 발음부분이다.(「僞, 詐也. 从人, 爲聲.」)"라고 하였다.

'僞'는 본래 '사람이 일을 한다'는 뜻이었다. 그런데 옛날 사람들은 일은 자연스럽게 이루어지는 것이지 사람이 만들게 되면 '조작(造作)'을 하게 마련이라고 생각했다. 그래서 허신(許愼)도 '속인다'라고 해설을 한 것이다. '거짓'이라는 훈은 여기에서 나온 것이다. 위선(僞善), 위조(僞造), 위증(僞證), 허위(虛僞) 등은 모두 '거짓'이나 '조작'에서 비롯된 말이다. ■

13   價 价(中) 価(日)
      값 가   jià

'價'자는 갑골문과 금문에는 보이지 않는다.

≪설문해자·인부(人部)·신부(新附)≫를 보면 "價는 물건 값을 뜻한다. 人(인)과 賈(가)는 모두 의미부분인데, 賈는 발음부분이기도 하다.(「價, 物値也. 从人·賈, 賈亦聲.」)"라고 하였다.

가격(價格), 가치(價値), 물가(物價), 정가(定價), 평가(評價) 등과 같은 말은 여기에서 나온 것이다.

참고로 '賈'는 ≪설문해자≫에서는 "賈는 장사한다는 뜻이다. 貝(패)는 의미부분이고, 襾(아)는 발음부분이다. 일설에는 앉아서 판다는 뜻이라고도 한다.(「賈, 賈市也. 从貝, 襾聲. 一曰坐賣售.」)"라고 하였다. ■

    儉 俭(中) 倹(日)
    검소할 검   jiǎn

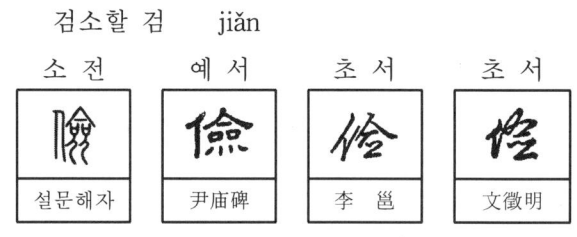

갑골문과 금문에는 '儉'자가 보이지 않는다.

≪설문해자≫에서는 "儉은 제약(制約)한다는 뜻이다. 人(인)은 의미부분이고, 僉(첨)은 발음부분이다.(「儉, 約也. 从人, 僉聲.」)"라고 하였다.

단옥재(段玉裁)는 '儉'은 사람이 사치하지 않도록 제약한다는 뜻이라고 하였다. (≪설문해자주≫) 검소(儉素), 검약(儉約), 근검절약(勤儉節約) 등과 같은 말은 여기에서 나온 것이다. ■

人部　103

億　亿(中)
억 억　yì

전국금문	소전	예서	초서	초서
令狐君壺	설문해자	嚴訴碑	王羲之	王鐸

갑골문에는 '億'자가 보이지 않는다.

금문에서는 '人(인)'과 '心(심)'은 쓰지 않고 단지 '䇂(쾌快할 억)'으로 썼다.

소전에서는 '億'으로 썼는데, '億'은 이 글자의 예서체이다.

≪설문해자≫에서는 "億(億)은 편안하다는 뜻이다. 人은 의미부분이고, 䇂(억)은 발음부분이다.(「億, 安也. 从人, 䇂聲.」)"라고 하였다.

현재 숫자 '1억'이라는 뜻으로는 ≪설문해자·심부(心部)≫의 '意(가득 찰 억)'자가 가깝다. 그 해설을 보면, "意은 가득 찼다는 뜻이다. 心은 의미부분이고, 䇂은 발음부분이다. 일설에는 10만을 意이라고 한다고도 한다. 㥁은 주문(籒文)으로 생략형이다.(「意, 滿也. 从心, 䇂聲. 一曰十萬曰意. 㥁, 籒文省.」)"라고 하였는데, 이에 대해 단옥재(段玉裁)는 '意'을 10만이라고 한 것은 옛날의 셈법이고 지금은 1억으로 쓰인다고 하였다.(≪설문해자주≫)

儀　仪(中)
거동 의　yí

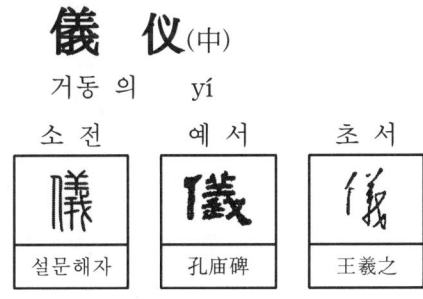

소전	예서	초서
설문해자	孔庙碑	王羲之

갑골문에는 '儀'자가 보이지 않고, 금문에서는 '人(인)'을 쓰지 않고 단지 '義(의)'로만 썼다.

≪설문해자≫에서는 "儀는 법도(法度)를 뜻한다. 人은 의미부분이고, 義는 발음부

분이다.("「儀, 度也. 从人, 義聲.」")라고 하였다.

'儀'는 '법도'를 뜻하였다. 여기에서 예절·의식(儀式)→모범·본보기→용모·풍모 등으로 뜻이 발전해갔다. '거동(擧動)'이라는 훈은 여기에서 비롯된 것이다. 예의(禮儀), 가정의례(家庭儀禮), 의장대(儀仗隊), 의표(儀表) 등과 같은 말이 그러한 예이다. ■

14 **儒**
선비 유   rú

소 전	예 서	초 서
설문해자	曹全碑陰	孫虔禮

갑골문과 금문에는 '儒'자가 보이지 않는다.

《설문해자》에서는 "儒는 부드럽다는 뜻이다. 유학자(儒學者)를 일컫는 말이다. 人(인)은 의미부분이고, 需(수)는 발음부분이다.(「儒, 柔也, 術士之偁. 从人, 需聲.」)"라고 하였다.

'儒'는 본래 제사를 전문적으로 집행하는 사람을 뜻하였다. 춘추(春秋)시대에는 유학(儒學)을 공부하는 사람들이 이런 일에 밝았다. 그래서 허신(許愼)도 "유학자를 일컫는다"라고 한 것이다. 한(漢)나라 때 유학이 국가의 정통 학문으로 인정된 다음부터 '儒'는 문인학자(文人學者) 즉 '공부하는 사람'을 가리키는 말이 되었다. '선비'라는 훈은 여기에서 나온 것이다. 유교(儒敎), 유림(儒林), 유생(儒生) 등과 같은 말이 그러한 예이다.

한편 허신이 '儒'를 '柔(부드러울 유)'[róu](로우)라고 풀이한 것은 당시 유행하던 성훈법(聲訓法)에 따른 것이 아닌가 생각된다. 현재 중국어에서도 [ru-]로 읽는 글자들을 보면 대체로 '부드럽다'는 의미를 가지는 경우가 많다. 예를 들면 '溶(녹을 용)'[róng](룽), '鎔(녹일 용)'[róng], '融(녹을 용)'[róng], '肉(고기 육)'[ròu], '嚅(젖먹이 유)'[ru](루), '濡(젖을 유)'[ru], '乳(젖 유)'[ru], '軟(연할 연)'[ruǎn](롼), '潤(젖을 윤)'[rùn](룬), '弱(약할 약)'[ruò](뤄) 등과 같은 말이 그러한 예이다. ■

15 償 偿(中)
갚을 상 cháng

소전	예서	초서
설문해자	隷辨	唐 高宗

갑골문과 금문에는 '償'자가 보이지 않는다. 금문에서는 '償'의 뜻은 '賞(상줄 상)'자를 써서 대신하였다.

≪설문해자≫에서는 "償은 돌려준다는 뜻이다. 人(인)은 의미부분이고, 賞은 발음부분이다.(「償, 還也. 从人, 賞聲.」)"라고 하였다.

상환(償還), 보상(報償), 배상(賠償), 무상제공(無償提供) 등과 같은 말은 모두 '돌려준다'는 뜻에서 나온 것이다. ■

優 优(中)
넉넉할 우 yōu

소전	예서	초서	행서
설문해자	孫叔敖碑	王羲之	趙孟頫

갑골문과 금문에는 '優'자가 보이지 않는다.

≪설문해자≫에서는 "優는 넉넉하다는 뜻이다. 人(인)은 의미부분이고 憂(우)는 발음부분이다. 일설에는 배우(俳優)를 뜻한다고도 한다.(「優, 饒也. 从人, 憂聲. 一曰倡也..」)"라고 하였다.

'優'는 본래 '넉넉하다'는 뜻이다. 우대(優待)가 그런 말이다. 여기에서 '뛰어나다'라는 뜻으로 발전하였다. 우량(優良), 우수(優秀), 우월(優越), 우승(優勝) 등과 같은 말이 그러한 예이다. 때로는 '머뭇거린다'는 뜻으로도 쓰인다. 우유부단(優柔不斷)이 그 예이다. ■

儿部

儿
어진 사람 인　rén

소 전

설문해자

갑골문과 금문에는 '儿'자가 보이지 않는다.

《설문해자》에서는 "儿은 어진 사람을 뜻한다. 고문(古文) 人(인)자의 기자(奇字)이다. 상형이다. 공자(孔子)는 '사람의 아래에 있으니, 그래서 구부러진 것이다.'라고 하였다.(「儿, 仁人也. 古文奇字人也. 象形. 孔子曰: '在人下, 故詰屈.'」)"라고 하였다.

현재 <儿부>에 속한 글자로는 '兀(우뚝할 올)', '允(진실로 윤)', '元(으뜸 원)', '兄(맏 형)', '充(가득할 충)', '兆(조짐 조)', '兇(흉악할 흉)', '先(먼저 선)', '光(빛 광)', '克(이길 극)', '兌(바꿀 태)', '免(면할 면)', '兔(토끼 토)', '兒(아이 아)', '兕(외뿔들소 시)' '兜(투구 두)', '兟(나아갈 신)', '兢(삼갈 긍)' 등이 있다.

이 가운데서 '사람'과 관련이 있는 글자는 '兀'·'允'·'元'·'兄'·'先'·'光'·'克'·'兌'·'免'·'兒'·'兟'·'兢' 등이고, 나머지는 글자의 뜻과는 상관없이 해서체의 자형 분류에 따른 것이다. ■

2　元
으뜸 원　yuán

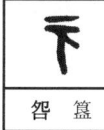

갑골문		상 금문	서주 금문	
乙5904	京津1086	狽元卣	智簋	番匊生壺

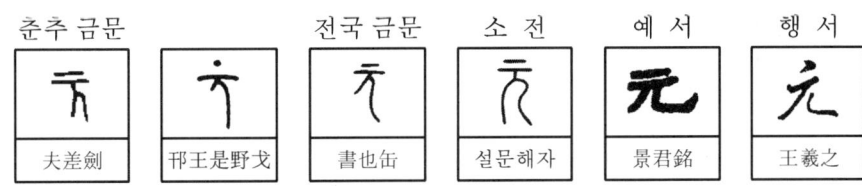

'元'자의 구조에 관해서는 두 가지 해석이 있다.

먼저 서중서(徐中舒)는 '元'은 '二'(＝上, 상)과 '儿'(＝人, 인)이 합쳐진 회의자로서 '머리[首(수)]'를 뜻한다고 하였고(≪갑골문자전(甲骨文字典)≫), 고홍진(高鴻縉)은 "元과 兀(올)은 한 글자로서, 사람의 머리를 뜻하였다. 명사이다. 人은 의미부분이고, '•' 또는 '二'는 머리 부분을 가리키는 표시이다. 그러므로 元자는 지사자(指事字)가 된다."라고 하였다.(≪중국자례(中國字例)≫)

이 두 주장 가운데 어느 것이 옳은지는 아직 판단하기 어렵지만, '元'이 본래 '머리'를 뜻하였던 것만큼은 분명하다.

≪설문해자≫에서는 "元은 처음이라는 뜻이다. 一(일)과 兀은 모두 의미부분이다.(「元, 始也. 从一, 从兀.」)"라고 하였는데, 이는 '머리'라는 뜻에서 파생되어 나온 것이다.

'元'은 본래 '머리'를 뜻하였는데, 나중에 '처음'이라는 뜻으로 인신(引伸)되었다. 원시(元始), 원년(元年), 원단(元旦), 원조(元祖) 등과 같은 말은 여기에서 나온 것이다. 그 다음 다시 '근본'→'으뜸'·'우두머리' 등으로 뜻이 발전해갔다. 원기(元氣), 원소(元素), 원로(元老), 원수(元首) 등과 같은 말이 그러한 예이다.

참고로 '兀'의 고문자 형태는 아래와 같다.

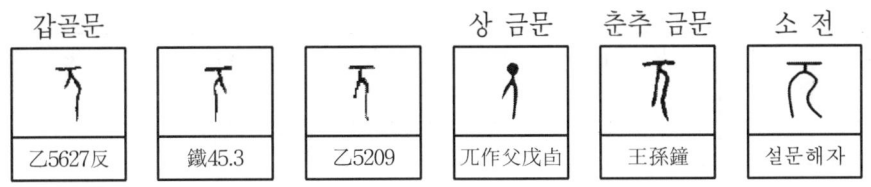

'兀'자는 갑골문과 금문 모두 '人' 위에 '一'획이 더해진 형태이다. 고문자에서는 '元'자와 같은 뜻으로 쓰였다.

임의광(林義光)은 "兀은 대체로 元과 같은 글자로서, 머리를 뜻한다. 人은 의미부분이고, 一은 그 머리의 위치를 표시한 것이다. 天(천)과 같은 의미이다.(「兀蓋與元同字, 首也. 从人. 一, 記其首處. 與天同意.」)"라고 하였다.(≪문원(文源)≫) ■

3 充

가득할 충　chōng

소전	예서	행서	초서
설문해자	白神君碑	王羲之	王羲之

갑골문과 금문에는 '充'자가 보이지 않는다.

≪설문해자≫에서는 "充은 크다는 뜻이다. 또 높다는 뜻이다. 儿(인)은 의미부분이고, 育(육)의 생략형은 발음부분이다.(「充, 長也; 高也. 从儿, 育省聲.」)"라고 하였다.

이에 대해 주준성(朱駿聲)은 "充과 育은 비슷한 발음이다. 혹자는 育자의 의미를 따른 회의자로 간주하여, 자식을 길러 성인으로 크게 한다는 뜻으로 보기도 한다."라고 하였다.(≪설문통훈정성≫)

'充'은 '크다'·'높다'라는 뜻에서 '채우다'라는 뜻으로 발전해갔다. '가득하다'라는 훈은 여기에서 비롯된 것이다. 충만(充滿), 충당(充當), 충실(充實), 충족(充足), 보충(補充), 확충(擴充) 등과 같은 말이 그러한 예이다. ■

兄

맏 형　xiōng

갑골문		상 금문		서주 금문	
後上7.9	佚426	季作兄己鼎	兄癸卣	戈兄日	利簋

춘추 금문	전국금문	소전	예서	초서
沈兒鐘	齊鎛	郘陵君簋	설문해자	白神君碑	王羲之

갑골문에서 '兄'의 자형은 '儿(인)'과 'ㅂ'(=口)로 구성되어 있다.

금문도 대체로 이와 같은데, 때로는 '丷' 즉 '艸(황)'이 더해진 자형(<연아종(沈兒

鐘)>)도 있고, '人(인)'이 더해진 자형(<아릉군두(**郙**陵君豆)>)도 있다.

임의광(林義光)은 '兄'은 사람의 입[口(구)]을 강조한 형태로 본래 '자라나다[滋長(자장)]'의 뜻이었는데 뒤에 '형제(兄弟)'의 '兄'으로 가차(假借)되었다고 하였다.(≪문원(文源)≫)

한편 고홍진(高鴻縉)은 "兄은 祝(빌 축)자의 초문(初文)으로, 人과 口로 이루어진 회의자다. 제사를 지낼 때 축관(祝官)은 먼저 사람들에게 구복(求福)을 위한 축사를 하고, 그 다음 신이 복을 내리는 말을 하므로, 말을 잘하는 사람을 뜻한다. 후에 형제의 兄자로 가차되었다."라고 하였는데(≪중국자례(中國字例)≫), 이에 대해 서중서(徐中舒)는 복사(卜辭)에서는 '祝'과 '兄'은 분명하게 구분해서 사용하였다고 하였다.(≪갑골문자전(甲骨文字典)≫)

≪설문해자≫에서는 "兄은 (형제의) 맏이를 뜻한다. 儿과 口는 모두 의미부분이다.(「兄, 長也. 从儿, 从口.」)"라고 하였다. ■

4 **光**
빛 광　　guāng

갑골문		상 금문	서주 금문		
前5.32.8	粹427	宰甫簋	矢方彝	禹鼎	毛公鼎

춘추 금문	소전	고문	고문	예서	초서
攻吳王戈	説文解字	説文解字	説文解字	魏范式碑	王羲之

'光'자는 갑골문, 금문, 소전 모두 사람 머리 위에 불[火(화)]이 있는 모양이다. 따라서 '밝다'라는 뜻을 나타내는 회의자임을 알 수 있다.

임의광(林義光)은 "옛날에는 사람으로 하여금 등불을 들고 있도록 하였으므로, 사람이 불을 잡고 있는 형태를 따른 것이다."라고 하였다.(≪문원(文源)≫)

≪설문해자≫에서도 "光은 밝다는 뜻이다. 불[火]이 사람[人(인)] 위에 있는 형태

(로 이루어진 회의자)인데, 밝다는 뜻을 나타낸다. 炎은 고문(古文)이다. 炗은 고문이다.(「光, 明也. 从火在人上, 光明意也. 炎, 古文. 炗, 古文.」)"라고 하였다.

'光'은 '밝다'는 뜻이다. 광명(光明), 광채(光彩), 영광(榮光) 등과 같은 말은 여기에서 나온 것이다. 이것을 명사로 써서 '빛', 눈으로 보이는 '경치', '밝고 어두움'→'해와 달'→'세월' 등과 같은 뜻이 파생되어 나왔다. 광속(光速), 풍광(風光), 광경(光景), 광음(光陰) 등과 같은 말이 그러한 예이다. ■

先

①먼저 선 ②앞설 선　xiān

갑골문			상 금문	서주 금문	
甲3521	粹200	合集158	先 壺	大盂鼎	虢季子白盤

춘추 금문		전국 금문	소 전	예 서	초 서
秦公鎛	余義鐘	中山圓壺	설문해자	太公望表	王羲之

'先'자는 갑골문과 금문을 보면 모두 사람[人] 위에 발[止](=止, 지)이 있는 형태이다. 갑골문 <합집(合集) 158>과 춘추(春秋)시대의 금문인 <여의종(余義鐘)>에서는 '이동한다'는 뜻의 '彳(척)'자를 더하기도 하였다.

서중서(徐中舒)는 '先'에서 위의 '止'는 발자취를 뜻하고 아래의 '人(인)'은 후손(後孫)을 뜻하므로 '先'은 '선조(先祖)'를 의미한다고 하였고(≪갑골문자전(甲骨文字典)≫), 진초생(陳初生)은 사람이 발을 들어 올린 모양이므로 '앞으로 나아가다'라는 뜻이라고 하였다.(≪금문상용자전(金文常用字典)≫)

선두(先頭), 선배(先輩), 선봉(先鋒), 선구자(先驅者), 선후(先後), 기선(機先)을 제압하다 등과 같은 말은 여기에서 나온 것이다.

≪설문해자≫에서는 "先은 앞으로 나아간다는 뜻이다. 儿(인)과 之(지)는 모두 의미부분이다.(「先, 前進也. 从儿, 从之.」)"라고 하였다. ■

儿部 | 111

兆
조 조   zhào

≪고문자류편(古文字類編)≫(2010)을 보면 '兆'자의 갑골문으로 '⿰'(<합집(合集) 13517>)·'⿰'(<합집 36952>)과 상(商)나라 금문으로 '⿰'(<차조고(車兆觚)>)·'⿰'(<과조계작(戈兆系爵)>) 등과 같은 글자를 수록하고 있다.

소전에서는 '卜(복)'자를 더한 '𠨡'로 썼고, '兆'는 ≪설문해자≫에 수록된 고문(古文)의 형태이다.

≪설문해자≫에서는 "𠨡는 거북이 등껍질을 태워 그것이 갈라진 모양이다. 卜과 兆로 이루어졌다. 상형이다. 兆는 𠨡의 고문으로 생략형이다.(「𠨡, 灼龜折也, 从卜·兆. 象形. 兆, 古文𠨡省.」)"라고 하였다.

'卜'과 '兆'는 모두 거북의 등껍질을 태워 그것이 갈라진 모양을 그린 상형자로서, '卜'은 한 쪽으로 갈라진 모양을 그린 것이고, '兆'는 여러 갈래로 갈라진 모양을 그린 것이다.

은(殷)나라 때는 거북의 등껍질을 태워 그것이 갈라지는 모양을 보고 길흉(吉凶)을 점쳤다. 그래서 '兆'자에 '조짐(兆朕)'·'점치다'라는 뜻이 있는 것이다. 후에 '兆'는 '억(億)×만'에 해당하는 숫자로 가차(假借)되어 쓰이기도 하였다. ■

5 ## 克
이길 극   kè

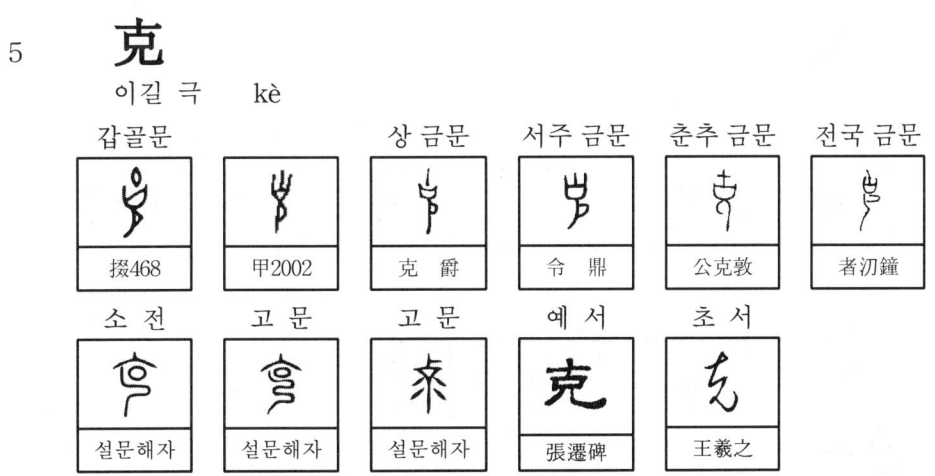

'克'자가 무엇을 그린 것인지에 대해서는 아직 정론이 없다.

서중서(徐中舒)는 북을 치는 방망이를 그린 것이라고 하였고(≪갑골문자전(甲骨文字典)≫), 나진옥(羅振玉)은 사람이 머리에 투구를 쓰고 있는 모양이라고 하였으며(≪증정은허서계고석(增訂殷虛書契考釋)≫), 은척비(殷滌非)는 '克'은 사람이 머리에 투구를 쓰고 있고 손은 허리를 받치고 있는 모양을 그린 것으로 '맡은 바 임무를 해낸다'는 뜻을 나타낸다고 하였다(≪문물(文物)≫ 1960년 5월호 <대풍 은의 시대를 논해 봄(試論大豐殷的時代)>).

≪설문해자≫에서는 "克은 어깨를 뜻한다. 집 아래에서 나무를 깎는 모양을 그렸다. 㯁은 克의 고문(古文)이다. 秦도 역시 克의 고문이다.(「克, 肩也. 象屋下刻木之形. 㯁, 古文克. 秦, 亦古文克.」)"라고 하였다.

허신(許愼)이 '克'의 뜻을 '肩(어깨 견)'으로 풀이한 것은 당시 한(漢)나라에서 유행하던 음훈법(音訓法, 발음이 같거나 비슷한 글자로 뜻을 풀이하는 방법)에 따른 것이다. '克'과 '肩'은 [k-] 계열(系列) 쌍성자(雙聲字)이다. 그렇지만 '克'이 집 아래에서 나무를 깎는 모습을 그린 것이라는 분석은 갑골문과 금문의 자형으로 볼 때 믿기가 어렵다.

'克'이 본래 무슨 뜻이었는지는 아직 알 수 없다. 그렇지만 '克'은 '이기다'라는 뜻으로 많이 쓰였다. 극복(克服), 극기훈련(克己訓鍊) 등과 같은 말이 그러한 예이다. 여기에서 '잘하다'라는 뜻도 나왔다. 극명(克明, 속속들이 잘 밝힘)이 이 뜻에 가까운 말이다. 또 극가(克家, 집을 잘 다스림)라는 말도 있지만 잘 쓰이지는 않는다. ■

'免'자는 갑골문과 금문을 보면 사람이 머리에 '冖' 등을 쓰고 있는 모양이다.

엽옥삼(葉玉森, ≪은허서계전편집석(殷虛書契前編集釋)≫)과 우성오(于省吾, 은계변지속편(殷契駢枝續編)≫)는 '冖' 등은 모자를 그린 것이므로, '免'은 사람이 모자를 쓰고 있는 모양이라고 하였다.

또 곽말약(郭沫若, ≪양주금문사대계고석(兩周金文辭大系攷釋)≫)과 고홍진(高鴻縉, ≪중국자례(中國字例)≫)은 모두 '免'은 '冕(면류관 면)'자의 초문(初文)이라고 하였는데, 이렇게 되면 '免'과 '冕'은 고금자(古今字)가 된다.

≪설문해자≫에는 이 글자가 없다.

≪옥편(玉篇)·인부(儿部)≫를 보면 "免은 제거하다, 멈추다, 벗어나다 등과 같은 뜻이다.(「免, 去也; 止也; 脫也.」)"라고 하였는데, 이는 모두 후세에 생겨난 뜻이다. 면제(免除), 면역(免疫), 면허(免許), 면세품(免稅品), 파면(罷免) 등과 같은 말은 여기에서 나온 것이다. ■

6 兒

아이 아 ér

'兒'자는 갑골문·금문 그리고 소전 등이 모두 비슷한 형태이다.

갓난아이의 머리가 큰 것을 강조하고, 정수리가 아직 닫히지 않은 모양을 그린 상형자이다.

≪설문해자≫에서는 "兒는 갓난아이를 뜻한다. 儿(인)은 의미부분이다. 갓난아이의 머리가 아직 닫히지 않은 것을 그린 것이다.(「兒, 孺子也. 从儿. 象小兒頭囟未合.」)"라고 하였다. 아동(兒童), 영아(嬰兒), 유아(幼兒) 등과 같은 말은 여기에서 나온 것이다. ■

入部

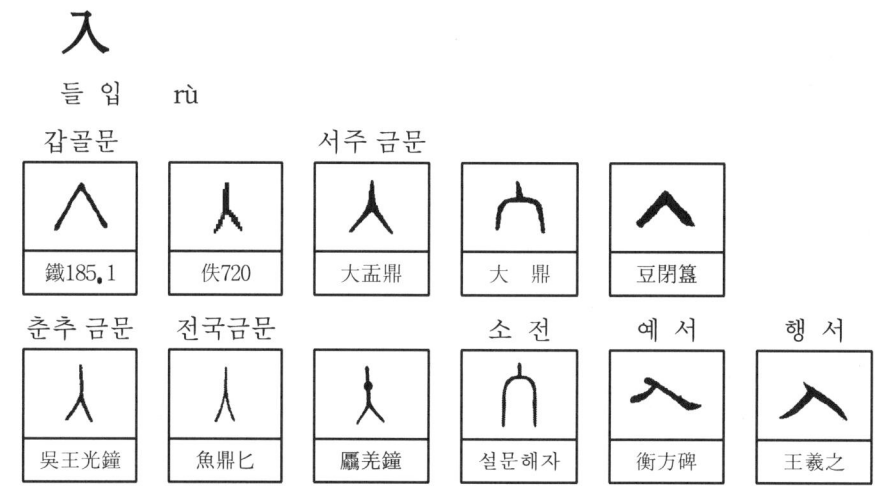

들 입　rù

'入'자의 자형은 갑골문과 금문 그리고 소전 등이 모두 비슷하다.

이에 대해 임의광(林義光)은 '入'은 끝이 날카로운 모양을 그린 것으로 끝이 날카로워야 들어가기 쉬운 것이라고 하였고(≪문원(文源)≫), 주준성(朱駿聲)은 소전의 자형에서 'ㅣ'은 줄기이고 '∩'는 뿌리를 나타내는 것으로 초목의 뿌리가 땅 속으로 들어가는 모습을 형상한 것이라고 하였다(≪설문통훈정성≫). 학자들은 임의광의 주장을 대체로 긍정하고 있다.

≪설문해자≫에서는 "入은 들어간다는 뜻이다. 위에서 아래로 내려가는 것을 그렸다.(「入, 內也. 象从上俱下也」)"라고 하였다.

입구(入口), 입대(入隊), 입산(入山), 입학(入學), 기입(記入), 몰입(沒入) 등과 같은 말은 여기에서 나온 것이다.

<入부>에 속한 글자는 많지 않다. '內(안 내)', '全(온전할 전)', '兩(두 량)', '兪(그럴 유)' 등이 있다. 모두 본뜻과는 상관없이 '入'과 같은 형태가 들어간 글자들로 이루어져 있다. ■

入部 115

2 **內**
　안 내　nèi

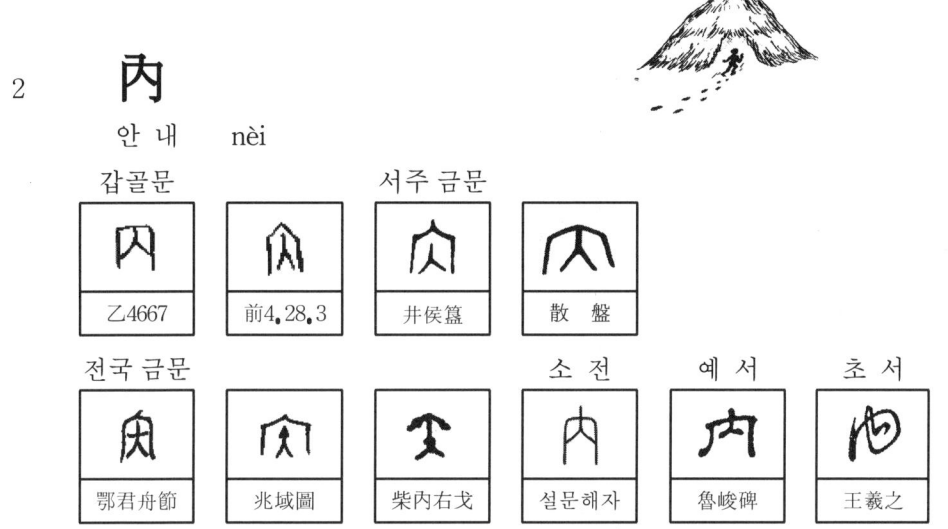

갑골문		서주 금문	
乙4667	前4.28.3	井侯簋	散盤

전국 금문			소 전	예 서	초 서
鄂君舟節	兆域圖	柴內右戈	설문해자	魯峻碑	王羲之

'內'자는 갑골문, 금문, 소전 모두가 집[冂(경) 또는 宀(면)] 안에 '人'(즉 入, 입)이 있는 모습으로 이루어져 있다. 즉 '(사람이) 안으로 들어가다'라는 뜻을 나타내는 회의자임을 알 수 있다.

《설문해자》에서는 "內는 들어간다는 뜻이다. 冂은 의미부분이고, 밖에서 안으로 들어간다는 뜻이다.(「內, 入也. 从冂, 自外而入也.」)"라고 하였다.

'內'는 본래 '들어간다'는 뜻이다. 이 뜻은 후에 '納(바칠 납)'으로 썼다. 이때는 중국어로 [nà](나)라고 읽는다.

또 '內'는 명사로 쓰일 때는 '안'을 뜻하였다. 내부(內部), 내막(內幕), 내용(內容) 등과 같은 말이 그러한 예이다. 이때는 중국어로 [nèi](네이)라고 읽는다. ■

4 **全**
　온전할 전　quán

금 문	소 전	전문(?)	고 문	예 서	초 서
鄎王喜戈	설문해자	설문해자	설문해자	曹全碑	趙孟頫

갑골문에는 '全'자가 보이지 않고, 전국(戰國)시대 금문과 소전의 자형은 '仝'으로 같다.

≪설문해자≫에서는 '全'을 '仝'자의 전문(篆文)으로 수록하고 있다.

≪설문해자≫를 보면 "仝은 완전(完全)하다는 뜻이다. 入(입)과 工(공)은 모두 의미부분이다. 全은 仝의 전문으로 (工 대신) 玉(옥)을 썼다. 순옥(純玉)을 全이라고 한다. 㒰은 仝의 고문(古文)이다.(「仝, 完也. 从入, 从工. 全, 篆文仝, 从玉, 純玉曰全. 㒰, 古文仝.」)"라고 하였다.

단옥재(段玉裁)는 '全'을 전문이라고 한 것은 주문(籒文)의 잘못일 것이라고 하였다.(≪설문해자주≫)

'全'은 본래 '순수(純粹)한 옥'을 뜻하였는데, 뒤에 순수→완전·완정(完整)→전체(全體) 등과 같이 발전하였다. 온전(穩全), 전부(全部), 전권(全權), 전지전능(全知全能) 등과 같은 말이 그러한 예이다. ■

6 兩 两(中) 両(日)

①두 량 ②냥 냥   liǎng

서주 금문			춘추 금문	전국금문	소 전
宅 簋	大 鼎	函皇父簋	洹子孟姜壺	魏 鼎	설문해자

예 서	초 서	초 서	행 서
劉彪碑	王羲之	祝允明	文徵明

갑골문에는 '兩'자가 보이지 않는다.

금문의 자형은 '兩'과 '𠨊(량)' 두 가지 형태이다. 이러한 금문의 자형에 대해 서호(徐灝)는 '𠨊'과 '兩'은 고금자(古今字)라고 하였고(≪설문해자주전(注箋)≫), 주방포(朱芳圃)는 '兩'은 '一'과 '𠨊'이 합쳐진 글자라고 하였는데(≪은주문자석총(殷周文字釋叢)≫), 장광유(張光裕)는 '𠨊'과 '兩'은 같은 글자로서, '𠨊' 위에 '一'이 더해진 것은 단지 문자의 발전 과정상 흔히 있는 증번(增繁) 현상일 뿐이라고 하였다(≪중국

문자(中國文字)≫ 제36책 <선진천폐문자변의(先秦泉幣文字辨疑)>).

한편 '兩'에 대해서 우성오(于省吾)는 마차의 두 멍에[軛(액)]를 묶은 모양이라고 하였고(≪갑골문자석림(甲骨文字釋林)·석량(釋兩)≫), 임의광(林義光)은 두 물체를 합해 놓고 그 사이를 가른 모양이라고 하였다.(≪문원(文源)≫)

고홍진(高鴻縉)은 임의광의 견해에 찬동하며 '兩'을 지사자(指事字)로 분류하면서, '兩'이 도량형 단위로 쓰이게 된 것은 가차(假借)라고 하였다.

≪설문해자·양부(兩部)≫에서는 "兩(은 도량형 단위로서), 24수(銖)가 1兩이다. 一(일)은 의미부분이다. 网은 똑같이 나눈다는 뜻으로, 발음도 담당한다.(「兩, 二十四銖爲一兩. 从一. 网, 平分, 亦聲.」)"라고 하였다.

참고로 ≪설문해자≫ '网'자 해설을 보면, "网은 둘[再(재)]이라는 뜻이다. 一(멱)은 의미부분이다. (이 이상은 알 수 없어 해설란을) 비워둠. ≪주역(周易)·설괘(說卦)≫에 이르기를 '홀수로 하늘을 나타내었고, 짝수로 땅을 나타내었다.'라고 하였다.(「网, 再也. 从一, 闕. ≪易≫曰: '參天网地.'」)"라고 하였다. 이에 대해 단옥재(段玉裁)는 본래 '兩'은 도량형 단위였고 둘[2]을 나타낼 때는 '网'을 썼는데, 현재 '兩'자가 널리 쓰이면서 '网'자는 쓰이지 않게 되었다고 하였다.(≪설문해자주≫) ■

八部

八
여덟 팔　bā

갑골문	서주 금문	춘추 금문	전국 금문	소 전
菁4.1	粹67	靜簋	寬兒鼎	東庫扁壺	설문해자

예 서	초 서
史晨後碑	王羲之

'八'자는 갑골문, 금문 그리고 소전 등이 모두 비슷하다.

고홍진(高鴻縉)은 "'八'자는 본래 '나눈다'는 뜻으로, 서로 나누어 갈라진 모양을 그린 지사자(指事字)이다. 뒤에 八이 숫자 8로 가차(假借)되어 가자 '나눈다'는 뜻은 刀(칼 도)를 더한 分(나눌 분)자를 만들어 그 자리를 보충하였다."라고 하였고(≪중국자례(中國字例)≫), 임의광(林義光)은 '八'과 '分'은 쌍성대전(雙聲對轉, 첫소리는 같고 끝소리는 비슷한 관계)으로 본래 같은 글자라고 하였다.(≪문원(文源)≫)

≪설문해자≫에서는 "八은 나눈다는 뜻이다. 갈라져서 서로 등진 모양을 그린 것이다.(「八, 別也. 象分別相背之形.」)"라고 하였다.

<八부>에 속한 글자로는 '公(공변될 공)', '六(여섯 륙)', '兮(어조사 혜)', '共(함께 공)', '兵(군사 병)', '具(갖출 구)', '其(그 기)', '典(법 전)', '兼(겸할 겸)' 등이 있다. '公'자를 제외하고는 모두 본뜻과는 상관없이 '八' 또는 '八'과 같은 형태가 들어간 글자들로 이루어져 있다. ■

2 公
공변될 공   gōng

'公'은 갑골문과 금문을 보면 모두 '八'과 '口'로 이루어져 있는데, 소전에서는 '口'가 'ㅿ'로 바뀌었다. '公'이 무엇을 본뜬 것인가에 대해서는 아직 정론이 없다.

고홍진(高鴻縉)은 "八은 分(분)자의 초문(初文)이고, '口'는 물체를 나타낼 때 쓰는 가장 일반적인 부호이므로, 公은 물건을 나눌 때 공평하게 나눈다는 뜻의 지사자(指事字)이다. '口'가 'ㅿ'로 변한 것은 전국(戰國)시대 말기부터인데, 소전의 公자는 이 변형된 자형을 이어 받은 것이다."라고 하였고(≪중국자례(中國字例)≫), 주방포

(朱芳圃)는 '公'은 항아리[甕(옹)]를 그린 것으로 '공평하다' 등의 뜻은 가차의(假借義)라고 하였다.(≪은주문자석총(殷周文字釋叢)≫)

서중서(徐中舒, ≪갑골문자전(甲骨文字典)≫)와 장설명(張雪明, ≪형음의자전(形音義字典)≫)은 주방포와 같은 견해를 보이고 있다.

이에 대해 장일승(張日昇)은 '八'이 '分'자의 초문이고, '口'는 물체를 나타낼 때 쓰는 가장 일반적인 부호라는 것은 인정하지만, 그렇다고 해서 '公'이 반드시 '공평하게 나눈다'라는 뜻을 가지게 되는 것은 아니라고 하였고, 또 주방포의 '公'이 항아리를 그린 것이라는 견해는 비약이 너무 심하다고 하였다.(≪금문고림(金文詁林)≫)

≪설문해자≫에서는 "公은 공평(公平)하게 나눈다는 뜻이다. 八(팔)과 厶(사)는 모두 의미부분이다. 八은 여기에서는 背(등 배)와 같은 뜻이다. ≪한비자(韓非子)·오두(五蠹)≫에 이르기를 '厶(즉 私)를 등진 것이 公이다.'라고 하였다.(「公, 平分也. 从八从厶. 八, 猶背也. 韓非曰: '背厶爲公.'」)"라고 하였다.

'公'은 본래 '공평하게 나눈다'는 뜻이다. 또 '公'은 '私(사사로울 사)'와 반대되는 개념이다. 그래서 '여럿'이라는 뜻도 있고, 관청(官廳)이라는 뜻도 있다. 공익(公益), 공직(公職), 공공시설(公共施設), 공중도덕(公衆道德), 공공기관(公共機官) 등과 같은 말이 그러한 예이다. ■

六

여섯 륙   liù

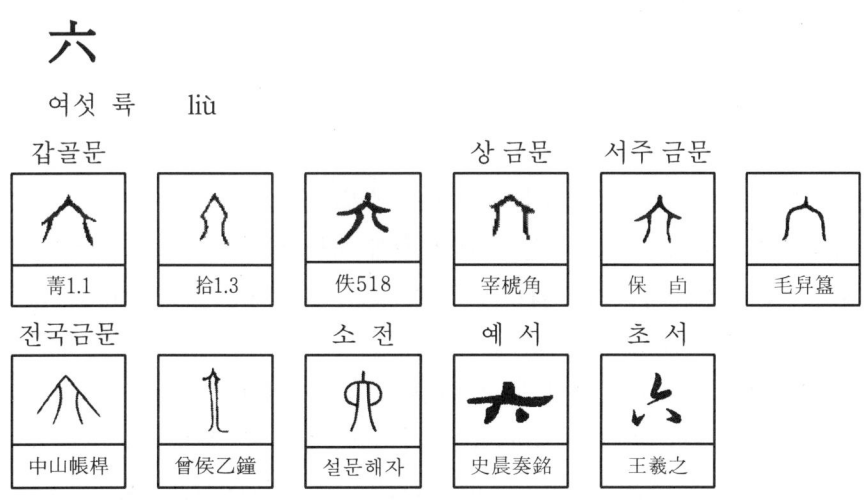

'六'자는 갑골문과 금문을 보면 '入' 등으로 썼다. 그런데 이것이 무엇을 의미하는 것인지에 대해서는 아직 정론이 없다.

정산(丁山)은 '入' 등은 '入(입)'자로서 후에 숫자 '6'으로 가차(假借)되었다고 하였고(≪수명고의(數名古誼)≫, 중앙연구원(中央硏究院) 어언연구소(語言硏究所) 집간(集刊) 제1본(本) 제1분(分)), 서중서(徐中舒)는 야외(野外)의 임시 거처를 그린 것이라고 하였다.(≪갑골문자전(甲骨文字典)≫)

≪설문해자≫에서는 "六은 ≪역(易)≫에서 말하는 숫자로서, 음(陰)은 6에서 변하고, 8에서 바르게 된다. 入과 八(팔)로 이루어졌다.(「六, 易之數. 陰變於六, 正於八. 从入, 从八.」)"라고 하였는데, 갑골문과 금문의 자형으로 볼 때 '六'자가 '入'과 '八'로 이루어졌다는 분석은 믿기가 어렵다. ■

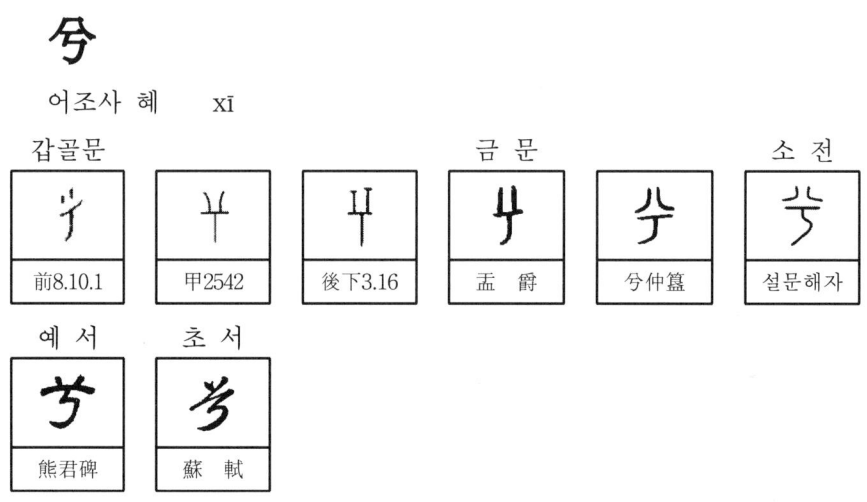

'兮'자는 갑골문, 서주(西周) 금문 그리고 소전 등의 자형이 대체로 비슷하다. 그런데 이것이 무엇을 본뜬 것인지에 대해서는 아직 분명한 설이 없다. 갑골문과 금문에서는 대부분 사람 이름이나 고을 이름으로 쓰였다.

≪설문해자≫에서는 "兮는 말을 잠깐 멈추게 하는 역할을 한다. 丂(고)는 의미부분이다. 八은 기(氣)가 위로 올라가는 것을 그린 것이다.(「兮, 語所稽也. 从丂. 八, 象气越丂也.」)"라고 하였다.

단옥재(段玉裁)는 "兮와 稽(계)는 첩운(疊韻)이다. <계부(稽部)>에 이르기를 '稽는 멈춘다는 뜻이다.'라고 하였다. 말이 이곳에서 잠시 멈춘다는 의미이다.(「兮·稽, 疊韻. <稽部>曰: '留止也.' 語於此少駐也.」)"라고 하였다.(≪설문해자주≫) ■

4 共
함께 공　gòng

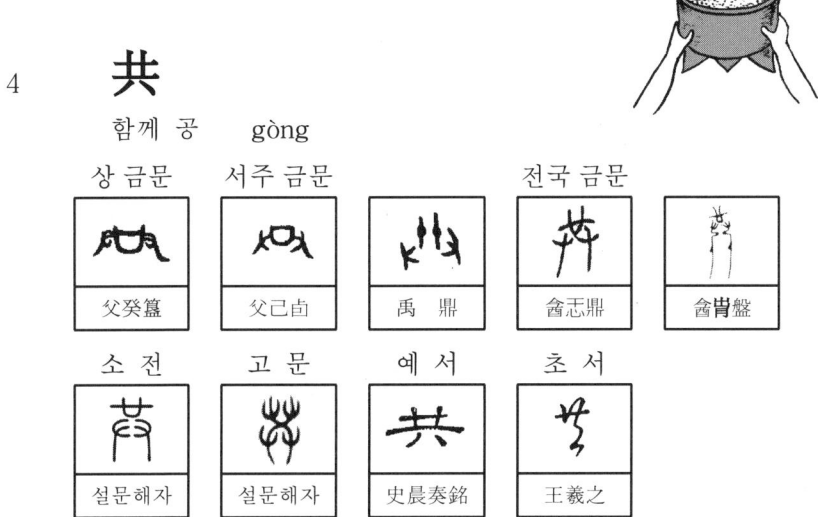

상 금문	서주 금문		전국 금문	
父癸簋	父己卣	禹鼎	酓忎鼎	酓肯盤

소 전	고 문	예 서	초 서
설문해자	설문해자	史晨奏銘	王羲之

갑골문에는 '共'자가 보이지 않는다.

금문의 '共'은 두 손[ᄉ, 즉 廾(공)]으로 어떤 물건[○·ㅂ 등]을 받들고 있는 모양이다.

곽말약(郭沫若)은 '○' 등은 '벽옥(璧玉)'이고 '共'은 이 벽옥을 바친다는 뜻이라고 하였고(≪금문총고(金文叢考)·석공(釋共)≫), 방준익(方濬益)은 두 손으로 제사 그릇[彝器(이기)]을 받들고 있는 모양이라고 하였으며(≪철유재이기관지고석(綴遺齋彝器款識考釋)≫), 주방포(朱芳圃)는 두 손으로 항아리[甕(옹)]를 들고 있는 형태를 그린 것이라고 하였다.

누구의 설이 옳은 지는 분명하지 않지만, 대체로 곽말약의 주장이 긍정을 받고 있다.

≪설문해자≫에서는 "共은 함께 한다는 뜻이다. 廿(입)과 廾(공)은 모두 의미부분이다. 𢍱은 共의 고문(古文)이다.(「共, 同也. 从廿·廾. 𢍱, 古文共.」)"라고 하였다.

공감(共感), 공동(共同), 공유(共有), 공저(共著), 공통(共通) 등과 같은 말은 여기에서 나온 것이다. ■

5 兵 군사 병 bīng

갑골문	상금문	서주 금문		춘추 금문	전국 금문
後下29.6	父兵庚爵	兵羊觶	瑊簋	庚 壺	楚王舍鼎

소 전	고 문	주 문	예 서	행 서
설문해자	설문해자	설문해자	晉郭休碑	王羲之

'兵'자는 갑골문과 금문을 보면 모두 두 손[𠬞, 즉 廾(공)]으로 도끼[斤, 즉 斤(근)]를 잡고 있는 모양이다. 따라서 '兵'은 병기(兵器), 병졸(兵卒) 등과 같은 뜻을 나타낸다.

≪설문해자≫에서는 "兵은 무기(武器)를 뜻한다. 두 손[廾]으로 도끼[斤]를 잡고 있는 형태(의 회의자)로, 함께 힘쓰는 모습이다. 俠은 兵의 고문(古文)으로 人(인)·廾·干(간)으로 이루어졌다. 鈨은 주문(籒文)이다.(「兵, 械也. 从廾持斤, 幷力之皃. 俠, 古文兵, 从人·廾·干. 鈨, 籒文.」)"라고 하였다. ∎

6 具 갖출 구 jù

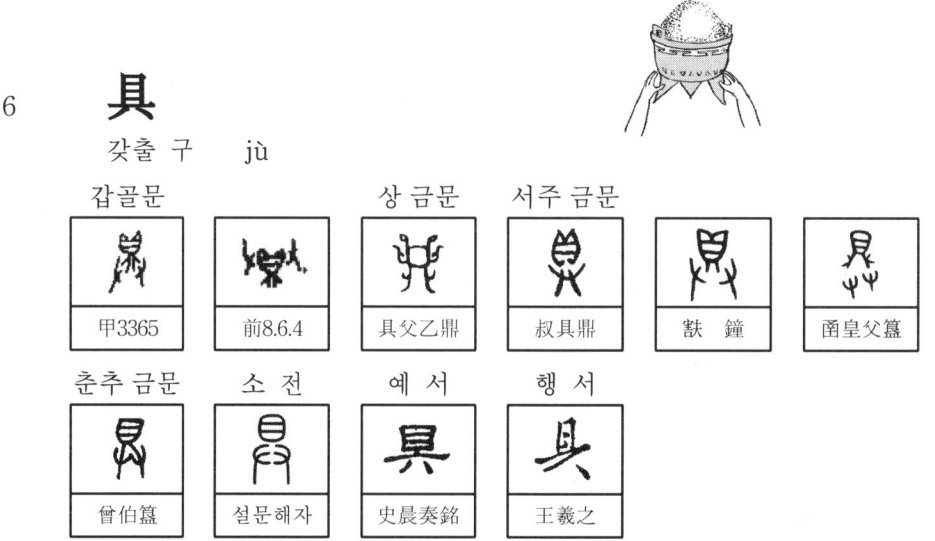

갑골문		상금문	서주 금문		
甲3365	前8.6.4	具父乙鼎	叔具鼎	獸 鐘	函皇父簋

춘추 금문	소 전	예 서	행 서
曾伯簋	설문해자	史晨奏銘	王羲之

八部 123

'其'자는 갑골문을 보면 두 손[𠂇𠂆, 즉 廾(공)]으로 솥[鼎(정)]을 받들고 있는 모양이다. 금문에서는 솥 부분이 '貝' 또는 '目' 등으로 변형되기도 하였다. 갑골문에서의 '鼎'자는 금문에서 '貝(패)'자나 '目(목)'자로 간략화 되거나 변형되어 쓰이는 경우가 종종 있다.

소전은 춘추(春秋)시대 금문 <증백궤(曾伯簋)>와 같이 '目'과 두 손으로 이루어진 형태를 따랐다.

'其'는 본래 찬구(饌具, 음식그릇)를 가리키는 말이었다. 그런데 제사를 지내려면 그릇을 갖추어야 하므로 '갖추다'·'구비(具備)하다'라는 뜻으로 의미가 넓어져 쓰이게 된 것이다.

≪설문해자≫에서는 "其는 준비한다는 뜻이다. 廾과 貝의 생략형은 모두 의미부분이다. 옛날에는 조개를 화폐로 사용하였다.(「其. 共置也. 从廾, 从貝省. 古以貝爲貨.」)"라고 하였다.

허신(許愼)의 입장에서 볼 때 '其'의 윗부분을 '目'이 아닌 '貝'로 보고 그것을 다시 '화폐'로 인식하여 '廾'과 '貝'를 둘 다 의미부분으로 분석한 것은 틀리지 않는다. 왜냐하면 허신은 당시 갑골문의 존재를 알지 못했기 때문이다. 다만 우리는 현재 갑골문에서 '其'자의 윗부분은 '貝'가 아니라 '鼎'자였음을 알면 된다. ■

其
그 기 jī qí

갑골문		상 금문	서주 금문		춘추 금문
菁2	合集10956	其侯父己簋	大盂鼎	虢季子白盤	者減鐘

소 전	고문(1)	고문(2)	고문(3)	주문(1)	주문(2)
설문해자	설문해자	설문해자	설문해자	설문해자	설문해자

'其'는 곡식을 까부를 때 쓰던 '키[箕(기)]'를 그린 상형자이다. 갑골문과 금문을 보면 키의 특징이 잘 나타나 있다.

그런데 '其'가 대명사 '그……'라는 뜻으로 가차(假借)되어 쓰이자, '竹(죽)'을 더한 '箕'자를 만들어 그 자리를 보충하였다.

≪설문해자≫에서는 '其'자를 '箕'자의 주문(籒文) 가운데 하나로 소개하고 있다.

≪설문해자≫를 보면 "箕는 키이다. 竹은 의미부분이고, 𠀠는 (키를 그린) 상형이다. 아래는 그 받침대이다. 𠀠는 箕의 고문(古文)으로 생략형이다. 𠔼도 역시 箕의 고문이다. 𠔽도 역시 箕의 고문이다. 㠱는 箕의 주문(籒文)이다. 匷는 箕의 주문이다.(「箕, 簸也. 从竹. 𠀠, 象形. 下其丌也. 𠀠, 古文箕省. 𠔼, 亦古文箕. 𠔽, 亦古文箕. 㠱, 籒文箕. 匷, 籒文箕.」)"라고 하였다. ■

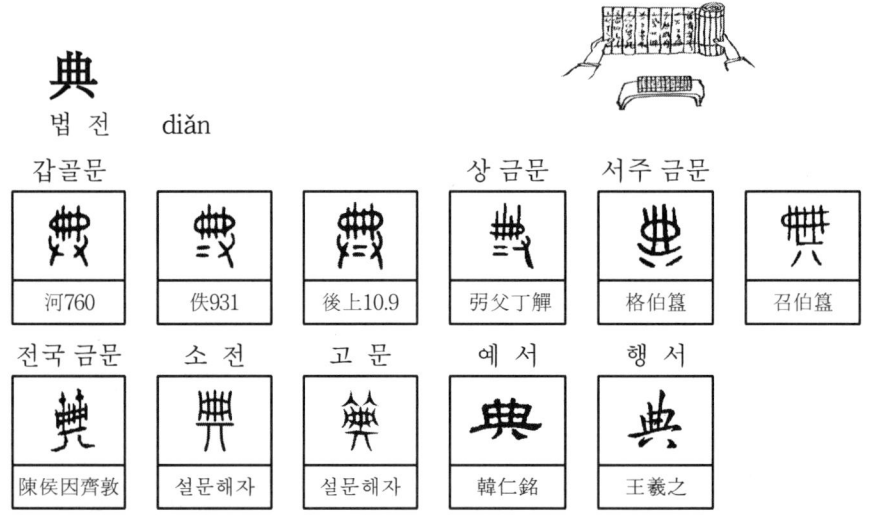

典
법 전　　diǎn

갑골문

| 河760 | 佚931 | 後上10.9 | 弜父丁觶 | 格伯簋 | 召伯簋 |

상 금문　서주 금문

전국 금문　소 전　고 문　예 서　행 서

| 陳侯因齊敦 | 설문해자 | 설문해자 | 韓仁銘 | 王羲之 |

'典'자는 갑골문을 보면 '冊(책)'을 두 손 또는 한 손으로 받들고 있는 모양이다. 그러므로 책 가운데서도 중요한 책을 뜻한다. 고홍진(高鴻縉)은 '='부분은 오늘날의 '丌(대臺 기)'에 해당된다고 하였다.(≪중국자례(中國字例)≫)

금문에서는 두 손 부분과 '='가 '丌'로 변하여 현재의 '典'자와 비슷해졌다. <제후박(齊侯鎛)>에서는 '典'에 다시 '竹(죽)'이 더해져 '箮'으로 썼는데, 이 자형은 ≪설문해자≫에 수록된 고문(古文)과 같다.

≪설문해자≫에서는 "典은 5제(帝)의 책을 뜻한다. 冊이 丌 위에 있는 형태(의 회의자)로, 소중히 보관하고 있다는 뜻이다. 장도(莊都)가 말하기를 典은 큰 책이라고 하였다. 箮은 典의 고문으로 竹을 더하였다.(「典, 五帝之書也. 从冊在丌上, 尊閣之也.

莊都說: '典, 大冊也.' 𠔜, 古文典, 从竹.」)"라고 하였다.

'典'은 본래 '중요한 책'을 뜻하였다. 경전(經典), 불전(佛典), 고전(古典), 법전(法典), 사전(辭典) 등과 같은 말은 여기에서 나온 것이다. 이런 책들은 사람이 살아가는데 '규범'·'모범'이 되는 책들이다. '법'이라고 훈을 하는 것은 여기에서 비롯된 것이다. 전범(典範), 전형(典型) 등과 같은 말이 그러한 예다. 또 '典'은 '중요하고 성대한 행사'라는 뜻도 있다. 전례(典禮), 제전(祭典), 축전(祝典) 등이 그런 말이다.

'典'은 동사로 쓰면 '(책이나 물건을) 맡긴다'는 뜻으로 쓰인다. 그래서 물건을 맡기고 돈을 빌리는 집을 전당포(典當鋪)라고 하는 것이다.

참고로 5제란 중국의 전설상의 임금을 말한다. 5제의 구성은 설이 여러 가지인데, 그것을 정리하면 대략 아래 3가지로 나뉜다.

① 태호(太昊)·신농(神農)·황제(黃帝)·소호(少昊)·전욱(顓頊).(≪예기(禮記)·월령(月令)≫)

② 황제(黃帝)·전욱·제곡(帝嚳)·요(堯)·순(舜).(≪대대예기(大戴禮記)≫; ≪사기(史記)·오제본기(五帝本紀)≫)

③ 소호(少昊)·전욱·제곡·요·순.(공안국(孔安國)의 ≪상서서(尙書序)≫; 황보밀(皇甫謐)의 ≪제왕세기(帝王世紀)≫) ■

8
兼
겸할 겸   jiān

서주 금문	춘추 금문	전국 금문	소 전	예 서	초 서
			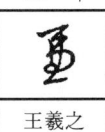	兼	兼
兼且辛爵	邾王子鐘	丞相啓狀戈	설문해자	衡方碑	王羲之

갑골문에는 '兼'자가 보이지 않는다.

금문과 소전의 자형은 모두 한 손[ㅋ, 즉 又(우)]으로 벼[禾(화)] 둘을 쥐고 있는 모양이다. ≪설문해자≫에서는 "兼은 아울러 가진다는 뜻이다. 손[又]으로 두 벼[秝(력)]를 쥐고 있는 형태(의 회의자)이다. 兼은 벼 둘을 쥐고 있는 형태이고, 秉(병)은 벼 하나를 쥐고 있는 형태이다.(「兼, 幷也. 从又持秝. 兼持二禾, 秉持一禾.」)"라고 하였다.

겸직(兼職), 겸용(兼用), 겸비(兼備), 겸임(兼任) 등과 같은 말은 여기에서 나온 것이다. ■

冂部

冂

멀 경   jiōng jiǒng

금 문		소 전	고 문	혹 체
趞曹鼎	克鼎	설문해자	설문해자	설문해자

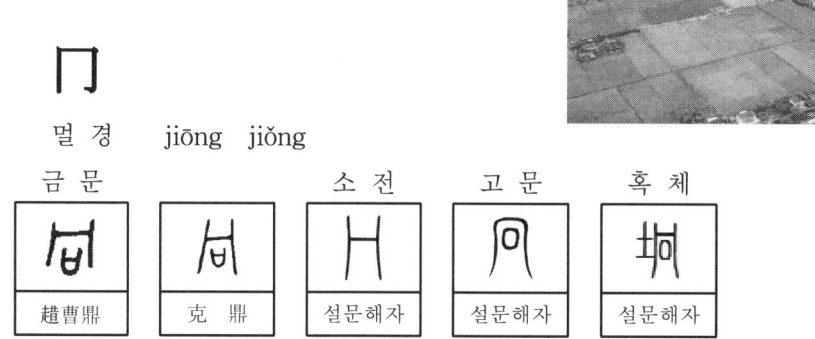

갑골문에는 '冂'자가 보이지 않는다.

금문의 자형은 '冋'으로 ≪설문해자≫에 수록된 고문(古文)과 같다.

양수달(楊樹達)은 '冂'은 '扃(빗장 경)'자의 초문(初文)으로 좌우(左右)의 두 획은 문(門)의 두 기둥을 그린 것이고 가로획은 빗장을 그린 것이라고 하였다.(≪적미거소학술림(積微居小學述林)≫)

≪설문해자≫에서는 "冂, 읍외(邑外)를 郊(교)라고 하고, 교외(郊外)를 野(야)라고 하고, 야외(野外)를 林(림)이라고 하고, 임외(林外)를 冂이라고 한다. 먼 곳의 경계를 그린 것이다. 冋(경·형)은 冂의 고문으로 口(위)를 더하였다. (口는) 구역(區域)을 그린 것이다. 坰은 冋의 혹체자(或體字)로 土(토)를 더하였다.(「冂, 邑外謂之郊, 郊外謂之野, 野外謂之林, 林外謂之冂, 象遠界也. 冋, 古文冂, 从口, 象國邑. 坰, 冋或从土.」)"라고 하였다.

현재 <冂부>에 속한 글자로는 '冉(나아갈 염)', '冊(책 책)', '再(두 재)', '冏(빛날 경)', '冑(맏아들 주)', '冓(짤 구)', '冒(무릅쓸 모)', '冕(면류관 면)' 등이 있다. 모두 글자의 뜻과는 상관없이 해서체의 형태 분류에 따른 것이다. ■

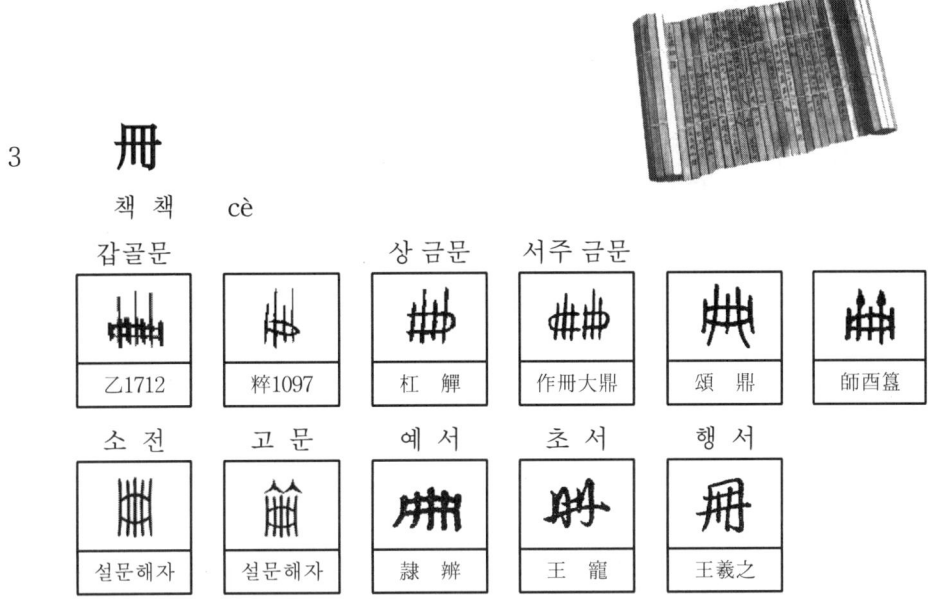

3 冊

책 책　cè

갑골문		상 금문		서주 금문	
乙1712	粹1097	杠觶	作冊大鼎	頌鼎	師酉簋

소전	고문	예서	초서	행서
설문해자	설문해자	隸辨	王寵	王羲之

'冊'은 옛날 대나무를 엮어 만든 책인 간책(簡冊)을 그린 상형자이다. 세로획들은 죽간(竹簡)을 표시하고, 가로획은 이것을 묶은 끈을 나타낸다. 갑골문·금문·소전 등의 자형이 거의 같다.

그런데 한(漢)나라 묘에서 발굴된 간책의 모양을 보면 크기와 길이가 모두 일정하게 묶여져 있었다. 그러므로 위의 갑골문·금문의 자형에서 길이가 차이가 나는 것은 실제로 그런 것이 아니라, 쓸 때 길이를 맞추지 않았기 때문이 아닌가 추측된다.

≪설문해자≫에서는 "冊은 부신교명(符信敎命, 임금의 명령서)을 뜻한다. 제후가 임금에게 나아가 받는다. 그 서찰(書札)이 하나는 길고 하나는 짧은데, 가운데를 두 줄로 묶은 모양을 그린 것이다. 笧은 冊의 고문(古文)으로 竹(죽)을 더하였다.(「冊, 符命也. 諸侯進受於王也. 象其札一長一短, 中有二編之形. 笧, 古文冊, 从竹.」)"라고 하였다.

'符命(부명)'이란 '符信敎命'을 줄인 말이다.

'符信'은 나무 조각에 기록을 하고 그것을 둘로 쪼개어 두 사람이 한 쪽씩 나누어 가졌다가 뒷날에 서로 맞추어보아 증거를 삼는 물건을 말한다. '敎命'은 임금이 신하를 책봉(冊封)하면서 내리는 명령을 뜻한다. 여기에서는 '임금의 명령서'라고 번역하였다. ■

4　再
　　두 번 재　zài

갑골문	전국 금문		소전	예서	초서
前7.1.3	鷹羌鐘	陳璋壺	설문해자	景君銘	王羲之

'再'자는 그 형태가 무엇을 그린 것인지 불분명하다.

당란(唐蘭)은 그릇의 일종인 '甾(치)'를 거꾸로 한 모양이라고 하였고,(≪획백시고(獲白兕考)≫), 곽말약(郭沫若)은 '冓(불 덮개 구)'자의 초문(初文)이라고 하였으며(≪금문총고(金文叢考)≫), 서중서(徐中舒)는 '魚(어)'자의 생략형이라고 하였다.(≪갑골문자전(甲骨文字典)≫)

전국(戰國)시대 금문과 소전의 자형은 갑골문에서 조금씩 변형된 형태이다.

≪설문해자≫에서는 "再는 하나를 들어 둘이 되게 한다는 뜻이다. 冓(구)의 생략형은 의미부분이다.(「再, 一舉而二也. 从冓省.」)"라고 하였다.

재기(再起), 재발(再發), 재판(再版), 재탕(再湯), 재회(再會) 등과 같은 말은 모두 '둘'에서 나온 것이다. 한편 ≪설문해자주≫·≪설문해자의증≫·≪설문해자구두≫·≪설문통훈정성≫·≪설문해자교록(校錄)≫ 등에서는 모두 "一(일)과 冓의 생략형은 모두 의미부분이다.(「从一·冓省.」)"라고 하였다. ■

7　冒
　　무릅쓸 모　mào　mò

금문	소전	고문	예서	초서
九年衛鼎	설문해자	설문해자	張遷碑	祝允明

갑골문에는 '冒'자가 보이지 않고, 서주(西周) 금문과 소전의 자형은 '冒'로 같다.

≪설문해자≫에서는 "冒는 무릅쓰고 앞으로 나아간다는 뜻이다. 冃(모)와 目(목)은 모두 의미부분이다. 圖는 冒의 고문이다.(「冒, 冡而前也. 从冃, 从目. 圖, 古文冒.」)"라고 하였다. '冃'는 모자(帽子)를 뜻하므로, 冒는 눈[目] 위에 모자를 쓰고 있다는 뜻이 된다. '무릅쓰다'라는 뜻은 여기에서 나온 것이다. '冃'는 발음도 담당한다. ■

冖部

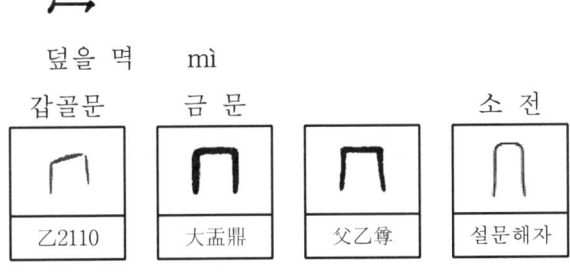

冖
덮을 멱　mì
갑골문　금문　소전
乙2110　大盂鼎　父乙尊　설문해자

'冖'은 갑골문, 서주(西周) 금문 그리고 소전 등의 자형이 모두 같다.

≪설문해자≫에서는 "冖은 덮는다는 뜻이다. 一(일)자를 아래로 늘어뜨린 형태이다.(「冖, 覆也. 从一下垂也.」)"라고 하였다.

고홍진(高鴻縉)은 '冖'은 '덮다'라는 뜻이고, '冃(모)'는 '다시 덮다[重覆(중복)]'라는 뜻이고, '月(모)'는 어린이나 이민족(異民族)의 모자를 뜻하고, '冒(모)'는 '무릅쓰고 앞으로 나아가다'라는 뜻이라고 하였고(≪중국자례(中國字例)≫), 뇌준(雷浚)은 '冖'·'冃'·'月'·'冒'·'帽(모자 모)' 등은 모두 같은 글자라고 하였다.(≪설문외편(說文外編)≫)

<冖부>에 속한 글자들은 대부분 '덮는다'는 뜻과 관계가 있다. 현재 이 부에 속한 글자로는 '冘(머뭇거릴 유)', '冞(두루 다닐 미)', '冠(갓 관)', '冡(덮어쓸 몽)', '冢(무덤 총)', '冣(쌓을 취)', '冤(원통할 원)', '冥(어두울 명)', '冪(덮을 멱)' 등이 있다. ■

7 冠
갓 관　guān guàn
소전　예서　초서　행서
설문해자　鄭固碑　張芝　米芾

갑골문과 금문에는 '冠'자가 보이지 않는다.

≪설문해자≫에서는 "冠은 끈을 뜻한다. 이것을 가지고 머리를 묶는다. 모자의 총칭이다. 冖(멱)과 元(원)은 모두 의미부분인데, 元은 발음부분이기도 하다. 모자를 쓰는 데는 법도(法度)가 있으므로, 寸(촌)도 의미부분이 된다.(「冠, 絭也. 所以絭髮. 弁冕之緫名也. 从冖, 从元, 元亦聲. 冠有法制, 从寸.」)"라고 하였다.

'冠'자에서 '元'은 머리를 뜻하고, '寸'은 '손'을 뜻하므로, '冠'은 "손으로 모자를 머리에 쓴다"는 뜻이라고 할 수 있다. 모자는 머리에 쓰는 물건이라 '冠'에는 '으뜸'이라는 뜻도 있다. 또 옛날에는 성인이 되면 비로서 '冠'을 썼다. 그 때는 '冠'이 아직 단단하게 고정되지 않기 때문에, 그래서 20살을 약관(弱冠)이라고 부르는 것이다. ■

8 冥

어두울 명　míng

소 전	예 서	초 서
설문해자	孔彪碑	王 寵

갑골문과 금문에는 '冥'자가 보이지 않는다.

≪설문해자≫에서는 "冥은 어둡다는 뜻이다. 日(일)과 六(육)은 의미부분이고, 冖(멱)은 발음부분이다. 날짜는 (천간에 따라) 10일씩 계산을 하는데, (매월) 16일째가 되면 달이 기울고 어두워지기 시작한다.(「冥, 幽也. 从日, 从六, 冖聲. 日數十, 十六日而月始虧幽也.」)"라고 하였다.

'冥'은 '어둡다'라는 뜻에서 명상(冥想, 눈을 감고 고요히 생각함)자처럼 '고요하다'라는 뜻으로도 쓰이고, 나아가 '저승'이라는 뜻도 나왔다. 명복(冥福), 명부(冥府) 등과 같은 말이 그러한 예이다. ■

冫部

冫
얼음 빙 bīng

갑골문	금문	소전
續3.36.7	冫 冎	설문해자

'冫'자는 갑골문, 상(商)나라 금문 그리고 소전 등의 자형이 '仌'으로 거의 같다. 얼음이 언 모양을 그린 상형자이다.

≪설문해자≫에서도 "仌(빙)은 얼음을 뜻한다. 물이 언 모양을 그린 것이다.(「仌, 凍也. 象水凝之形.」)"라고 하였다.

소영(邵瑛)은 "얼음은 仌으로 썼고, 단단하게 굳었다는 뜻의 본자(本字)는 冰(얼음 빙)으로 썼다. 속자(俗字)에서 冰이 仌을 대신하고, 凝(엉길 응)이 冰자를 대신하면서, 仌자는 결국 쓰이지 않게 되었다.(「冰凍作仌, 堅凝本字作冰. 俗以冰代仌, 凝代冰字, 而仌字遂廢不用.」)"라고 하였다.(≪군경정자(群經正字)≫)

<冫부>에 속한 글자들은 대부분 '얼음'과 관계가 있다. 현재 이 부에 속한 글자로는 '冬(겨울 동)', '冰(얼음 빙)', '冱(찰 호)', '冶(풀무 야)', '冷(찰 랭)', '冸(얼음 녹을 반)', '冹(바람 찰 불)', '冺(얼음 활)', '冽(매섭게 추울 렬)', '冾(화합할 협)', '凁(싸늘할 수)', '凋(찰 경)', '凄(쓸쓸할 처)', '凊(쓸쓸할 행)', '准(승인할 준)', '凈(찰 정)', '凉(찰 량)', '淸(서늘할 청)', '凋(시들 조)', '凌(얼음 창고 릉)', '凍(얼 동)', '凐(추운 모양 인)', '凓(찬 기운 률)', '凔(찰 창)', '凗(눈서리 쌓이는 모양 최)', '凘(성에 시)', '澤(고드름 탁)', '凜(찰 름)', '凝(엉길 응)' 등이 있다. ■

3

'冬'자는 '終(종)'자의 초문(初文)이다. 그런데 '冬'자가 무엇을 본뜬 것인지에 대해서는 아직 정론이 없다. 그 가운데서 두 가지 설을 소개하면 다음과 같다.

먼저 하나는 ≪이아(爾雅)·석목(釋木)≫에서 "終은 가시나무이다.(「終, 牛棘.」)"라고 하였듯이, '冬'은 본래 가시나무의 일종이라는 주장이다. 이 주장에 따르면 '끝'이라는 의미의 '終'은 가차(假借)된 것이고, '겨울'이라는 뜻의 '冬'은 '끝'이라는 가차의에서 파생되어 나온 것이라고 볼 수 있다. 이러한 주장을 펴는 학자로는 곽말약(郭沫若, ≪주씨문자편보유(朱氏文字編補遺)≫)과 상승조(商承祖, ≪복씨소장갑골문자석문(福氏所藏甲骨文字釋文)≫) 등이 있다.

이에 대해 장순휘(張舜徽)는 ≪금문상용자전(金文常用字典)≫ '冬'자 해설에서 갑골문의 '𐠂' 등과 금문의 '𐠃' 등은 실 양 쪽 끝을 묶은 형태로서, 실을 쓰고 난 다음에는 끝을 잘 묶어 헝클어지지 않게 걸어 놓은 것을 그린 것이라고 주장하였다. 그의 주장에 따르면 실이 묶여서 걸려 있으면 다 썼음을 뜻하므로 '끝나다'라는 의미의 '終'은 여기에서 인신(引伸)되어 나왔다는 것이다.

≪설문해자≫에서는 "冬은 네 계절의 끝을 뜻한다. 仌(빙)과 夂은 모두 의미부분이다. 夂은 고문(古文)의 終자이다. 𐠄은 冬의 고문으로 (仌 대신) 日(일)을 썼다.(「冬, 四時盡也. 从仌, 从夂. 夂, 古文終字. 𐠄, 古文冬, 从日.」)"라고 하였다.

한편 '仌(빙)'은 얼음이 언 모습을 나타낸 것으로 '冰(빙)'자의 초문(初文)이다. 허신(許愼)이 '仌'을 의미부분으로 본 것은 소전의 자형을 보고 판단한 것으로, 갑골문과 금문에는 '仌' 부분이 없다. ■

5 冷
찰 랭　lěng

소전	예서	행서	초서	초서
설문해자	張遷碑	王羲之	李白	懷素

갑골문과 금문에는 '冷'자가 보이지 않는다.

≪설문해자≫에서는 "冷은 차갑다는 뜻이다. 仌(빙)은 의미부분이고, 令(령)은 발음부분이다.(「冷, 寒也. 从仌, 令聲.」)"라고 하였다.

냉동(冷凍), 냉담(冷淡), 냉면(冷麵), 냉철(冷徹), 냉장고(冷藏庫) 등과 같은 말은 여기에서 나온 것이다. ■

8 凍 冻(中)
얼 동　dòng

소전	예서	행서	초서
설문해자	王純碑	趙孟頫	王鐸

갑골문과 금문에는 '凍'자가 보이지 않는다.

≪설문해자≫에서는 "凍은 얼었다는 뜻이다. 仌(빙)은 의미부분이고, 東(동)은 발음부분이다.(「凍, 仌也. 从仌, 東聲.」)"라고 하였다.

단옥재(段玉裁)는 "(얼음이) 막 언 것은 仌이라고 하고, 크게 언 것은 凍이라고 한다. 또 물이 언 것은 冰이라고 하고, 다른 물체가 언 것은 凍이라고 한다.(「初凝曰仌, 仌壯曰凍. 又於水曰冰, 於他物曰凍.」)"라고 하였다.(≪설문해자주≫)

동상(凍傷), 동파(凍破), 해동(解凍), 냉동고(冷凍庫) 등과 같은 말은 여기에서 나온 것이다. ■

凉(涼)

서늘할 량 liáng

소 전	예 서	초 서
설문해자	朱龜碑	王羲之

갑골문과 금문에는 '凉'자가 보이지 않고, 소전에서는 '涼'으로 썼다.

≪설문해자≫를 보면 "涼은 담백하다는 뜻이다. 水(수)는 의미부분이고, 京(경)은 발음부분이다.(「涼, 薄也. 从水, 京聲.」)"라고 하였다.

'涼'은 본래 '술이 물처럼 담백하다'는 뜻이다. 여기에서 '날씨가 약간 춥다'→'서늘하다'·'시원하다'라는 뜻으로 발전하였다. 그러자 속자(俗字)로 다시 '水(물 수)'를 'ⅰ(얼음 빙)'으로 바꾸어 '凉'자를 만들어 썼다. 납량특집(納涼特輯), 청량음료(淸涼飮料) 등과 같은 말은 여기에서 나온 것이다.

한편 ≪옥편(玉篇)·빙부(冫部)≫를 보면 "凉은 속자로 涼으로 쓴다.(「凉, 俗涼字.」)"라고 하였다.

참고로 '京'은 두 가지 발음 계통(系統)을 갖는 낱말이다. 그 하나는 [k-] 계통 발음으로 '勍(셀 경), 景(햇볕 경), 鯨(고래 경) 등이 그러한 예이다. 다른 하나는 [l-] 계통 발음으로 掠(노략질할 략), 晾(햇볕 쪼일 량), 綡(머리 싸는 수건 량), 諒(헤아릴 량) 등이 그러한 예이다. '涼'은 '京'이 [l-] 계통 발음으로 쓰인 예에 해당한다. ■

14 凝

엉길 응 níng

소 전	속 자	예 서	예 서	초 서	행 서
설문해자	설문해자	夏堪碑	華嶽碑	王羲之	歐陽詢

갑골문과 금문에는 '凝'자가 보이지 않는다.

≪설문해자≫에서는 '凝'자를 '冰(빙)'자의 속자(俗字)로 수록하고 있다.

《설문해자》를 보면 "冰은 물이 단단해졌다는 뜻이다. 仌(빙)과 水(수)는 모두 의미부분이다. 凝은 冰의 속자(俗字)로 (水 대신) 疑(의)를 썼다.(「冰, 水堅也. 从仌, 从水. 凝, 俗冰从疑.」)"라고 하였다.

이에 대해 서현(徐鉉) 등은 "冰은 魚陵切(어릉절, 즉 응)이다. 지금은 筆陵切(필릉절, 즉 빙)로 쓰고, '얼음'이라는 뜻으로 쓰인다."라고 하였다.(대서본 《설문해자》)

'凝'은 '얼음이 얼었다'는 뜻이었다. 뒤에 일반적인 '단단해진 것'에 관련된 말에 널리 쓰인다. '엉기다'라는 훈은 여기에서 나온 것이다. 응고(凝固), 응결(凝結), 응집(凝集) 등과 같은 말이 그러한 예이다.

또 단단해지려면 모여서 집중해야 하므로 '모이다'라는 뜻도 있다. 응시(凝視)가 그런 말이다. ■

几

안석 궤   jī

소 전	예 서	초 서	행 서

설문해자	史晨奏銘	董其昌	蘇軾

갑골문과 금문에는 '几'자가 보이지 않는다.

《설문해자》에서는 "几는 앉아 있을 때 기대는 도구이다. 상형이다.(「几, 踞几也. 象形.」)"라고 하였다.

현재 <几부>에 속한 글자로는 '凡(무릇 범)', '凩(찬바람 목)', '凭(기댈 빙)', '凰(봉황새 황)', '凱(이길 개)', '凳(걸상 등)' 등이 있다. 이 가운데서 '凭'·'凳' 등을 제외한 나머지 글자들은 뜻과는 상관없이 해서체의 형태 분류에 따른 것이다. ■

1 凡

무릇 범　fán

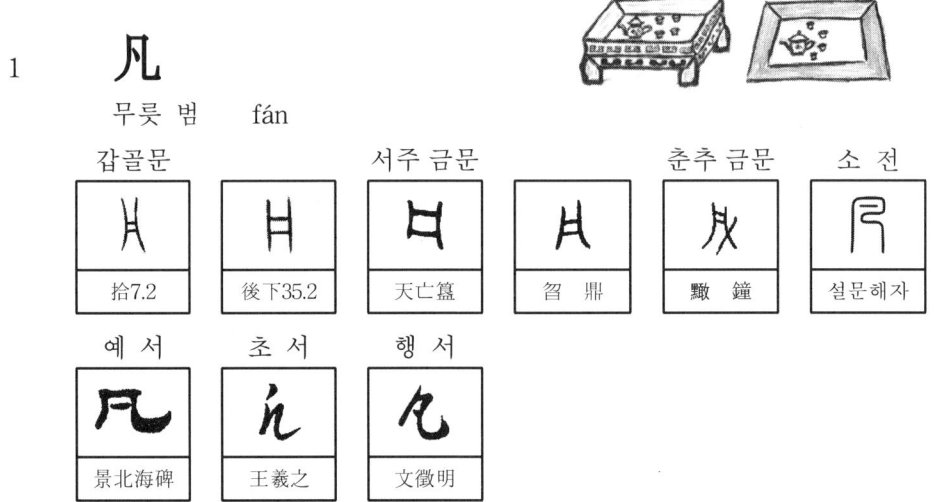

갑골문		서주 금문	춘추 금문	소 전
拾7.2	後下35.2	天亡簋	智鼎	爯鐘	설문해자

예 서	초 서	행 서
景北海碑	王羲之	文徵明

'凡'자는 본래 다리가 달린 쟁반을 그린 상형자라는 것(곽말약(郭沫若), ≪복사통찬(卜辭通纂)≫)이 학계의 정설이다.

그런데 그 형태가 '舟(배 주)'자('𠂆'·'𠂇')와 비슷하여 종종 혼동이 되어 쓰였다. 그래서 쟁반이라는 뜻의 '般(반)'·'盤(반)'·'槃(반)' 등과 같은 글자에 그릇과는 전혀 상관없는 '舟'자가 구성 요소로 들어가 있게 된 것이다.

뒤에 '凡'이 '무릇'·'두루' 등과 같은 뜻으로 가차(假借)되어 쓰이자, 본래의 의미인 '쟁반'이란 뜻의 자리는 '槃'자를 새로 만들어 보충하였다. 현재 '쟁반'이라는 뜻으로는 '盤'자가 많이 쓰인다. 그러므로 '般'·'槃'·'盤' 이 세 글자는 같은 글자라고 할 수 있다.

≪설문해자≫에서는 "凡은 총괄한다는 뜻이다. 二(이)는 의미부분이다. 二는 짝수이다. ㄟ은 의미부분이다. ㄟ은 及(급)의 고문(古文)이다.(「凡, 最括也. 从二. 二, 偶也. 从ㄟ. ㄟ, 古文及.」)"라고 하였는데, 뜻풀이는 후대 가차의(假借義)로 한 것이고 글자의 분석은 완전히 잘못된 것이다.

오늘날 '凡'자가 들어가서 쓰이는 말은 '모든'이라는 뜻을 가지는데, 이것은 '총괄한다'는 뜻에서 나온 것이다. 범물(凡物)·범사(凡事) 등이 그러한 예이다.

그런데 누구나 다 가지고 있고, 어디가나 다 있으면 지극히 평범(平凡)한 것이 된다. 여기에서 '일반적'·'보통' 등과 같은 뜻이 나오게 되었는데, 요즘은 이 뜻으로 많이 쓰인다. 범례(凡例), 범상(凡常), 범실(凡失), 범인(凡人), 범재(凡才), 범타(凡打) 등이 그러한 예이다. ■

凵部

凵
입 벌릴 감   qiǎn

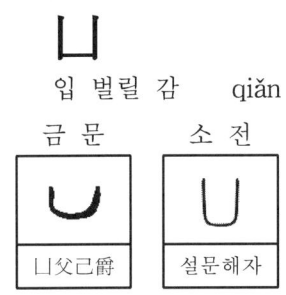

갑골문에는 '凵'자가 보이지 않고, 상(商)나라 금문과 소전의 자형은 '凵'으로 같다.

≪설문해자≫에서는 "凵은 입을 벌린다는 뜻이다. 상형이다.(「凵, 張口也. 象形.」)"라고 하였다.

양수달(楊樹達)은 '凵'은 땅이 움푹 파인 모양을 그린 것으로 '坎(구덩이 감)'자의 초문(初文)이라고 하였다.(≪적미거소학술림(積微居小學述林)≫)

<凵부>에 속한 글자는 많지 않다. '凶(흉할 흉)', '凸(볼록할 철)', '出(날 출)', '函(함 함)' 등이 있다. ■

2 凶
흉할 흉   xiōng

갑골문과 금문에는 '凶'자가 보이지 않는다.

≪설문해자≫에서는 "凶은 나쁘다는 뜻이다. 땅이 움푹 파여 엇갈려 그 가운데 빠진 것을 그린 것이다.(「凶, 惡也. 象地穿交陷其中也.」)"라고 하였다.

흉악(凶惡), 흉기(凶器), 흉년(凶年), 길흉(吉凶) 등과 같은 말은 여기에서 나온 것이다. ■

3 出
   날 출 chū

갑골문				상 금문	서주 금문
菁4.1	粹366	甲241	甲476	窟出爵	頌 壺

서주 금문	춘추 금문	전국 금문	소 전	예 서	초 서
毛公鼎	拍敦蓋	鄂君舟節	설문해자	西狹頌	王羲之

'出'자는 갑골문을 보면 발[止](=止, 지)과 '凵'·'凵'의 결합으로 이루어져 있는데, 때로는 '行(행)'(<갑(甲) 241>)이나 '彳(척)'(<갑 476>) 등이 더해진 자형도 있다.

이에 대해 서중서(徐中舒)는 "止는 발을 그린 상형자이고, 凵·凵 등은 옛날 사람들이 땅에 구덩이를 파고 살 때 그 구덩이 모양을 그린 것이므로, 出은 사람이 혈거(穴居)로부터 밖으로 나가는 모양을 그린 것이다. 때로는 여기에 彳이나 行을 더하여 나간다는 뜻을 더욱 분명히 하였다."라고 하였다.(≪갑골문자전(甲骨文字典)≫)(<구부(口部)> 3획 '各(각)'자 참조) 이것이 학계의 정설이다.

금문에서는 '凵'·'凵' 등이 '∪'으로 변형되었다. 오대징(吳大徵)은 이 형태를 신발로 보고 '出'은 "신발을 신고 밖으로 나가다"라는 뜻이라고 하였는데(≪설문고주보(說文古籒補)≫), 갑골문을 볼 때 믿기가 어렵다.

≪설문해자≫에서는 "出은 나간다는 뜻이다. 초목이 점점 자라나서 위로 솟아 나오는 것을 그린 것이다.(「出, 進也. 象艸木益滋, 上出達也.」)"라고 하였는데, 이 역시 갑골문의 자형을 볼 때 믿기가 어렵다.

'出'은 '나간다'는 뜻이다. 출입(出入), 출가(出嫁), 출발(出發), 출마(出馬), 가출(家出) 등과 같은 말은 여기에서 나온 것이다. 이를 타동사로 쓰면 '내놓는다'는 뜻이 된다. 출자(出資), 출품(出品), 출제(出題) 등이 그러하다.

또 다른 사람보다 앞서 나간다는 의미에서 '뛰어나다'·'훌륭하다'는 뜻으로도 쓰인다. 출세(出世), 출중(出衆), 특출(特出) 등과 같은 말이 그러한 예이다. ■

刀部

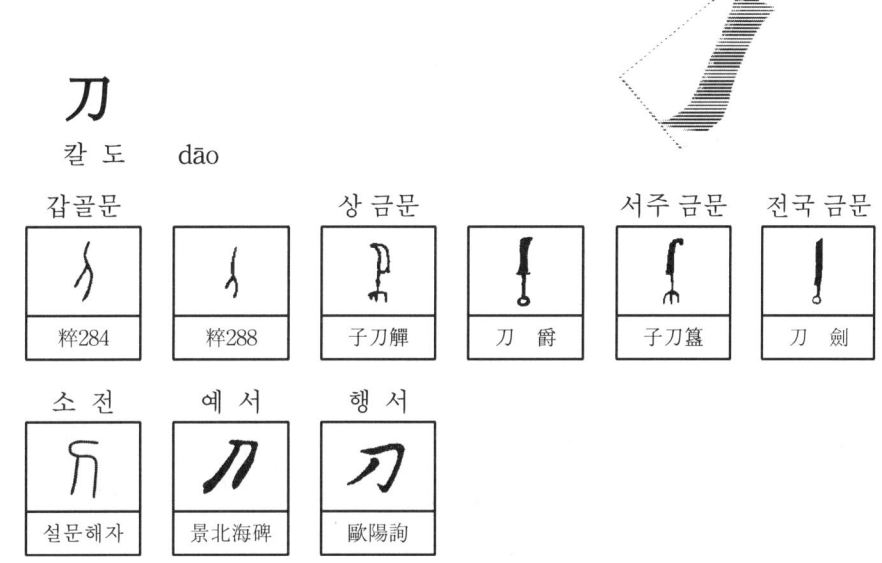

刀
칼 도   dāo

갑골문		상 금문		서주 금문	전국 금문
粹284	粹288	子刀觶	刀爵	子刀簋	刀劍

소 전	예 서	행 서
설문해자	景北海碑	歐陽詢

'刀'는 칼을 그린 상형자이다. 날이 한 쪽에만 있는 칼을 '刀'라고 하고, 양쪽에 있는 칼을 '劍(검)'이라고 한다.

≪설문해자≫에서는 "刀는 병기(兵器)이다. 상형이다.(「刀, 兵也. 象形.」)"라고 하였다.

<刀부>에 속한 글자들은 대부분 '칼'과 관련이 많다. '刃(칼날 인)', '分(나눌 분)', '切(끊을 절)', '刊(책 펴낼 간)', '列(벌일 렬)', '利(이로울 리)', '別(다를 별)', '判(판단할 판)', '刻(새길 각)', '到(이를 도)', '刷(인쇄할 쇄)', '刺(찌를 자)', '制(억제할 제)', '初(처음 초)', '券(문서 권)', '削(깎을 삭)', '前(앞 전)', '則(법칙 칙)', '剛(굳셀 강)', '剖(쪼갤 부)', '副(버금 부)', '剪(자를 전)', '創(비롯할 창)', '割(나눌 할)', '劃(그을 획)', '劍(칼 검)', '劇(심할 극)', '劉(성 류)', '劑(약 지을 제)' 등이 있다. ■

2   分
    나눌 분   fēn   fèn

'分'자는 갑골문, 금문 그리고 소전 등의 자형이 모두 '八(팔)'과 '刀(도)'로 이루어져 있다.

'八'은 본래 '나누다'라는 뜻을 나타내는 지사자(指事字)였다.(<팔부(八部)> 부수자 '八'자 참조) 그런데 '八'이 숫자 '8'로 가차(假借)되어 가자, 그 자리를 메우기 위하여 다시 '刀'자를 더해서 '分'자를 만든 것이다.

≪설문해자≫에서는 "分은 나눈다는 뜻이다. 八과 刀는 모두 의미부분이다. 칼로 물체를 나눈다는 뜻이다.(「分, 別也. 从八, 从刀.」)"라고 하였다.

'分'은 '나눈다'는 뜻이다. 분별(分別), 분양(分讓), 분산(分散), 분해(分解) 등과 같은 말은 여기에서 나온 것이다. 이를 명사로 쓰면 '나누어진 것'→'몫'→'분수(分數)' 등과 같은 뜻이 된다. 직분(職分), 과분(過分), 배분(配分) 등과 같은 말이 그러한 예이다. ■

切
①끊을 절 ②모두 체   qiē   qiè

갑골문과 금문에는 '切'자가 보이지 않는다.

'切'은 갑골문에서는 '十'로 썼다. 즉 물건의 가운데를 자르는 모양을 그린 것으로 '자르다'라는 뜻의 상형자였다. 그런데 '十'이 숫자 '十(10)'자와 비슷하여 혼란이 생기자 세로획을 구부려서[七] 구분을 하였다. 그 후 '七'자가 숫자 '7'로 가차(假借)되어 쓰이자, 다시 '刀(도)'를 더한 '切'자를 만들어 '자르다'라는 본래의 뜻을 보존케 한 것이다.(<일부(一部)> 1획 '七'자 참조)

≪설문해자≫에서는 "切은 자른다는 뜻이다. 刀는 의미부분이고, 七은 발음부분이다.(「切, 刌也. 从刀, 七聲.」)"라고 하였다.

'切'은 본래 '자른다'는 뜻이었다. 절단(切斷), 절개(切開), 절차탁마(切磋琢磨), 절치부심(切齒腐心) 등과 같은 말은 여기에서 나온 것이다. 나아가 '切'은 '(잘라내서) 잘 맞추다'라는 뜻으로 발전하였다. 적절(適切), 친절(親切) 등이 그런 예이다. 이 뜻을 부사로 쓰면 '매우'·'아주' 등과 같은 뜻이 된다. 절박(切迫), 절실(切實), 절친(切親) 등이 그러하다.

'切'은 또 '모두'라는 뜻도 있다. 이때는 '체'로 읽는다. 안주일체(按酒一切)라고 할 때의 '一切'가 바로 그 뜻이다. 한편 '일절(一切)'이란 말은 '한 번에 딱 잘라서'라는 의미로, 이를 부사로 쓰면 '결코'라는 뜻이 되어 뒤에 부정하는 말이 온다. ■

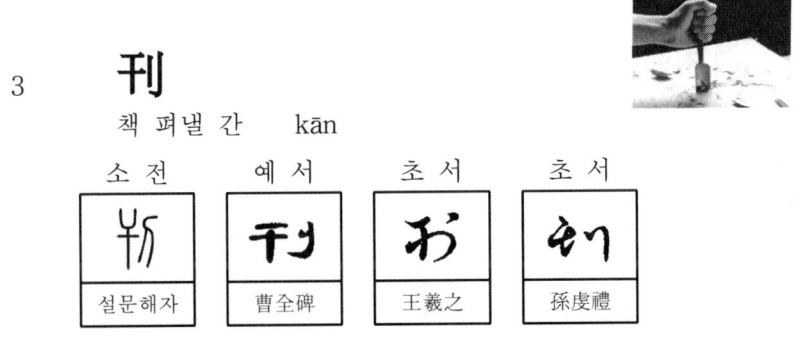

3 刊
   책 펴낼 간   kān

소전	예서	초서	초서
설문해자	曹全碑	王羲之	孫虔禮

갑골문과 금문에는 '刊'자가 보이지 않는다.

≪설문해자≫에서는 "刊은 깎아낸다는 뜻이다. 刀(도)는 의미부분이고, 干(간)은 발음부분이다.(「刊, 剟也. 从刀, 干聲.」)"라고 하였다.

'刊'은 본래 '(칼로) 깎아낸다'는 뜻이었다. 여기에서 '나무를 깎는다'는 뜻이 생겨났고, 나아가 '책을 펴낸다'라는 뜻으로 발전하였다. 옛날에는 나무판자에 글자를 새겨 책을 출판하였기 때문이다. 간행(刊行), 발간(發刊), 신간(新刊), 폐간(廢刊) 등과 같은 말이 그러한 예이다. ■

4 # 列

벌릴 렬 liè

소전 예서 행서 초서

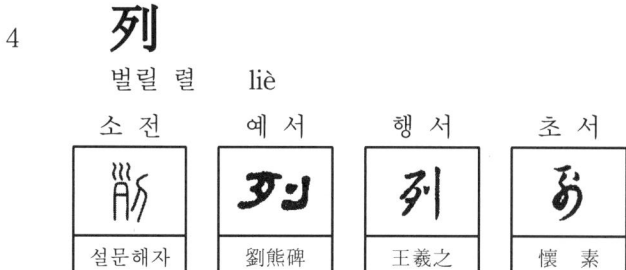

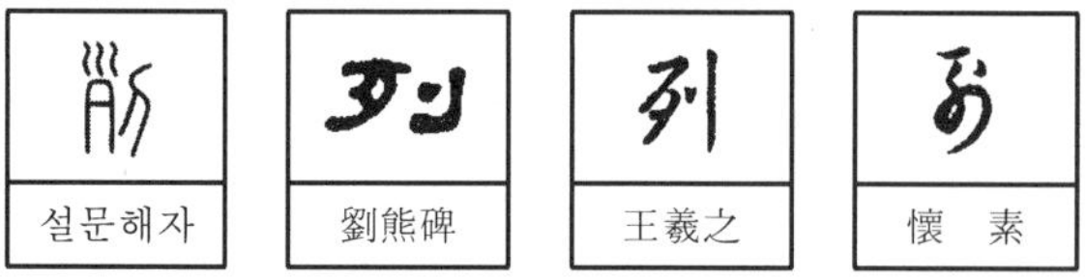
설문해자
劉熊碑
王羲之
懷 素

갑골문과 금문에는 '列'자가 보이지 않는다.

소전에서는 '𠛱'로 썼다. '列'은 '𠛱'의 예서체이다.

≪설문해자≫에서는 "𠛱은 분해(分解)한다는 뜻이다. 刀(도)는 의미부분이고, 㓥(렬)은 발음부분이다.(「𠛱, 分解也. 从刀, 㓥聲.」)"라고 하였다. 오늘날 이 뜻으로는 '裂(찢을 렬)'자를 쓴다.

'列'은 본래 '(칼을 써서 뼈와 살 등을) 갈라낸다'는 뜻이었다. 그런데 '列'은 분해만 하는 것이 아니라 그 다음 '줄을 맞추어 배열(排列·配列)한다'는 뜻으로 발전하였다. 열거(列擧), 열차(列車), 서열(序列), 진열(陳列) 등과 같은 말이 그러한 예이다. ■

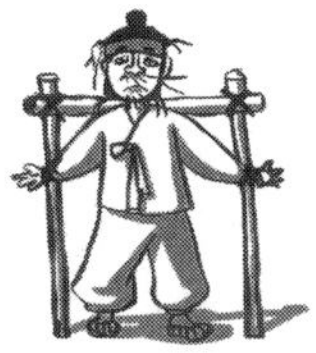

刑

형벌 형 xíng

서주 금문 전국 금문 소 전 예 서 초 서

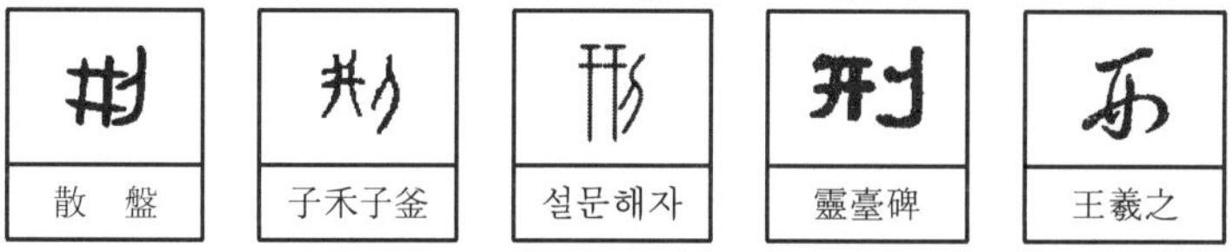
散 盤
子禾子釜
설문해자
靈臺碑
王羲之

갑골문에는 '刑'자가 보이지 않고, 금문에서는 '㓝'으로 썼다.

임의광(林義光)은 '刑'과 '㓝'은 같은 글자로서, '井(정)'이 변하여 '开'이 되었고, 또 변해서 '幵(평평할 견)'이 된 것이라고 하였고(≪문원(文源)≫), 양수달(楊樹達)은 '㓝'에서 '井'은 우물 '井'자가 아니라 관(棺)을 그린 것으로 사형(死刑)을 뜻하고, 그 옆의 '刀(도)'는 칼로 베는 형벌(刑罰)을 표시한다고 하였다.(≪적미거소학술림(積微居小學述林)≫)

≪설문해자≫에서는 "刑은 목을 벤다는 뜻이다. 刀는 의미부분이고, 幵은 발음부분이다.(「刑, 剄也. 从刀, 幵聲.」)"라고 하였다.

참고로 ≪설문해자·정부(井部)≫의 '㓝'자 해설을 보면, "㓝은 죄를 벌한다는 뜻이다. 井과 刀는 모두 의미부분이다. ≪주역(周易)≫에 이르기를 '井은 따른다는 뜻이다.'라고 하였다. 井은 발음부분이기도 하다.(「㓝, 罰罪也. 从井, 从刀. ≪易≫曰: '井, 法也.' 井亦聲.」)"라고 하였다.

단옥재(段玉裁)는 "벌을 준다는 뜻으로는 㓝자가 정자(正字)인데, 오늘날에는 刑자를 쓰기도 한다. 그런데 㓝과 刑은 발음과 뜻이 서로 다른 글자이다."라고 하였다.(≪설문해자주≫) ■

5 **利**
이로울 리, 날카로울 리   lì

갑골문				서주 금문	
粹1505	菁10.16	鐵10.2	粹673	利 鼎	利 簋

춘추 금문		소전	고문	예서	행서
宗周鐘	质叔多父盤	설문해자	설문해자	孔龢碑	王羲之

'利'자는 갑골문을 보면 '禾(화)'와 '𠁁'를 기본으로 손을 그린 '𠂇'(=又, 우)와 '⊥'(=土, 토) 등이 더해진 형태이다.

금문의 자형도 대체로 이와 같은데, <종주종(宗周鐘)>에서는 '土' 부분이 '工'으로 변형되었고, 소전에서는 '𠁁' 부분이 '刀(도)'로 바뀌었다.

서중서(徐中舒)는 "(갑골문 利자에서) '𠁁'는 刀가 아니라 농기구 즉 쟁기를 그린 力(력)자이고, 그 옆에 있는 '丶丶'와 같은 점들은 땅을 일굴 때 흙이 튀는 모양을 나타낸 것이다. 그러므로 利는 '농기구를 가지고 땅을 일구어 벼를 심는다'는 뜻을 나타낸다. 力은 발음부분의 역할도 한다. 벼를 심으면 얻는 것이 있으므로 '이득(利得)'이라는 뜻은 여기에서 나온 것이다."라고 하였다.(≪갑골문자전(甲骨文字典)≫)

한편 굴만리(屈萬里)는 '利'를 '경작(耕作)하다'라는 뜻의 '犁(리)'자의 초문(初文)이라고 하였다.(≪은허문자갑편고석(殷虛文字甲編考釋)≫)

≪설문해자≫에서는 "利는 날카롭다는 뜻이다. 刀는 의미부분이다. (칼은) 달구어진[和(화)] 후에 날카롭게 된다. 和의 생략형(즉 禾)은 의미부분이다. ≪주역(周易)·건괘(乾卦)≫에 이르기를 '利라고 하는 것은 의(義)의 조화(調和)이다.'라고 하였다. 秒는 利의 고문(古文)이다.(「利, 銛也. 从刀, 和然後利. 从和省. ≪易≫曰: '利者, 義之和也.' 㓛, 古文利.」)"라고 하였다.

'利'는 본래 '농기구를 써서 밭을 일군다'는 뜻이었다. 밭을 일굴 때 농기구는 당연히 날카로워야 하므로 '예리(銳利)하다'는 뜻이 생겨난 것이다. 나아가 농작물을 수확하면 '이익(利益)'이 있게 마련이므로, 이자(利子), 유리(有利), 불리(不利), 편리(便利) 등과 같은 말도 나오게 되었다. ■

別

다를 별　bié

소전	예서	초서	초서
𠛰	別	别	别
설문해자	曹全碑	王羲之	王羲之

갑골문과 금문에는 '別'자가 보이지 않는다.

≪설문해자≫에서는 "別은 분해(分解)한다는 뜻이다. 冎(과)와 刀(도)는 모두 의미부분이다.(「別, 分解也. 从冎·刀.」)"라고 하였다.

'冎'는 본래 '骨(뼈 골)'자의 초문(初文)이었는데, 뒤에 '(고기의) 살을 발라낸다'는 뜻의 '剮(과)'자로 변하였다.

'別'은 본래 '칼로 뼈와 살을 발라낸다'는 뜻이었다. 여기에서 구별(區別)→특별(特別)이라는 뜻도 나왔고, 나아가 이별(離別)이라는 뜻으로도 발전하였다. ■

刀部 145

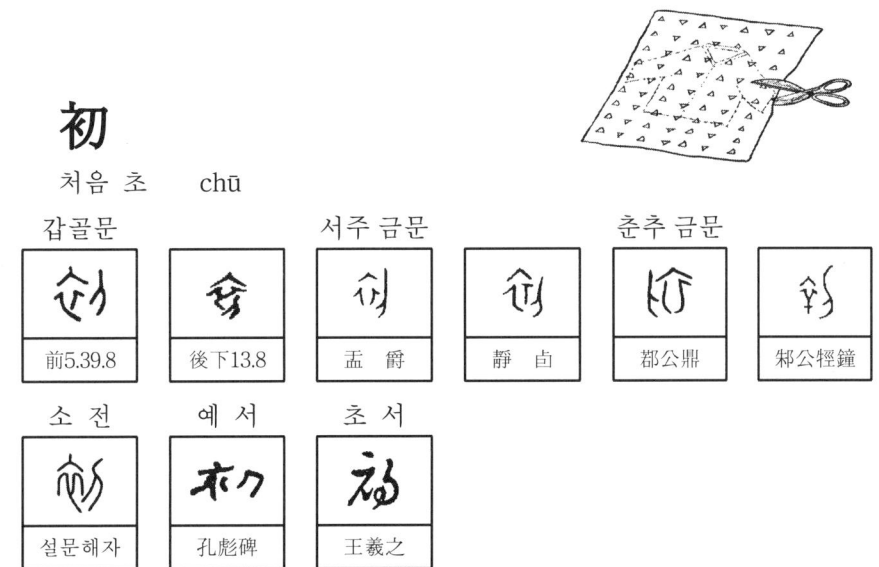

初
처음 초   chū

갑골문: 前5.39.8, 後下13.8
서주 금문: 盂爵, 靜卣
춘추 금문: 郜公鼎, 邾公牼鐘
소전: 설문해자
예서: 孔彪碑
초서: 王羲之

'初'자는 갑골문, 금문 그리고 소전 모두가 '衣(의)'와 '刀(도)'로 이루어져 있다.

오기창(吳其昌)은 옛날 사람들은 동물의 가죽을 잘라서 옷을 만들어 입었는데, 옷을 만들려면 먼저 칼로 잘라야 하므로 '初'가 '시작'이라는 뜻을 나타낸다고 하였다. (≪금문명상소증(金文名象疏證)≫)

그런데 하록(夏淥)은 '初'는 어린아이의 탯줄[胎(태)]을 칼로 자르는 모양이라고 하여 '옷을 만드는 시작'이 아니라 '인생의 시작'을 의미한다고 하였다.(장설명(張雪明)의 ≪형음의자전(形音義字典)≫에서 재인용) 이 주장은 좀 더 연구가 필요해 보인다.

≪설문해자≫에서는 "初는 처음을 뜻한다. 刀와 衣는 모두 의미부분이다. 옷을 만들기 시작한다는 뜻이다.(「初, 始也. 从刀, 从衣. 裁衣之始也..」)라고 하였다.

초급(初級), 초면(初面), 초보(初步), 초심(初心), 최초(最初), 초지일관(初志一貫) 등과 같은 말은 여기에서 나온 것이다. ■

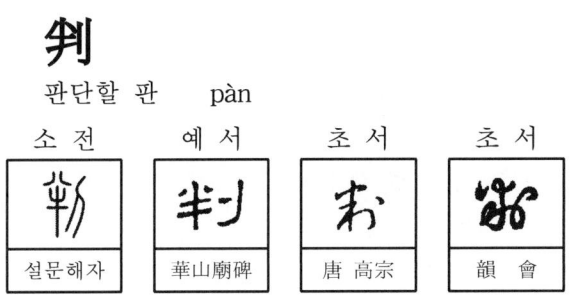

判
판단할 판   pàn

소전: 설문해자
예서: 華山廟碑
초서: 唐 高宗
초서: 韻會

갑골문과 금문에는 '判'자가 보이지 않는다.

≪설문해자≫에서는 "判은 나눈다는 뜻이다. 刀(도)는 의미부분이고, 半(반)은 발음부분이다.(「判, 分也. 从刀, 半聲.」)"라고 하였다.

'判'은 본래 '나눈다'는 뜻이었다. 그런데 '判'은 나누기만 하는 것이 아니라 그 다음 다시 잘 살펴본다는 뜻으로 쓰였다. '판단(判斷)하다'라는 훈은 여기에서 나온 것이다. 판별(判別), 판명(判明), 판정(判定), 재판(裁判) 등과 같은 말도 그러한 예이다. ■

6 刻

새길 각 kè

갑골문과 금문에는 '刻'자가 보이지 않는다.

≪설문해자≫에서는 "刻은 새긴다는 뜻이다. 刀(도)는 의미부분이고, 亥(해)는 발음부분이다.(「刻, 鏤也. 从刀, 亥聲.」)"라고 하였다.

'刻'은 본래 '새긴다'는 뜻이었다. 각인(刻印), 각골난망(刻骨難忘) 등과 같은 말은 여기에서 나온 것이다.

나무나 돌에 글자를 새기는 일은 쉬운 일이 아니다. 그래서 '엄하다'·'심하다'라는 뜻도 나왔고, 이를 부사로 쓰면 '매우'·'아주'라는 의미가 된다. 심각(深刻), 각박(刻薄), 각고(刻苦) 등과 같은 말이 그러한 예이다.

또 옛날 시계는 12시·3시·6시·9시 등 4곳을 새겨 시간을 표시하였다. 그래서 1刻이라고 하면 15분을 가리킨다. '일각여삼추(一刻如三秋)'라는 말이 그 예이다. 중국어에서는 여전히 이 말을 쓰지만, 우리나라에서는 단순히 시간을 나타내는 말로 쓰인다. 시각(時刻), 정각(正刻) 등과 같은 말이 그러한 예이다.

참고로 '刻'자의 고음은 입성운(入聲韻) *kʼək / kʼək(컥→각)이고, '亥'자의 고음은 음성운(陰聲韻) *gəɣ / ɣəi(거이→개→해)이다. '刻'과 '亥'는 첫소리가 [k-] 계열로 비슷하고, 상고음의 주모음(主母音)이 [ə]로 같으며, 운미(韻尾)는 혀뿌리소리[설근음(舌根音)]인 [-k]과 [-ɣ]으로 발음 부위가 같다. 그래서 '刻'자에서 '亥'가 발음부분이 될 수 있는 것이다. 고대에는 음성운과 입성운이 협운을 하기도 하였다. ■

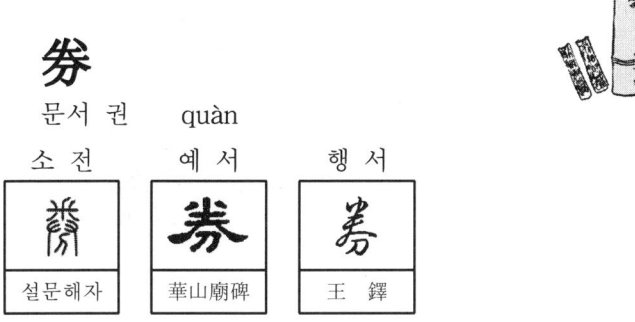

券
문서 권   quàn

소 전	예 서	행 서
설문해자	華山廟碑	王　鐸

갑골문과 금문에는 '券'자가 보이지 않는다.

≪설문해자≫에서는 "券은 계약(契約)을 뜻한다. 刀(도)는 의미부분이고, 豢(권)은 발음부분이다. 계약서는 칼로 그 옆에 새긴 것을 나누어 갖는데, 그래서 계권(契券, 계약의 증거물)이라고 부르는 것이다.(「券, 契也. 从刀, 豢聲. 券別之書, 以刀判契其旁, 故曰契券.」)"라고 하였다.

'券'은 본래 매매 또는 채무 관계 계약서를 뜻하였다. 쌍방이 둘로 나눠 보관하였기 때문에 '刀'가 의미부분이 되는 것이다. 여기에서 '문서'라는 뜻이 생겨났고, 나아가 '증빙하는 표'라는 뜻으로 발전하였다. 복권(福券), 채권(債券), 여권(旅券) 등과 같은 말이 그러한 예이다. ■

到
이를 도   dào

금 문	소 전	예 서	초 서	행 서
伯到壺	설문해자	孔龢碑	王羲之	顔眞卿

갑골문에는 '到'자가 보이지 않는다.

서주(西周) 금문의 '到'자는 '至(지)'와 '人(인)'으로 이루어져 있다.

'至'는 본래 화살이 땅에 꽂힌 모양을 그린 것으로 '…에 다다르다'·'도착(到着)하다'라는 뜻을 나타낸다.(<지부(至部)>의 부수자 '至'자 참조) 그러므로 '到'는 '사람이 어느 곳에 도달(到達)하다'라는 뜻을 나타내는 회의자임을 알 수 있다.

소전에서는 '人' 부분이 '刀(도)'로 변형되었다.

≪설문해자≫에서는 "到는 '다다르다'라는 뜻이다. 至는 의미부분이고, 刀는 발음부분이다.(「到, 至也. 从至, 刀聲.」)"라고 하였다. ■

刷

인쇄할 쇄　shuā　shuà

소 전	예 서	행 서	초 서
설문해자	曹全碑	蘇 軾	趙孟頫

갑골문과 금문에는 '刷'자가 보이지 않는다.

≪설문해자≫에서는 "刷는 닦는다는 뜻이다. 刀(도)는 의미부분이고, 㕞(설)의 생략형은 발음부분이다.(「刷, 刮也. 从刀, 㕞省聲.」)"라고 하였다.

쇄신(刷新), 인쇄(印刷) 등과 같은 말은 여기에 나온 것이다. 책이나 신문을 인쇄하려면 먼저 그 동판을 잘 닦아야 하기 때문이다. ■

刺

①찌를 자 ②칼로 찌를 척　cī　cì

소 전	예 서	초 서	초 서
설문해자	郭仲奇碑	明 人	韻 會

갑골문과 금문에는 '刺'자가 보이지 않는다.

≪설문해자≫에서는 "刺, 임금이 대부(大夫)를 죽이는 것을 刺라고 한다. 刺는 직접 상처를 입히는 것이다. 刀(도)와 朿(자)는 모두 의미부분인데, 朿는 발음부분이기도 하다.(「刺, 君殺大夫曰刺. 刺, 直傷也. 从刀, 从朿, 朿亦聲.」)"라고 하였다.

'刺'는 본래 '임금이 대부를 죽이는 것'을 뜻하였는데, 뒤에 일반적인 '찌르는 것'에 관련된 말에 널리 쓰인다. 칼이나 창으로 찌르는 자극(刺戟), 바늘로 찌르는 자수(刺繡), 말로 찌르는 풍자(諷刺), 찌르는 사람인 자객(刺客) 등과 같은 말이 그러한 예이다. ■

刀部 149

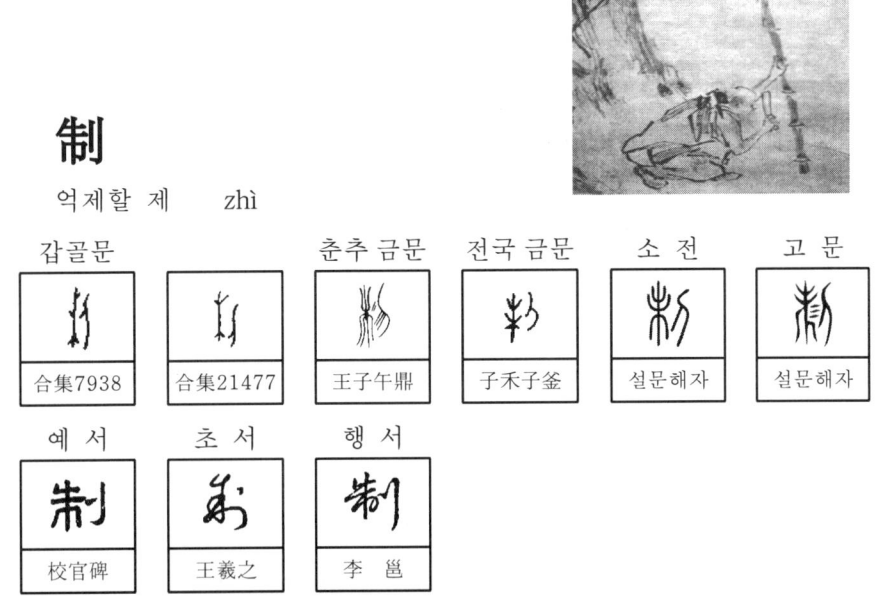

制

억제할 제 zhì

갑골문		춘추 금문	전국 금문	소 전	고 문
合集7938	合集21477	王子午鼎	子禾子釜	설문해자	설문해자

예 서	초 서	행 서
校官碑	王羲之	李邕

'制'자는 갑골문과 금문을 보면 '㓟'(<합집(合集) 7938>·<자화자부(子禾子釜)>) 또는 '㭉'(<합집 21477>·<왕자오정(王子午鼎)>)로 썼다.

소전은 전자와 같고 ≪설문해자≫에 수록된 고문(古文)은 후자와 같다. '制'는 '㓟'의 예서체이다.

≪설문해자≫에서는 "㓟(制)는 재단(裁斷)한다는 뜻이다. 刀(도)와 未(미)는 모두 의미부분이다. 未가 의미부분이 되는 이유는 사물은 성숙하면 맛[味(미)]이 있게 되고, 가히 자를 만하기 때문이다. 일설에는 멈춘다는 뜻이라고 한다. 㭉, 고문의 制자는 이러하다.(「㓟, 裁也. 从刀, 从未. 未, 物成, 有滋味, 可裁斷. 一曰止也. 㭉, 古文制如此」)"라고 하였다.

주준성(朱駿聲)은 고문(古文) '㭉'에서 '彡'는 나무를 벨 때 생기는 무늬라고 하였다.(≪설문통훈정성≫)

'制'은 본래 무엇을 만들기 위하여 '자른다'는 뜻이다. 지금은 이 뜻으로 '製(지을 제)'자를 쓴다. 무엇을 만들기 위해 자른다면 당연히 규정이 있게 마련이다. 제도(制度), 제복(制服), 제정(制定) 등과 같은 말은 여기에서 나온 것이다. 이를 동사로 쓰면 '규정을 지키다'→'제한하다'·'억누르다'라는 뜻이 된다. 제한(制限), 제재(制裁), 제압(制壓), 억제(抑制) 등과 같은 말이 그러한 예이다. ■

7 削

깎을 삭   xiāo (고음 xuē)

소 전	예 서	초 서	초 서

설문해자	孔彪碑	孫虔禮	蔡 襄

갑골문과 금문에는 '削'자가 보이지 않는다.

≪설문해자≫에서는 "削은 칼집을 뜻한다. 일설에는 깎는다는 뜻이라고도 한다. 刀(도)는 의미부분이고, 肖(초)는 발음부분이다.(「削, 鞞也. 一曰析也. 从刀, 肖聲.」)"라고 하였다.

오늘날 '削'은 '깎는다'는 뜻의 삭감(削減)·삭제(削除)·삭발(削髮) 등으로 많이 쓰이고, '칼집'이라는 뜻으로는 '鞘(칼집 초)'자를 쓴다.

참고로 '削'의 고음은 음성운(陰聲韻) *sraw / ʂau(사우→소)와 *sjiaw / siæu(새우→소→초) 그리고 입성운(入聲韻) *sjawk / siɑk(샥→삭) 등 세 가지이고, '肖'의 고음은 *sjiaw / siæu이다. 여기에서 우리는 '削'과 '肖' 두 글자는 '削'을 어떻게 읽더라도 옛날 발음은 매우 가까웠음을 알 수 있다. 고대에는 음성운과 입성운이 협운을 하기도 하였다. ■

前

앞 전   qián

갑골문			금문		

佚698	後下11.10	前6.21.8	追簋	兮仲鐘	井人妾鐘

刀部

소 전	예 서	초 서
설문해자	華山廟碑	王羲之

'前'자는 갑골문을 보면 발[止](=止, 지) 아래 쟁반[凡](=凡, 범)이 있는 형태(<일(佚) 698>)를 기본으로 '行(행)' 또는 '彳(척)'이 더해졌다.

이에 대해 이효정(李孝定) 선생은 다음과 같이 말하였다.

"⿰止凡은 본래 발을 쟁반에 넣고 씻는다는 뜻의 회의자였는데, 뒤에 '나아가다'·'전진(前進)하다' 등의 뜻으로 가차(假借)되었다. 𧗵·𢓴 등은 뜻을 좀 더 분명하게 하기 위하여 이동(移動)의 뜻을 갖는 의미부분인 行·彳 등이 덧붙여지고, 凡을 발음부분으로 하는 형성자의 구조이다. 금문과 소전에서는 凡이 舟(주)자로 변형되었는데, 고문자에서 凡과 舟는 형태가 비슷해서 자주 혼동을 일으킨다."(≪갑골문자집석(甲骨文字集釋)≫) 이 설은 많은 학자들이 긍정하고 있다.(<궤부(几部)> 1획 '凡'자 참조)

한편 허진웅(許進雄)은 '前'과 '湔(발 씻을 전)'은 동일한 근원에서 나온 글자로서, '前'자가 '앞'·'앞으로 나아가다' 등과 같은 뜻으로 쓰이게 된 것은 가차가 아니라 인신(引伸)이라고 하였다. 그의 주장을 요약하면 아래와 같다.

"신발은 왜 신었을까? 발의 보호를 위해서였을까? 그러나 본래부터 맨발로 걸어다니는 것이 일상화 되었다면 신은 발의 보호 때문에 신지 않는다. … 아직 신을 신지 않았던 시대에는 의식 전에 발을 씻는 습관이 있었으므로, 前자가 과거 시대를 나타내는 데 쓰였을지도 모른다. … 사람들이 보편적으로 신을 신기 전에는 묘당(廟堂)과 같은 장엄한 곳에 들어가려면, 신성한 곳을 더럽히지 않기 위해 먼저 발을 씻는 습관이 있었을 가능성이 높다."(≪중국고대사회≫, 홍희 옮김, 동문선 1991, pp.273~276 참조)

서주(西周) 금문과 소전에서는 '止'와 '舟'의 결합인 '歬'으로 썼는데, '前'은 이 자형의 예서체이다.

≪설문해자≫에서는 "歬, 가지 않아도 앞으로 나아가는 것을 歬이라고 한다. (멈출) 止가 舟 위에 있는 형태(의 회의자)이다.(「歬, 不行而進謂之歬. 从止在舟上.」)"라고 하였는데, 이 풀이는 믿기가 어렵다. 저자 허신(許愼)은 갑골문을 보지 못하고 소전에만 의지하여 자형 분석을 했기 때문에 가끔 이런 실수를 하기도 하였다. ∎

則 则(中)

①곧 즉(본음 측) ②법 칙(본음 측)   zé

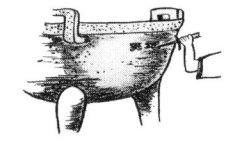

'則'자는 갑골문에는 보이지 않는다.

금문의 자형은 모두 '鼎(정)'과 '刀(도)'로 이루어져 있다. ≪설문해자≫에 수록된 주문(籒文)은 이 형태와 같다.

곽말약(郭沫若)은 '鼎'은 '가르다'라는 뜻의 '宰(재)'자의 본자(本字)라고 하였고(≪양주금문사대계고석(兩周金文辭大系攷釋)≫), 용경(容庚)은 주준성(朱駿聲)의 설을 인용하여 칼[刀]로 솥[鼎]에 무늬를 새긴다는 뜻이라고 하였다.(≪선재이기도록(善齋彝器圖錄)≫)

또 서주(西周) 금문 <단궤(段簋)>에서는 '鼎'을 두 개 썼는데, ≪설문해자≫에 수록된 고문(古文)은 이 자형과 비슷하다.

소전에서는 '鼎'이 '貝(패)'로 변형되었다. 갑골문과 금문에서의 '鼎'자는 소전에서 글자의 모양이 비슷한 관계로 종종 '貝'로 변하기도 하였다.

≪설문해자≫에서는 "則은 물건에 등급을 매긴다는 뜻이다. 刀와 貝는 모두 의미 부분이다. 貝는 옛날의 화폐였다. 𠟭은 則의 고문이다. 𠟭도 역시 則의 고문이다. 𠟭은 則의 주문으로, (貝 대신) 鼎을 썼다.(「則, 等畵物也. 从刀, 从貝. 貝, 古之物貨也. 𠟭, 古文則. 𠟭, 亦古文則. 𠟭, 籒文則, 从鼎.」)"라고 하였다.

'則'은 본래 '칼로 솥에 새긴다'는 뜻이었다. 옛날에 '鼎'은 국가적으로 귀중한 물건이었기 때문에 여기에 무엇을 새긴다는 것은 그것이 매우 중요한 사항임을 의미한다. 여기에서 법칙(法則)·규칙(規則), 원칙(原則), 철칙(鐵則) 등과 같은 뜻이 생겨난 것이다.

한편 '곧 즉'이라고 하는 훈은 '卽(즉)'자와 발음이 같아서 빌려 쓴 가차(假借)이다. ■

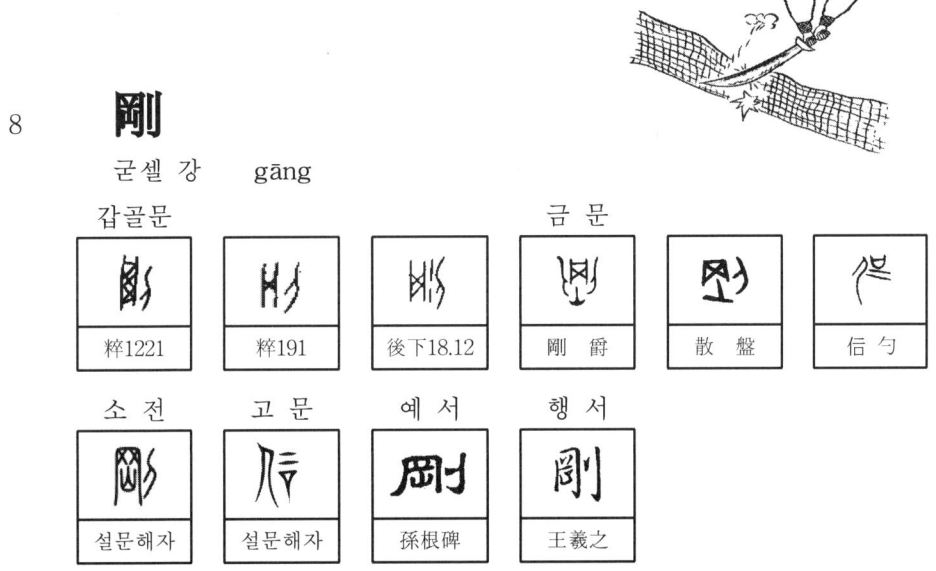

8 **剛**

굳셀 강   gāng

갑골문			금 문		
粹1221	粹191	後下18.12	剛爵	散盤	信勻

소 전	고 문	예 서	행 서
설문해자	설문해자	孫根碑	王羲之

'剛'자는 갑골문을 보면 그물[网(망)]과 칼[刀(도)]로 이루어져 있다. 즉 '剛'은 "칼로 그물을 자르다"라는 뜻을 나타내는 회의자임을 알 수 있다. 칼로 그물을 자르려면 칼날이 강해야 하므로 '굳세다'라는 훈은 여기에서 비롯된 것이고, 강건(剛健), 강직(剛直), 강속구(剛速球), 외유내강(外柔內剛) 등과 같은 말도 여기에서 나온 것이다.

서주(西周) 금문의 '剛'자는 그물[网] 아래에 '火(화)'(<강작(剛爵)>) 또는 '士(사)'(<산반(散盤)>)자가 덧붙여지기도 하였는데, 소전에서는 이것을 '山(산)'으로 잘못 썼다. 현재 '剛'자의 왼 쪽 부분 '网' 아래에 '山'이 있게 된 것은 이 때문이다.

한편 금문의 '剛'자에는 '信'(<강작(信勻)>)과 같은 형태도 있는데, 이 자형은 ≪설문해자≫에서 소개하고 있는 고문(古文)과 거의 같은 형태이다.

≪설문해자≫에서는 "剛은 굳세고 결단성이 있다는 뜻이다. 刀는 의미부분이고, 岡(강)은 발음부분이다. 信, 剛의 고문은 이와 같다.(「剛, 彊斷也. 从刀, 岡聲. 信, 古文剛如此.」)"라고 하여 '剛'자를 형성자로 분석하였는데, 갑골문을 볼 때 '剛'자는 '网'으로 썼으므로 '网'과 '刀'는 모두 의미부분이며, '网'은 발음부분의 역할도 맡고 있다고 보는 것이 좀 더 타당할 것이다. ■

9 **副**

버금 부　fù　pì

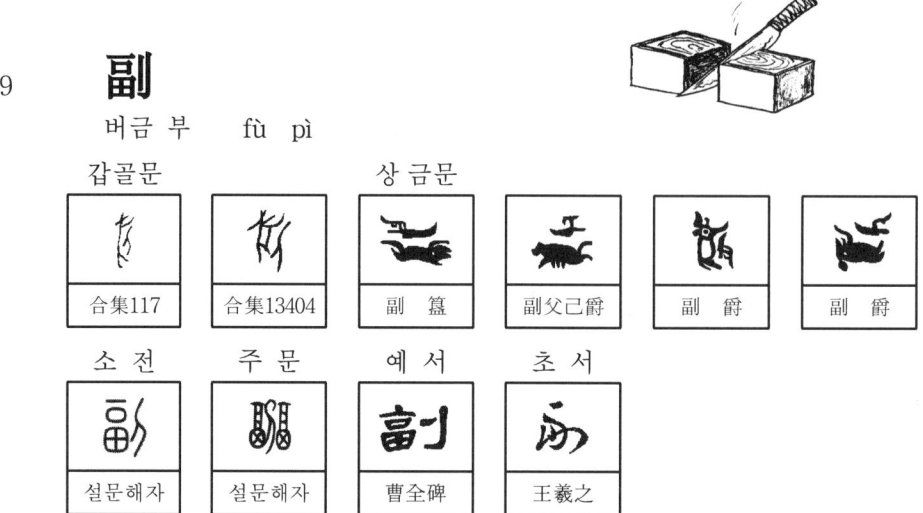

갑골문		상금문			
合集117	合集13404	副簋	副父己爵	副爵	副爵

소전	주문	예서	초서
설문해자	설문해자	曹全碑	王羲之

'副'자는 갑골문과 금문을 보면 짐승의 배를 가르는 모습이다.

≪설문해자≫에서는 "副는 가른다는 뜻이다. 刀(도)는 의미부분이고, 畐(복)은 발음부분이다. ≪주례(周禮)·춘관(春官)·대종백(大宗伯)≫에 이르기를 "희생(犧牲)의 가슴을 갈라 제사를 지냈다."라고 하였다. 疈는 주문(籒文)의 副자이다.(「副, 判也. 从刀, 畐聲. ≪周禮≫曰: "副辜祭." 疈, 籒文副.」)"라고 하였다.

'副'는 '복' 또는 '벽'으로 읽을 때는 '가르다'라는 뜻이 되고, '부'라고 읽을 때는 '두 번째'라는 뜻이 된다. '버금간다'라는 훈은 여기에서 나온 것이다. 부상(副賞), 부식(副食), 부업(副業), 부작용(副作用) 등과 같은 말이 그러한 예이다. ■

10 **創(刅) 创**(中)

①비롯할 창 ②상할 창　chuāng　chuàng

상금문	서주금문	소전	혹체	예서	행서
刅觶	刅壺	설문해자	설문해자	郙閣頌	王羲之

갑골문에는 '創'자가 보이지 않는다.

금문과 소전은 모두 '刅'으로 썼다. '創'은 '刅'의 혹체자(或體字) 즉 이체자(異體字)로 ≪설문해자≫에 수록되어 있다.

고홍진(高鴻縉)은 서현(徐鉉)의 주장을 인용하여 '刅'은 '刃(인)'과 상처를 표시하는 'ㆍ'로 이루어진 지사자(指事字)라고 하였고(≪중국자례(中國字例)≫), 주방포(朱芳圃)는 칼로 풀을 베는 모양을 그린 것으로서 '상처'라는 뜻은 인신의(引伸義)라고 주장하였다.(≪은주문자석총(殷周文字釋叢)≫)

≪설문해자≫에서는 "刅은 상처를 뜻한다. 刃과 一(일)은 모두 의미부분이다. 創은 혹체자로 刀(도)는 의미부분이고, 倉(창)은 발음부분이다.(「刅, 傷也. 从刃, 从一. 創, 或从刀, 倉聲.」)"라고 하였다.

한편 ≪정자통(正字通)·도부(刀部)≫를 보면, "創은 일을 처음으로 시작한다는 뜻이다. ≪설문해자≫에서는 본래 刅이라고 썼는데, 지금은 創이라고 쓴다.(「創, 創業. ≪說文≫本作刅, 今作創.」)"라고 하였다.

참고로 ≪설문해자·정부(井部)≫를 보면, "刱(창)은 법을 만들고 일을 시작한다는 뜻이다. 井(정)은 의미부분이고, 刅은 발음부분이다. 創처럼 읽는다.(「刱, 造法刱業也. 从井, 刅聲, 讀若創.」)"라고 하였다.

현재 중국어로 '創'은 '상처'라는 뜻일 때는 제1성 [chuāng](촹)이라고 읽고, '창조(創造)하다'라는 뜻일 때는 제4성 [chuàng]이라고 읽는다. ■

割

나눌 할(본음 갈) gē

서주 금문		전국 금문	소전	예서	초서
無鼎	其伯盨	曾侯乙鐘	설문해자	景北海碑	王羲之

'割'자는 갑골문에는 보이지 않는다.

금문과 소전의 자형은 모두 '害(해)'와 '刀(도)'로 이루어져 있다.

≪설문해자≫에서는 "割은 (칼로) 깎는다는 뜻이다. 刀는 의미부분이고, 害는 발음부분이다.(「割, 剝也. 从刀, 害聲.」)"라고 하였다.

할부(割賦), 할인(割引), 할증(割增), 분할(分割) 등과 같은 말은 여기에서 나온 것이다.

참고로 '割'의 고음(古音)은 입성운(入聲韻) *kat / kɑt(갇→갈→할)이고, '害'의 고음은 음성운(陰聲韻) *gar / gɑi(가이→개→해)이다. '割'과 '害' 두 글자는 첫소리가 [k-] 계열로 쌍성(雙聲) 관계이고, 상고음(上古音)의 주모음(主母音) 역시 [a]로 같으며, 운미(韻尾)는 혀 끝 가운데 소리[설첨중음(舌尖中音)]인 [-t]와 [-r]로 발음 부위가 같다. 그래서 '割'자에서 '害'가 발음부분이 될 수 있는 것이다. 고대에는 음성운과 입성운이 협운을 하기도 하였다. ■

12 劃 划(中)

그을 획 huá huà

금 문	소 전	예 서	초 서	초 서
富奠劍	설문해자	史晨奏碑	趙孟頫	俞如忠

갑골문에는 '劃'자가 보이지 않는다.

춘추(春秋)시대 금문과 소전은 모두 '畫(화)'와 '刀(도)'로 이루어져 있다.

≪설문해자≫에서는 "劃, 송곳을 劃이라고 한다. 刀와 畫는 모두 의미부분인데, 畫는 발음부분이기도 하다.(「劃, 錐刀曰劃. 从刀, 从畫, 畫亦聲.」)"라고 하였다.

한편 ≪설문해자주≫에는 '錐刀(추도)'의 '刀'자 다음에 '畫'자가 한 글자 더 있다. 즉 "송곳으로 그림을 그리는 것을 劃이라고 한다"라는 뜻이다. 획분(劃分), 획정(劃定), 구획(區劃), 획기적(劃期的) 등과 같은 말은 여기에서 나온 것이다.

'畫'는 손에 붓을 잡고 무엇인가를 그리는 모습이다. 칼로 자르기에 앞서 그 경계를 그려야 하므로 '劃'자에서 '畫'가 의미부분이 되는 것이다.

참고로 '劃'의 고음(古音)은 입성운(入聲韻) *grwek / ɣuæk(괵→획)이고, '畫'의 고음은 음성운(陰聲韻) *grweɣ / ɣuæi(괘이→화)와 입성운 *grwek / ɣuæk 등 두 가지이다. '劃'과 '畫' 두 글자는 '畫'를 입성운 '획'으로 읽을 경우에는 '劃'과 발음이 완전히 같고, 음성운 '화'로 읽을 경우에도 '劃'자와는 첫소리가 [k-] 계열로 비슷하고, 상고음(上古音)의 주모음(主母音) 역시 [a]로 같으며, 운미(韻尾)는 혀뿌리소리[설근음(舌根音)]인 [-k]과 [-ɣ]으로 발음 부위가 같다. 그래서 '劃'자에서 '畫'가 발음부분이 될 수 있는 것이다. 고대에는 음성운과 입성운이 협운을 하기도 하였다. ■

刀部 157

13 **劍 剑**(中)
칼 검 jiàn

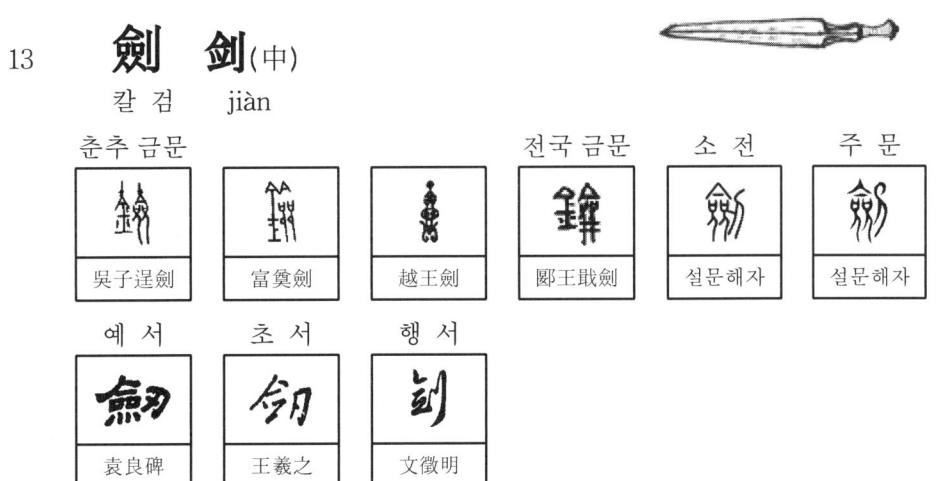

춘추 금문			전국 금문	소전	주문
吳子逞劍	富奠劍	越王劍	郾王戠劍	설문해자	설문해자

예 서	초 서	행 서
袁良碑	王羲之	文徵明

갑골문에는 '劍'자가 보이지 않는다.

금문의 '劍'자는 '刀(도)' 대신 대부분 '金(금)'을 써서 '鐱(가래 첨)'으로 쓰고 있다. <월왕검(戉王劍)>에서의 '◆'은 '金'자의 생략형이 아닌가 생각된다.

소전에서는 '刀' 대신 '刃(칼날 인)'을 쓴 '劒'으로 썼다. 오늘날의 '劍'자는 《설문해자》에 수록되어 있는 주문(籒文)의 형태이다.

《설문해자》에서는 "劍은 사람이 휴대하는 무기를 뜻한다. 刃(인)은 의미부분이고, 僉(첨)은 발음부분이다. 劍은 劒의 주문으로 (刃 대신) 刀를 썼다.(「劒, 人所帶兵也. 从刃, 僉聲. 劍, 籒文劒, 从刀.」)"라고 하였다.

'劍'은 날이 양쪽으로 나 있는 칼을 뜻하고, '刀'는 날이 한 쪽에만 있는 칼을 뜻한다. ■

劇 剧(中)
심할 극 jù

소 전	예 서	초 서	초 서
설문해자	史晨奏碑	王羲之	蘇軾

갑골문과 금문에는 '劇'자가 보이지 않는다.

《설문해자·도부(刀部)·신부(新附)》에서는 "劇은 매우 심하다는 뜻이다. 刀(도)

는 의미부분인데, 그 이유는 잘 모르겠다. 豦(거)는 발음부분이다.(「劇, 尤甚也. 从 刀, 未詳. 豦聲.」)"라고 하였다.

극렬(劇烈), 극심(劇甚), 극약(劇藥) 등은 모두 '매우 심하다'는 뜻에서 나온 말이다.

한편 ≪정자통(正字通)·도부(刀部)≫를 보면, "劇은 오늘날 민간에서는 소설을 연극화한 것을 劇이라고 한다.(「劇, 今俗演傳奇曰劇.」)"라고 하였다. 연극(演劇), 희극(喜劇), 연속극(連續劇) 등과 같은 말은 여기에서 나온 것이다. ■

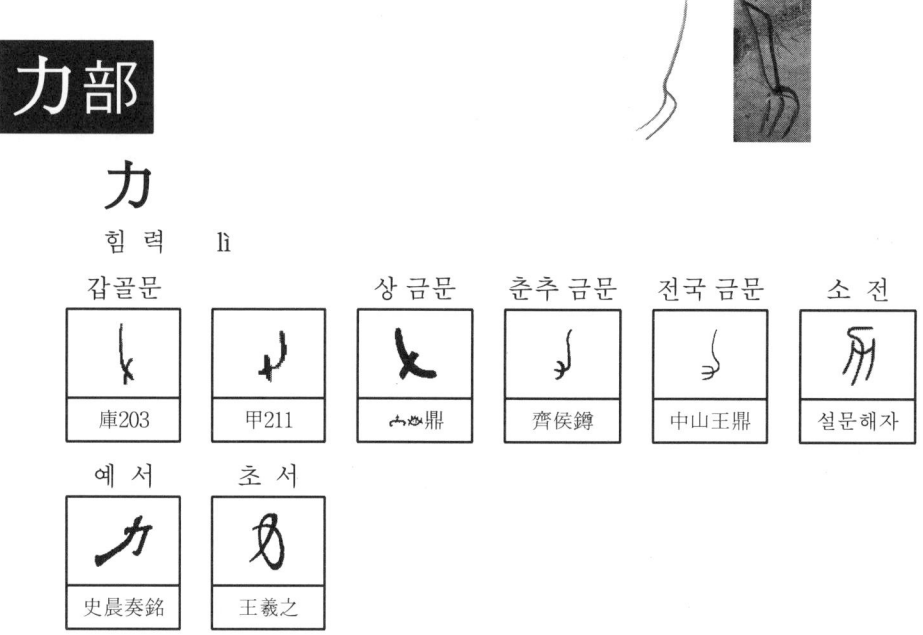

力部

力

힘 력 lì

갑골문	상 금문	춘추 금문	전국 금문	소 전
庫203	甲211	鼎	齊侯鎛	中山王鼎	설문해자

예 서	초 서
史晨奏銘	王羲之

'力'자는 농기구인 쟁기[耒(뢰)]를 그린 상형자이다. 갑골문과 금문의 자형은 거의 같다. 쟁기로 경작을 하려면 힘을 들여야 하므로 '힘'이라는 뜻은 여기에서 나온 것이다.(서중서(徐中舒), ≪갑골문자전(甲骨文字典)≫)

≪설문해자≫에서는 "力은 근육을 뜻한다. 사람 근육의 모양을 그린 것이다.(「力, 筋也. 象人筋之形.」)"라고 하였다.

<力부>에 속한 글자들은 대부분 '힘' 또는 '힘쓰는 일'과 관련이 많다. '加(더할 가)', '功(공 공)', '劣(용렬할 렬)', '劫(위협할 겁)', '努(힘쓸 노)', '助(도울 조)', '劾(캐물을 핵)', '勉(힘쓸 면)', '勇(날랠 용)', '動(움직일 동)', '務(힘쓸 무)', '勞(수고할 로)', '勝(이길 승)', '勤(부지런할 근)', '募(모을 모)', '勢(형세 세)', '勳(공 훈)', '勵(힘쓸 려)', '勸(권할 권)' 등이 있다. ■

3 ## 加

더할 가   jiā

갑골문에는 '加'자가 보이지 않는다.

금문과 소전은 모두 '力(력)'과 '口(구)'로 이루어져 있다.

≪설문해자≫에서는 "加는 말이 서로 늘어난다는 뜻이다. 力과 口는 모두 의미부분이다.(「加, 語相增加也. 从力, 从口.」)"라고 하였다.

'加'는 본래 '말이 늘어난다'는 뜻이었는데, 뒤에 일반적인 '더하는 일'에 관련된 말에 두루 쓰인다. 가공(加工), 가담(加擔), 가입(加入), 증가(增加), 추가(追加) 등과 같은 말이 그러한 예이다. ■

功

공 공   gōng

갑골문과 서주(西周) 금문에는 '功'자가 보이지 않는다.

전국(戰國)시대의 금문에서는 단순히 '工(공)'으로 썼거나, '工'과 '攵(복)'의 결합으로 이루어졌다.

소전은 '工'과 '力(력)'의 결합으로 이루어져 있다.

≪설문해자≫에서는 "功은 힘을 들여 나라를 평정한다는 뜻이다. 力과 工은 모두 의미부분인데, 工은 발음부분이기도 하다.(「功, 以勞定國也. 从力, 从工. 工亦聲」)"라고 하였다.

공로(功勞), 공적(功績), 무공(武功), 공명심(功名心) 등과 같은 말은 여기에서 나온 것이다. ■

4 劣

용렬할 렬   liè

소 전	예 서	초 서	초 서
설문해자	韓勅碑	王羲之	孫虔禮

갑골문과 금문에는 '劣'자가 보이지 않는다.

≪설문해자≫에서는 "劣은 약하다는 뜻이다. 力(력)은 의미부분이고, 少(소)는 발음부분이다.(「劣, 弱也. 从力, 少聲.」)"라고 하였다.

열악(劣惡), 열세(劣勢), 열등(劣等), 우열(優劣), 졸렬(拙劣) 등과 같은 말은 여기에서 나온 것이다.

≪설문해자주≫에서는 "力과 少는 모두 의미부분이다.(「从力·少.」)"라고 하여 '劣'을 회의자로 분석하였다.

참고로 '劣'의 고음은 입성운(入聲韻) *liwat / liuæt(뤼앧→렬)이고, '少'의 고음은 음성운(陰聲韻) *st'jiwa / śiæu(섀우→소)여서, '劣'자와는 상고음(上古音)의 주모음(主母音)이 [a]로 같다. 고대에는 음성운과 입성운이 협운을 하기도 하였으므로, '劣'자에서 '少'가 발음부분이 될 수 있는 근거는 어느 정도 인정된다고 하겠다.

그러므로 '劣'이 '약하다'의 뜻이라면 힘[力]이 적다[少]는 뜻이므로, '劣'자는 "力과 少는 모두 의미부분인데, 少는 발음부분이기도 하다.(「从力·少, 少亦聲.」)"라고 해도 좋을 것이다. ■

5 努

힘쓸 노   nǔ

갑골문, 금문 그리고 ≪설문해자≫ 등에는 '努'자가 보이지 않는다.

≪광운(廣韻)·모부(姥部)≫를 보면 "努는 노력(努力)한다는 뜻이다.(「努, 努力也.」)"라고 하였다.

'努'자의 구조를 분석해 보면, 力(력)은 의미부분이고, 奴(노)는 발음부분이 될 것이다. ■

助

도울 조   zhù

갑골문과 금문에는 '助'자가 보이지 않는다.

≪설문해자≫에서는 "助는 돕는다는 뜻이다. 力(력)은 의미부분이고, 且(차)는 발음부분이다.(「助, 左也. 从力, 且聲.」)"라고 하였다. 여기서의 '左(좌)'는 '佐(도울 좌)'자와 같은 뜻으로 쓰인 것이다.

조수(助手), 조교(助敎), 원조(援助), 협조(協助) 등과 같은 말은 여기에서 나온 것이다. ■

7 勉

힘쓸 면   miǎn

갑골문과 금문에는 '勉'자가 보이지 않는다.

≪설문해자≫에서는 "勉은 힘쓴다는 뜻이다. 力(력)은 의미부분이고, 免(면)은 발음부분이다.(「勉, 彊也. 从力, 免聲.」)"라고 하였다.

면학(勉學), 근면(勤勉) 등과 같은 말은 힘쓴다는 뜻에서 나온 것이다. ■

勇
날랠 용　yǒng

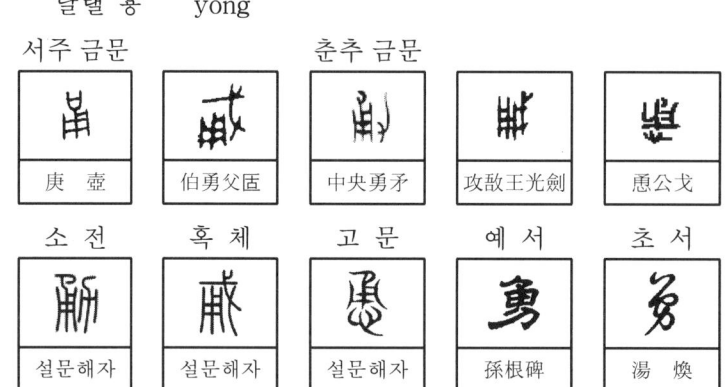

갑골문에는 '勇'자가 보이지 않는다.

서주(西周) 금문 <경호(庚壺)>에서의 '勇'자는 '甬(길 용)'으로 '力(력)'자를 쓰지 않았고, 춘추(春秋)시대 금문 <중앙용모(中央勇矛)>에서의 '勇'자는 소전과 같이 '力'자가 있다. 한편 서주 금문 <백용부고(伯勇父固)>와 춘추 금문 <공어왕광검(攻敔王光劍)>에서의 '勇'자는 '用(용)'과 '戈(과)'로 이루어져 있는데, 이는 ≪설문해자≫에 수록된 혹체자(或體字)와 같다. 또 <용공과(悥公戈)>에서는 '悥'으로 썼는데, 이는 ≪설문해자≫에 수록된 고문(古文)과 같다.

≪설문해자≫에서는 "勇은 정신적인 힘(즉 용기)을 뜻한다. 力은 의미부분이고, 甬은 발음부분이다. 戬은 勇의 혹체자로 戈와 用으로 이루어졌다. 悥은 甬의 고문으로 (力 대신) 心(심)을 썼다.(「勇, 气也. 从力, 甬聲. 戬, 用或从戈·用. 悥, 古文勇, 从心.」)"라고 하였다.

용감(勇敢), 용기(勇氣), 용맹(勇猛), 용퇴(勇退), 무용(武勇) 등과 같은 말은 여기에서 나온 것이다. ■

動 动(中)
움직일 동　dòng

금 문	소 전	고 문	예 서	초 서
毛公鼎	설문해자	설문해자	夏承碑	王羲之

갑골문에는 '動'자가 보이지 않고, 서주(西周) 금문에서는 '童(동)'자를 가차(假借)해서 썼다.

≪설문해자≫에서는 "動은 움직인다는 뜻이다. 力(력)은 의미부분이고, 重(중)은 발음부분이다. 遳은 動의 고문(古文)으로 (力 대신) 辵(착)을 썼다.(「動, 作也. 从力, 重聲. 遳, 古文動, 从辵.」)"라고 하였다.

동작(動作), 작동(作動), 동기(動機), 소동(騷動) 등과 같은 말은 여기에서 나온 것이다. ■

'勞'는 갑골문과 춘추전국(春秋戰國)시대의 금문의 자형이 대동소이한데, 이것이 무엇을 의미하는 것인지는 아직 분명하게 밝혀진 것이 없다.

≪설문해자≫에서는 "勞는 애쓴다는 뜻이다. 力(력)과 熒(형)의 생략형은 모두 의미부분이다. 熒은 집에 불이 났다는 뜻이다. (불을 끄려고) 힘을 쓰는 사람은 수고롭다. 勞는 勞의 고문(古文)으로 (力 대신) 悉(실)을 썼다.(「勞, 劇也. 从力, 熒省. 熒, 火燒冂. 用力者勞. 勞, 古文勞, 从悉.」)"라고 하였다.

계복(桂馥)은 '劇(극)'은 '勮(부지런히 일할 거)'로 써야 한다고 하였다.(≪설문해자의증≫)

'勞'는 '힘들여 일한다'는 뜻이다. '수고롭다'라는 훈은 여기에서 나온 것이다. 노동(勞動), 노고(勞苦), 노심초사(勞心焦思) 등과 같은 말이 그러한 예이다.

힘들게 일하면 지치게 마련이므로, '지치다'라는 뜻도 나왔다. 노곤(勞困), 피로(疲勞) 등이 그러하다. 여기에서 나아가 '위로(慰勞)하다'라는 뜻도 있다. ■

務 务(中)

힘쓸 무   wù

금문	소전	예서	초서	초서
中山王壺	설문해자	堯廟碑	王羲之	黃庭堅

갑골문에는 '務'자가 보이지 않고, 전국(戰國)시대의 금문에서는 '力(력)'을 생략하고 단지 '敄(무)'로 썼다.

≪설문해자≫에서는 "務는 (일 때문에) 분주(奔走)하다는 뜻이다. 力은 의미부분이고, 敄는 발음부분이다.(「務, 趣也. 从力, 敄聲.」)"라고 하였다.

허신이 '務'의 뜻을 '趣(달릴 취)'로 풀이한 것은 "일 때문에 바삐 뛰어다닌다"는 의미이다. 의무(義務), 용무(用務), 공무원(公務員), 무실역행(務實力行) 등과 같은 말은 여기에서 나온 것이다. ■

勝 胜(中)

이길 승   shèng

소전	예서	초서	초서
설문해자	孔龢碑	王羲之	唐 太宗

갑골문과 금문에는 '勝'자가 보이지 않는다.

≪설문해자≫에서는 "勝은 맡은 바 일을 감당해 낸다는 뜻이다. 力(력)은 의미부분이고, 朕(짐)은 발음부분이다.(「勝, 任也. 从力, 朕聲.」)"라고 하였다.

'勝'이 '이겨낸다'→'이긴다'라는 뜻을 가지는 것은 여기에서 나온 것이다. 승리(勝利), 승패(勝敗), 결승(決勝) 등과 같은 말이 그러한 예이다. 또 형용사로 '훌륭하다'라는 뜻도 생겨났다. 승지(勝地), 명승고적(名勝古蹟) 등이 그런 말이다.

참고로 '勝'의 고음은 *st'jəng / śiIng(싱→승)이고, '朕'의 고음은 *diəm / ḍiIm (딤→짐)과 *diən / ḍiIn(딘→진) 등 두 가지이다. '勝'과 '朕' 두 글자는 '朕'의 발음이 '짐' 또는 '진' 등 어떠할 경우에도 상고음(上古音)의 주모음(主母音)은 [ə]로 같고, 운미(韻尾) 역시 모두 [-ng]·[-m]·[-n] 등 양성운(陽聲韻)으로 서로 가깝다. 그래서 '勝'자에서 '朕'이 발음부분이 될 수 있는 것이다. ■

11 勤
부지런할 근   qín

갑골문에는 '勤'자가 보이지 않는다.

전국(戰國)시대 금문과 소전의 자형은 모두 '菫(노란 진흙 근)'과 '力(력)'으로 이루어져 있다.

≪설문해자≫에서는 "勤은 열심히 일한다는 뜻이다. 力은 의미부분이고, 菫은 발음부분이다.(「勤, 勞也. 从力, 菫聲.」)"라고 하였다.

근면(勤勉), 근로(勤勞), 근무(勤務), 개근(皆勤), 결근(缺勤), 전근(轉勤) 등과 같은 말은 여기에서 나온 것이다. ■

募
모을 모   mù

갑골문과 금문에는 '募'자가 보이지 않는다.

≪설문해자≫에서는 "募는 널리 구한다는 뜻이다. 力(력)은 의미부분이고, 莫(막)은 발음부분이다.(「募, 廣求也. 从力, 莫聲.」)"라고 하였다.

모집(募集), 모금(募金), 공모(公募), 응모(應募) 등과 같은 말은 여기에서 나온 것이다.

참고로 '募'의 고음은 음성운(陰聲韻) *mwaɤ / muo(뭐→모)이고, '莫'의 고음은 입성운(入聲韻) *mwak / muɑk(뫅→막)과 *mrwak / muak(뫅→막) 그리고 음성운 *mwaɤ / muo 등 세 가지이다. '募'와 '莫' 두 글자는 '莫'을 음성운 '모'로 읽을 경우에는 발음이 완전히 같고, 입성운 '막'으로 읽을 경우에도 첫소리는 [m-]으로 같고, 상고음(上古音)의 주모음(主母音) 역시 [a]로 같으며, 운미(韻尾)는 혀뿌리 소리[설근음(舌根音)]인 [-ɤ]와 [-k]으로 발음 부위가 같다. 그래서 '募'자에서 '莫'이 발음부분이 될 수 있는 것이다. 고대에는 음성운과 입성운이 협운을 하기도 하였다. ■

勢 勢(中)

형세 세   shì

소 전   예 서   초 서

설문해자   雍勸闕銘   王羲之

갑골문과 금문에는 '勢'자가 보이지 않는다.

≪설문해자·역부(力部)·신부(新附)≫에서는 "勢는 권세(權勢), 권력(權力)을 뜻한다. 力(력)은 의미부분이고, 埶(예)는 발음부분이다.(「勢, 盛力, 權也. 从力, 埶聲.」)"라고 하였다.

옛날 경전에서는 '勢'를 '埶'로 썼다. '勢'자는 한(漢)나라 때부터 쓰이기 시작하였다.

참고로 '埶'는 갑골문을 보면 '𢍚'(<전(前) 4.23.5>)로 사람이 두 손으로 나무를 들고 있는 모습을 그린 글자였는데, 금문에서는 '𢍚'(<부신궤(父辛簋)>)와 같이 갑골문과 같은 형태이거나 또는 '𢎛'(<극정(克鼎)>)·'𡎴'(<모공정(毛公鼎)>) 등과 같이 '土(토)'가 더해져서 '(나무나 풀을) 심는다'는 뜻을 좀 더 분명하게 나타내고 있다. '埶'는 뒤에 '艹(초)'가 더해져 '蓺(심을 예)'로 쓰기도 하고 '藝(심을 예, 기예 예)'로 쓰기도 하였다. 현재는 '藝'로 많이 쓴다. ■

15 勵 励(中)

힘쓸 려   lì

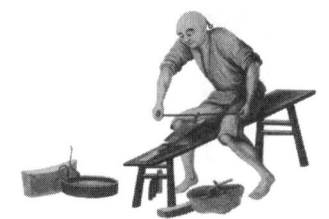

갑골문, 금문 그리고 ≪설문해자≫ 등에는 '勵'자가 보이지 않는다.

≪자휘(字彙)·역부(力部)≫를 보면 "勵는 열심히 노력한다는 뜻이다.(「勵, 勉力也.」)"라고 하였다.

한편 서호(徐灝)는 '勵'는 '厲(려)'의 이체자(異體字)로서, '厲'는 칼을 가는데 쓰이는 숫돌을 뜻하므로 '애쓰다'·'노력하다' 등과 같은 뜻은 여기에서 나왔다고 하였다. (≪설문해자주전(注箋)≫) 격려(激勵), 독려(督勵), 장려(獎勵) 등과 같은 말이 그러한 예이다.

서호(徐灝)의 견해에 따라 '勵'자의 구조를 분석해 보면, 力과 厲는 모두 의미부분인데, 厲는 발음도 담당한다고 할 수 있을 것이다. ■

18 勸 劝(中) 勧(日)

권할 권   quàn

소전	예서	초서	초서
勸	勸	勸	勸
설문해자	堯廟碑	王羲之	蘇軾

갑골문과 금문에는 '勸'자가 보이지 않는다.

≪설문해자≫에서는 "勸은 힘써 노력한다는 뜻이다. 力(력)은 의미부분이고, 雚(관)은 발음부분이다.(「勸, 勉也. 从力, 雚聲.」)"라고 하였다.

권유(勸誘), 권고(勸告), 강권(强勸), 권선징악(勸善懲惡) 등과 같은 말은 여기에서 나온 것이다. ■

勹部

勹
쌀 포 bāo

소 전

설문해자

≪고문자류편(古文字類編)≫(2010)을 보면 '勹'자의 갑골문으로 ' ᠄ '(<합집(合集) 14295>)와 같은 글자를 수록하고 있다.

≪설문해자≫에서는 "勹는 감싼다는 뜻이다. 사람이 구부러진 모양을 그렸는데, 그 안에 무엇인가를 감싸 안고 있는 것이 있다.(「勹, 裹也. 象人曲形, 有所包裹.」)"라고 하였다. 이 뜻은 지금의 '包(감쌀 포)'자에 해당한다.

현재 <勹부>에 속한 글자로는 '勺(주걱 작)', '勻(고를 균)', '勾(모을 구)', '勼(굽을 구)', '勿(말 물)', '匀(향기 내)', '匃(줄 개)', '包(감쌀 포)', '匆(바쁠 총)', '匈(가슴 흉)', '匉(큰 소리 평)', '匋(질그릇 도)', '匌(돌 합)', '匍(길 포)', '匎(검약할 압)', '匏(박 포)', '匐(길 복)', '匑(굽신거릴 궁)', '匒(포갤 답)' 등이 있다. 이 가운데서 '감싸다'와 관련이 있는 글자는 '匀'·'包'·'匈'·'匏' 등이고, 나머지는 뜻과는 상관없이 해서체의 형태 분류에 따른 것이다. ■

2 勿
말 물 wù

'勿'자는 갑골문과 금문 그리고 소전 등의 형태가 대체로 비슷하다. 그런데 이것이 무엇을 본뜬 것인지에 대해서는 아직 정론이 없다.

곽말약(郭沫若)은 '笏(홀)'자의 초문(初文)이라고 하였고(≪은허수편고석(殷虛粹編考釋)≫), 서중서(徐中舒)는 활을 잡아 당겨 현이 진동하는 모양을 그린 것이라고 하면서 그 진동하는 소리를 빌려 부정사(否定詞)로 쓰이게 된 것이라고 하였다.(≪갑골문자전(甲骨文字典)≫)

이효정(李孝定)선생(≪갑골문자집석(甲骨文字集釋)≫)과 임결명(林潔明, ≪금문고림(金文詁林)≫)은 곽말약의 설을 긍정하며 '勿'은 '笏'을 그린 상형자였는데, 후에 '…을 하지 말라'라는 부정사로 가차(假借)된 것이라고 하였다.

≪설문해자≫에서는 "勿은 향리(鄕里)에 세운 깃발을 뜻한다. 그 깃대와 깃발 셋이 날리는 모양을 그린 것이다. 깃발의 색은 한 가지로 하지 않고, 흰 색과 붉은 색을 반반씩 섞는다. 이것을 가지고 군중들을 독려하고 재촉하기 때문에 바쁜 모습을 물물(勿勿)이라고 하는 것이다. 㫃은 勿의 혹체자(或體字)로 㫃(언)을 더하였다.(「勿, 州里所建旗. 象其柄, 有三游. 雜帛, 幅半異. 所以趣民, 故遽稱勿勿. 㫃, 勿或从㫃.」)"라고 하였는데, '勿'이 직접 깃발을 그린 것이라기보다는 오히려 혹체자인 '㫃'과 발음이 같아서 빌려 쓴 것일 가능성이 크다. 또한 바쁜 모습을 나타내는 말이라는 '勿勿'은 지금은 '匆匆(총총)'으로 쓴다. ■

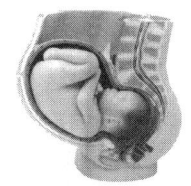

3 包

감쌀 포   bāo

갑골문	소전	예서	초서
합集21207	설문해자	督班碑	孫虔禮

'包'자는 갑골문을 보면 여인의 뱃속에 어린아이가 있는 모양이다.

≪설문해자≫에서는 "包는 사람이 임신한 것을 그린 것이다. 巳(사)가 가운데 있는데, 아이가 아직 형체를 갖추지 못한 것을 그렸다.(「包, 象人裹妊, 巳在中, 象子未成形也.」)"라고 하였다.

임의광(林義光)은 '包'는 '胞(태보 포)'자의 고문(古文)이라고 하였다.(≪문원(文源)≫)

'包'는 본래 '사람 배 안에 아이가 들어있다'는 뜻이다. '감싸다'라는 훈은 여기에서 나온 것이다. 포괄(包括), 포위(包圍), 포장(包裝), 포함(包含), 소포(小包) 등과 같은 말이 그러한 예이다. ■

匕部

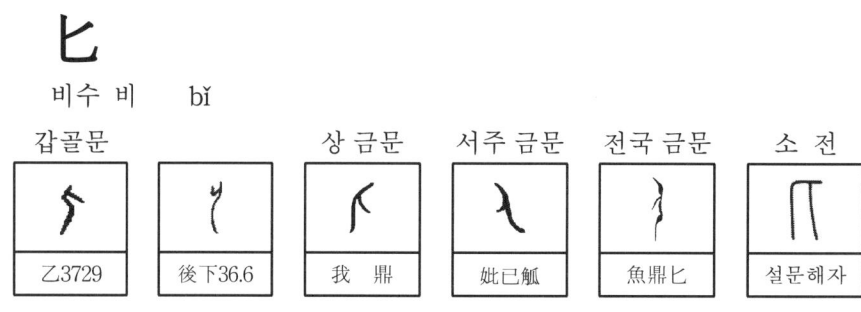

비수 비　bǐ

갑골문		상 금문	서주 금문	전국 금문	소 전
乙3729	後下36.6	我 鼎	妣己觚	魚鼎匕	설문해자

'匕'자가 무엇을 본뜬 것인가에 대해서는 두 가지 의견이 있다.

먼저 서중서(徐中舒)는 사람이 허리를 굽히거나 엎드려 있는 모습이라고 하였고(≪갑골문자전(甲骨文字典)≫), 이효정(李孝定)선생(≪갑골문자집석(甲骨文字集釋)≫)과 곽말약(郭沫若, ≪금문여석지여(金文餘釋之餘)·석궐씨(釋乎氏)≫)은 숟가락[匙(시)]을 그린 상형자라고 하였다.

≪설문해자≫에서는 "匕는 서로 함께 비교하여 순서 있게 배열한다는 뜻이다. 人(인)자을 뒤집어 놓은 형태이다. 또 匕는 이것을 가지고 밥을 먹는데 사용하는데, 일명 柶(숟가락 사)라고도 한다.(「匕, 相與比敘也. 从反人. 匕, 亦所以用比取飯. 一名柶.」)"라고 하였다.

왕균(王筠)은 "比敘(비서)는 비교해서 순서대로 펼친다는 뜻이다.(「比敘者, 比較而次叙之也.」)"라고 하였다.(≪설문해자구두≫)

단옥재(段玉裁)는 '匕'는 오늘날의 '숟가락'이라고 하였고(≪설문해자주≫), 서호(徐灝)는 '匕'와 '比(비)'는 고금자(古今字)라고 하였다.(≪설문해자주전(注箋)≫)

현재 <匕부>에 속한 글자들은 3가지 부류로 나뉜다.

① '사람'과 관계있는 글자

'化(화)': 한 사람은 똑 바로 서 있고[亻(인)(=人)] 다른 한 사람은 거꾸로 있는[匕]의 결합

'比(비)': 두 사람이 나란히 서 있는 모양
'北(북)': 두 사람이 등을 맞대고 돌아선 모양 등
② '숟가락'과 관계있는 글자: '匙(숟가락 시)', '旨(맛있을 지)' 등
③ '칼'과 관계있는 글자: '비수(匕首)' ■

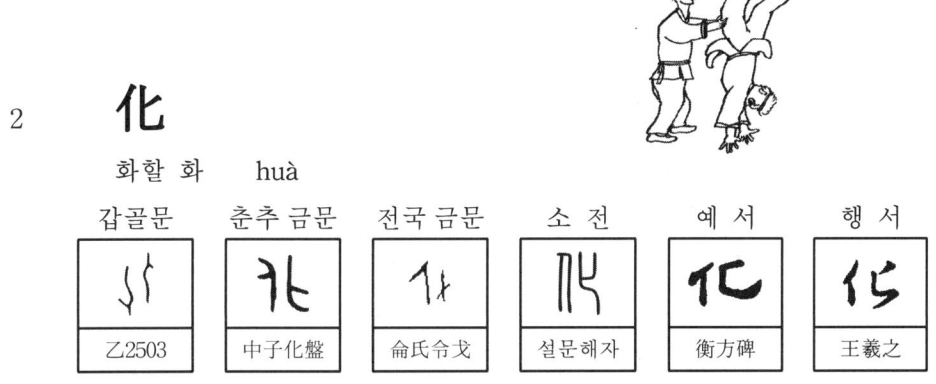

2 化

화할 화　　huà

갑골문	춘추 금문	전국 금문	소 전	예 서	행 서
乙2503	中子化盤	俞氏令戈	설문해자	衡方碑	王羲之

'化'자는 갑골문·금문·소전 모두 똑바로 선 사람과 그 반대로 서 있는 사람으로 이루어져 있다. 그러나 그것이 무엇을 의미하는지는 불분명하다. 옛날에는 '匕(화)'자 하나만을 써서 '변화(變化)'의 '化'를 표현하였다.

참고로 여기에서의 '匕'자는 '化(화)'자의 오른쪽 부분이다. 현재의 해서체로는 '化'자의 오른쪽 부분인 '匕'와 '匕(비)'자가 구별이 안 되지만, 소전(小篆)에서는 '匕(화)'는 'ᄂ'로 쓰고, '匕(비)'는 'ᄃ'로 썼다.

≪설문해자≫에서는 "化는 교화(敎化)를 실행한다는 뜻이다. 匕(화)와 人(인)은 모두 의미부분인데, 匕는 발음부분이기도 하다.(「化, 敎行也. 从匕, 从人, 匕亦聲.」)"라고 하였다.

단옥재(段玉裁)는 "대체로 변화의 化는 匕로 쓰고, 교화의 化는 化로 썼다. 匕는 사람이 뒤집어진 모습이다. 사람이 뒤집어졌다는 것은 변화를 뜻한다. 지금은 변화의 化도 化자를 쓰면서 匕자는 더 이상 쓰이지 않게 되었다."라고 하였다.(≪설문해자주≫)

'化'는 본래 '가르쳐서 바꾼다'는 뜻이다. '교화'라는 말이 그것이다. 그 후 '바꾼다'는 말의 통칭이 되었다. 화장(化粧), 화석(化石), 화학(化學) 등과 같은 말이 그러한 예이다. ■

3 北

①북녘 북 ②달아날 배 běi bèi

'北'자는 갑골문, 금문 그리고 소전 등의 자형이 모두 두 사람이 서로 등지고 있는 모양이다.

당란(唐蘭)은 "北은 사람이 서로 등지고 있는 모양으로, 여기에서 두 가지 뜻이 파생되어 나왔다. 그 하나는 사람의 등[背(배)]이고, 다른 하나는 북쪽이라는 뜻이다. 대개 고대 건축물은 남쪽을 향하도록 지었으므로, 남쪽을 앞이라 하고 북쪽을 뒤라고 하였다. 사람이 남쪽을 향하고 있으면 북쪽은 등지게 된다. (北이) 북쪽을 가리키는 말이 된 것은 여기에서 비롯된 것이다."라고 하여(≪고고(考古)≫ 4기 <석사방지명(釋四方之名)>), '北'을 '등지다'라는 뜻에서 '북쪽'이라는 뜻으로 인신(引伸)되었다고 풀이하였다.

한편 고홍진(高鴻縉)은 "北은 이 글자는 '어긋나다'라는 뜻의 '背'자로서, 동사이다. 'ᙏ'은 (사람이 서로 같은 방향을 향하고 있으므로) 순종(順從)이라는 뜻이고, 'ᙐ'은 서로 마주하고 있다는 뜻이며, 'ᙑ'은 위배(違背)하다라는 뜻으로, 모두 사람의 모습에서 뜻을 취했다. 후세에 北이 남북(南北)의 北이라는 뜻으로 가차(假借)되어 쓰이면서부터, 신체의 등을 뜻하는 背자가 '위배하다'라는 뜻으로 통가(通假)되어 쓰였다."라고 하였다.(≪중국자례(中國字例)≫)

두 사람은 '北'이 사람이 서로 등지고 있는 모양이라는 것에 대해서는 같은 의견이지만, '北'이 '북쪽'을 가리키는 것에 대해서는 당란은 뜻의 인신이라고 보았고, 고홍진은 발음상의 가차라고 여긴 점이 다르다.

이에 대해 이효정(李孝定)선생은 당란의 견해에 대해 토론의 여지가 없는 것은 아니지만, 동서남북을 가리키는 방위의 명칭은 모두 가차로서 본래의 뜻과는 무관하다고 하였다.(≪갑골문자집석(甲骨文字集釋)≫)

≪설문해자≫에서는 "北은 어긋났다는 뜻이다. 두 사람이 서로 등지고 있는 형태(의 회의자)이다.(「北, 乖也. 从二人相背.」)"라고 하였다. ■

匚部

匚

상자 방   fāng

갑골문	금문	소전	주문
]	]	匚	匚	匚	匚
佚595	粹386	且己鼎	匚寶鼎	설문해자	설문해자

'匚'은 물건을 담는 그릇을 그린 상형자이다. 갑골문, 서주(西周) 금문, 소전 등의 자형이 거의 같다.

≪설문해자≫에서는 "匚은 물건을 담는 그릇이다. 상형자이다. 方(방)자처럼 읽는다. 匚은 匚의 주문(籒文)이다.(「匚, 受物之器. 象形. 讀若方. 匚, 籒文匚.」)"라고 하였다.

<匚부>에 속한 글자들은 대부분 '그릇'·'상자'와 관련이 있는 글자들이 많다. 현재 이 부수에 속한 글자로는 '匜(술잔 이)', '匝(두루 잡)', '匠(평상 강)', '匠(장인 장)', '匡(바를 광, 밥그릇 광=筐(광)과 같음)', '匢(옛그릇 홀)', '匣(작은 상자 갑)', '匧(옷상자 협)', '匪(대나무 상자 비)', '甀(상자 궤)', '匯(물 돌아 나갈 회, 그릇 회)', '匰(신주독 단)', '匵(함 궤)', '匲(경대 렴)', '匴(모자 상자 산)', '匱(궤 독)' 등이 있다. 이 가운데서 '匝'는 뜻과는 상관없이 해서체의 자형 분류에 따른 것이다. ■

匸部

匸
감출 혜　xǐ

소전: 설문해자

갑골문과 금문에는 '匸'자가 보이지 않는다.

≪설문해자≫에서는 "匸는 비스듬히 서있다는 뜻으로, 끼워 감춘 것이 있어서이다. ㄴ(은)은 의미부분으로, 그 위에 一을 써서 그것을 가리고 있음을 나타낸다. 발음은 傒(혜)자와 같다.(「匸, 衺徯, 有所俠藏也. 从ㄴ, 上有一覆之. 讀與傒同.」)

왕균(王筠)은 "俠(호협할 협)은 ≪옥편(玉篇)≫에서는 挾(낄 협)으로 썼다. ≪이아(爾雅)·석언(釋言)≫에 이르기를 '挾은 감춘다는 뜻이다.'라고 하였다. 대저 옆구리에 끼워서 무엇인가를 감추려고 하면, 그 낀 물건은 비스듬하게 기울기 마련이다. 그래서 그것을 이름하여 衺徯(사혜)라고 한 것이다.(「俠, ≪玉篇≫作挾. ≪釋言≫: '挾, 藏也.' 夫挾之脅下而藏匿之, 則所挾之物, 必斜向矣, 故名之曰衺徯.」)"라고 하였다.(≪설문해자구두≫)

<匸부>에 속한 글자들은 대부분 '감춘다'는 뜻이 있는 글자들이 많다. 현재 이 부수에 속한 글자로는 '匹(짝 필)', '匤(옆으로 피할 루)', '医(의원 의; 활집 예)', '匼(아첨할 암)', '匽(엎드릴 언)', '區(감출 구, 구역 구)', '匿(숨을 닉)', '匾(병병할 편·변)', '匴(얇을 체)' 등이 있다. ■

2　匹
짝 필　pǐ

서주금문	전국금문	소전	예서	초서
衛簋	大鼎	曾姬無卹壺	설문해자	袁良碑	趙孟頫

'匹'자는 갑골문에는 보이지 않는다.

금문의 '匹'이 무엇을 본뜬 것인지에 대해서는 아직 정론이 없다.

임의광(林義光)은 옷감 한 필을 여러 번 접은 모양이라고 하였고(≪문원(文源)≫), 장훤(張暄)은 절벽에 긴 물체가 걸려 있는 모양이라고 하였다.(≪문자형의원류변석전(文字形義源流辨釋典)≫)

고홍진(高鴻縉)은 '匹'은 옷감을 그린 상형자로서, 말을 셀 때 쓰이는 단위사로 가차(假借)되어 쓰이기도 한다고 하였다.(≪모공정집석(毛公鼎集釋)≫)

참고로 전국(戰國)시대 금문 <증희무휼호(曾姬無卹壺)>에서는 '馬(마)'를 더하여 '𢒯'로 썼다.

≪설문해자≫에서는 "匹은 4장(丈)을 뜻한다. 匸(혜)와 八(팔)은 모두 의미부분이다. 여덟 번 접어 한 匹이 된다. 八은 발음부분이기도 하다.(「匹, 四丈也. 从匸・八. 八揲一匹. 八亦聲.」)"라고 하였는데, 금문을 보면 '匹'에서 '八'자가 의미부분으로 사용된 것 같지는 않다.

왕균(王筠)은 "옛날 옷감은 양쪽 끝에서부터 둘둘 말아 접었기 때문에, 한 匹은 두 권(卷)이 된다. 그래서 짝[兩(량)]이라고 하는데, 한(漢)나라 때는 匹이라고 하였다."라고 하였다.(≪설문해자구두≫)

또한 단옥재(段玉裁)는 "무릇 필적(匹敵)・배필(配匹)이라고 할 때는 모두 두 끝 단에서 '둘'을 취한 것이고, 필부(匹夫)・필부(匹婦)라고 할 때는 한 쌍이 하나를 이룬 것을 말하는 것이다."라고 하였다.(≪설문해자주≫)

'匹'이 본래 무슨 뜻이었는지는 아직 알 수 없다. 다만 후에 말을 세는 단위로 쓰였다. 즉 말은 한 필, 두 필로 센다. 필마단기(匹馬單騎)라는 말이 있다. 나아가 사람을 셀 때도 있다. 필부지용(匹夫之勇), 필부필부(匹夫匹婦) 등과 같은 말이 그러한 예인데, 이때는 '한 사람'이라는 뜻보다는 '평범한'이란 뜻이 강하다.

또 '匹'은 옷감을 재는 단위로도 쓰였다. 옷감은 양쪽에서 잡고 접기 때문에, 여기에서 '한 쌍'・'짝'이라는 뜻이 생겨났다. 배필(配匹)이라고 하면 부부로서 알맞은 짝을 뜻한다. 이를 동사로 쓰면 '짝이 될 만하다'라는 뜻이 된다. 필적(匹敵)이 그러한 예이다. ■

9 區 区(中)(日)

①감출 구 ②구역 구　qū ōu

갑골문		전국 금문	소 전	예 서	초 서
甲584	甲1054	子禾子釜	설문해자	朱龜碑	孫虔禮

'區'자는 갑골문, 금문, 소전 등의 자형이 모두 'ㄴ'·'ㄷ' 등 안에 '品(품)'이 들어가 있는 모양이다. 'ㄴ'·'ㄷ' 등은 모두 '가두다'·'감추다'라는 뜻으로서 그 안에 물건이 들어차 있는 형태이다.

주방포(朱芳圃)는 "區는 마땅히 甌(사발 구)의 초문(初文)으로, 品은 그릇의 모양을 그린 것이고, ㄷ로 그것을 감추고 있는 것이다."라고 하였다.(≪은주문자석총(殷周文字釋叢)≫)

≪설문해자≫에서는 "區는 기구(踦區)로, 감춘다는 뜻이다. 品이 ㄷ(혜) 안에 있는 형태(의 회의자)이다. 品은 많다는 뜻이다.(「區, 踦區, 藏匿也. 从品在ㄷ中. 品, 衆也..」)"라고 하였다.

단옥재(段玉裁)는 "區는 안에 물건이 많다는 뜻이므로, 물건이 많다 보면 나누게 되고 또 그 차이도 있게 마련이므로 구역(區域)·구별(區別) 등과 같은 뜻은 여기에서 확장되어 나온 것이다."라고 하였다.(≪설문해자주≫) ■

十部

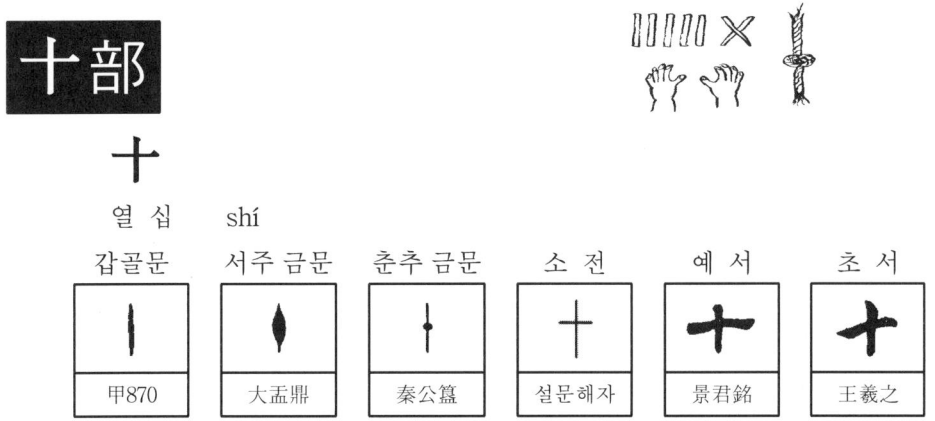

十

열 십　shí

갑골문	서주 금문	춘추 금문	소 전	예 서	초 서
∣	●	♦	十	十	十
甲870	大盂鼎	秦公簋	설문해자	景君銘	王羲之

'十'자는 갑골문을 보면 단순히 'ㅣ'으로 썼고, 금문에서는 '●'·'♦' 등으로 써서 그 가운데가 불룩한 모양이다. 이러한 형태가 무엇을 나타낸 것인지에 대해서는 아직 정론이 없다.

서중서(徐中舒)는 고대(古代) 계산기의 일종인 산주(算籌, 주판의 일종)에서 가로획 하나 즉 '一'은 1을 표시하고 세로획 하나 'ㅣ'는 10을 표시하였다고 하여 'ㅣ'이 10을 표시하는 것은 고대 주산법에서 비롯된 것이라고 하였고(≪갑골문자전(甲骨文字典)≫), 곽말약(郭沫若)은 금문에서 '●'·'♦' 등은 손바닥을 그린 것으로 숫자 10은 여기에서 나온 것이라고 하면서 갑골문에서 단순히 'ㅣ'로 나타낸 것은 갑골문의 특성상 획을 굵게 표시하기가 쉽지 않았기 때문이라고 주장하였다.(≪갑골문자연구(甲骨文字研究)·석오십(釋五十)≫)

또한 임의광(林義光)은 '十'은 '합하다'라는 뜻으로 '♦'은 무엇인가를 묶은 형태를 그린 것이라고 하였고(≪문원(文源)≫), 주방포(朱芳圃, ≪은주문자석총(殷周文字釋叢)≫)와 고홍진(高鴻縉, ≪중국자례(中國字例)≫) 등은 세로획 'ㅣ'은 가로획 '一'과 구별을 하기 위한 것으로서 숫자 10을 표시하는 글자로 가차(假借)된 것이라고 하였다.

≪설문해자≫에서는 "十은 꽉 찬 숫자이다. 一은 동과 서를 뜻하고, ㅣ은 남과 북을 뜻하니 사방과 중앙이 모두 갖추어졌다는 뜻이다.(「十, 數之具也. 一爲東西, ㅣ爲南北, 則四方中央備矣.」)"라고 하였는데, 갑골문·금문의 자형으로 볼 때 믿기가 어렵다.

<十部>에 속한 글자로는 '千(일천 천)', '升(되 승)', '午(낮 오)', '半(반 반)', '卍(만자 만)', '卑(낮을 비)', '卒(군사 졸)', '卓(높을 탁)', '協(화합할 협)', '南(남녘 남)', '博(넓을 박)' 등이 있다. 모두 뜻하고는 상관없이 '十'과 같은 형태가 들어가 있는 글자들로 이루어져 있다. ■

1

千

일 천 천   qiān

갑골문		서주금문	소 전	예 서	초 서
鐵132.4	粹1587	散 盤	설문해자	孔羨碑	懷 素

'千'자가 무엇을 본뜬 것인가에 대해서는 대략 두 가지 주장이 있다.

먼저 하나는 '人(인)'에 '一'획을 더한 모양이라는 주장(서중서(徐中舒) ≪갑골문자전(甲骨文字典)≫)과 다른 하나는 '千'은 벼[禾(화)]를 그린 것으로서, 벼의 낱알이 많은 것으로 숫자 '1000'을 삼았다는 주장(장훤(張暄) ≪문자형의원류변석전(文字形義源流辨釋典)≫)이다. 학자들은 대체로 전자의 설을 인정하고 있다.

≪설문해자≫에서는 "千은 10이 100개 있는 것이다. 十(십)과 人은 모두 의미부분이다.(「千, 十百也. 从十·人.」)"라고 하였다.

허신(許愼)은 갑골문을 보지 못했기 때문에, 갑골문에서 '十'을 'ㅣ'로 나타내는 것을 알지 못하여 '千'을 '人'에 '十'을 더한 형태로 분석하였는데, 이는 잘못이다.

참고로 갑골문에서는 '1千'은 '𐅁', '2千'은 '𐅂', '3千'은 '𐅃', '4千'은 '𐅄', '5千'은 '𐅅', '6千'은 '𐅆', '8千'은 '𐅇' 등과 같이 썼다. ■

2

午

낮 오   wǔ

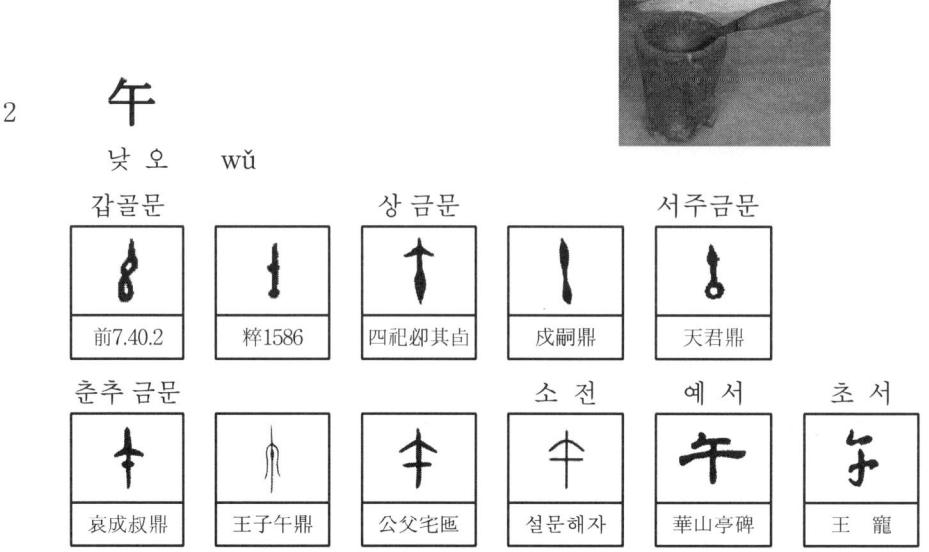

갑골문		상 금문		서주금문
前7.40.2	粹1586	四祀邲其卣	戍嗣鼎	天君鼎

춘추 금문		소 전	예 서	초 서
哀成叔鼎	王子午鼎	公父宅匜	설문해자	華山亭碑	王 寵

'午'는 갑골문을 보면 '𠂉'(<전(前) 7.40.2>)의 형태로 실을 묶은 모양이다. 그 후 안을 채운 모양인 '𠂉'(<수(粹) 1586>)로 나타내기도 하였다.

금문의 자형은 갑골문과 비슷한 것(<수사정(戍嗣鼎)>)도 있고, 윗부분이 화살표 모양으로 바뀐 것(<사사필기유(四祀𠨭其卣)> 등)도 있다.

이에 대하여 엽옥삼(葉玉森, 주방포(朱芳圃)의 ≪갑골학문자편(甲骨學文字編)≫에서 재인용)이나 곽말약(郭沫若, ≪갑골문자연구(甲骨文字硏究)·석간지(釋干支)≫) 등은 말 회초리 또는 고삐 등으로 보아 '御(모실 어, 거느릴 어)'자와 통한다고 주장하였고, 임의광(林義光)은 '舂(찧을 용)'의 전문(篆文)이 '𦥑' 즉 '𦥔'으로 두 손으로 절구공이[杵(저)]를 잡고 있는 모양이므로, '𠂉'는 곧 '杵'라고 여겼다.(≪문원(文源)≫)

학계에서는 임의광의 주장을 보다 타당한 것으로 받아들이고 있다.

≪설문해자≫에서는 "午가 12지지(地支)의 일곱 번째 글자로 쓰이는 까닭은 거스르기[啎(오)] 때문이다. 5월이 되면 음기가 양기를 거슬러 땅을 뚫고 나온다. 상형이다. 이것은 矢(시)와 같은 뜻이다(「午, 啎也. 五月, 陰气午逆陽, 冒地而出也. 象形. 此與矢同意.」)"라고 하였는데, 이 해설은 '午'자의 본뜻을 설명한 것이 아니라, '午'자가 12지지의 7번째 글자로 가차(假借)된 다음 다시 음양오행설에 따라 뜻을 설명한 것이다.

'午'는 시간으로 따져보면 11시에서 1시 사이에 해당한다. '낮'이라는 훈은 여기에서 나온 것이다. 정오(正午, 12시), 오전(午前), 오후(午後) 등과 같은 말은 모두 '12시'와 관련 있는 말이다. ■

3 半

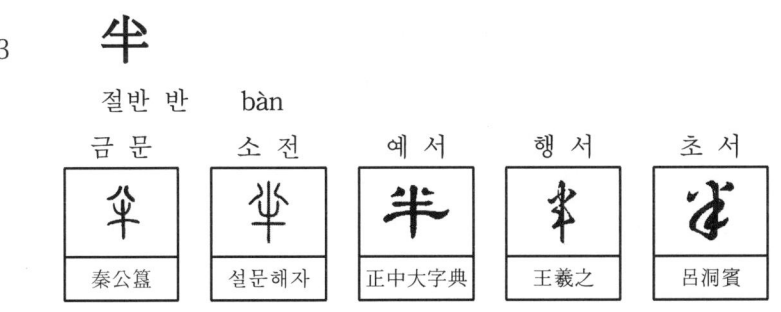

갑골문에는 '半'자가 보이지 않는다.

춘추(春秋)시대 금문과 소전의 자형은 모두 '半'으로 같다.

≪설문해자·반부(半部)≫에서는 "半은 물체를 나눈다는 뜻이다. 八(팔)과 牛(우)

는 모두 의미부분이다. 소[牛]는 몸집이 큰 동물이므로 나눌 수 있다.(「牛, 物中分也. 从八, 从牛. 牛爲物大, 可以分也..」)"라고 하였다.

반감(半減), 반액(半額), 절반(折半), 반신반의(半信半疑) 등과 같은 말은 여기에서 나온 것이다. ■

6 卑

①낮을 비 ②하여금 비　bēi

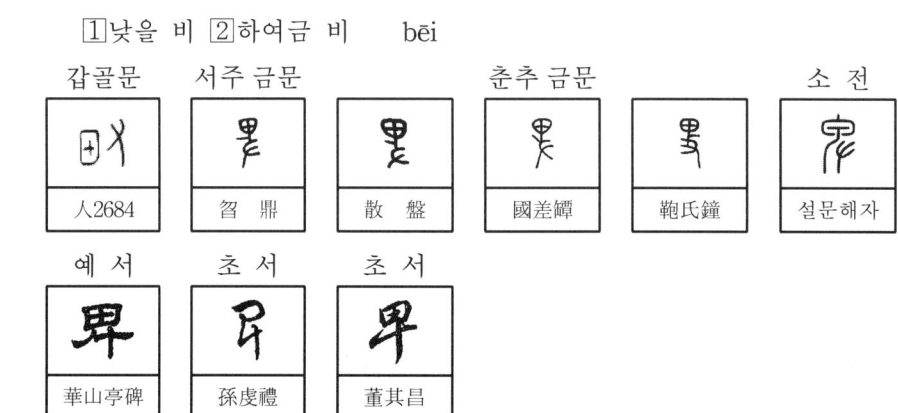

'卑'자는 갑골문과 금문을 보면 '甲(갑)' 아래 '又(우)' 또는 '攴(복)'이 있는 형태이다. 그런데 이것이 무엇을 의미하는지는 아직 정론이 없다.

임의광(林義光)은 "卑에서 甲은 그릇의 일종인 缶(부)자로서, 손으로 그것을 가지고 있다는 뜻이다. 僕(종 복)·甹(끌 병)과 같은 뜻이다."라고 하였고(≪문원(文源)≫), 일본인 다카다(高田忠周)는 임의광의 견해와 비슷하게 '甲'을 '缶'로 보고 "缶는 천한 사람이 가지는 그릇이다. 攴은 가볍게 톡톡 친다는 뜻이므로, 이것을 쓴다는 뜻이다. 즉 '천한 사람이 일을 한다'는 뜻을 나타냄이 분명하다. 또 又를 쓴 자형도 있는데, 옛날에 攴과 又는 통용되었다."라고 하였다.(≪고주편(古籀篇)≫)

한편 주준성(朱駿聲)은 "卑는 椑(술잔 비)의 고문(古文)으로 술잔이다. 그것을 한 손으로 쉽게 들 수 있다고 하여 천하게 여겼다. 물건의 귀천(貴賤)이 사람의 귀천으로 옮겨간 것이다."라고 하였는데(≪설문통훈정성≫), 이 역시 참고할 만하다.

≪설문해자≫에서는 "卑는 천하다는 뜻이다. 일을 집행하는 사람이다. ナ(=左, 좌)와 甲(갑)은 모두 의미부분이다.(「卑, 賤也. 執事者. 从ナ·甲.」)"라고 하였다.

비천(卑賤), 비열(卑劣), 비겁(卑怯), 야비(野卑) 등과 같은 말은 여기에서 나온 것이다. ■

卒

①군사 졸 ②마칠 졸(본음 줄)　zú cù

갑골문		금문	소전	예서	행서
					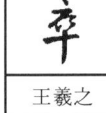
鐵23.3	前4.6.3	外卒鐸	설문해자	孔龢碑	王羲之

‘卒’자는 갑골문을 보면 '衣(의)' 안에 '×' 또는 '爻'와 같은 표식을 한 모양이고, 춘추(春秋)시대 금문과 소전은 간단하게 'ノ'와 같은 획 하나를 그었다. 따라서 보통 옷과는 다르다는 것을 표시한 것으로 보인다.

《설문해자》에서는 "卒, 관청의 하급 관리가 일을 주는 사람(즉 심부름꾼)이 입는 옷을 卒이라고 한다. 그 옷에는 표식이 있다.(「卒, 隸人給事者衣爲卒. 卒衣有題識者.」)"라고 하였다.

'卒'은 옛날 관청에서 심부름을 하는 하층 계급이 입는 옷이라는 뜻에서 말단 병사(兵士)·하인 등과 같은 뜻으로 인신(引伸)되었다. '卒'이 졸업(卒業), 졸서(卒逝) 등과 같이 '끝내다'·'죽다' 등으로 쓰이게 된 것은 가차(假借)이다.

또 '卒'이 졸도(卒倒)처럼 '갑자기'라는 뜻을 가지는 것은 '갑자기'라는 뜻의 '창졸(倉卒)'이라는 옛날 말에서 따온 것이다. ■

卓

높을 탁　zhuō

'卓'자는 갑골문을 보면 '𦥓'과 'ᛐ'으로 이루어져 있다.

서중서(徐中舒)는 '𦥓'은 '華' 즉 '畢(필)'로서 새를 잡는 사냥 도구를 그린 상형자이고, 'ᛐ'는 새의 생략형이라고 하면서, 그러므로 '卓'은 '罩(물고기 잡는 그물 조)'자의 본자(本字)라고 하였다.(≪갑골문자전(甲骨文字典)≫)

그런데 ≪갑골문자집석(甲骨文字集釋)≫과 ≪고문자류편(古文字類編)≫ 등에는 '卓'자의 갑골문이 없는 것으로 되어 있다.

춘추(春秋)시대 금문의 자형은 ≪설문해자≫에 수록된 고문(古文)과 비슷하다. 소전에서는 '匕(비)'와 '早(조)'의 결합인 '𠦎' 즉 '卓'으로 썼다.

≪설문해자≫에서는 "卓은 높다는 뜻이다. 早와 匕가 합해져서 卓이 되고, 匕와 卩(절)이 합해져서 卬(앙)이 된다. 둘 다 같은 뜻이다. 𠦎은 卓의 고문이다.(「卓, 高也. 早匕爲卓, 匕卩爲卬, 皆同義. 𠦎, 古文卓.」)"라고 하였다.

탁월(卓越), 탁견(卓見) 등과 같은 말은 높다는 뜻에서 나온 것이다.

우리나라에서는 탁자(卓子)·탁상공론(卓上空論) 등처럼 '탁자'라는 뜻으로도 '卓'자를 쓰는데, 중국에서는 이 뜻으로는 '桌'자를 쓴다. ■

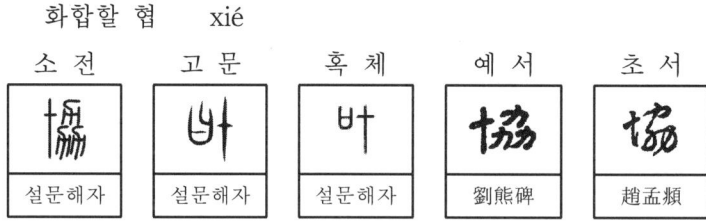

協 协(中)

화합할 협   xié

소 전	고 문	혹 체	예 서	초 서
協	叶	叶	協	協
설문해자	설문해자	설문해자	劉熊碑	趙孟頫

'協'자가 갑골문과 금문에 보이느냐 하는 문제에 대해서는 아직 결론이 나지 않은 상태이다.

≪갑골문자집석(甲骨文字集釋)≫·≪금문고림(金文詁林)≫·≪금문편(金文編)≫ 등에는 '協'자가 없고, ≪갑골문자전(甲骨文字典)≫을 보면 '叶'(<속(續) 3.27.1>) 등과 같은 글자가 ≪설문해자≫에 수록된 協자의 혹체자(或體字) '叶'과 자형이 같다고 하여 '協'자조에 넣어 설명하고 있다.

한편 ≪한어대자전(漢語大字典)≫ <권1> p.64에는 '協'자가 갑골문과 금문 모두에 있는 것으로 소개하고 있다.

여기에서는 이효정(李孝定)선생(≪갑골문자집석≫)과 주법고(周法高)선생(≪금문고림≫)의 견해를 따랐다.(<구부(口部)> 2획 '古(옛 고)'자 참조)

≪설문해자≫를 보면 "協은 많은 사람이 조화를 이룬다는 뜻이다. 劦(협)과 十(십)은 모두 의미부분이다. 旪은 協의 고문(古文)으로 曰(왈)과 十으로 이루어졌다. 旪은 혹체자로 (劦 대신) 口(구)를 썼다.(「協, 衆之同和也. 从劦, 从十. 旪, 古文協, 从十, 从曰. 叶, 或从口.」)"라고 하였다.

협동(協同), 협력(協力), 협조(協助), 타협(妥協) 등과 같은 말은 여기에서 나온 것이다. ■

7 南

남녘 남   nán

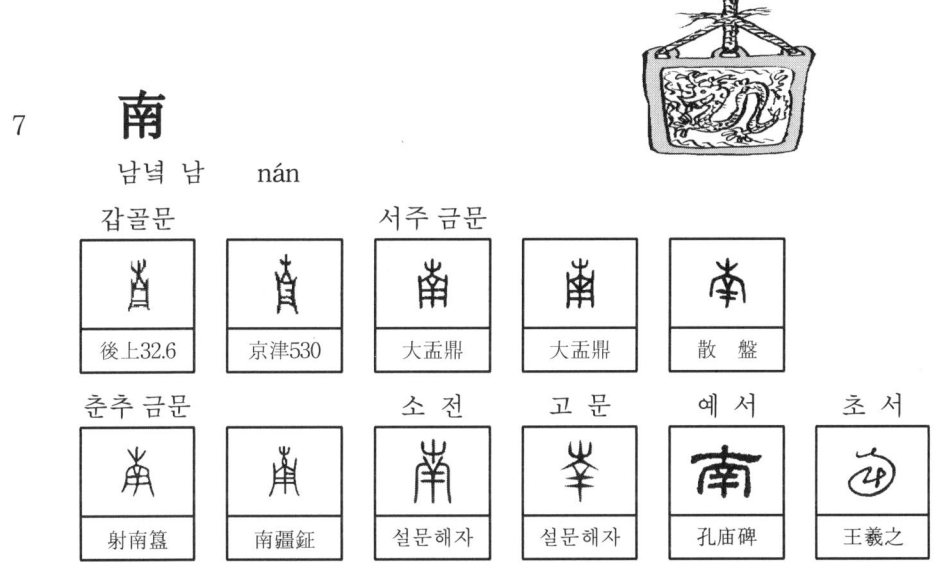

갑골문		서주 금문		
後上32.6	京津530	大盂鼎	大盂鼎	散盤

춘추 금문		소 전	고 문	예 서	초 서
射南簠	南疆鉦	설문해자	설문해자	孔廟碑	王羲之

'南'자는 갑골문과 금문을 보면 'ㅗ'와 'ㅂ'·'肖' 등으로 이루어져 있다.

당란(唐蘭)은 '南'은 고대 질그릇으로 만든 악기로서, '肖'는 질그릇을 거꾸로 놓은 모양이고 'ㅗ'는 장식이라고 하였는데(≪은허문자기(殷虛文字記)≫), 대부분의 학자들은 이 주장에 동의하고 있다.

한편 곽말약(郭沫若)은 '南'은 종(鐘) 종류의 악기인데, 이 악기류는 남쪽에 진열하므로 여기에서 '남쪽'이라는 뜻이 나왔다고 하였고(≪갑골문자연구(甲骨文字研究)·석남(釋南)≫), 하록(夏淥)은 '南'자는 남방 민족이 거주하는 집의 난간(欄干)을 그린 글자였는데, 남쪽이라는 뜻으로 가차(假借)되어 가자 다시 형성자인 '欄(난간 란)'자를 만들어 그 자리를 보충하였다고 하였다.(≪형음의자전(形音義字典)≫에서 재인용)

'南'자는 갑골문에서 남쪽 방향을 나타내는 말로 가차되어 쓰인 외에도 제사를 지낼 때 쓰이는 희생물을 뜻하는 말로도 사용되었다.

≪설문해자≫에서는 "南은 초목이 남쪽 방향으로 가지가 뻗어나는 것에서 비롯되었다. 朱(발)은 의미부분이고, 羊(임)은 발음부분이다. 峯은 고문(古文)이다.(「南, 艸木至南方有枝任也. 从朱, 羊聲. 羊, 古文.」)"라고 하였는데, 이는 가차자인 '南'자를 본자(本字)로 해석한 잘못된 해설이다.

참고로 초목이 무성하다는 뜻의 '朱'자는 예서에서는 '市'로 써서 '市(앞치마 불)'자와 통합되었다. 그러나 소전에서는 '朱'은 '朱'로 썼고, '市'은 '市'로 썼다. 또한 '市'과 자형이 비슷한 '市(저자 시)'자는 소전에서는 '市'로 썼다. ■

10 博

넓을 박   bó

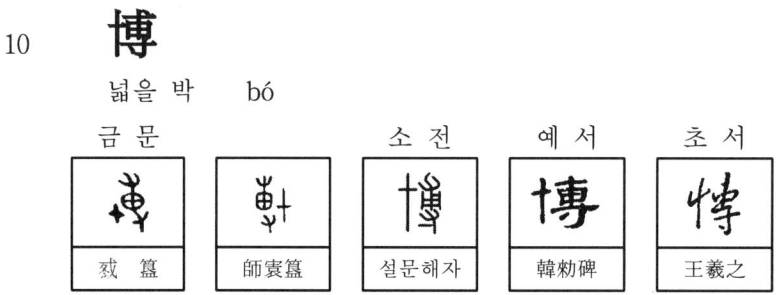

금 문		소 전	예 서	초 서
盠簋	師寰簋	설문해자	韓勅碑	王羲之

갑골문에는 '博'자가 보이지 않는다.

금문과 소전의 자형은 모두 '十(십)'과 '尃(부)'로 이루어져 있다. '十'은 '많다'는 뜻이다.

≪설문해자≫에서는 "博은 널리 통한다는 뜻이다. 十과 尃는 모두 의미부분이다. 尃는 펼친다는 뜻이다.(「博, 大通也. 从十, 从尃. 尃, 布也.」)"라고 하였다.

박학(博學), 박사(博士), 박식(博識), 해박(該博), 박람회(博覽會) 등과 같은 말은 여기에서 나온 것이다.

또 '博'자는 도박(賭博)이라는 뜻도 있는데, 이것은 중국의 고대 놀이기구인 '簙(주사위 박)'과 발음이 같아서 통용하였기 때문이다.

한편 ≪설문해자계전(繫傳)≫·≪설문해자주≫·≪설문해자구두≫ 등에는 "尃는 펼친다는 뜻이다"라는 글귀 뒤에 "(尃는) 발음부분이기도 하다.(「亦聲.」)"라는 구절이 더 있다.

참고로 '博'의 고음은 입성운(入聲韻) *pwak / puɑk(뽁→박)이고, '尃'의 고음은 음성운(陰聲韻) *p'jwaɣ / p'iuo(퓌오→부)이다. '博'과 '尃' 두 글자는 첫소리가

[p-] 계열로 비슷하고, 상고음(上古音)의 주모음(主母音) 역시 [a]로 같으며, 운미(韻尾)는 혀뿌리소리[설근음(舌根音)]인 [-k]와 [-ɣ]으로 발음 부위가 같다. 따라서 '博'자에서 '尃'는 발음부분이 될 수 있다. 고대에는 음성운과 입성운이 협운을 하기도 하였다. 그러므로 ≪설문해자계전≫·≪설문해자주≫·≪설문해자구두≫ 등에서 '尃'가 '博'의 발음부분도 겸한다는 풀이는 근거가 있는 것이다. ■

'卜'자는 갑골문, 금문 그리고 소전 등이 모두 같은 형태이다.

'卜'은 거북의 등껍질을 태워 그것이 갈라지는 모양을 그린 상형자이다. 옛날 중국에서는 이 갈라지는 모양을 보고 길흉(吉凶)을 점쳤다고 한다.

≪설문해자≫에서는 "卜은 거북의 껍질을 구워서 갈라지도록 한다는 뜻이다. 거북의 껍질을 구운 모양을 그린 것이다. 일설에는 (거북 껍질을 구워) 거북점을 칠 때 그 균열이 가로 세로로 갈라지는 모양을 그린 것이라고도 한다. ㅏ은 卜의 고문(古文)이다.(「卜, 灼剝也. 象炙龜之形. 一曰象龜兆之縱橫也. ㅏ, 古文卜.」)"라고 하였다.

<卜부>에 속한 글자들은 많지 않다. '占(점 점)', '卦(점괘 괘)', '卨(사람 이름 설)' 등이 있다. ■

3 占

①점 점 ②차지할 점　zhān　zhàn

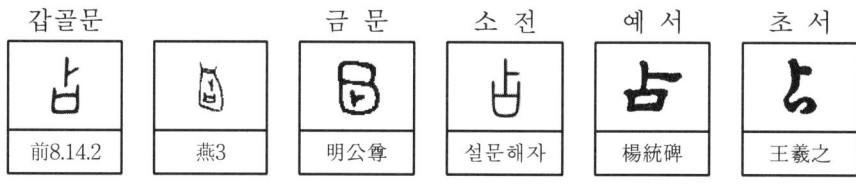

갑골문		금문	소전	예서	초서
前8.14.2	燕3	明公尊	설문해자	楊統碑	王羲之

'占'자는 갑골문과 서주(西周) 금문을 보면 'ㅏ(복)'과 'ㅁ(구)'가 합해진 '占'을 기본으로 하여 'ㅂ' 등이 더해진 형태이다.

이효정(李孝定)선생은 'ㅂ' 등은 옛날 점을 칠 때 쓰던 소의 어깨뼈를 그린 것이고, 'ㅏ'은 뼈를 태워서 갈라진 모양을 나타낸 것으로 이 무늬를 가지고 길흉(吉凶)을 판단하였으니, '占'은 "점을 쳐서 그 길흉을 말한다"는 뜻이라고 하였다.(≪갑골문자집석(甲骨文字集釋)≫)

≪설문해자≫에서는 "占은 갈라진 모양을 보고 묻는다는 뜻이다. 卜과 口는 모두 의미부분이다.(「占, 視兆問也. 从卜, 从口.」)"라고 하였다.

'占'은 '점친다'는 뜻이다. 이때는 중국어로 제1성 [zhān](잔)이라고 읽는다. 또 '차지한다'라는 뜻도 있다. 이때는 중국어로 제4성 [zhàn]이라고 읽는다. 점유(占有), 점령(占領), 독점(獨占) 등과 같은 말이 그러한 예이다. ■

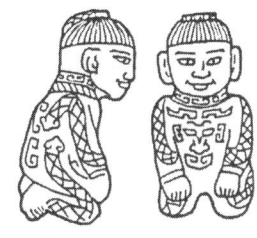

卩 部

卩

병부(兵符) 절　jié

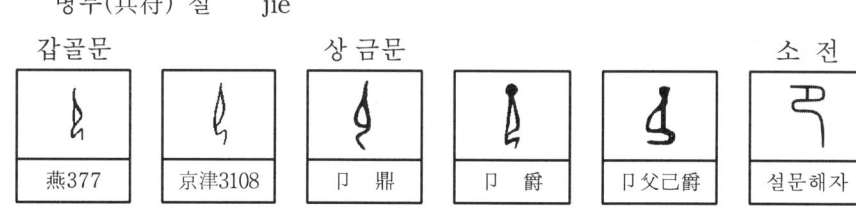

갑골문		상 금문			소전
燕377	京津3108	卩鼎	卩爵	卩父己爵	설문해자

'卩' 즉 '㔾'은 갑골문과 상(商)나라 금문을 보면 사람이 꿇어앉아 있는 모습이다.

나진옥(羅振玉)은 갑골문 '𠂤'은 '人(인)'으로, 사람이 꿇어앉은 모습을 그린 것이라고 하였고(≪증정은허서계고석(增訂殷虛書契考釋)≫), 굴만리(屈萬里)는 이것은 '跪(꿇어앉을 궤)'자의 초문(初文)으로 '卩'은 예서체라고 하였다.(≪은허문자갑편고석(殷虛文字甲編考釋)≫)

≪설문해자≫에서는 "卩은 부절(符節)을 뜻한다. …… 서로 합해진 모양을 그린 것이다.(「卩, 瑞信也. …… 象相合之形.」)"라고 하였는데, 이것은 뒤에 생겨난 가차의(假借義)이다.

<卩부>에 속한 글자들은 대부분 '사람'과 관계가 많다. 현재 이 부수에 속한 글자로는 '卬(나 앙, 우러를 앙)', '卮(술잔 치)', '卯(넷째 지지 묘)', '印(도장 인)', '危(위태할 위)', '却·卻(물리칠 각)', '卵(알 란)', '卷(책 권)', '卹(가엾이 여길 술)', '卼(위태할 올)', '卽(곧 즉)', '卾(위턱 악)', '卿(벼슬 경)' 등이 있다.

한편 '令(시킬 령)'은 '꿇어앉은 사람에게 명령을 내리는 형태'의 회의자이므로 마땅히 '卩'부에 속해야 하는데, 현재 자전에서는 모두 <인부(人部)> 3획에서 찾도록 되어 있다. ■

3 卯

토끼 묘   mǎo

'卯'자는 갑골문, 금문 그리고 소전 등의 자형이 모두 비슷하다. 그러나 이것이 무엇을 본뜬 것인지에 대해서는 아직 정설이 없다.

오기창(吳其昌)은 칼 두 개가 나란히 세워져 있는 모양이라고 하였고(≪은대인제고(≪殷代人祭考)≫), 호소석(胡小石)은 물건을 자르는 모양이라고 하였으며(≪설문고문고(說文古文考)≫), 임의광(林義光)은 '卯'와 '鍪(투구 무)'자가 같은 발음이라고 하여 '투구'를 그린 것이라고 하였다.(≪문원(文源)≫)

또한 주방포(朱芳圃)는 문(門)이 닫힌 모양이라고 하였고(≪은주문자석총(殷周文字釋叢)≫), 고홍진(高鴻縉)은 '剖(쪼갤 부)'자의 초문(初文)이라고 하였으며 (≪중국자례(中國字例)≫), 왕국유(王國維)는 '劉(유)'자의 가차자(假借字)라고 하였는데 (≪전수당소장갑골문자고석(戩壽堂所藏甲骨文字考釋)≫), 누구의 설이 옳은지는 알 수 없다.

≪설문해자≫에서는 "卯가 12지지(地支)의 네 번째 글자로 쓰이는 까닭은 양기가 지하에서 무릅쓰고[冒(모)] 나오기 때문이다. 2월이 되면 만물이 땅에서 솟아 나오는데서 비롯되었다. 문을 여는 모양을 그렸다. 그래서 2월이 천문(天門)이 되는 것이다. 非는 卯의 고문이다.(「卯, 冒也. 二月萬物冒地而出. 象開門之形, 故二月爲天門. 非, 古文卯.」)"라고 하였는데, 이 해설은 '卯'자의 본뜻을 설명한 것이 아니라, '卯'자가 12지지의 4번째 글자로 가차(假借)된 다음 다시 음양오행설에 따라 뜻을 설명한 것이다.

참고로 고대에는 12지지로 월을 표시하였는데, 하(夏)나라 월력에 따르면 묘월(卯月)은 2월에 해당한다. ■

4 **危**
위태할 위   wēi

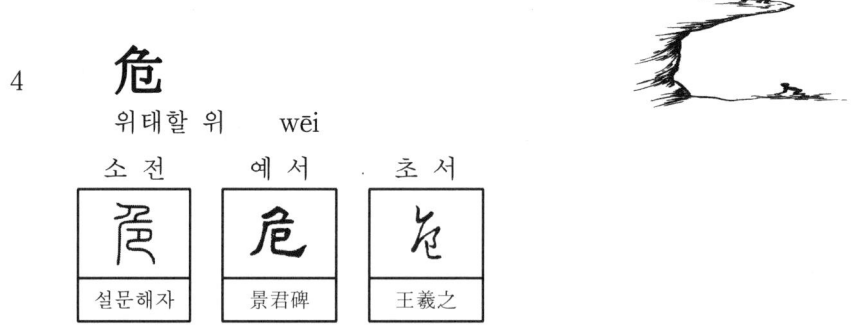

소전	예서	초서
설문해자	景君碑	王羲之

갑골문과 금문에는 '危'자가 보이지 않는다.

≪설문해자≫에서는 "危는 높은 곳에 있어서 무서워한다는 뜻이다. 厃(첨·위)는 의미부분이다. 卩(절)은 스스로 멈춘다는 뜻이다.(「危, 在高而懼也. 从厃, 自卩止之.」)"라고 하였다.

위급(危急), 위험(危險), 위독(危篤), 위기일발(危機一髮) 등과 같은 말은 여기에서 나온 것이다.

한편 서호(徐灝)는 '危'는 '人(인)'이 의미부분이고, '厄(액)'이 발음부분인 형성자라고 하였다.(≪설문해자주전(注箋)≫)

임의광(林義光)은 "卩(㔾) 역시 人자이다. 바위언덕[厂(기슭 엄·한)] 위나 아래는 모두 위험한 곳이다. 사람이 厂 위에도 있고, 厂 아래에도 있는 모양을 그린 것이다.(「卩(㔾)亦人字. 厂上·厂下皆危地. 象人在厂上·在厂下形.」)"라고 하였다.(≪문원(文源)≫) ■

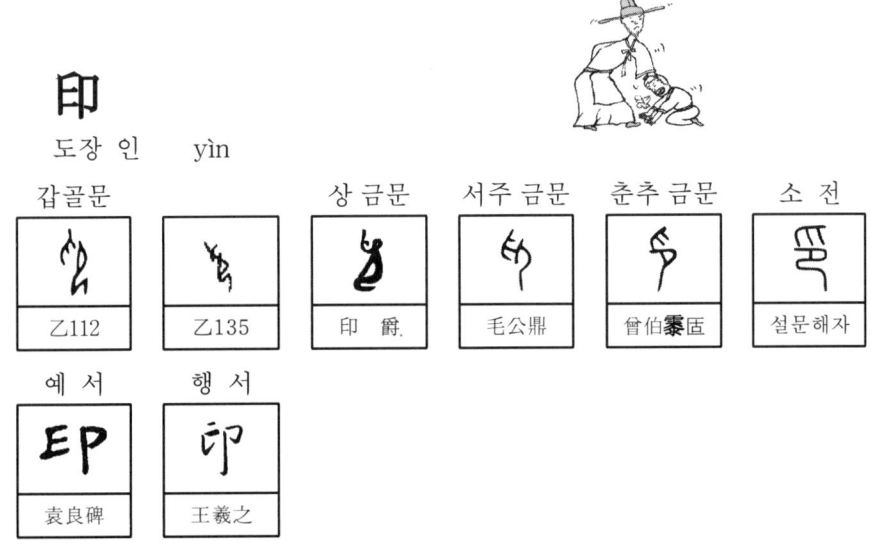

印
도장 인   yìn

갑골문: 乙112, 乙135
상 금문: 印爵
서주 금문: 毛公鼎
춘추 금문: 曾伯霥匜
소전: 설문해자
예서: 袁良碑
행서: 王羲之

'印'자는 갑골문과 금문을 보면 손[爪(조)]으로 사람[卩(절)]을 꿇어앉히는 모습이다. 오늘날의 '抑(누를 억)'자와 같은 뜻이다.

나진옥(羅振玉)은 이에 대해 "印과 抑은 고대에는 한 글자였다. 후세에 도장을 찍는 것을 예전에는 '새절(璽節)'이라고 하였다. … 印의 본뜻은 대체로 '누른다'는 뜻이었는데, 후세에 통치를 하면서 도장으로 다스림을 시행하니, 곧 '누른다'는 뜻의 印자를 빌려서 쓰게 된 것이다."라고 하였다.(≪증정은허서계고석(增訂殷虛書契考釋)≫) 이 설은 참고할 만하다.

≪설문해자≫에서는 "印은 관리가 가지고 있는 도장을 뜻한다. 爪와 卩은 모두 의미부분이다.(「印, 執政所持信也. 从爪, 从卩.」)"라고 하였다.

인장(印章), 인쇄(印刷), 인감(印鑑), 날인(捺印) 등과 같은 말은 여기에서 나온 것이다. ■

5 卻(却)

물리칠 각   què

소전	행서	초서
卻	却	卻
설문해자	蘇軾	李卓吾

'却'은 '卻'의 속자(俗字)이다. '却'자가 널리 쓰이면서 '卻'자는 잘 쓰이지 않게 되었다.

《설문해자》를 보면 "卻은 욕심을 절제(節制)한다는 뜻이다. 卩(절)은 의미부분이고, 谷(곡)은 발음부분이다.(「卻, 節欲也. 从卩, 谷聲.」)"라고 하였다. '물리치다'라는 훈은 여기에서 나온 것이다.

각설(却說), 각하(却下), 기각(棄却), 망각(忘却), 퇴각(退却) 등과 같은 말은 모두 '물리친다'는 뜻에서 발전된 것이다. ■

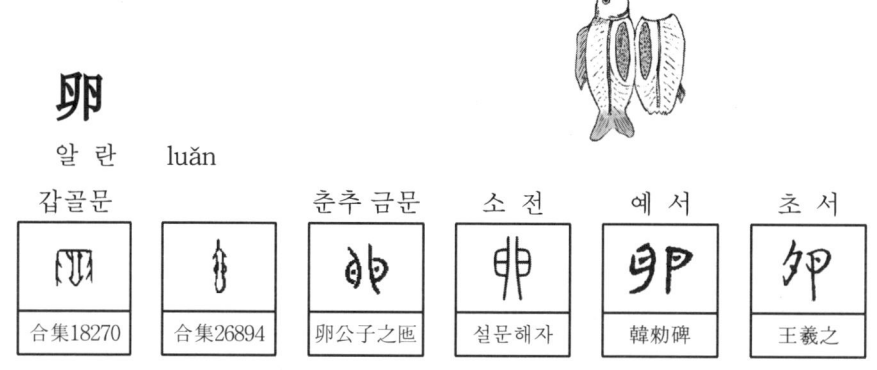

卵

알 란   luǎn

갑골문		춘추 금문	소전	예서	초서
卵	卵	卵	卵	卵	卵
合集18270	合集26894	卵公子之匜	설문해자	韓勅碑	王羲之

'卵'자는 갑골문을 보면 물고기의 알을 그려냈고, 춘추(春秋)시대 금문과 소전은 '卵'으로 같다.

《설문해자》에서는 "卵, 무릇 젖으로 키우지 않는 생물은 알[卵]에서 태어난다. 상형이다.(「卵, 凡物無乳者卵生. 象形.」)"라고 하였다.

왕균(王筠)은 '卵'은 물고기의 알을 그린 것이라고 하였다.(《설문석례(說文釋例)》)

'卵'은 본래 '물고기의 알'을 그린 글자인데, 뒤에 일반적인 '알'을 가리키는 말로 뜻이 넓어졌다. 계란(鷄卵), 누란(累卵), 산란(産卵) 등과 같은 말이 그러한 예이다. ■

冂部 191

6 卷

①책 권 ②접을 권　juǎn　juàn

소전	예서	초서
설문해자	劉熊碑	孫虔禮

갑골문과 금문에는 '卷'자가 보이지 않는다.

≪설문해자≫에서는 "卷은 무릎 관절에서 굽어지는 뒷부분을 뜻한다. 卩(절)은 의미부분이고, 釆(권)은 발음부분이다.(「卷, 厀曲也. 从卩, 釆聲.」)"라고 하였다.

'卷'이 '굽어지다'・'휘다' 등의 뜻을 갖게 된 것은 바로 무릎 관절이 휘어지는 데서 비롯된 것이다.

또 '卷'은 책(冊)이라는 뜻도 있다. 이것은 옛날 중국에서 종이가 아직 발명되기 전에 비단 등 옷감을 이용하여 기록을 하였던 적이 있었는데, 바로 이런 옷감을 두루마리 형태로 보관했던 데서 비롯된 것이다. ■

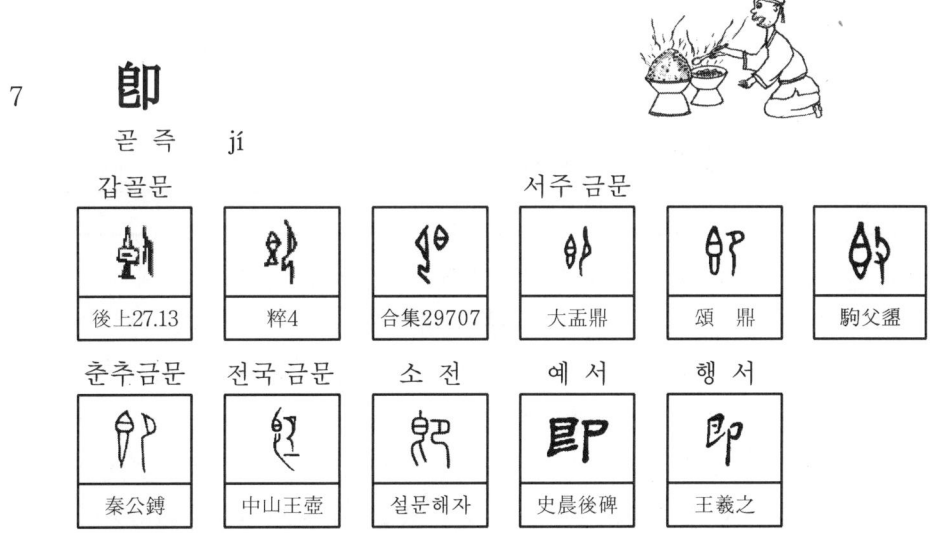

7 卽

곤 즉　jí

갑골문			서주 금문		
後上27.13	粹4	合集29707	大盂鼎	頌鼎	駒父盨

춘추금문	전국 금문	소전	예서	행서
秦公鎛	中山王壺	설문해자	史晨後碑	王羲之

'卽'자는 갑골문과 금문을 보면 먹을 것이 가득 담긴 그릇[皀, 즉 皀(흡)]을 앞에 놓고 사람[卩(절)]이 꿇어앉아 막 먹으려고 하는 모양이다. '卽'이 '곧'・'나아가다'

등과 같은 뜻으로 쓰이게 된 것은 여기에서 비롯된 것이다.(<기부(旡部)> 7획 '旣(이미 기)'자 참조)

≪설문해자≫에서는 "卽은 막 먹으려고 한다는 뜻이다. 皀은 의미부분이고, 卩은 발음부분이다.(「卽, 卽食也. 从皀, 卩聲.」)"라고 하였는데, 갑골문을 볼 때 마땅히 "卩은 의미부분이면서, 발음부분이기도 하다.(「从卩, 卩亦聲.」)"라고 해야 할 것이다. ■

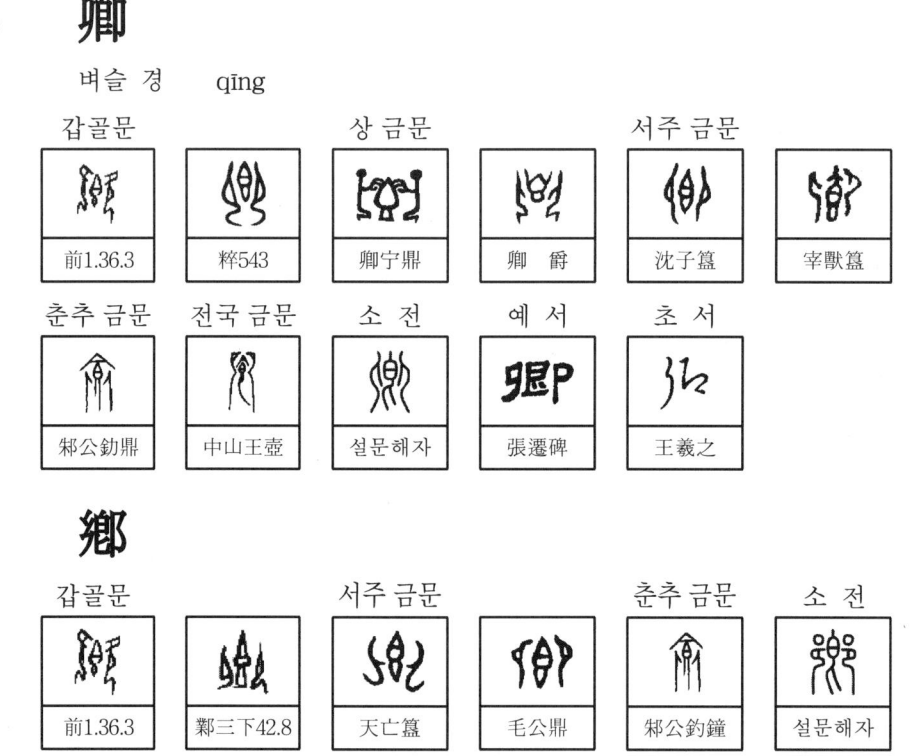

'卿'과 '鄕(향)'은 갑골문과 금문을 보면 모두 두 사람이 밥상을 가운데 놓고 마주 앉아 있는 모습으로, 오늘날의 '饗(잔치 향)'자의 뜻이다. 그러므로 '卿'·'鄕'·'饗' 이 세 글자는 본래 한 글자로서, '같이 밥을 먹다'라는 뜻을 나타내는 회의자였다.(나진옥(羅振玉), ≪증정은허서계고석(增訂殷虛書契考釋)≫)

그런데 '卿'은 임금과 함께 식사를 할 수 있는 사람이라는 뜻에서 '공경(公卿)'이라는 벼슬 이름으로 쓰이게 되고(서중서(徐中舒), ≪갑골문자전(甲骨文字典)≫), '鄕'은 행정 구역의 이름으로 가차(假借)되어 쓰이자, '같이 밥을 먹다'라는 뜻의 빈자리를 메우기 위해 '食(식)'자를 더하여 '饗'자를 만든 것이다.

또한 연회 석상에서는 마주보고 먹기 때문에 '마주하다'라는 뜻의 '嚮(향)'자도 여기에서 비롯된 것이다.

≪설문해자≫에서는 "卿은 빛난다는 뜻이다. 6卿은 다음과 같다. 천관(天官)은 총리에 해당하는 총재(冢宰), 지관(地官)은 교육을 담당하는 사도(司徒), 춘관(春官)은 법과 제도를 담당하는 종백(宗伯), 하관(夏官)은 내무를 담당하는 사마(司馬), 추관(秋官)은 형벌을 담당하는 사구(司寇) 그리고 동관(冬官)은 건설을 담당하는 사공(司空)등이다. 卯(경)은 의미부분이고, 皀(흡)은 발음부분이다.(「卿, 章也. 六卿: 天官冢宰, 地官司徒, 春官宗伯, 夏官司馬, 秋官司寇, 冬官司空. 从卯, 皀聲.」)"라고 하였는데, 이는 후대에 인신(引伸)된 뜻이다.

위에서 의미부분 '卯'자는 '卯(네째 지지 묘)'자가 아니고 '일을 통제한다'는 뜻의 글자이다. 해서체로는 두 글자의 차이를 구별할 수 없지만, 소전에서는 '卯'은 '𠨍'으로 썼고 '卯'는 '卯'로 썼다.

≪설문해자·경부(卯部)≫를 보면 "卯은 일의 통제(統制)를 뜻한다. 卩(절)과 卪(주)는 모두 의미부분이다.(「𠨍, 事之制也. 从卩, 从卪.」)"라고 하였다.

단옥재(段玉裁)는 '皀'은 '香(향)'으로 읽기도 한다고 하였다.(≪설문해자주≫) ∎

厂部

厂

언덕 엄·한 hǎn

갑골문에는 '厂'자가 보이지 않는다.

서주(西周) 금문에서는 '厂'(<산반(散盤)>) 또는 '厈'(<부을굉(父乙觥)> 등)으로 썼다.

금문 <부을굉> 등에서의 자형과 ≪설문해자≫에 수록된 주문(籒文)의 자형이 같은데, 후대의 '岸(안)'자는 여기에서 비롯된 것이다.

고홍진(高鴻縉)은 "厂은 본래 바위언덕을 그린 모양이다. 주진(周秦)시대에는 발음부분으로 干(간)을 더하여 厈(엄)으로 쓰기도 하였고, 뒤에 또 厈 위에 의미부분으로 山(산)을 더하여 岸으로 쓰기도 하였다. 그러므로 厂·厈·岸 세 글자는 사실상 같은 글자이다."라고 하였다.(≪중국자례(中國字例)≫)

≪설문해자≫에서는 "厂은 산의 바위 기슭으로 사람이 살 만한 곳이다. 상형이다. 厈은 주문으로 干을 더하였다.(「厂, 山石之厓巖, 人可居. 象形. 厈, 籒文从干.」)"라고 하였다.

'厂'자는 본래 산의 바위 아래 움푹 들어간 곳을 그린 상형자이다. 그 아래에서 비바람을 피할 수 있기 때문에, '厂'부에 속하는 글자들은 '산'·'언덕'이라는 뜻 외에 '집'과도 관련이 있다.

현재 <厂부>에 속한 글자로는 '厄(재앙 액)', '厊(집 아)', '底(숫돌 지)', '厇(산양편에 낭떠러지 있을 갑)', '厓(언덕 애)', '厔(산굽이 질)', '厖(클 방)', '厘(티끌 리)', '厚(두터울 후)', '厜(산꼭대기 수)', '厝(둘 조; 숫돌 착)', '厞(더러울 비, 숨을 비)', '原(근원 원)', '厥(그 궐)', '厧(산 무덤 전)', '厪(겨우 근, 작은 집 근)', '厫(곳간 오)', '厭(싫을 염)', '厮(부릴 시)', '厲(갈 려)' 등이 있다. ■

2 厄(戹)

재앙 액   è

서주 금문	춘추 금문	소 전	예 서	초 서
彔伯威簋	齊鎛	설문해자	晉郙休碑	懷素

갑골문에는 '厄'자가 보이지 않고, 금문과 소전에서는 모두 '戹(액)'으로 썼다.

손이양(孫詒讓)은 '戹'은 '軛(멍에 액)'자의 고자(古字)라고 하였다.(≪명원(名原)≫)

'厄'은 '戹'의 속자(俗字)이며 경전에서는 '阨(좁을 애; 막힐 액)'으로 쓰기도 하였다.

≪설문해자≫에서는 "戹은 좁다는 뜻이다. 戶(호)는 의미부분이고 乙(을)은 발음부분이다.(「戹, 隘也. 从戶, 乙聲.」)"라고 하였다.

길이 좁고 험하면 지나가기가 힘들기 때문에 '불행'이라는 뜻이 나왔다. 액운(厄運), 횡액(橫厄) 등과 같은 말이 그러한 예이다. ■

7 厚
두터울 후　hòu

'厚'자는 갑골문과 금문을 모두 보면 '厂(엄·한)'과 '𣍘(두터울 후)'로 구성되어 있다. 소전 역시 '𠪚'로 썼다. '厚'는 이 글자의 예서체이다.

서중서(徐中舒)는 '𣍘'는 옛날 사람들이 동굴에서 생활할 때의 집 구조를 그린 '𣍘'의 생략형인데, '𣍘'은 '墉(담 용)'의 본자(本字)이므로 '厚'는 담이 두터운 것을 의미한다고 하였고(≪갑골문자전(甲骨文字典)≫), 장일승(張日昇)은 '𠪚' 즉 '厚'는 '厂'이 의미부분이고 '𣍘'가 발음부분인 형성자라고 하였다.(≪금문고림(金文詁林)≫)

≪설문해자≫에는 "𠪚(厚)는 산이나 언덕이 두터운 것이다. 𣍘와 厂은 모두 의미부분이다. 垕는 厚의 고문(古文)으로 后(후)와 土(토)로 이루어졌다.(「𠪚, 山陵之厚也. 从𣍘, 从厂. 垕, 古文厚, 从后·土」)"라고 하였다.

후덕(厚德), 후사(厚謝), 후의(厚意), 농후(濃厚), 중후(重厚), 후안무치(厚顏無恥) 등과 같은 말은 여기에서 나온 것이다. ■

8 原(源)
근원 원　yuán

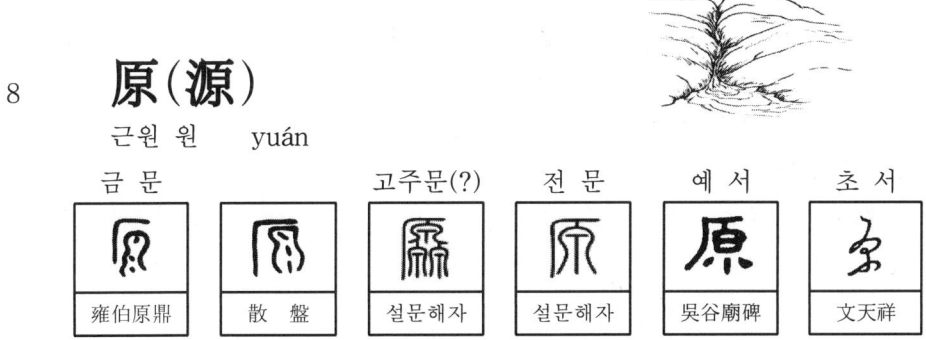

갑골문에는 '原'자가 보이지 않는다.

서주(西周) 금문의 자형은 모두 바위[厂(엄)] 틈에서 샘물[泉(천)]이 흘러 내려가는 모양을 나타내고 있다.

≪설문해자≫에서는 "厵은 샘물이 흘러나오는 근원지(根源地)를 뜻한다. 샘물[灥(천)]이 바위[厂] 아래에서 흘러나오고 있는 형태(의 회의자)이다. 原은 전문으로 (灥 대신) 泉을 하나만 썼다.(「厵, 水泉本也. 从灥出厂下. 原, 篆文从泉.」)"라고 하였다.(단옥재(段玉裁, ≪설문해자주≫)는 原가 전문이므로 厵은 고문(古文)이나 주문(籒文)이라고 하였다.)

오늘날 '原'자는 '泉'자의 아래 부분인 '水(수)'를 '小(소)'자처럼 쓰는데, 이는 엄격하게 말하면 잘못된 것이다. 그러나 오랫동안 써서 이미 굳어진 것은 그 나름대로 인정을 받기 때문에 맞다 틀리다라고 논쟁할 필요는 없다.

현재 '原'은 '물'과는 상관없는 '근본적'인 뜻, 예를 들면 원리(原理), 원색(原色), 원칙(原則), 원인(原因), 복원(復原)' 그리고 '언덕'과 관련 있는 고원(高原)·평원(平原) 등과 같이 쓰이고, '샘물'에서 비롯된 원천(源泉)·근원(根源)이라고 할 때는 'ㆍ氵(물 수)'변을 더한 '源(원)'자를 쓴다. ■

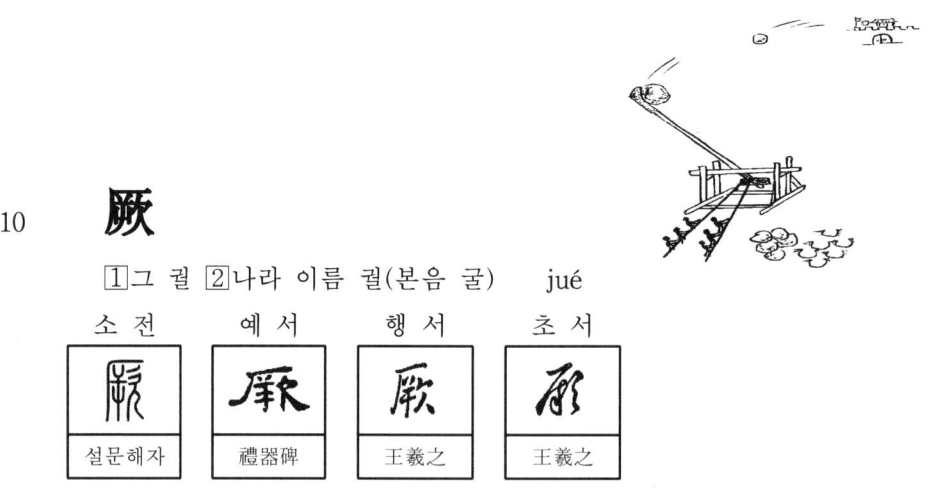

10 厥

① 그 궐 ② 나라 이름 궐(본음 굴)　　jué

소전　　예서　　행서　　초서

| 설문해자 | 禮器碑 | 王羲之 | 王羲之 |

갑골문과 금문에는 '厥'자가 보이지 않는다.

≪설문해자≫에서는 "厥은 돌을 발사한다는 뜻이다. 厂(엄)은 의미부분이고, 欮(궐)은 발음부분이다.(「厥, 發石也. 从厂, 欮聲.」)"라고 하였다.

'厥'은 뒤에 '그'라는 의미로 가차(假借)되었다. ■

厶部

厶
①사사 사 ②아무 모 sī

금문	소전	예서	초서
▽	ㄥ	△	厶
厶官鼎	설문해자	校官碑	祝允明

갑골문에는 '厶'자가 보이지 않는다.

전국(戰國)시대 금문에서는 '▽'으로 썼는데, 이것이 무엇을 가리키는 것인지는 분명하지 않다.

《설문해자》에서는 "厶는 사사롭다는 뜻이다. 《한비자(韓非子)》에 이르기를 '창힐(蒼頡)이 글자를 만들었는데, 자기에게 이롭게 하는 것을 厶라고 한다.'라고 하였다.(「厶, 姦袤也. 韓非曰: '蒼頡作字, 自營爲厶.'」)"라고 하였다.

단옥재(段玉裁)는 "공(公)과 사(私)라고 할 때의 私자는 본래 厶자였는데, 私자가 널리 쓰이게 되자 厶자는 쓰이지 않게 되었다. 私는 본래 벼[禾(화)]의 이름이다."라고 하였다.(《설문해자주》)(<화부(禾部)> 2획 '私'자 참조)

참고로 《한비자·오두(五蠹)》를 보면, "옛날 창힐이 글자를 만들 때 자기 쪽으로 도는 것을 厶라고 하였고, 厶와 반대되는 것을 公이라고 하였다.(「古者蒼頡之作書也, 自環者謂之厶, 背厶謂之公.」)"라고 하였다.

현재 <厶부>에 속한 글자로는 '厹(세모난 창 구)', '去(갈 거)', '參(석 삼; 참여할 참)', '㕙(약은 토끼 준)' 등이 있다. ■

3 去
①갈 거 ②버릴 거 qù

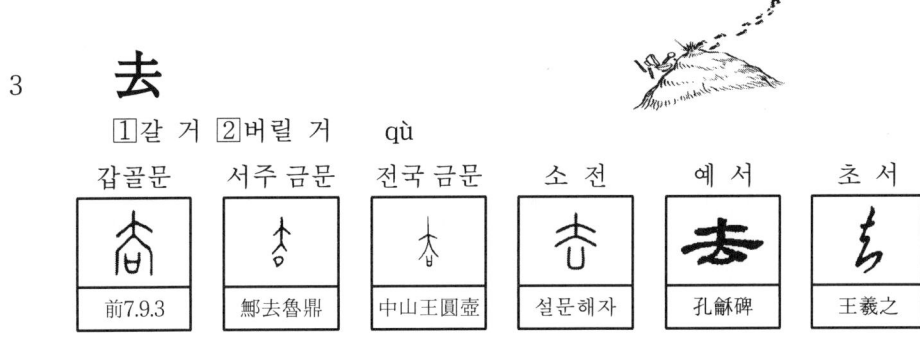

갑골문	서주 금문	전국 금문	소전	예서	초서
夻	㐫	㐫	㐫	去	去
前7.9.3	鄭去魯鼎	中山王圓壺	설문해자	孔龢碑	王羲之

'去'자는 갑골문과 금문의 자형을 보면 '大'와 'ㅂ'으로 이루어졌고, 소전은 '大'와 '△'로 이루어져 있다. 그런데 이것이 각각 무엇을 본뜬 것인지에 대해서는 아직 정설이 없다.

먼저 서개(徐鍇)는 '△'는 밥그릇[飯器(반기)]이고, '大'는 사람을 그린 것이라고 하였고(≪설문해자계전(繫傳)≫), 주준성(朱駿聲)은 '大'를 그릇의 뚜껑으로 보았다.(≪설문통훈정성≫)

상승조(商承祖)는 주준성의 견해와 마찬가지로 '△'와 '大'를 그릇과 그 뚜껑의 형태로 간주하고, '去'는 '筥(대밥그릇 허)'자의 본자(本字)이며, ≪설문해자≫의 해석은 가차의(假借義)라고 하였다.(≪은계일존(殷契佚存)≫)

한편 장훤(張暄)은 이와는 다른 견해를 보이고 있다. 그는 "갑골문의 去자는 모두 '大' 부분과 'ㅂ'으로 구성되어 있을 뿐 ≪설문해자≫에서 말하는 '△'로 이루어지지 않았다. 大는 사람을 가리키고 △는 구역을 뜻하는데, 사람이 어떤 구역밖에 위치하므로 그래서 '떠나가다'라는 의미로 해석되는 것이다."라고 주장하였다.(≪문자형의원류신석전(文字形義源流新釋典)≫)

≪설문해자≫에서는 "去는 사람이 서로 멀어진다는 뜻이다. 大(대)는 의미부분이고, △(거)는 발음부분이다.(「去, 人相違也. 从大, △聲.」)"라고 하였다.

'가다'라는 훈은 여기에서 나온 것이다. 거취(去就), 과거(過去), 수거(收去) 등과 같은 말이 그러한 예이다. 나아가 사역동사로 '멀어지게 하다'라는 뜻도 된다. '버리다'라는 훈은 여기에서 나온 것이다. 거세(去勢), 제거(除去), 철거(撤去) 등과 같은 말이 그러한 예이다.

한편 위에서 발음부분 '△'자는 '凵(입 벌릴 감)'자가 아니고 밥그릇을 뜻하는 '△'자이다. 해서체로는 두 글자의 차이를 구별할 수 없지만 소전에서는 '凵'은 'U'으로 쓰고, '△'는 'U'로 조금 다르게 썼다.

현재 자전에서는 '筥'자를 죽부(竹部) 5획에 수록하고 있는데, 이 글자의 본자(本字)가 바로 '△'자이다. 참고로 ≪설문해자≫ 제5편 상 <거부(△部)>를 보면 "△는 거로(△盧)로, 밥그릇이다. 버드나무로 만든다. 상형자이다. 筥는 △의 혹체자(或體字)로, 竹은 의미부분이고, 去는 발음부분이다.(「U, △盧, 飯器. 以柳爲之. 象形. 筥, △或从竹, 去聲.」)"라고 하였다. ■

9 參 叁(中) 参(日)
① 석 삼 ② 참여할 참 ③ 들쭉날쭉할 참 ④ 별 이름 삼
cān　sān　shēn

상 금문	서주 금문			춘추 금문	
父乙盉	衛盉	盠尊	克鼎	者減鐘	仰子受鐘

전국 금문		소 전	혹 체	예 서	초 서
魚鼎匕	梁上官鼎	설문해자	설문해자	曹全碑	王羲之

갑골문에는 '參'자가 보이지 않는다.

금문의 자형을 보면 별이 사람 머리 위에 있는 형태(<부을화(父乙盉)>)를 기본으로, '彡(삼)'을 더하였거나(<위화(衛盉)> 등) 혹은 사람을 생략한 형태(<어정비(魚鼎匕)>) 등이 있다. 즉 어떤 별자리의 별이 사람의 머리 위에서 빛나고 있음을 뜻한다.

소전은 별 세 개[晶]와 '彡'·'人(인)'을 합하여 '曑'으로 썼고, '參'은 이 글자의 혹체자(或體字)로 ≪설문해자≫에 수록되어 있다.

≪설문해자≫에서는 "曑은 상성(商星)을 뜻한다. 晶(정)은 의미부분이고, 㐱(진)은 발음부분이다. 參은 曑의 혹체자로 생략형이다.(「曑, 商星也. 从晶, 㐱聲. 參, 曑或省.」)"라고 하였다.

임결명(林潔明)은 '參'자에서 '㐱'이 발음부분이라고 한 데 대하여, '參'과 '㐱'은 발음이 가깝지 않으므로, '參'은 세 개의 별이 사람의 머리 위에서 빛난다는 뜻으로 '彡(삼)'이 발음부분이라고 하였다.(≪금문고림(金文詁林)≫)

참고로 '參'의 고음(古音)은 *tsəm / tsəm(점→참), *səm / səm(섬→삼), *ts'əm / ts'əm(첨→참), *ts'iəm / tṣɨIm(짐→참), *siəm / ṣɨIm(심→삼) 등 5가지이고, '㐱'의 고음은 *tjien / tɕiIn(진)으로 상고음(上古音)의 경우 발음상 '參'과 '㐱'은 쌍성(雙聲) 또는 첩운(疊韻) 관계를 이루지 못하므로, '參'자에서 '㐱'은 발음부분이 되기

에 부적합하다는 임결명의 주장은 일리가 있다.

'參'자는 우리말로는 두 가지, 중국어로는 세 가지 발음이 있다. 먼저 '섞어서 3이 되게 만들다'라는 뜻일 때는 '참'(현대 중국어 발음 [cān], 찬)으로 읽는다. 참여(參與), 참가(參加), 참고(參考), 참작(參酌), 지참(持參) 등은 여기에서 나온 말이다. '들쭉날쭉하다'라는 뜻의 '참치(參差)'도 있는데 이것은 뜻하고는 상관없는 순수한 발음 결합이다. 둘째 숫자 '3'을 뜻할 때는 '삼'([sān], 싼)으로 읽고, 끝으로 셋째 '인삼(人蔘)'·'별자리 이름' 등으로 쓰일 때는 '삼'([shēn], 선)으로 읽는다. ■

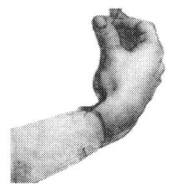

又部

又
또 우   yòu

갑골문	서주 금문	춘추 금문	소전	예서	초서
粹111.2	大盂鼎	秦公簋	설문해자	孔羨碑	王羲之

'又'자는 '오른손'을 그린 상형자로서, 갑골문·금문·소전 등의 자형이 모두 같다.

≪설문해자≫에서는 "又는 손이다. 상형이다. 손가락이 세 개인 것은, 손가락이 갈라진 것을 모두 나타내려면 너무 많기 때문에 줄여서 셋만 표시하였다.(「又, 手也. 象形. 三指者, 手之列多, 略不過三也.」)"라고 하여, '又'를 단지 '손'이라고만 했을 뿐 '오른손'이라고는 하지 않았다.

갑골문이나 금문 등 고문자에서는 '손'이라는 뜻을 나타낼 때는 왼손과 오른손의 차이를 두지 않았지만, 오른손과 왼손을 구분하여 말할 때는 오른 손은 'ᄎ'으로, 왼손은 'ᄂ'으로 나누어 사용하였다.

'又'를 부사 '또'라고 훈을 하는 것은 가차의(假借義)이다.

<又部>에 속한 글자들은 대부분 '손'과 관련이 많다. '叉(깍지 낄 차)', '及(미칠 급)', '反(돌이킬 반)', '友(벗 우)', '受(받을 수)', '叔(아재비 숙)', '取(취할 취)', '叛(배반할 반)', '叙(펼 서)', '叢(모을 총)' 등이 있다. ■

又部 201

2 及
미칠 급   jí

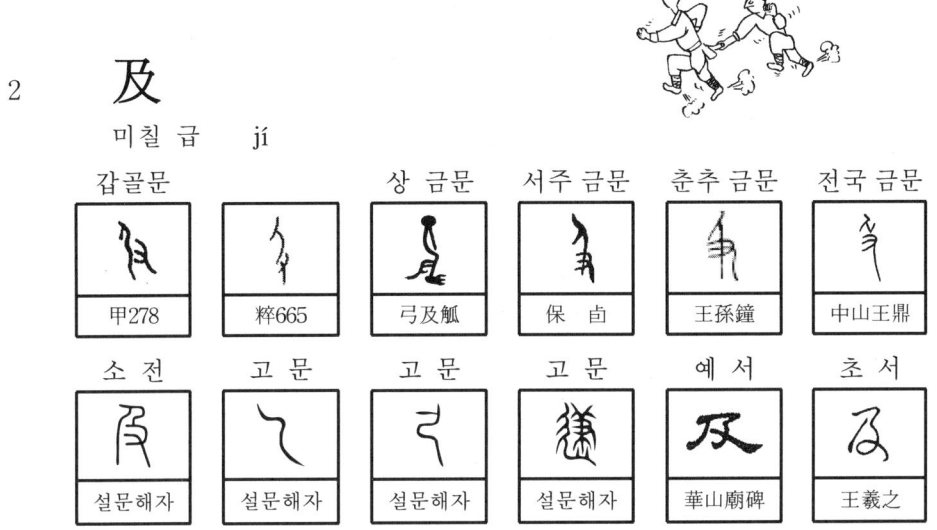

갑골문	상 금문	서주 금문	춘추 금문	전국 금문
甲278	粹665	弓及觚	保卣	王孫鐘	中山王鼎

소전	고문	고문	고문	예서	초서
설문해자	설문해자	설문해자	설문해자	華山廟碑	王羲之

'及'자는 갑골문과 상(商)·서주(西周) 금문을 보면 손[又], 즉 又(우)]으로 사람[人], 즉 人(인)]을 붙잡고 있는 모습이다. 그러므로 '붙잡다'·'체포(逮捕)하다'·'따라가다' 등의 뜻을 나타내는 회의자임을 알 수 있다.

후에 '及'은 '도달하다'·'미치다'라는 뜻으로 의미가 넓어졌고, '…… 및'·'그리고' 등과 같은 접속사로 가차(假借)되기도 하였다.

≪설문해자≫에서는 "及은 따라가서 붙잡았다는 뜻이다. 又와 人은 모두 의미부분이다. ㇈은 及의 고문(古文)이다. 진(秦) 석각(石刻)의 及자도 이와 같다. ㇈도 역시 及의 고문이다. 逮도 역시 及의 고문이다.(「及, 逮也. 从又, 从人. ㇈, 古文及. 秦石刻及如此. ㇈, 亦古文及. 逮, 亦古文及.」)"라고 하였다. ■

反
①돌이킬 반 ②뒤칠 번   fǎn

갑골문	상 금문	서주 금문		춘추 금문	전국 금문
前2.4.1	戍甬鼎	大保簋	頌鼎	姑發劍	曾侯乙鐘

소 전	고 문	예 서	행 서	초 서
설문해자	설문해자	史晨後碑	王羲之	孫虔禮

'反'자는 갑골문과 금문, 그리고 소전 등이 모두 절벽[厂(엄)]과 손[又(우)]으로 이루어졌다. 그런데 이것이 무엇을 뜻하는지에 대해서는 아직 정론이 없다.

양수달(楊樹達)은 '反'은 손으로 절벽을 기어오른다는 뜻이라고 하였고(≪적미거소학술림(積微居小學述林)≫), 장훤(張暄)은 절벽에서 손으로 밀어 넘어뜨린다는 뜻이라고 하였다.(≪문자형의원류변석전(文字形義源流辨釋典)≫)

양수달의 견해가 옳다면 '反'은 '攀(붙잡고 오를 반)' 또는 '扳(끌어당길 반)'의 본자(本字)가 된다. 이효정(李孝定)선생(≪갑골문자집석(甲骨文字集釋)≫)·서중서(徐中舒, ≪갑골문자전(甲骨文字典)≫)·고홍진(高鴻縉, ≪중국자례(中國字例)≫)·장일승(張日昇, ≪금문고림(金文詁林)≫) 등도 이와 같은 견해를 밝히고 있다.

≪설문해자≫에서는 "反은 (손을) 뒤집는다는 뜻이다. 又와 厂은 모두 의미부분이다. 뒤집어진 형태이다. 反은 고문(古文)이다.(「反, 覆也. 从又·厂. 反形. 反, 古文.」)"라고 하였다.

반대(反對), 반란(反亂), 반복(反復), 반응(反應) 등과 같은 말은 여기에서 나온 것이다. ■

友
벗 우   yǒu

갑골문		상 금문	서주 금문		
菁1.1	乙6404	友觚	大鼎	召卣	友簋

춘추 금문	소 전	고 문	고 문	예 서	초 서
土係鐘	설문해자	설문해자	설문해자	鄭固碑	懷素

'友'는 갑골문을 보면 2개의 손[又(우)]으로 구성되어 있다. 이 뜻은 한 사람의 손에 다른 사람의 손을 더한 것이므로, '협조자'를 의미한다고 볼 수 있다.(서중서(徐中舒), ≪갑골문자전(甲骨文字典)≫)

금문에서는 '口(구)'가 더해지거나(<소유(召卣)>), '甘(감)'이 더해진 자형(<우궤(友簋)>)도 있다. 이 자형은 ≪설문해자≫에 실린 고문(古文)과 비슷하다.

나진옥(羅振玉)은 "友는 고문에서는 𦐧로 썼다. 羽는 ㄓㄓ를 잘못 옮겨 쓴 것이고, 또 百은 甘을 잘못 쓴 것이다.(「友, 古作𦐧. 從羽乃從ㄓㄓ傳寫之譌, 從百又爲甘之譌也.」)"라고 하였다.(≪증정은허서계고석(增訂殷虛書契考釋)≫)

≪설문해자≫에서는 "友, 같은 뜻을 지닌 사람을 友라고 한다. 두 개의 又자로 이루어졌다. 서로 사귀어 친구가 된다는 뜻이다. ㄓㄓ(=羽)는 友의 고문이다. 𦐧 역시 友의 고문이다.(「友, 同志爲友. 从二又, 相交友也. ㄓㄓ, 古文友. 𦐧, 亦古文友.」)"라고 하였다.

우정(友情), 우의(友誼), 우애(友愛), 우호(友好) 등과 같은 말은 여기에서 나온 것이다. ■

6 受
받을 수 shòu

갑골문		상 금문		서주 금문	
後上17.5	後上18.3	受父乙觶	受 簋	大盂鼎	頌 鼎

춘추 금문	전국 금문	소 전	예 서	행 서
王子午鼎	中山王壺	설문해자	夏承碑	王羲之

'受'자는 갑골문을 보면 두 손 사이에 'ㅂ'(=凡, 범) 즉 쟁반[槃(반)]이 있는 모양이다. 즉 두 사람이 물건을 주거나 혹은 받는 것을 나타내는 회의자이다.

고대 중국어에는 주고[授(수)] 받는[受] 주체(主體)와 객체(客體)의 구별이 없었다.(<패부(貝部)> 5획 '買(매)'자 참조)

≪설문해자≫에서는 "受는 서로 준다는 뜻이다. 爪(표)는 의미부분이고, 舟(주)의 생략형은 발음부분이다.(「受, 相付也. 从爪, 舟省聲.」)"라고 하였는데, 갑골문과 금문을 볼 때 '冖'은 '舟'의 생략형이 아니다. 고문자에서는 '凡'자와 '舟'자의 모양이 비슷해서 종종 혼동을 일으키는 경우가 있는데, 허신(許愼)도 그런 착각을 한 것 같다.

'受'는 본래 '주고받는' 뜻이었는데, 뒤에 '받는 일'에만 쓰이게 되었다. 수락(受諾), 수난(受難), 감수(甘受), 수험생(受驗生) 등과 같은 말이 그러한 예이다. ■

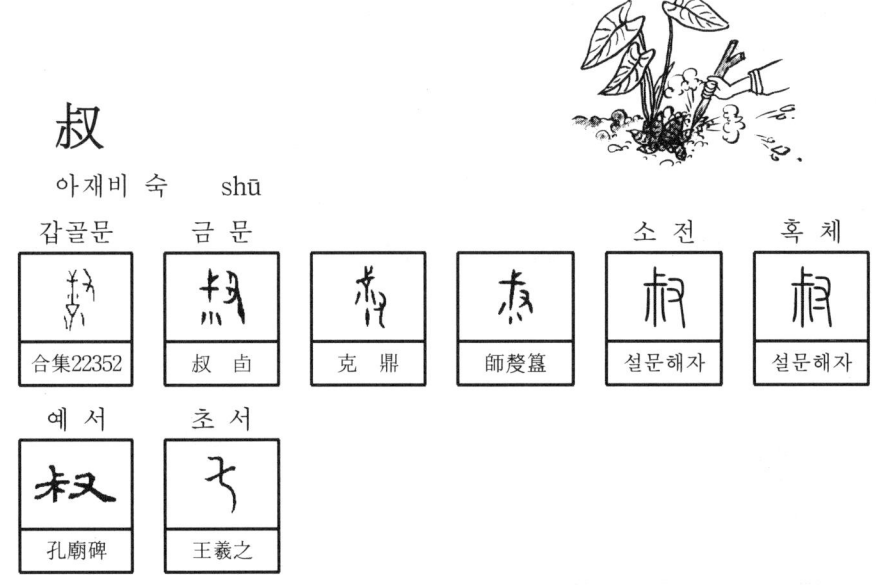

叔

아재비 숙   shū

갑골문	금문			소전	혹체
合集22352	叔卣	克鼎	師訇簋	설문해자	설문해자

예서	초서
孔廟碑	王羲之

'叔'자는 갑골문과 서주(西周) 금문 그리고 소전의 자형이 모두 '尗(콩 숙)'과 '又(우)'로 이루어져 있다.

곽말약(郭沫若)은 '叔'은 손[又]으로 막대기[丨]를 잡고 토란[丶]을 캐는 모양으로, 백부(伯父)·숙부(叔父)라고 할 때의 '叔'자의 뜻은 가차(假借)라고 하였고(≪양주금문사대계고석(兩周金文辭大系攷釋)≫), 주방포(朱芳圃)는 땅에서 말뚝[丨, 弋(익) 즉 杙(말뚝 익)]을 뽑아내는 모양을 그린 것이라고 하였다.(≪은주문자석총(殷周文字釋叢)≫)

≪설문해자≫에서는 "叔은 거두어들인다는 뜻이다. 又는 의미부분이고, 尗은 발음부분이다. 여남(汝南) 지방에서는 토란을 수확하는 것을 叔이라고 한다. 尌은 叔의 혹체자(或體字)로 (又 대신) 寸(촌)을 썼다.(「叔, 拾也. 从又, 尗聲. 汝南名收芋爲叔. 尌, 叔或从寸.」)"라고 하였다. ■

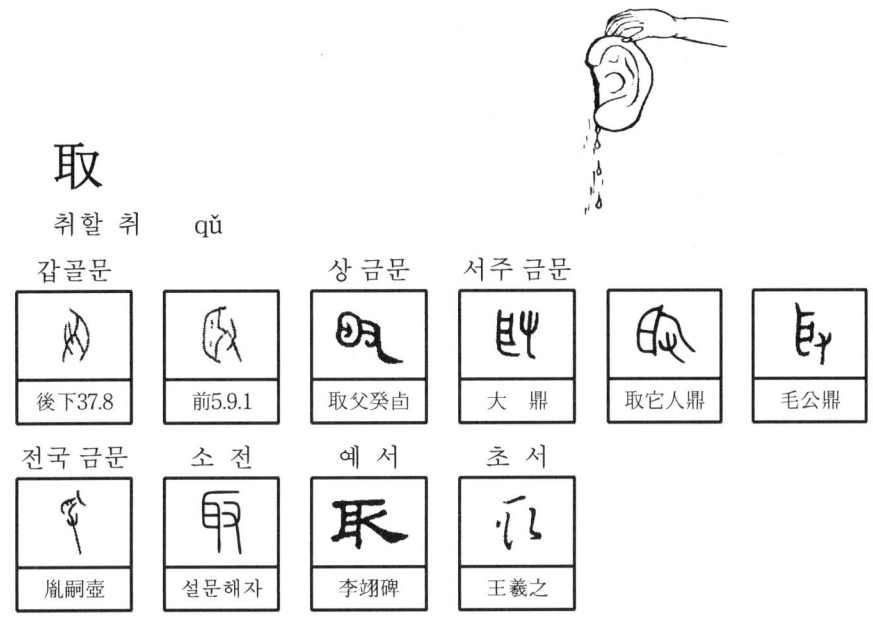

取
취할 취　qǔ

갑골문		상 금문	서주 금문		
後下37.8	前5.9.1	取父癸卣	大　鼎	取它人鼎	毛公鼎

전국 금문	소 전	예 서	초 서
胤嗣壺	설문해자	李翊碑	王羲之

'取'자는 갑골문·금문·소전 모두가 손[又(우)]으로 귀[耳(이)]를 잡고 있는 모양이다. 옛날에는 전쟁 중 잡힌 포로들의 귀를 베어 그 숫자를 셌다고 한다.

≪설문해자≫에서는 "取는 붙잡아서 (귀를) 갖는다는 뜻이다. 又와 耳는 모두 의미부분이다.(「取, 捕取也. 从又, 从耳.」)"라고 하였다.

'取'는 본래 '귀를 갖는다'는 뜻이었는데, 뒤에 '가지는 일'에 관련된 말에 두루 쓰이게 되었다. 취급(取扱), 취득(取得), 취소(取消), 쟁취(爭取), 취사선택(取捨選擇) 등과 같은 말이 그러한 예이다. ■

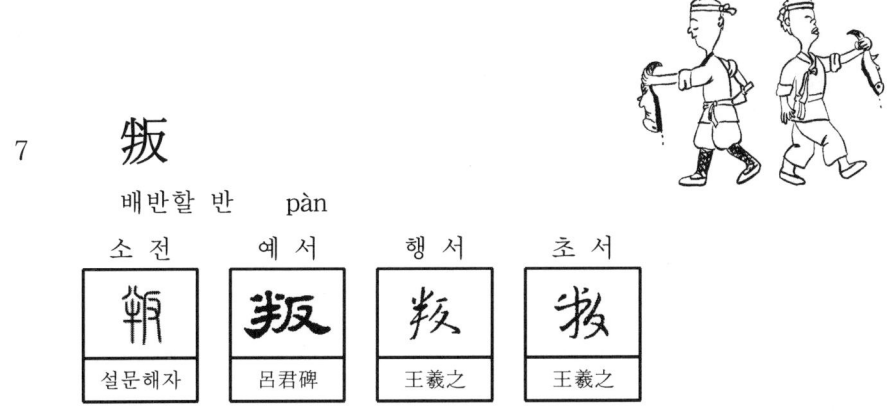

7
叛
배반할 반　pàn

소 전	예 서	행 서	초 서
설문해자	呂君碑	王羲之	王羲之

갑골문과 금문에는 '叛'자가 보이지 않는다.

≪설문해자≫에서는 "叛은 반으로 나눈다는 뜻이다. 半(반)은 의미부분이고, 反(반)은 발음부분이다.(「叛, 半也. 从半, 反聲.」)"라고 하였는데, 단옥재(段玉裁)는 '反'은 의미부분이기도 하다고 하였다.(≪설문해자주≫)

한편 왕균(王筠)은 "≪옥편(玉篇)≫과 ≪광운(廣韻)≫ 모두에 '반으로 나눈다'는 말은 없다. 무슨 글자를 잘못 썼는지 모르겠다.(「≪玉篇≫·≪廣韻≫皆無'半也'之說, 不知爲何字之譌.」)"라고 하였다.(≪설문해자구두≫)

오늘날 '叛'은 '배반(背叛)한다'는 뜻으로 쓰인다. 반란(叛亂), 반역(叛逆) 등 역시 그러한 말이다. ■

口部 207

3획

口部

口

입 구   kǒu

갑골문		금문	소전	예서	행서
甲293	佚286	戊寅鼎	설문해자	淮源廟碑	王羲之

'口'자는 사람의 입 모양을 그린 상형자이다. 갑골문, 상(商)나라 금문 그리고 소전 등의 자형이 거의 같다.

≪설문해자≫에서는 "口는 사람이 말하고 먹는 기관이다. 상형이다.(「口, 人所以言食也. 象形.」)"라고 하였다.

<口부>에 속한 글자들은 대부분 '입'과 관련이 많다. 예는 너무 많아 생략한다. ■

2 可

옳을 가   kě

갑골문			서주 금문	춘추 금문	
甲3079	甲3326	甲1518	可侯簋	蔡太師鼎	蔡侯申殘鐘

전국금문		소전	예서	초서
中山王壺	不光劍	설문해자	孔龢碑	王羲之

'可'자는 갑골문을 보면 '丁' 즉 '丁' 만을 쓰거나 또는 'ㅁ(구)'를 더한 형태 두 가지이다. 금문과 소전에서는 '可'로 썼다.

굴만리(屈萬里)는 '丁'는 '도끼 자루[柯(가)]'를 본뜬 상형자인데, 가차(假借)되어 '가부(可否)'의 '可'자로 쓰이게 되었다고 하였다.(≪은허문자갑편고석(殷虛文字甲編考釋)≫) 이 설은 대부분의 학자들이 긍정하고 있다.

≪설문해자≫에서는 "可는 긍정한다는 뜻이다. ㅁ와 ㄷ(하)는 모두 의미부분인데, ㄷ는 발음부분이기도 하다.(「可, 肯也. 从ㅁ·ㄷ, ㄷ亦聲.」)"라고 하였다.

'옳다'라고 하는 훈은 여기에서 나온 것이다. 나아가 가능(可能), 인가(認可), 허가(許可) 등과 같은 말이 나오게 되었다.

참고로 ≪설문해자·고부(丂部)≫의 'ㄷ'자 해설을 보면, "ㄷ는 丂(고)를 거꾸로 한 것이다. 呵(가)자처럼 읽는다.(「ㄷ, 反丂也. 讀若呵.」)"라고 하였고, '丂'자에 대해서는 "丂는 기(氣)가 편안하게 나오려고 하는데, ㄅ 위에서 一에 의해 방해를 받고 있다는 뜻이다.(「丂, 氣欲舒出, ㄅ上礙於一也.」)"라고 하였다. ■

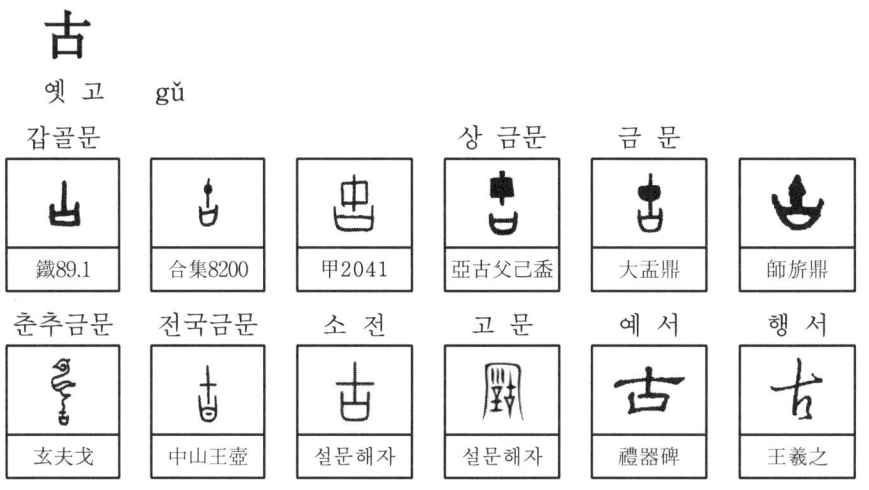

古
옛 고　gǔ

갑골문			상 금문	금문	
鐵89.1	合集8200	甲2041	亞古父己盉	大盂鼎	師旂鼎

춘추금문	전국금문	소 전	고 문	예 서	행 서
玄夫戈	中山王壺	설문해자	설문해자	禮器碑	王羲之

'古'자는 갑골문, 금문, 소전 등이 모두 'ㅣ'(즉 十) 또는 '十(십)'과 'ㅁ(구)'로 이루어졌다.

곽말약(郭沫若)은 '古'는 튼튼하지 못하다는 뜻의 '鹽(고)'자의 초문(初文)이라고 하였는데(≪갑골문자연구(甲骨文字研究)·석구(釋寇)≫), 갑골문에서 '古'자는 이 뜻으로 많이 쓰였다. 이 주장이 옳다면 '오래된 것'·'옛 것' 등과 같은 뜻은 여기에서 인신(引伸)된 것이라고 볼 수도 있다.

≪설문해자≫에서는 "古는 옛날이라는 뜻이다. 十과 口는 모두 의미부분이다. 전시대(前時代)의 말을 안다는 뜻이다. 𠙿는 古의 고문(古文)이다.(「古, 故也. 从十口. 識前言者也. 𠙿, 古文古.」)"라고 하였는데, 10사람의 입[口]이 의미부분이라는 것은 10세(世)에 걸쳐 전해 내려온 옛말이라는 뜻이므로 이 해설 또한 참고할 만하다. ■

글귀 구　jù　gōu

갑골문	상 금문		서주 금문		
前8.4.8	句父癸盉	句且癸觶	永盂	師鄂父鼎	瓚比盨

춘추 금문	전국 금문	소전	예서	초서
昏同子句鎛	大后廚官鼎	越王州句劍	설문해자	石經殘碑	唐 玄宗

'句'자는 갑골문을 보면 '얽히다'라는 뜻의 'ㄐ(구)' 안에 '口(구)'가 있는 형태이다. 금문과 소전의 자형은 'ㄐ' 아래에 '口'가 있다.

≪설문해자≫에서는 "句는 굽었다는 뜻이다. 口는 의미부분이고, ㄐ는 발음부분이다.(「句, 曲也. 从口, ㄐ聲.」)"라고 하였다.

'句'는 우리말 독음(讀音)에 '구'와 '귀' 두 가지 발음이 있는 것처럼 현대 중국어에도 [gōu](꼬우)와 [jù](쥐) 두 가지 발음이 있다. 우리는 이 둘을 구별 없이 쓰지만, 중국어에서는 [gōu](우리말의 '구')라고 읽을 때는 '굽었다'는 뜻으로 쓰고 글자도 '勾'로 쓴다. 그리고 [jù]('귀')라고 읽을 때는 문장의 표점부호인 구두(句讀) 또는 구절(句節)·문장(文章) 등과 같은 뜻으로 쓴다.

이렇게 본래는 한 글자였는데 발음의 차이로 말미암아 뜻과 형태를 각각 달리 가지게 되는 경우는 글자의 발전 과정에서 종종 있는 일이다. ■

叫

부르짖을 규(본음 교)   jiào

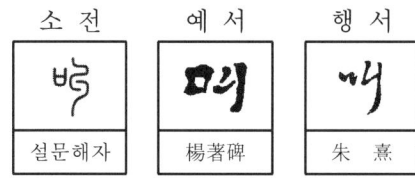

소전	예서	행서
설문해자	楊著碑	朱熹

갑골문과 금문에는 '叫'자가 보이지 않는다.

≪설문해자≫에서는 "叫는 큰 소리로 부른다는 뜻이다. 口(구)는 의미부분이고, 丩(구)는 발음부분이다.(「叫, 嘑也. 从口, 丩聲.」)"라고 하였다.

규탄(糾彈), 절규(絶叫), 아비규환(阿鼻叫喚) 등과 같은 말은 모두 여기에서 나온 것이다. ■

司

맡을 사   sī

갑골문		서주 금문	전국 금문	소전
菁2.1	前2.14.3	毛公鼎	揚簋	大梁鼎	설문해자

예서	행서
孔龢碑	王羲之

'司'자는 갑골문과 금문을 보면 '匕(숟가락 비)'를 거꾸로 한 '㇇'와 입 또는 그릇을 뜻하는 'ㅂ'으로 이루어져 있다. 즉 '먹다' 또는 '먹이다'라는 뜻을 나타낸다.

옛날 제사를 지낼 때 신(神)에게 제삿밥을 올리는 것을 '司'라고 하였는데, 이 글자는 뒤에 '示(시)'가 더해져 '祠(사당 사)'자가 되었다. '어떤 일을 주관(主管)하다'라는 뜻의 '司'는 여기에서 비롯된 것으로 짐작된다.(진몽가(陳夢家), ≪복사종술(卜辭綜述)≫; 서중서(徐中舒), ≪갑골문자전(甲骨文字典)≫ 참조)

≪설문해자≫에서는 "司는 밖에서 일을 하는 관리를 뜻한다. 后(후)자를 거꾸로 한 형태이다.(「司, 臣司事於外者. 从反后.」)"라고 하였다.

'司'는 본래 '제삿밥을 올리다'는 뜻이었다. 여기에서 '일하다' 명사로는 '일하는 사람' 등으로 발전하였다. 사서(司書), 상사(上司), 사회자(司會者), 사법부(司法府) 등과 같은 말이 그러한 예이다. ■

갑골문·금문 등 고문자에서는 '史'·'事(사)'·'使(사)' 그리고 '吏(리)' 네 글자는 본래 한 글자였다. 위에서 예를 든 이들 글자의 형태를 비교하여 보면 잘 알 수 있다. 다만 '使'는 갑골문과 서주(西周)시대 금문까지는 '吏' 또는 '事'자와 같이 썼는데, 전국(戰國)시대에 들면서 '辶(착)'이 더해지기도 하였다.

'史'·'事'·'吏' 등이 자형이 비슷하고 또 한 글자였다고 하지만 이것이 무엇을 그린 것인지에 대해서는 아직 정론이 없다.

오대징(吳大徵)은 손으로 간서(簡書)를 쥐고 일을 하는 모양이라고 하였고(≪설문고주보(說文古籀補)≫), 왕국유(王國維)는 손으로 책을 쥐고 있는 모양을 그린 것이라고 하였으며(≪관당집림(觀堂集林)≫), 마서륜(馬敍倫)은 손으로 붓을 거꾸로 잡고 있는 모양이라고 하였다.(≪마서륜학술논문집(馬敍倫學術論文集)≫)

또한 서중서(徐中舒)는 사냥 도구인 창을 잡고 사냥을 한다는 뜻이라고 하였고(≪갑골문자전(甲骨文字典)≫), 하록(夏淥)은 손으로 풀[屮]을 땅에 심고 있는 모양으로 '蒔(모종낼 시)'자의 초문(初文)이라고 하였는데(장설명(張雪明) ≪형음의자전(形音義字典)≫에서 재인용), 누구의 주장이 옳은지는 아직 분명하지 않다.

≪설문해자≫의 '史'·'事'·'使' 세 글자에 대한 풀이를 살펴보면 다음과 같다.

'史': "史는 일을 기록하는 사람이다. 손[又(우)]으로 中(중)을 쥐고 있는 형태(의 회의자)이다. 中은 올바르다는 뜻이다.(「史, 記事者也. 从又持中. 中, 正也.」)"

'事': "事는 일을 한다는 뜻이다. 史는 의미부분이고, 之(지)의 생략형은 발음부분이다. 叓는 事의 고문(古文)이다.(「事, 職也. 从史, 之省聲. 叓, 古文事.」)"

'使': "使는 시킨다는 뜻이다. 人(인)은 의미부분이고, 吏는 발음부분이다.(「使, 伶也. 从人, 吏聲.」)"

'史'·'事'·'使' 등이 본래 무엇을 그린 것인지에 대해서는 아직 정론이 없지만, 어떤 물건을 손에 쥐고 '일을 한다'거나 '글을 쓰는' 것과 관련이 있는 것은 사실이다. 따라서 본래는 한 글자였지만 '일을 한다'는 포괄적인 뜻으로는 명사 '事'로 쓰고, '일을 하는 사람'이라는 뜻으로는 '吏'를 쓰고, 그 동사형으로 '일을 시킨다'는 뜻의 '使'를 만들고, 다시 '글을 쓴다'는 뜻으로는 '사관(史官)'을 뜻하는 '史'로 각각 구별해서 쓰게 된 것이라고 생각된다.

본래는 한 글자였는데, 후세에 글자의 모양을 약간 달리해서 각자 다르지만 연관된 뜻으로 쓰이는 경우는 문자의 사용 과정에서 종종 있는 현상이다. ■

召

부를 소(본음 조)　zhào　shào

갑골문	상 금문	서주 금문			
前2.22.1	四祀邲其卣	穌爵	召尊	禹鼎	克鐘

춘추금문		소 전	예 서	초 서
邾召匜	者減鐘	설문해자	魯峻碑	王羲之

'召'자는 갑골문(<전(前) 2.22.1>)을 보면 맨 위는 '두 손[臼]', 그 가운데는 '숟가락[匕]', 그 아래는 '口(구)' 또는 술독을 그린 '酉(유)' 그리고 맨 아래는 '받침대[田 또는 皿(명)]' 등으로 이루어져 있다.

서중서(徐中舒)는 갑골문의 '召'자는 두 사람이 숟가락으로 술맛을 보는 모양으로, 이는 주인과 손님이 술을 놓고 상견례(相見禮)를 하는 것이라고 하여 '소개(紹介)하다'라는 뜻의 '紹(소)'자의 초문(初文)이라고 하였다.(≪갑골문자전(甲骨文字典)≫)

또 이효정(李孝定)선생은 '召'자의 받침대 부분은 '盧(로)'자의 초문이 아닌가 한다고 하였다.(≪갑골문자집석(甲骨文字集釋)≫)

한편 ≪고문자류편(古文字類編)≫과 ≪갑금전례대자전(甲金篆隷大字典)≫에는 '召'자의 갑골문으로 '𠮛'(<전(前) 4.36.2>)·'𠮟'(<수(粹) 1125>) 등과 같은 자형을 수록하고 있는데, ≪갑골문자집석≫·≪갑골문자전≫·≪한어대자전(漢語大字典)≫·≪한어고문자자형표(漢語古文字字形表)≫ 등에는 이러한 글자를 소개하고 있지 않다.

금문의 자형은 복잡한 것과 간단한 것 두 가지 종류가 있는데, 복잡한 것은 갑골문과 비슷하고 간단한 것은 소전과 비슷하다.

≪설문해자≫에서는 "召는 부른다는 뜻이다. 口는 의미부분이고, 刀(도)는 발음부분이다.(「召, 評也. 从口, 刀聲.」)"라고 하였는데, 갑골문과 금문으로 볼 때 '召'의 윗부분이 칼 '刀'자는 아니다.

소집(召集), 소환(召喚, 법원에서 오라고 명령하는 일), 소환(召還, 불러들임) 등과 같은 말은 모두 '부른다'는 뜻에서 나온 것이다. ■

右

오른쪽 우　yòu

갑골문		금문			
鐵50.3	前1.20.1	矢令彝	甫季鼎	元年師兌簋	散盤

춘추금문	전국금문	소전	예서	행서	초서
吳王光鐘	中山王鼎	설문해자	衡方碑	王羲之	王獻之

'右'자는 갑골문에서는 단지 '⺺'(=又, 우)라고만 썼다.(<우부(又部)> '又'자 참조) 금문은 '口(구)'가 더해진 모양이다.

≪설문해자≫에서는 "右는 돕는다는 뜻이다. 口와 又는 모두 의미부분이다.(「右, 助也. 从口, 从又.」)"라고 하였는데, 이것은 오늘날의 '佑(우)'자에 해당하는 뜻이다.

'右' 즉 '又'는 본래 '손'을 그린 상형자였다.(고문자에서는 '왼 손'·'오른 손'의 구별이 없었다.) 그런데 '又'가 '또한'이라는 부사로 가차(假借)되어 쓰이자 '口'를 더한 '右'를 만들어 그 자리를 대신하게 하였고, 본래 '돕다'라는 뜻의 '右'의 자리는 다시 '佑'자를 만들어 보충하였다. 이것은 '佐(도울 좌)'자의 경우도 마찬가지이다.(<인부(人部)> 5획 '佐'자 참조) ■

只

다만 지　zhǐ

소전	예서	행서
설문해자	張休銘	懷素

갑골문과 금문에는 '只'자가 보이지 않는다.

≪설문해자≫에서는 "只는 말이 끝났음을 표시하는 낱말이다. 口(구)는 의미부분이고, (八은) 기(氣)가 아래로 끌리는 모양을 그린 것이다.(「只, 語已詞也. 从口, 象氣下引之形.」)"라고 하였다.

'只'는 본래 말이 끝났음을 표시하는 어감조사(語感助詞)였는데, 뒤에 '다만'·'단지(但只)'라는 뜻의 부사로 쓰이게 되었다. ■

3 各
각각 각 gè

'各'자는 갑골문을 보면 혈거(穴居) 또는 거주지를 뜻하는 'ㄩ' 또는 'ㅂ'와 발[夂(치)]로 이루어져 있다. 그런데 발[ㄩ]의 모양이 아래 집 쪽을 향하고 있으므로 '(들어) 오다' 또는 '다다르다'라는 뜻을 나타내고 있음을 알 수 있다.

금문에서는 '이동(移動)'을 뜻하는 '彳(척)' 또는 '辵(착)'이 덧붙여져 '洛'(<사호궤(師虎簋)>)·'逢'(<경영유(庚嬴卣)>) 등으로 쓴 형태도 있다. 이것은 '各'자에 '이동'의 뜻을 좀 더 분명하게 하기 위함이라고 볼 수 있다.

양수달(楊樹達)의 견해에 따르면 '各'은 '오다[來(래)]'·'다다르다[至(지)]'라고 해석되는 때의 '格'의 본자(本字)라고 하고 금문에서의 '洛'·'逢' 등은 후대에 의미부분이 다시 더해진 것이라고 하였고, 또 상(商)나라 금문 <재호각(宰椃角)>의 명문(銘文) "王在東門, 夕, 王各.(「왕께서 동문에 계시다가, 저녁이 되자 오셨다.」)"과 <어홉(敔皀)>의 명문 "王各于成周大廟.(「왕께서 周나라 大廟에 납시었다.」)"에서의 '各'은 모두 '오다[來]'의 뜻이라고 하였고(≪적미거소학술림(積微居小學述林)≫), 고홍진(高鴻縉) 역시 '各'은 "발[ㄩ](=止, 지)이 문(門)의 입구를 향하고 있는 모양"이라고 하였다.(≪중국자례(中國字例)≫)

그러므로 '各'은 본래 '오다'라는 뜻의 동사였는데 후에 '각자(各自)'·'각각(各各)' 등과 같은 뜻을 나타내는 부사로 가차(假借)되고 또 이 뜻으로 오랜 세월을 쓰이면서, 이제는 '各'자가 '(들어) 오다'·'다다르다'라는 뜻을 가진 동사였던 것을 아는 사람이 드물게 되었다.

≪설문해자≫에서는 "各은 다르다는 뜻을 나타내는 허사(虛詞)이다. 口(구)와 夂는 모두 의미부분이다. 夂는 가다가 때로는 멈추기도 하여 서로 말을 듣지 않는다는 뜻이다.(「各, 異辭也. 从口·夂. 夂者, 有行而止之, 不相聽也..」)"라고 하였는데, 이 뜻은 이미 가차된 후의 일이다.

참고로 해서체의 '夂'를 비롯하여 '夊(천천히 걸을 쇠)'·'牛(걸을 과)'·'止' 등은 모두 갑골문에서 발을 그린 ' '가 변화한 것이다. 따라서 이 형태가 들어간 글자들은 대체로 '이동'·'행동'과 관계있는 경우가 많다. 예를 들어,

'降(강)': (언덕에서) 내려가다;
'韋(위)'('圍'·'衛'): (주위를 돌며) 경계(警戒)하다;
'步(보)': 걷다;
'陟(척)': (언덕을) 오르다;
'涉(섭)': (물을) 건너다 등. ■

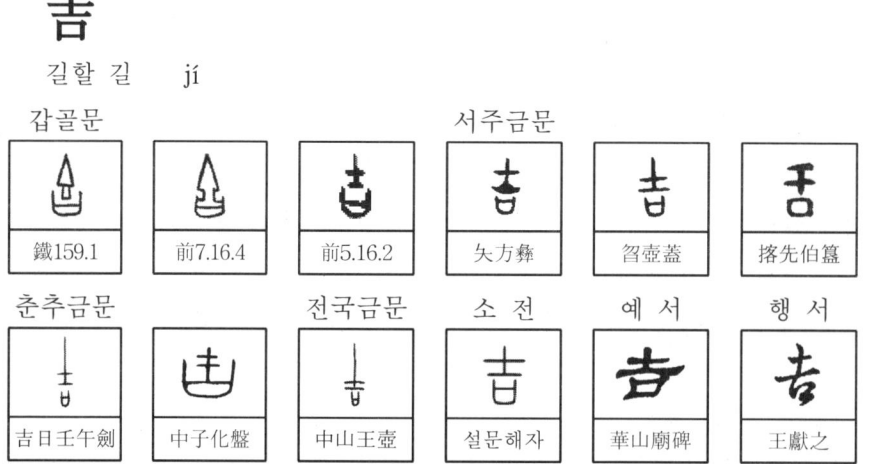

길할 길　jí

'吉'자는 갑골문, 금문, 소전 등의 자형이 대체로 비슷하다. 그러나 이것이 무엇을 그린 것인지에 대해서는 학자들의 의견이 분분하다.

우성오(于省吾)는 '吉'자의 윗부분은 병기(兵器)를 그린 것이고, 아래 부분은 그것을 보관하는 그릇을 그린 것으로서, 병기를 보관하자면 그 그릇이 튼튼해야 하고 튼튼한 것은 '좋은 것'이므로 여기에서 '길상(吉祥)'이라는 의미가 나왔다고 하였고(≪은계변지(殷契駢枝)≫), 오기창(吳其昌)은 '吉'자의 윗부분은 도끼를 그린 것이고 아래 부분은 그 받침대라고 하여 우성오의 견해와 비슷한 주장을 폈다.(≪금문명상소증(金文名象疏證)·병기편(兵器篇)≫)

그런데 곽말약(郭沫若)은 '吉'자의 윗부분은 남자의 생식기를 그린 것이라고 하였다.(≪갑골문자연구(甲骨文字研究)·석비조(釋祖妣)≫)

≪설문해자≫에서는 "吉은 좋다는 뜻이다. 士(사)와 口(구)는 모두 의미부분이다.(「吉, 善也. 从士·口.」)"라고 하였다. 길몽(吉夢), 길일(吉日), 길조(吉兆), 길흉(吉凶) 등과 같은 말은 모두 여기에서 나온 것이다. ■

'同'자는 갑골문과 금문에서는 모두 'ㅂ' 즉 '凡(범)'과 'ㅂ'로 이루어져 있다. 고문자에서 'ㅂ'는 구역이나 기물(器物)을 뜻하는 경우가 많다.

소전에서의 '冃(모)'(=冒(모)의 윗부분)는 'ㅂ'의 변형이다.

≪설문해자≫에서는 "同은 회합(會合)한다는 뜻이다. 冃와 口(구)는 모두 의미부분이다.(「同, 合會也. 从冃, 从口.」)"라고 하였다.

서호(徐灝)는 "口는 그릇이다. 冃로 덮으면 합해져서 하나로 된다.(「口者, 器物也. 冃覆之則會合爲一矣.」)"라고 하였다.(≪설문해자주전(注箋)≫) 이 주장에 따른다면 '同'이 '같다'라는 훈을 가지게 된 것은 여기에서 비롯되었다고 할 수 있다.

동감(同感), 동정(同情), 동포(同胞), 동가홍상(同價紅裳), 동고동락(同苦同樂), 동병상련(同病相憐), 동상이몽(同床異夢) 등과 같은 말 역시 모두 '같다'라는 뜻에서 나온 말들이다.

'凡'은 본래 쟁반의 일종으로 '槃(반)'자의 초문(初文)이었는데, 그 후 '무릇'이라는 뜻으로 가차(假借)되었다.

'同'을 '모이다'·'같다'라는 뜻으로 해석할 때 '凡'을 '무릇'이라는 가차의를 가지는 의미부분으로 볼 수도 있겠지만, 오히려 단순히 발음부분으로 보는 것도 무방하리라고 생각된다. 왜냐하면 옛날 중국의 발음 체계를 보면, '凡'자처럼 받침이 [-m]으로 끝나는 것이 후대에는 [-ng]로 변한 경우가 종종 있기 때문이다. 예를 들면 '凡'자를 발음부분으로 갖는 글자 가운데 '風(풍)'은 '凡'과 '虫(충)'의 결합이고, '鳳(봉)'은 '凡'과 '鳥(조)'의 결합이다. ■

'名'자는 갑골문과 금문, 소전 등이 모두 '夕(석)'과 '口'로 이루어져 있다. '名'은 갑골문에서는 지명(地名)으로 쓰였는데, 그 뜻의 유래에 대해서는 아직 분명하게 밝혀진 바가 없다.

임의광(林義光)은 '名'자에서 '夕'은 본래 사물을 뜻하는 'ㅂ'의 변형으로 입[口(구)]이 사물에 대하여 이름을 부르는 형상이라고 하였는데(≪문원(文源)≫), 참고할 만하다.

≪설문해자≫에서는 "名은 스스로 부르는 것 즉 이름을 뜻한다. 口와 夕은 모두 의미부분이다. 夕은 저녁을 뜻한다. 저녁때는 어두워서 서로 잘 볼 수 없기 때문에 입으로 스스로 이름을 부르는 것이다.(「名, 自命也. 从口, 从夕. 夕者, 冥也. 冥不相見, 故以口自名.」)"라고 하였다.

명칭(名稱), 명단(名單), 명찰(名札), 명함(名銜) 등은 모두 '이름'과 관련 있는 말이다. 이를 동사로 쓰면 '이름이 나다'→'좋다'·'뛰어나다'가 된다. 명곡(名曲), 명품(名品), 명성(名聲), 명사수(名射手) 등과 같은 말이 그러한 예이다. ■

吏
벼슬아치 리 lì

갑골문	서주금문	전국금문	소 전
甲40	周公廟甲	大盂鼎	司馬成公權	설문해자

예 서	초 서	행 서
景君銘	王羲之	歐陽詢

'吏'자는 갑골문을 보면 손[⼜, 즉 又(우)]으로 무엇인가를 잡고 있는 모양이다. 그러나 잡고 있는 것이 무엇인지에 대해서는 아직 정론이 없다.

오대징(吳大徵)은 손으로 간서(簡書)를 쥐고 일을 하는 모양이라고 하였고(≪설문고주보(說文古籒補)≫), 왕국유(王國維)는 손으로 책을 쥐고 있는 모양을 그린 것이라고 하였으며(≪관당집림(觀堂集林)≫), 마서륜(馬敍倫)은 손으로 붓을 거꾸로 잡고 있는 모양이라고 하였다.(≪마서륜학술논문집(馬敍倫學術論文集)≫)

또한 서중서(徐中舒)는 사냥 도구인 창을 잡고 사냥을 한다는 뜻이라고 하였고(≪갑골문자전(甲骨文字典)≫), 하록(夏淥)은 손으로 풀[屮]을 땅에 심고 있는 모양으로 '蒔(모종낼 시)'자의 초문(初文)이라고 하였다.(장설명(張雪明) ≪형음의자전(形音義字典)≫에서 재인용)

누구의 설이 옳은지는 알 수 없지만, '吏'가 "무엇을 잡고 일하다"라는 뜻이라는 것은 분명한 것 같다.

갑골문과 금문에서는 '吏'·'史(사)'·'事(사)'·'使(사)' 등 네 글자는 같은 글자였다.(<궐부(亅部)> 7획 '事'자, 또는 <구부(口部)> 2획 '史'자 참조)

≪설문해자≫에서는 "吏는 사람을 다스리는 자이다. 一(일)과 史는 모두 의미부분인데, 史는 발음부분이기도 하다.(「吏, 治人者也. 从一, 从史. 史亦聲.」)"라고 하였는데, 이는 후대에 파생되어 나온 뜻이다.

관리(官吏), 청백리(淸白吏), 탐관오리(貪官汚吏) 등과 같은 말은 모두 여기에서 나온 것이다. ■

갑골문과 금문에는 '吐'자가 보이지 않는다.

≪설문해자≫에서는 "吐는 토한다는 뜻이다. 口(구)는 의미부분이고, 土(토)는 발음부분이다.(「吐, 寫也. 从口, 土聲.」)"라고 하였다.

토로(吐露), 구토(嘔吐), 실토(實吐) 등과 같은 말은 모두 여기에서 나온 것이다. ■

'合'자는 갑골문과 금문 그리고 소전 등의 자형이 모두 같다.

여영량(余永梁)은 '合'자는 그릇[ㅂ]과 그릇의 덮개[스]가 서로 합해진 모양이라고 하였다.(≪은허문자고(殷虛文字考)≫) 이 설은 학계에서 널리 인정받고 있다. '합하다'라는 뜻은 여기에서 나온 것이다.

일반적으로 갑골문과 금문에서의 'ㅂ'는 '口(구)'가 아니라 구역·그릇·물건·집 등 어떤 사물을 뜻하는 경우가 많다.

≪설문해자≫에서는 "合은 입을 합하였다는 뜻이다. 스(집)과 口는 모두 의미부분이다.(「合, 合口也. 从스, 从口.」)"라고 하였다.

합동(合同), 합병(合倂), 합세(合勢), 합의(合意) 등과 같은 말은 모두 '합한다'는 뜻과 관련이 있는 말들이다. 여기에서 '부합(符合)하다'·'알맞다'라는 뜻이 나왔다. 합격(合格), 합법(合法), 합리(合理) 등과 같은 말이 그러한 예이다. ■

'向'자는 갑골문·금문·소전 등이 모두 집[宀(면)]에 창문[ㅂ]이 나 있는 모양이다.

≪설문해자≫에서는 "向은 북쪽으로 난 창문을 뜻한다. 宀과 口(구)는 모두 의미부분이다.(「向, 北出牖也. 从宀, 从口.」)"라고 하였다.

서호(徐灝)는 "옛날 집은 앞에는 당(堂)이 있고, 뒤에는 실(室)이 있었다. 실 앞에 난 창문은 牖(창 유)라고 하고, 뒤쪽에 난 창문은 向이라고 한다. 그래서 向을 '북쪽으로 난 창문'이라고 한 것이다."라고 하였다.(≪설문해자주전(注箋)≫)

'向'은 본래 '북쪽으로 난 창문'을 뜻하였다. 그 후 뜻이 넓어져 '……를 향하다'라는 뜻으로 쓰인다. 이를 명사로 쓰면 '방향(方向)'이 된다. 향상(向上), 향후(向後), 동향(動向), 경향(傾向), 향학열(向學熱) 등과 같은 말이 그러한 예이다. ■

4 告

①고할 고 ②뵙고 청할 곡   gào

'告'자는 갑골문, 금문 그리고 소전 등의 자형이 모두 '牛(우)'와 'ㅂ'로 이루어져 있다. 그러나 이것이 무엇을 뜻하는지에 대해서는 여러 가지 주장이 있다.

서호(徐灝)는 '告'는 본래 '梏(수갑 곡)'자로서 소의 입을 묶어 곡식을 먹지 못하게 한다는 뜻이었는데 후에 '알리다'라는 뜻으로 가차(假借)된 것이라고 하였고(≪설문해자주전(注箋)≫), 유심원(劉心源)은 '告'자에서 'ㅂ'은 'ㅁ(구)'자가 아니라 장소·울타리·권역(圈域) 등을 뜻하는 글자이므로 '告'는 당연히 외양간을 뜻하는 '牿(우리 곡)'자였는데 뒤에 '알리다'라는 뜻으로 가차된 것이라고 하였으며(≪기고실길금문술(奇觚室吉金文述)≫), 고홍진(高鴻縉)은 '告'는 'ㅁ'가 의미부분이고 '牛'가 발음부분인 형성자로 '誥(고할 고)'자와 같은 뜻이라고 하였다.(≪중국자례(中國字例)≫)

또 서중서(徐中舒)는 이와는 다르게 '告'는 종(鐘)을 거꾸로 놓은 모양이라고 주장하였다. 서중서의 견해에 따르면 옛날에는 강연을 시작할 때 먼저 종을 쳐서 시작을 알림으로써 사람을 불러 모았는데, 바로 이 종을 거꾸로 놓은 모양이 '告'자이고 '알리다'라는 뜻도 여기에서 나왔다는 것이다.(≪갑골문자전(甲骨文字典)≫)

이렇게 여러 가지의 주장들이 있으나 학계에서는 아직 어느 것이 타당하다고 확정짓지 못하고 있다. 다만 유심원과 고홍진의 주장이 비교적 사실에 가깝지 않을까 하는 의견이 많다.

≪설문해자≫에서는 "告(가 '牛'자를 써서 알린다는 뜻을 가지는 이유)는 소가 사람을 받으면 뿔에 나무를 가로질러 넣어 사람들에게 알리는 데서 그 뜻이 나왔다. 口와 牛는 모두 의미부분이다.(「告, 牛觸人, 角著橫木, 所以告人也. 从口, 从牛.」)"라고 하였다.

이에 대해 단옥재(段玉裁)는 '牛'와 '口'가 모두 의미부분이라고 한 것은 이해하기 어렵다면서, '口'는 의미부분이고 '牛'는 발음부분이 아닌가 한다고 하였다.(≪설문해자주≫) 단옥재의 주는 위에서 소개한 고홍진의 주장과 같은데, 고홍진이 단옥재의 주를 참고하였는지는 확실하지 않다.

'告'가 본래 무슨 뜻이었는지에 대해서는 아직 정설이 없다. 다만 고대 경전을 보면 하늘이나 왕 등 '위에다 알린다'라는 뜻으로 많이 쓰였는데, 점점 그런 구별이 없어졌다. 고발(告發), 고소(告訴), 보고(報告), 경고(警告), 고지서(告知書) 등과 같은 말이 그러한 예이다. ■

'君'은 갑골문, 금문, 소전 등의 자형이 모두 '尹(다스릴 윤)'과 '口(구)'로 이루어져 있다. 이는 손에 방망이를 들고[尹] 말하는[口] 모습으로, '호령하다'·'다스리다'라는 뜻을 나타낸다. 그러므로 임금, 통치자 등과 같은 뜻은 여기에서 발전되어 나온 것이다. 이효정(李孝定) 선생은 '尹'은 발음도 담당한다고 하였다.(≪갑골문자집석(甲骨文字集釋)≫)

≪설문해자≫에서는 "君은 높으신 분을 뜻한다. 尹은 의미부분이다. 명령을 내리므로 口도 의미부분이 된다. 㕁은 고문(古文)으로, 높은 사람이 앉아 있는 모습을 그린 것이다.(「君, 尊也. 从尹. 發號, 故从口. 㕁, 古文, 象君坐形.」)"라고 하였다.

그런데 ≪설문해자≫에 수록된 고문의 자형은 금문 <산반(散盤)>에 보이는 '𠃛' 등의 변형이지 높은 사람이 앉아 있는 모양을 그린 것은 아니다.

'君'은 본래 '통치자'를 뜻하였다. 군주(君主), 폭군(暴君), 군사부일체(君師父一體) 등과 같은 말은 모두 '임금'와 관계있는 말들이다. 이를 동사로 쓰면 '다스리다'가 된다. 군림(君臨)이 그런 말이다. 후세에는 부군(夫君)·군자(君子)·대군(大君)자처럼 상대방을 높여 부르거나 작위의 이름으로도 쓰이고, 나아가 제군(諸君), 남자에게는 '이주영君'과 같이 아랫사람을 높여 부르는 말에도 쓰이게 되었다. ■

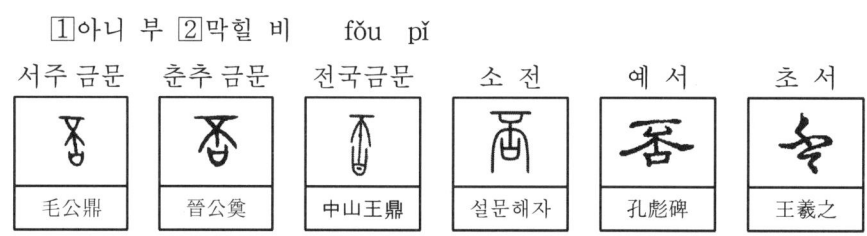

갑골문에는 '否'자가 보이지 않고, 금문과 소전의 자형은 모두 '否'로 같다.

≪설문해자≫에서는 "否는 '아니다'라는 뜻이다. 口(구)와 不(불)은 모두 의미부분인데, 不은 발음부분이기도 하다.(「否, 不也. 从口, 从不, 不亦聲.」)"라고 하였다.

부정(否定), 부인(否認), 가부(可否), 거부(拒否), 안부(安否) 등과 같은 말은 모두 여기에서 나온 것이다.

또 '否'는 '비'라고 읽으면 '막혔다'는 뜻이 된다. 비색(否塞, 꽉 막힘), 비운(否運, 막힌 운수) 등이 그러한 예이다. ■

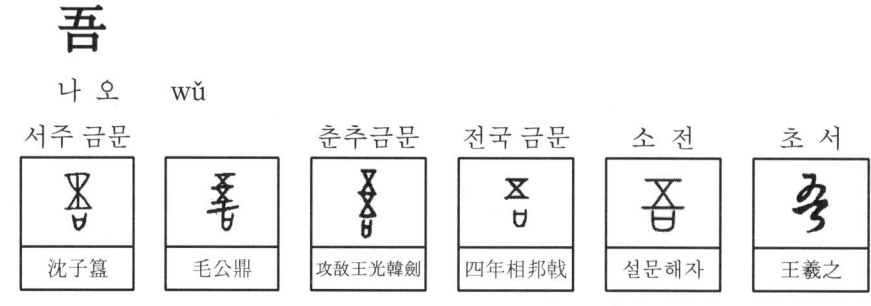

갑골문에는 '吾'자가 보이지 않는다.

금문과 소전의 자형은 대체로 비슷한데 금문에서는 '吾'자를 '圣'(<심자궤(沈子簋)>) 또는 '吾'(<모공정(毛公鼎)>) 등과 같이 쓰기도 하였다.

곽말약(郭沫若)은 '😀'자는 그릇을 뜻하는 '缶(부)'자의 다른 형태가 아닌가 하였고(≪금문총고(金文叢考)≫), 오대징(吳大徵)은 '😀'는 '敔(막을 어)'의 생략형으로 '금지하다'라는 뜻이라고 하였다.(≪설문고주보(說文古籀補)≫)

≪설문해자≫에서는 "吾는 나 자신을 일컫는 말이다. 口(구)는 의미부분이고, 五(오)는 발음부분이다(「吾, 我自稱也. 从口, 五聲.」)"라고 하였다.

다카타(高田忠周)는 '吾'를 자칭(自稱)이라고 해석한데 대해, 본래 자칭은 '我(아)'가 본자(本字)이고 '吾'·'予(여)'·'余(여)' 등은 '我'의 가차자(假借字)라고 하면서, '吾'는 '語(말씀 어)'자의 고문(古文)이라고 주장하였다.(≪고주편(古籀篇)≫)

그러나 중국어의 인칭대명사는 자칭 즉 1인칭이든 타칭(他稱) 즉 2·3인칭이든 모두 가차자이다. 따라서 '我'는 본자이고 그 나머지는 모두 가차자라고 한 다카타의 주장은 잘못이다. 참고로 '我'는 본래 무기 또는 농기구를 그린 상형자였다.(<과부(戈部)> 3획 '我'자 참조) ■

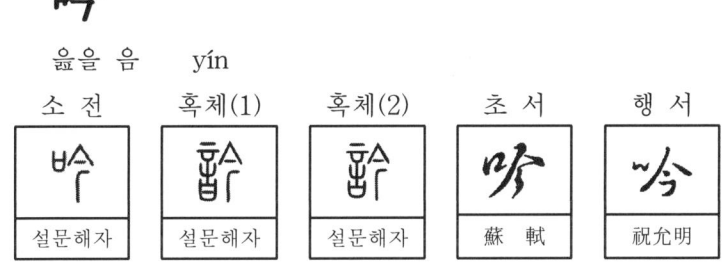

갑골문과 금문에는 '吟'자가 보이지 않는다.

≪설문해자≫에 수록된 혹체(或體) 즉 이체자(異體字)들은 각각 '訡'(1)·'訡'(2) 등으로 썼는데, '口(구)'·'音(음)'·言(언) 등은 모두 '말' 또는 '소리'와 관련 있는 부수들로서 의미상의 차이는 없다.

≪설문해자≫에서는 "吟은 읊조린다는 뜻이다. 口는 의미부분이고, 今(금)은 발음부분이다. 訡은 吟의 혹체자로 (口 대신) 音(음)을 썼다. 訡은 혹체자로 (口 대신) 言(언)을 썼다.(「吟, 呻也. 从口, 今聲. 訡, 吟或从音. 訡, 或从言.」)"라고 하였다.

음미(吟味), 신음(呻吟), 음풍농월(吟風弄月) 등과 같은 말은 모두 여기에서 나온 것이다. ■

吹

불 취   chuī

갑골문	서주 금문	춘추 금문	소 전	예 서	행 서
後下24.14	吹方鼎	虞司寇壺	설문해자	史晨後碑	趙孟頫

'吹'자는 갑골문과 금문을 보면 사람이 입을 벌리고 있는 모양[欠(흠)] 옆에 'ㅂ'가 있는 형태이다. 여기에서의 'ㅂ'는 '口(구)'가 아니라 어떤 물체를 가리킨다. 즉 사람이 입을 벌려 어떤 물건에 입김을 불고 있는 모양을 그린 것이다.

≪설문해자≫에서는 "吹는 입으로 공기를 불어 낸다는 뜻이다. 欠과 口는 모두 의미부분이다.(「吹, 噓也. 从欠, 从口.」)"라고 하였다.

취주(吹奏), 고취(鼓吹) 등과 같은 말은 여기에서 나온 것이다. ■

含

머금을 함   hán

소 전	예 서	초 서	행 서
설문해자	孔羨碑	王羲之	米芾

갑골문과 금문에는 '含'자가 보이지 않는다.

한편 전국(戰國)시대 <중산왕정(中山王鼎)>에 ''와 같은 자형이 보이는데, 이 글자는 '今(금)'으로 해독된다.

≪설문해자≫에서는 "含은 입 속에 머금고 있다는 뜻이다. 口(구)는 의미부분이고, 今은 발음부분이다.(「含, 嗛也. 从口, 今聲.」)"라고 하였다.

함량(含量), 함유(含有), 함축(含蓄), 포함(包含) 등과 같은 말은 모두 여기에서 나온 것이다. ■

吸

숨 들이쉴 흡   xī

소 전	예 서	행 서
설문해자	三公山碑	王羲之

갑골문과 금문에는 '吸'자가 보이지 않는다.

《설문해자》에서는 "吸은 숨을 들이쉰다는 뜻이다. 口(구)는 의미부분이고, 及(급)은 발음부분이다.(「吸, 內息也. 从口, 及聲.」)"라고 하였다.

흡수(吸收), 흡입(吸入), 호흡(呼吸) 등과 같은 말은 모두 여기에서 나온 것이다. ■

5 # 命

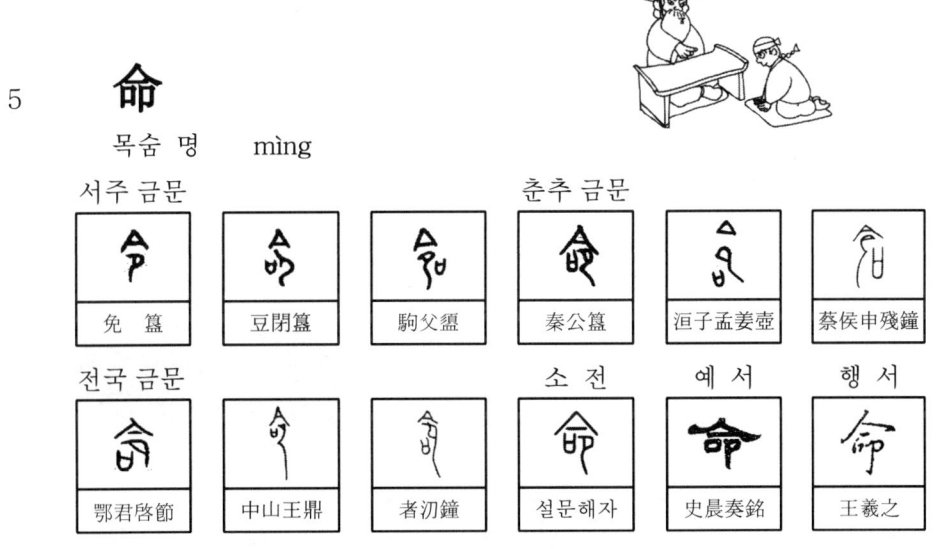

목숨 명   mìng

서주 금문			춘추 금문		
免簋	豆閉簋	駒父盨	秦公簋	洹子孟姜壺	蔡侯申殘鐘

전국 금문			소 전	예 서	행 서
鄂君啓節	中山王鼎	者汈鐘	설문해자	史晨奏銘	王羲之

갑골문에는 '命'자가 없고, 모두 '令(령)'자로 썼다. 그것은 '命'자가 '令'자와 한 글자이기 때문이다.(<인부(人部)> 3획 '令'자 참조)

금문에서도 '命'과 '令'은 같은 글자여서 '令'자로 쓴 것(<면궤(免簋)>)도 있고, '口(구)'자를 더하여 '命'자로 쓴 것(<두폐궤(豆閉簋)> 등)도 있다.

《설문해자》에서는 "命은 시킨다는 뜻이다. 口와 令은 모두 의미부분이다.(「命, 使也. 从口, 从令.」)"라고 하였다.

'命'은 본래 '시킨다'는 뜻이다. 윗사람의 명령은 반드시 들어야하므로 운명(運命), 천명(天命) 등과 같은 말이 나오게 되었다. 여기에서 '목숨'이라는 뜻으로 발전하였다. 명맥(命脈), 생명(生命), 수명(壽命) 등과 같은 말이 그러한 예이다. 또 명령에는 목표가 있게 마련이기 때문에 명중(命中)은 그 목표를 맞추었다는 뜻이 된다. ■

味

맛 미 wèi

소 전	예 서	행 서	초 서
설문해자	孔彪碑	王羲之	李 邕

갑골문과 금문에는 '味'자가 보이지 않는다.

《설문해자》에서는 "味는 여러 가지 맛의 총칭(總稱)이다. 口(구)는 의미부분이고, 未(미)는 발음부분이다.(「味, 滋味也. 从口, 未聲.」)"라고 하였다.

미각(味覺), 묘미(妙味), 의미(意味), 취미(趣味) 등과 같은 말은 모두 여기에서 나온 것이다. ■

周

두루 주 zhōu

갑골문			서주금문		
前6.63.1	前6.51.7	周甲84	保 卣	德方鼎	格伯簋

전국금문		소 전	고문	예 서	초 서
周𠂤戈	左周弩牙	설문해자	설문해자	史晨後碑	王羲之

'周'자는 갑골문을 보면 '田(전)'자의 공간 사이사이에 농작물을 뜻하는 점들이 들어가 있는 형태이다. 밭마다 농작물이 가득 차 있으므로 '주밀(周密)하다'라는 뜻이 나왔고, 여기에서 주위(周圍)·주변(周邊)·사방(四方) 등과 같은 뜻도 파생되어 나왔다.(서중서(徐中舒)의 ≪갑골문자전(甲骨文字典)≫과 주법고(周法高)선생의 ≪금문고림(金文詁林)≫ 참조)

한편 '囲'자에 대하여 완원(阮元, ≪적고재종정이기관지(積古齋鐘鼎彝器款識)≫)·방준익(方濬益, ≪철유재이기관지고석(綴遺齋彝器款識考釋)≫)·유심원(劉心源, ≪기고실길금문술(奇觚室吉金文述)≫) 등은 염전(鹽田)을 그린 것이라고 하였고, 주방포(朱芳圃)는 가로 세로로 획을 그어 놓고 그 안에 무엇을 새겨 넣은 모양으로 '彫(새길 조)'자의 초문(初文)이라고 하였고(≪은주문자석총(殷周文字釋叢)≫), 마서륜(馬敍倫)은 담장을 둘러친 모양이라고 하였으며(≪독금기각사(讀金器刻詞)≫), 고홍진(高鴻縉)은 상자 안에 패옥(貝玉)을 가득 넣은 모양이라고 하였다.(≪중국자례(中國字例)≫)

이에 대해 장일승(張日昇)은 '염전설'은 이미 학자들 사이에서 부정되었고, 주방포와 고홍진의 주장 역시 믿을 수가 없으며, 마서륜의 설은 참고할 만한 가치가 있다고 하면서, 자신은 '囲'는 '논밭 이랑 사이로 농작물을 심은 모양'이라고 하여 위의 서중서와 주법고선생의 견해에 동조하고 있다.(≪금문고림≫)

금문에서는 '口(구)'가 더해진 자형(<보유(保卣)>)도 있는데, 소전은 이 형태를 따랐다.

≪설문해자≫에서는 周는 조밀(稠密)하다는 뜻이다. 用(용)과 口는 모두 의미부분이다. 𠄰는 고문(古文)의 周자로서, (口 대신) 고문의 及(급)자를 썼다.(「周, 密也. 从用·口. 𠄰, 古文周字, 从古文及.」)라고 하였다.

허신이 고문의 '周'자에서 "고문의 及자를 썼다"라고 한 것은 'ㄹ' 부분을 가리키는 것이다. 그리고 갑골문과 금문의 자형을 볼 때 윗부분이 '用'자가 아님을 쉽게 알 수 있다. 다만 소전에서 '用'을 '甪'으로 썼으므로, 허신으로서는 그렇게 판단할 수도 있었을 것으로 짐작된다. ■

呼

부를 호 hū

소전	예서	행서
설문해자	夏承碑	蘇軾

'呼'는 '乎(호)'자에서 비롯된 것으로 뒤에 생겨난 글자이다.(<별부(丿部)> 4획 '乎'자 참조)

≪설문해자≫에서는 "呼는 숨을 밖으로 내쉬는 것이다. 口(구)는 의미부분이고, 乎(호)는 발음부분이다.(「呼, 外息也. 从口, 乎聲.」)"라고 하였는데, 본래 '呼'는 '乎'에서 비롯된 글자이므로 '乎'는 의미부분이기도 하다.

호흡(呼吸), 호응(呼應), 호출(呼出), 환호(歡呼) 등과 같은 말은 모두 여기에서 나온 것이다. ■

和

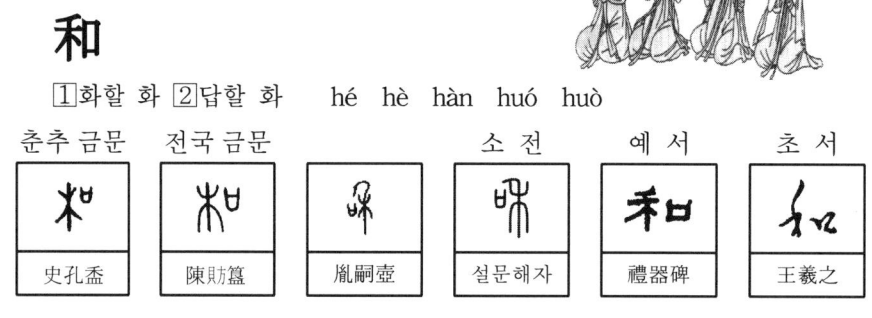

①화할 화 ②답할 화 hé hè hàn huó huò

춘추 금문	전국 금문		소전	예서	초서
史孔盉	陳財簋	胤嗣壺	설문해자	禮器碑	王羲之

갑골문에는 '和'자가 보이지 않는다.

금문의 자형은 '和' 또는 '咊'(<윤사호(胤嗣壺)>)로 썼다. 소전은 후자를 따랐다.

'禾(화)' 대신 '木(목)'을 쓴 것은 '禾'와 '木'이 모두 식물이고, 또 형태 역시 비슷해서 고문자에서는 서로 통용하였기 때문이다.

≪설문해자≫에서는 "咊(和)는 소리가 서로 상응(相應)한다는 뜻이다. 口(구)는 의미부분이고, 禾는 발음부분이다.(「咊, 相䧹也. 从口, 禾聲.」)"라고 하였다.

화합(和合), 화목(和睦), 화음(和音), 화창(和暢), 화기애애(和氣靄靄) 등과 같은 말은 모두 여기에서 나온 것이다. ■

6 哀

슬플 애　āi

갑골문에는 '哀'자가 보이지 않는다.

금문과 소전의 자형은 모두 '衣(의)'자 안에 '口(구)'자가 있는 형태이다. 그런데 전국(戰國)시대 금문 <조역도(兆域圖)>에서는 '口' 대신 '心(심)'을 썼다. 슬픔을 표현하는 데는 입으로도 할 수 있고 마음으로도 할 수 있기 때문이다.

≪설문해자≫에서는 "哀는 슬프다는 뜻이다. 口는 의미부분이고 衣는 발음부분이다.(「哀, 閔也. 从口, 衣聲.」)"라고 하였다.

애도(哀悼), 애석(哀惜), 애원(哀願), 애절(哀切), 애통(哀痛), 비애(悲哀) 등과 같은 말은 모두 여기에서 나온 것이다. ■

哉

어조사 재　zāi

갑골문에는 '哉'자가 보이지 않는다.

금문의 자형은 '𢦏(재)'(<우정(禹鼎)>), '哉'(<주공화종(邾公華鐘)>), 그리고 '絲'(=絲, 사)와 '才'(=才, 재)로 이루어진 '𢦏'(<중산왕정(中山王鼎)>) 등 여러 가지이다.

'𢦏'는 의미부분인 '戈(과)'와 발음부분인 '才'로 이루어져 있는데, 고문자에서 '才'자는 줄여서 '十'로도 쓴다. 또 '𢦏'는 '口(구)'를 더하여 '哉'로 쓰기도 한다.

≪설문해자≫에서는 "哉는 말의 사이를 뜻한다. 口는 의미부분이고, 𢦏는 발음부분이다.(「哉, 語之閒也. 从口, 𢦏聲.」)"라고 하였다.

≪이아(爾雅)·석고(釋詁)≫를 보면 "孔(공)·魄(백)·哉·延(연)·虛(허)·無(무)·之(지)·言(언) 등은 사이를 뜻한다.(「孔·魄·哉·延·虛·無·之·言, 間也」)"라고 하였는데, 허신은 이것을 참조한 것으로 보인다. '哉'는 고대에 감탄이나 의문을 나타내는 어감조사(語感助詞)로 많이 쓰였다. ■

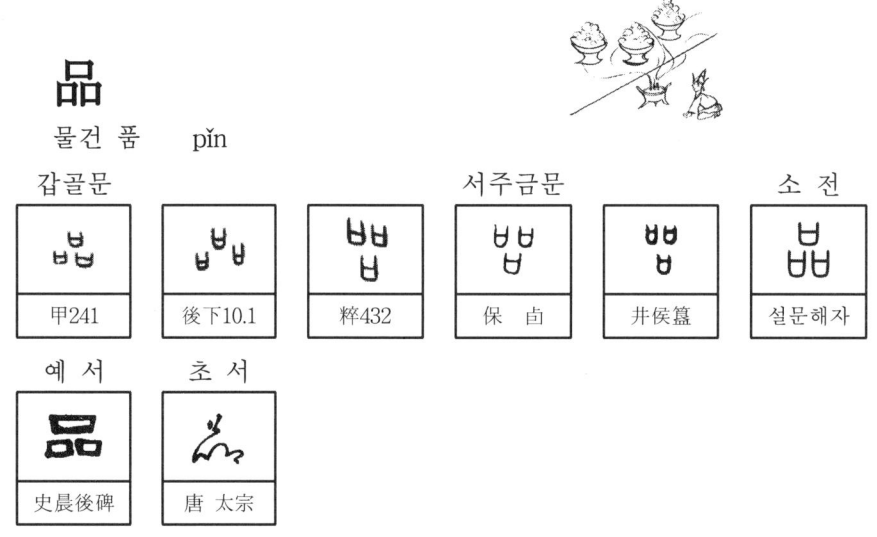

品
물건 품 pǐn

갑골문			서주금문		소 전
甲241	後下10.1	粹432	保 卣	井侯簋	설문해자

예 서	초 서
史晨後碑	唐 太宗

'品'자는 갑골문, 금문 그리고 소전 등이 모두 '口' 세 개로 이루어져 있다.

이에 대해 서중서(徐中舒)는 '品'자의 '口'는 그릇으로 여러 가지 음식을 여러 그릇에 담아 제사를 지내는 모양으로 '많다'라는 뜻은 여기에서 비롯된 것이고, 또 제사를 지낼 때는 대상에 따라 제사 용품(用品)도 각각 다르므로 '등급(等級)'이라는 의미가 생겨났다고 하였다.(≪갑골문자전(甲骨文字典)≫)

임의광(林義光, ≪문원(文源)≫)과 고홍진(高鴻縉, ≪중국자례(中國字例)≫)은 '口'를 단순하게 '물건'이라고만 하고, 세 개를 쓴 것은 '많다'라는 뜻을 나타내는 일반적인 방식이라고 하였다.

≪설문해자≫에서는 "品은 많다는 뜻이다. 세 개의 口(구)로 이루어졌다.(「品, 衆庶也. 从三口.」)"라고 하였다.

'品'은 본래 '물건이 많다'는 뜻이었다. 품종(品種), 물품(物品), 품귀현상(品貴現象) 등은 모두 '물건'과 관계있는 말이다. 물건이 많게 되면 품질(品質)을 따지게 마련이므로 여기에서 '등급'·'차별' 등의 뜻이 나오게 되었다. 품격(品格), 품위(品位), 품행(品行), 품평(品評), 성품(性品) 등과 같은 말이 그러한 예이다. ■

口部 233

咸
다 함　xián

갑골문 / 상 금문 / 서주 금문
乙1988 / 粹425 / 咸父乙簋 / 大盂鼎 / 作冊魎卣 / 貉子卣

춘추 금문 / 소 전 / 예 서 / 행 서
秦公鎛 / 余刺之子鼎 / 설문해자 / 史晨後碑 / 王羲之

　'咸'자는 갑골문과 금문을 보면 모두 도끼[戌(술)]와 'ㅂ'로 구성되어 있다. 여기에서 'ㅂ'는 물건을 가리킨다. 그러므로 '咸'은 '도끼로 어떤 물건을 내리친다'는 뜻을 나타내는 회의자임을 알 수 있다.
　'咸'은 복사(卜辭)에서는 대부분 사람 이름으로 쓰였고, 고대 경전에서는 '죽이다'라는 뜻으로 사용되었다.
　≪설문해자≫에서는 "咸은 '모두'라는 뜻이다. (또) '다'라는 뜻이다. 口(구)와 戌은 모두 의미부분이다. 戌은 悉(실)과 같다.(「咸, 皆也. 悉也. 从口, 从戌. 戌, 悉也.」)"라고 하였는데, 이것은 부사로 가차(假借)된 다음의 뜻이다. 또 '戌(술)'을 '悉(다 실)'이라고 한 것은 비슷한 발음에서 뜻을 찾은 것으로 생각된다. ■

7 哭
울 곡　kū

소 전 / 예 서 / 초 서 / 초 서
설문해자 / 侯成碑 / 王羲之 / 趙孟頫

　갑골문과 금문에는 '哭'자가 보이지 않는다.

≪설문해자≫에서는 "哭은 슬퍼하는 소리이다. 吅(현)은 의미부분이고, 獄(옥)의 생략형(즉 犬)은 발음부분이다.(「哭, 哀聲也. 从吅, 獄省聲.」)"라고 하였다. 이에 대해 단옥재(段玉裁)는 다음과 같이 매우 상세한 주(注)를 달았다.

"필자의 견해로는, 허신의 책(즉 ≪설문해자≫)에서 말하는 '생성(省聲)'은 의문점이 많다. (생성이란) 글자의 전체를 인용하지 않고 한 부분만을 취하여 어떤 글자의 생략형이라고 하는 것이다. 예를 들어 家(가)자의 豕(시)부분이 豭(수퇘지 가)의 생략형이라든가, 哭(곡)자의 犬(견)부분이 獄(옥)자의 생략형이라든가 하는 것 등인데, (이 예들은) 모두 믿기가 어렵다. 獄은 본래 㹜(개 서로 물 은)을 의미부분으로 하는 글자이지 犬을 의미부분으로 한 글자가 아니다. 그러면 (哭자는) 어찌해서 獨(독)·倏(잠깐 숙, 개 빨리 달리는 모양 숙)·猺(짐승 이름 욕) 등과 같은 글자의 생략형을 취하지 않았단 말인가?

또 생각컨대 犬을 의미부분으로 삼는 글자들, 예를 들어 狡(교활할 교)·獪(교활할 회)·狂(미칠 광)·默(묵묵할 묵)·猝(갑자기 졸)·猥(함부로 외)·狦(사나운 개 산)·狠(개 싸우는 소리 한, 사나울 한)·獷(사나울 광)·狀(형상 상)·獳(으르렁거릴 누)·狎(익숙할 압)·狃(탐낼 뉴)·犯(범할 범)·猜(의심할 시)·猛(사나울 맹)·犺(건장한 개 강)·猇(무서워할 겁)·狟(개 다닐 환)·戾(어그러질 려)·獨·狩(사냥 수)·臭(냄새 취)·獘(넘어질 폐)·獻(바칠 헌)·類(무리 류)·猶(오히려 유) 등 30자는 모두 犬을 의미부분으로 삼고 있지만 (그 뜻은) 옮겨져서 사람에 관한 것으로 쓰인다. 그러니 哭자 역시 본래 '개가 짖는다'는 뜻에서 '사람이 운다'는 뜻으로 변할 수도 있지 않겠는가?

무릇 글자를 만들 당시의 본뜻을 알기 어려운 글자가 있다. 예를 들어 禿(대머리 독)자가 禾(벼 화)를 의미부분으로 삼는 것과 같은 경우이다. 또한 글자를 쓰는데도 본래의 뜻을 알 수 없는 경우도 있다. 예를 들면 家자가 豕를 의미부분으로 삼고, 哭자가 犬을 의미부분으로 삼는 것과 같은 예이다.

필자의 생각에는 家자는 豕부에 넣고 豕와 宀(면)을 모두 의미부분으로 간주하고, 哭자는 犬부에 넣고 犬과 吅을 모두 의미부분으로 간주하여, 이 두 글자는 모두 회의자로서 그 뜻이 바뀌어 사람에 관한 것으로 쓰이게 된 것이라고 하면 좋을 것이다. (이렇게 되면) 생성이라고 하는 견강부회(牽强附會)를 어느 정도 바로 잡을 수 있을 것으로 본다.(「案: 許書言省聲, 多有可疑者. 取一偏旁, 不載全字, 指爲某字之省.

若家之爲豭省, 哭之从獄省, 皆不可信. 獄固从㹜, 非从犬, 而取㹜之半. 然則何不取獨·
倏·猶之省乎? 竊謂从犬之字如狡·獪·狂·默·猝·猥·獮·狠·玁·狀·獳·狎·狃·犯·
猜·猛·犺·法·狟·戾·獨·狩·臭·獎·獻·類·猶, 三十字皆从犬而移以言人, 安見非
哭本謂犬嘷而移以言人也? 凡造字之本意有不可得者, 如禿之从禾; 用字之本義, 亦有不
可知者, 如家之从豕, 哭之从犬. 愚以爲家入豕部, 从豕宀; 哭入犬部, 从犬·吅, 皆會意
而移以言人, 庶爲正省聲之勉强皮傅乎.」)"

　허신의 '생성설(省聲說)'은 지금도 학자들 사이에서 많은 논란이 되고 있는 문제
인데, 단옥재는 이미 200년 전에 이 문제의 핵심을 정확하게 지적하였다고 할 수
있다. ■

당나라 당　táng

갑골문			상 금문	춘추 금문	전국 금문
林1.11.17	前4.29.6	甲1556	唐子祖乙爵	宋公䜌匜	三年鈹

소 전	고 문	예 서	행 서
설문해자	설문해자	孔龢碑	王羲之

　'唐'자는 갑골문을 보면 '庚(경)' 아래에 '口'가 있는 형태이다.
　금문과 소전의 자형도 대체로 이와 같은데, ≪설문해자≫에 수록된 고문(古文)에
서는 '啺'으로 썼다.
　왕국유(王國維, 1877~1927)는 "唐은 본래 중국 상(商)나라 시조(始祖)인 湯(탕)
을 뜻한다. ≪설문해자≫에서 唐의 고문이라고 수록한 '啺'은 湯자와 모양이 비슷하
여 湯으로 바뀌었고, 그 후 본래 글자인 唐은 더 이상 쓰이지 않게 되었다."라고 하
였다.(≪전수당소장갑골문자고석(戩壽堂所藏甲骨文字考釋)≫)
　이러한 왕국유의 주장에 대하여 대부분의 학자들은 긍정을 하고 있다. 그러므로
각종 문헌에서 '성탕(成湯)'이라고 할 때의 '湯'은 갑골문에서 보면 '唐'자이다.
　≪설문해자≫에서는 "唐은 과장된 말을 뜻한다. 口(구)는 의미부분이고, 庚은 발음

부분이다. 喝은 唐의 고문으로 口와 昜(양)으로 이루어져 있다.(「唐, 大言也. 从口, 庚聲. 昜, 古文唐, 从口·昜.」)"라고 하였다. 황당(荒唐)은 여기에서 나온 말이다.

'唐'은 또 '갑자기'라는 뜻으로 가차(假借)되어 쓰인다. 당돌(唐突), 당황(唐慌), 당황(唐惶) 등과 같은 말이 그러한 예이다. ■

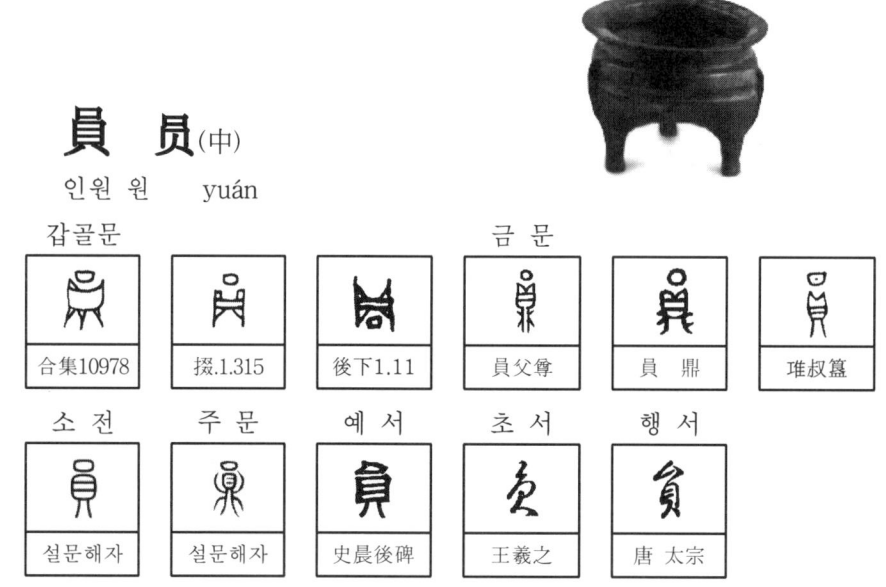

員 员(中)
인원 원   yuán

갑골문 / 금문 / 소전 / 주문 / 예서 / 초서 / 행서

'員'자는 갑골문과 서주(西周) 금문을 보면 '鼎'으로 썼다. ≪설문해자≫에 수록된 주문(籒文)도 이와 같다. 소전에서는 '員'으로 썼다.

갑골문의 '鼎(정)'자는 금문 또는 소전에서는 '貝(패)'나 '目(목)'으로 변형되는 경우가 종종 있다.

고홍진(高鴻縉)은 ≪중국자례(中國字例)≫에서 다음과 같이 말하였다.

"鼎 즉 員은 원형(圓形)을 의미하는 것으로 圓(원)자의 초문(初文)이다. 鼎 역시 의미부분으로 솥의 입구가 원형인데서 비롯되었다. 그런데 후세 사람들은 다시 여기에 囗(둘레 위)자를 더하여 圓자를 만든 것이다. 소전에서 鼎을 貝로 쓴 것은 글자의 모양이 비슷해서 잘못 쓴 것이다."

≪설문해자≫를 보면 "員은 물건의 수량을 뜻한다. 貝는 의미부분이고, 口는 발음부분이다. 鼎은 주문으로 (貝 대신) 鼎을 썼다.(「員, 物數也. 从貝, 口聲. 鼎, 籒文从鼎.」)"라고 하였다.

'員'은 본래 '○' 즉 원형을 뜻하였다. 여기에서 주위(周圍)→물건의 수량→사람의 수 등으로 발전하였다. 인원(人員)이라는 훈은 여기에서 나온 것이다. 감원(減員), 결원(缺員), 만원(滿員), 정원(定員), 공무원(公務員), 회사원(會社員) 등과 같은 말 역시 '사람의 수'에서 비롯된 말이다. ■

갑골문에는 '哲'자가 보이지 않는다.

금문의 '哲'은 心(심)이 의미부분으로 쓰인 '悊(철)'자로서, 《설문해자》에 수록된 혹체자(或體字)는 이 자형과 같다.

또 금문에는 '扌(수)' 부분을 '阝(부)'로 쓴 것(<사망정(師望鼎)>·<증백고(曾伯𠧪)>), 그리고 '悳(덕)'과 '斤(근)'으로 이루어진 것(<극정(克鼎)>) 등과 같은 형태도 있는데, 이것들은 모두 '悊'의 변형이다.

소전의 '哲'자는 뒤에 생겨난 글자인데, '哲'자가 널리 사용되자 '悊'자는 쓰이지 않게 되었다.

《설문해자》에서는 "哲은 명석(明哲)하다는 뜻이다. 口(구)는 의미부분이고, 折(절)은 발음부분이다. 悊은 哲의 혹체자로 (口 대신) 心을 썼다. 嚞은 哲의 고문(古文)으로 세 개의 吉(길)자로 이루어졌다.(「哲, 知也. 从口, 折聲. 悊, 哲或从心. 嚞, 古文哲, 从三吉.」)"라고 하였다.

철인(哲人), 철학(哲學), 명철(明哲) 등과 같은 말은 모두 여기에서 나온 것이다. ■

8 **啓 启**(中)
열 계　qǐ

갑골문		상 금문		서주 금문	
前5.21.3	乙3555	召卣	啓父乙鼎	啓尊	召卣

춘추 금문	전국 금문	소전	예서	초서
番生簋	中山王鼎	설문해자	帝堯碑	王羲之

　'啓'자는 갑골문과 상(商)나라 금문을 보면 손[⺈, 즉 又(우)]과 문[戶, 즉 戶(호)]으로 이루어져 있고, 때로는 'ㅁ(구)'가 더해진 형태(<을(乙) 3555>)도 있다. 즉 손으로 문을 여는 모습을 그린 것으로 '열다'라는 뜻을 나타낸다. 'ㅁ'가 더해진 것은 일반적으로 문을 열 때 인기척을 내기 위해 말 또는 헛기침 등을 하기 때문이 아닌가 생각된다.

　상승조(商承祚)는 "戶는 '연다'라는 뜻의 본자(本字)이다. 손[又]으로 사립문[戶]을 연다는 뜻인데, 'ㅁ'자가 더해져 '啓'로 쓰거나 혹은 손을 생략하여 '启'로 쓰기도 하였다."라고 하였다.(≪은계일존(殷契佚存)≫)

　서주(西周) 금문과 소전에서는 '啓'로 썼다.

　≪설문해자≫에서는 "啓는 가르친다는 뜻이다. 攴(복)은 의미부분이고, 启(계)는 발음부분이다.(「啓, 教也. 从攴, 启聲.」)"라고 하여 '啓'를 형성자로 분석하였는데, 갑골문과 금문의 자형으로 볼 때 '啓'는 손[又]과 문[戶] 또는 '戶'·'攴'·'ㅁ' 등으로 이루어진 회의자라고 하여야 할 것이다.

　'啓'는 본래 '문을 연다'는 뜻이었다. 그 후 뜻이 넓어져 '여는 일' 예를 들어 가르치거나 인도(引導)하는 일에 두루 쓰인다. 계발(啓發), 계몽(啓蒙), 계시(啓示), 계도(啓導) 등과 같은 말이 그러한 예이다. ■

口部 239

問 问(中)

물을 문　wèn

'問'자는 갑골문과 금문 그리고 소전 모두가 '口(구)'를 의미부분으로 하고 '門(문)'을 발음부분으로 하는 구조로 이루어져 있다.

≪설문해자≫에서는 "問은 묻는다는 뜻이다. 口는 의미부분이고, 門은 발음부분이다.(「問, 訊也. 从口, 門聲.」)"라고 하였다.

문답(問答), 문안(問安), 문제(問題), 문책(問責), 질문(質問) 등과 같은 말은 모두 '묻는다'는 뜻에서 나온 것이다. 나아가 '찾아가서 위문(慰問)한다'는 뜻도 있다. 문병(問病), 문상(問喪)이 그러한 예이다. ■

商

장사 상　shāng

'商'자는 갑골문을 보면 '商'(<갑(甲) 2416>)과 '口(구)'를 생략한 '㕯'(<수(粹) 1239>) 등 두 종류가 있다.

금문과 소전의 자형은 '商'으로 썼는데, ≪설문해자≫에 수록된 고문(古文)과 주문(籒文)의 자형은 춘추(春秋)시대 <진공박(秦公鎛)>과 <채후반(蔡侯盤)>에서의 금문과 비슷하다.

'商'은 '辛(건)'과 '冏' 또는 '㕯(말소리 나직할 눌)'로 이루어졌다. 이효정(李孝定) 선생은 '辛'은 사람의 얼굴에 문신을 새기는 형벌 도구를 그린 상형자이고 '冏'은 받침대를 그린 것인데, 어떻게 해서 이 글자가 '헤아리다'라는 뜻이 되었는지 알 수 없다고 하였다.(≪갑골문자집석(甲骨文字集釋)≫)

갑골문에서 '商'은 지명(地名)으로 쓰였다가 국호(國號)가 되었다. 상나라가 이 지역에 도읍을 정하였기 때문이다.

≪설문해자≫에서는 "商은 밖에서 안을 헤아려 안다는 뜻이다. 冏은 의미부분이고, 章(장)의 생략형은 발음부분이다. 𠾃은 商의 고문이다. 𠾄도 역시 商의 고문이다. 𠾅은 商의 주문이다.(「商, 从外知內也. 从冏, 章省聲. 𠾃, 古文商. 𠾄, 亦古文商. 𠾅, 籒文商.」)"라고 하였다.

'商'이 본래 무엇을 그린 것이었는지는 아직 알 수 없다.

'商'은 중국 고대의 나라 이름이다. 주(周)나라에게 망하고 난 뒤, 상나라 사람들은 여기저기 떠도는 생활을 하게 된다. 기자조선(箕子朝鮮)의 기자(箕子)도 그 중의 한 사람이었다. 그런 상나라 유민들을 주나라 사람들은 '상인(商人)'이라고 멸시해서 불렀다.

상나라 사람들은 한 곳에 머물지 않고 돌아다니며 물건을 사고팔면서 생활했는데, 오늘날 장사를 대표하는 글자인 '商'은 여기에서 비롯된 것이다. 이를 동사로 쓰면 '장사하다'가 되고, 장사를 하려면 당연히 물건의 질과 양, 가격 등을 따져보아야 하므로 '헤아리다'라는 뜻도 나오게 되었다. 상량(商量)이 그런 말이다. ■

'唯'자는 갑골문과 금문 그리고 소전 등이 모두 '口(구)'와 '隹(추)'로 이루어져 있다.

갑골문과 금문에서 '唯'는 뜻이 없는 구수(句首) 발어사(發語詞)로 많이 쓰였다. 또 '唯'는 고대 경전에서 '惟(생각할 유)'·'隹' 등과 통용되었다.

≪설문해자≫에서는 "唯는 승낙한다는 말이다. 口는 의미부분이고, 隹는 발음부분이다.(「唯, 諾也. 从口, 隹聲.」)"라고 하였다. 이 때는 중국어로 제3성 [wěi](웨이)라고 읽는다.

또 '唯'는 '오직'이라는 뜻으로 가차(假借)되어 쓰였다. 유물론(唯物論), 유일무이(唯一無二), 유아독존(唯我獨尊) 등과 같은 말이 그러한 예이다. 이때는 제2성 [wéi]라고 읽는다.

唱

노래 창   chàng

소 전   예 서   초 서

설문해자   景公勳銘   懷素

갑골문과 금문에는 '唱'자가 보이지 않는다.

≪설문해자≫에서는 "唱은 (노래를) 이끈다는 뜻이다. 口(구)는 의미부분이고, 昌(창)은 발음부분이다.(「唱, 導也. 从口, 昌聲.」)"라고 하였다.

창극(唱劇), 제창(齊唱), 주창(主唱), 애창곡(愛唱曲) 등과 같은 말은 모두 여기에서 나온 것이다.

9 　**單　单**(中)　**単**(日)

①홑 단 ②오랑캐 임금 선　　dān dǎn chán shàn

'單'자는 갑골문을 보면 '干(방패 간)'자와 매우 비슷한 형태이다.

서중서(徐中舒)는 '單'은 사냥 도구의 일종으로 '干'의 양 쪽 끝에 돌멩이 같은 것을 달아매고 그 갈라진 곳을 끈으로 묶어 단단하게 만든 모양이라고 하였고(≪갑골문자전(甲骨文字典)≫), 정산(丁山)은 옛날에는 방패를 '單'이라고 하였다가 후세에 '干'이라고 한 것이 아닌가 추측하면서 이렇게 되면 '單'과 '干'은 고금자(古今字)가 된다고 하였다.(≪갑골문자집석(甲骨文字集釋)≫에서 재인용)

≪설문해자≫에서는 "單은 크다는 뜻이다. 吅(현)과 華(필)은 모두 의미부분인데, 吅은 발음부분이기도 하다. (이 이상은 알 수 없어 해설란을) 비워둠.(「單, 大也. 从吅·華, 吅亦聲. 闕.」)"이라고 하였다.

한편 ≪옥편(玉篇)·현부(吅部)≫를 보면 "單은 하나를 뜻한다; 또 단독(單獨)이라는 뜻이다.(「單, 一也, 隻也.」)"라고 하였다.

'單'은 본래 '사냥도구' 또는 '방패'를 그린 글자였다. 이것은 한 사람당 하나씩 가지고 다녔으므로 여기에서 단일(單一)·단독 등과 같은 뜻이 나오게 되었고, 나아가 단순(單純)·간단(簡單) 등과 같은 뜻으로도 발전하였다.

한편 '單'은 성(姓)으로 쓰일 때는 '선'으로 읽는다. 선우(單于)씨가 그러한 예이다. ■

喪

①죽을 상 ②잃을 상 sāng sàng

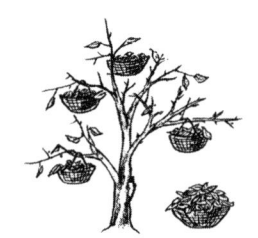

갑골문		서주 금문		춘추 금문	
佚487	前7.18.1	旂作父戊鼎	毛公鼎	洹子孟姜壺	南疆鉦

전국금문	소 전	예 서	행 서	초 서
喪史宜瓶	설문해자	曹全碑	王羲之	王羲之

'喪'자는 갑골문을 보면 '桑'과 여러 개의 'ㅂ'로 이루어져 있다.

서중서(徐中舒)는 '桑'은 '桑(상)'이고 그 옆의 'ㅂ'는 뽕잎을 딸 때 쓰는 그릇으로, '喪'은 본래 '뽕잎을 따다'라는 뜻의 회의자였는데, 후에 '잃다'라는 뜻으로 가차(假借)되었다고 하였다.(≪갑골문자전(甲骨文字典)≫)

한편 이효정(李孝定)선생은 '桑'은 뽕나무를 그린 것이 틀림없지만 이것이 '喪'의 뜻에 영향을 끼치는 것은 아니고, '喪'은 '吅(부르짖을 훤)'이 의미부분이고 '桑'이 발음부분인 형성자라고 하였다.(≪갑골문자집석(甲骨文字集釋)≫)

그런데 금문 <모공정(毛公鼎)>을 보면 그 형태가 '噩(놀랄 악)'과 '亡(망)'으로 이루어 '亡'이 발음부분의 역할을 하는 형성자로 되었는데, 소전은 이 형태를 따랐다.

≪설문해자≫에서는 "喪은 잃었다는 뜻이다. 哭(곡)과 亡은 모두 의미부분인데, 亡은 발음부분이기도 하다.(「喪, 亡也. 从哭, 从亡. 亡亦聲.」)"라고 하였는데, '喪'자는 자형의 발전 과정에서 볼 때 '哭'자와는 아무런 관련이 없다.

상가(喪家), 상여(喪輿), 상심(喪心), 문상(問喪), 초상(初喪), 관혼상제(冠婚喪祭) 등과 같은 말은 모두 여기에서 나온 것이다. ■

善

①착할 선 ②옳게 여길 선   shàn

서주 금문	춘추금문	고 문	전 문	예 서	초 서
卯簋	至諆鐘	설문해자	설문해자	夏承碑	王羲之

갑골문에는 '善'자가 보이지 않는다.

금문과 소전의 자형은 '譱'으로 모두 '誩(다투어 말할 경)'자 사이에 '羊(양)'이 있는 형태이다. ≪설문해자≫에 수록된 전문(篆文) 즉 소전(小篆)에서는 '言(언)'을 하나만 썼다.

≪설문해자·경부(誩部)≫에서는 "譱은 좋다는 뜻이다. 誩과 羊은 모두 의미부분이다. 이 글자와 義(의)자·美(미)자(에서 羊을 의미부분으로 쓴 이유)는 같은 뜻이다. 善은 譱의 전문으로 (誩 대신) 言을 썼다.(「譱, 吉也. 从誩, 从羊. 此與義·美同意. 善, 篆文譱, 从言.」)"라고 하였다.

선도(善導), 선량(善良), 선행(善行), 위선(僞善), 친선(親善), 최선(最善) 등과 같은 말은 모두 여기에서 나온 것이다. ■

喉

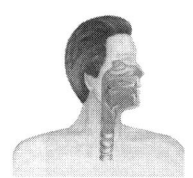

목구멍 후   hóu

소 전	예 서	초 서
설문해자	樊安碑	裴休

갑골문과 금문에는 '喉'자가 보이지 않는다.

≪설문해자≫에서는 "喉는 목구멍을 뜻한다. 口(구)는 의미부분이고, 侯(후)는 발

음부분이다.(「喉, 咽也. 从口, 侯聲.」)"라고 하였다.
　후두(喉頭), 이비인후과(耳鼻咽喉科) 등은 여기에서 비롯된 말이다. ■

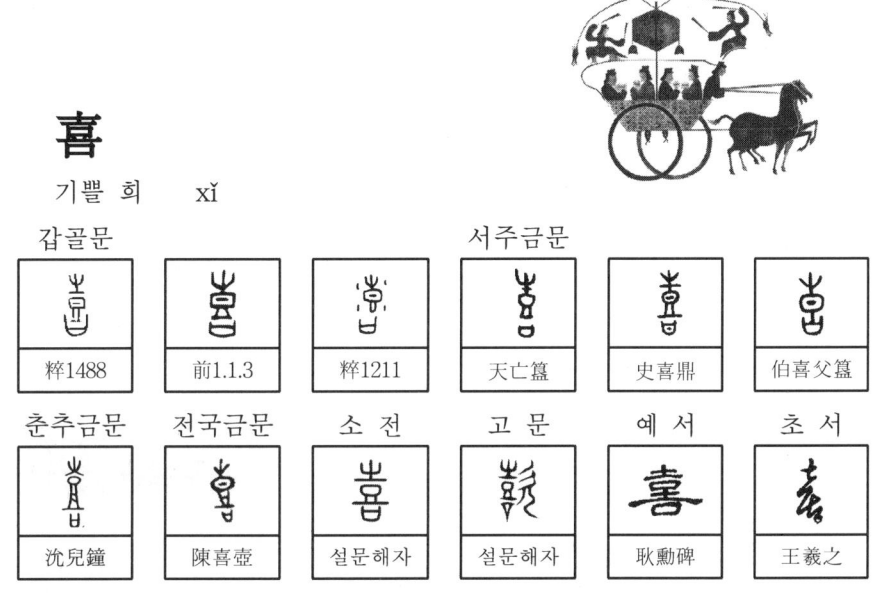

喜
기쁠 희　xǐ

갑골문			서주금문		
粹1488	前1.1.3	粹1211	天亡簋	史喜鼎	伯喜父簋

춘추금문	전국금문	소 전	고 문	예 서	초 서
沈兒鐘	陳喜壺	설문해자	설문해자	耿勳碑	王羲之

　'喜'자는 갑골문·금문·소전 등이 모두 '壴(악기 이름 주)'와 'ㅂ'로 구성되어 있다.
　당란(唐蘭)은 '壴'는 '鼓(북 고)'자의 초문(初文)이고 'ㅂ'는 그릇이므로, '喜'는 그릇에 북을 담은 모양이라고 하였고(≪은허문자기(殷虛文字記)≫), 장일승(張日昇)은 'ㅂ'는 '口(구)'자로 '북 치고 노래한다'는 뜻을 나타낸다고 하였다.(≪금문고림(金文詁林)≫)
　이효정(李孝定) 선생은 '喜'가 '음악(音樂)'의 의미를 갖게 된 것은 여기에서 비롯된 것이고, 다시 인신(引伸)되어 '즐겁다'라는 뜻으로 쓰이게 되었다고 하였다.(≪갑골문자집석(甲骨文字集釋)≫)
　≪설문해자≫에서는 "喜는 즐겁다는 뜻이다. 壴와 口는 모두 의미부분이다. 歖는 喜의 고문(古文)으로 欠(흠)이 더해졌다. (이것은) 歡(환)(자에서 欠이 쓰인 것)과 같다.(「喜, 樂也. 从壴, 从口. 歖, 古文喜, 从欠. 與歡同.」)"라고 하였다.
　희극(喜劇), 희사(喜捨), 희색(喜色), 환희(歡喜), 희희낙락(喜喜樂樂), 희노애락(喜怒哀樂) 등과 같은 말은 모두 '즐겁다'는 뜻에서 나온 것이다. ■

10　嗚 呜(中)

탄식할 오　wū

'嗚'자는 갑골문과 금문 그리고 ≪설문해자≫ 등에 보이지 않는다.

'嗚'는 본래 '烏(오)'자를 써서 통용하였었는데, 후에 '口(구)'를 더하였다.

≪옥편(玉篇)·구부(口部)≫를 보면 "嗚呼(오호)는 감탄하는 소리이다.(「嗚呼, 歎聲也.」)"라고 하였다.

'嗚'의 구조를 분석하면, 口는 의미부분이고 烏는 발음부분이 될 것이다. ■

11　嘗 尝(中)

맛볼 상　cháng

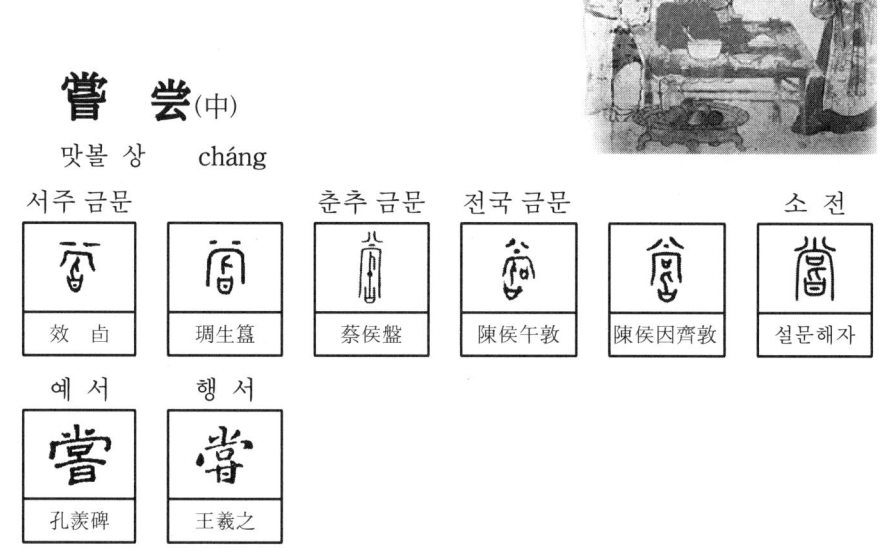

서주 금문		춘추 금문	전국 금문		소 전
效卣	琱生簋	蔡侯盤	陳侯午敦	陳侯因齊敦	설문해자

예 서	행 서
孔羨碑	王羲之

갑골문에는 '嘗'자가 보이지 않는다.

금문과 소전의 자형은 모두 '旨(지)'를 의미부분으로 하고, '尙(상)'을 발음부분으로 하는 형성자의 구조이다.

서주(西周) 금문 <효유(效卣)> 등에서는 '口(구)'를 생략하기도 하였다.

≪설문해자≫에서는 "嘗은 입으로 맛을 본다는 뜻이다. 旨는 의미부분이고, 尙은 발음부분이다.(「嘗, 口味之也. 从旨, 尙聲.」)"라고 하였다.

땔감 위에 누워 자면서 곰의 쓸개를 맛보며 복수심을 잃지 않도록 했다는 와신상

담(臥薪嘗膽)의 '嘗'이 바로 이 뜻이다. 요즘은 '맛을 본다'는 뜻으로 '嚐(상)'자를 쓰기도 한다. '嘗'은 후에 '일찍이'라는 뜻의 부사로 가차(假借)되기도 하였다.

참고로 '旨'자에 대한 ≪설문해자≫의 해설을 보면, "旨는 맛이 좋다는 뜻이다. 甘(감)은 의미부분이고, 匕(비)는 발음부분이다.(「旨, 美也. 从甘, 匕聲.」)"라고 하였다. ■

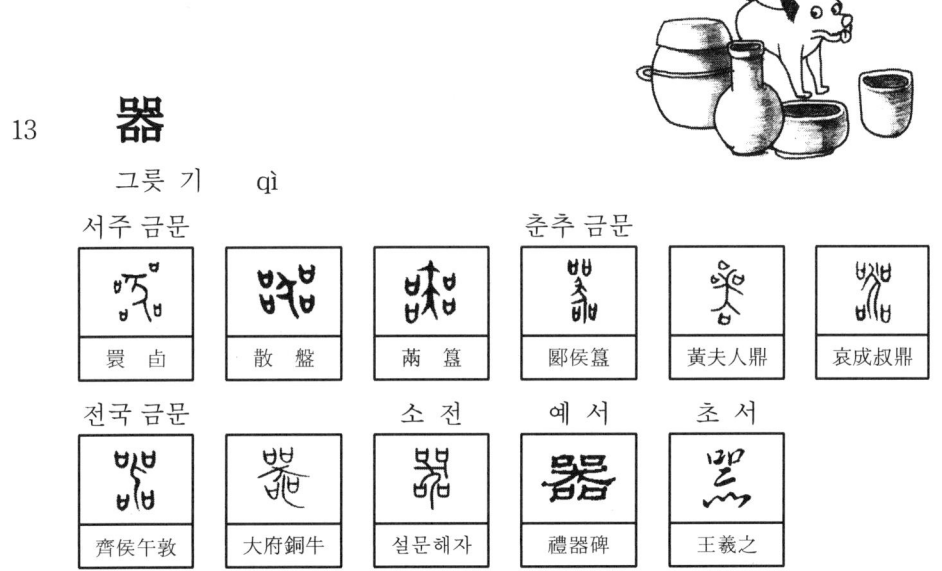

13 器

그릇 기   qì

서주 금문

| 睘卣 | 散盤 | 兩簋 |

춘추 금문

| 鄦侯簋 | 黃夫人鼎 | 哀成叔鼎 |

전국 금문

| 齊侯午敦 | 大府銅牛 |

소전

| 설문해자 |

예서

| 禮器碑 |

초서

| 王羲之 |

갑골문에는 '器'자가 보이지 않는다.

금문과 소전의 자형은 대부분 네 개의 '口'와 '犬(견)'자로 이루어져 있다.

이에 대해 고홍진(高鴻縉)은 '㗊(즙)'은 여러 그릇을 뜻하는 의미부분이고 '犬'은 '狗(구)'로서 발음부분이라고 하였고(≪산반집석(散盤集釋)≫), 주방포(朱芳圃)는 '器'는 '㹞(개 짖는 소리 은)'자의 초문(初文)으로 '㗊'과 '犬'은 모두 의미부분이라고 하였는데(≪은주문자석총(殷周文字釋叢)≫), 누구의 주장이 옳은 지는 아직 정론이 없다.

≪설문해자≫에서는 "器는 그릇이다. (口는) 그릇의 주둥이를 그린 것이고, 개[犬]가 그것을 지키고 있다는 뜻이다.(「器, 皿也. 象器之口, 犬所以守之.」)라고 하였다.

'器'은 본래 '그릇'을 뜻하였다. 기물(器物), 기구(器具), 용기(容器) 등과 같은 말은 모두 '그릇'과 관계있는 말들이다. 나아가 사람의 장기(臟器) 역시 그릇의 일종이라고 볼 수 있다. 또 "사람의 그릇이 크다, 작다"라고 할 때처럼 '재능'이나 '인품'을 가리키기도 한다. 기량(器量, 사람의 재능과 도량)이 그러한 말이다. ■

17 嚴 严(中) 厳(日)

엄할 엄　yán

≪고문자류편(古文字類編)≫(2010)을 보면 '嚴'자의 갑골문으로 '𦣻'(<합집(合集) 15515>)·'𦣻'(<합집 17600>) 등과 같은 글자를 수록하고 있다.

금문의 자형은 '嚴'(<번생궤(番生簋)>)을 기본으로 하여 'ㅁ(구)'를 세 개 쓴 것(<다우정(多友鼎)> 등)도 있다. ≪설문해자≫에 수록된 고문(古文)은 금문 <다우정> 등의 자형과 같이 'ㅁ'를 3개 썼다.

≪설문해자≫에서는 "嚴은 교화(敎化) 정령(政令)이 긴급하다는 뜻이다. 吅(현)은 의미부분이고, 厰(감, =厰)은 발음부분이다. 𠚍은 嚴의 고문이다.(「嚴, 敎命急也. 从 吅, 厰聲. 𠚍, 古文嚴.」)"라고 하였다.

여기에서 엄준(嚴峻)·삼엄(森嚴)→엄격(嚴格)·엄숙(嚴肅)→위엄(威嚴) 등으로 발전하였다. 엄동설한(嚴冬雪寒)도 여기에서 나온 말이다.

한편 오대징(吳大徵)은 금문의 '嚴'자는 '严'이 의미부분이고 '㪔(감)'(=敢)이 발음 부분인 형성자라고 하였다.(≪설문고주보(說文古籀補)≫) ■

囗部

囗

① 에울 위 ② 나라 국   wéi

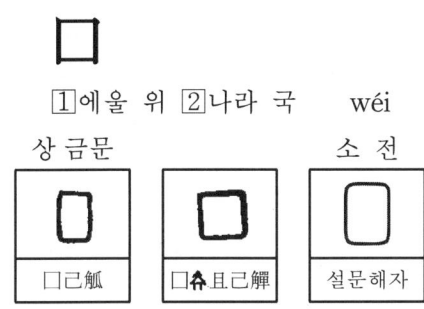

갑골문에는 '囗(위)'자가 보이지 않고, 상(商)나라 금문과 소전의 자형은 '囗'로 같다.

≪설문해자≫에서는 "囗는 빙 둘렀다는 뜻이다. 둘러싼 모양을 그린 것이다.(「囗, 回也. 象回帀之形.」)"라고 하였다.

단옥재(段玉裁)는 '둘러싸다' 또는 '주위(周圍)'라는 뜻으로는 본래 이 글자를 써야 하는데, '圍(위)'자가 널리 쓰이면서 '囗'자는 쓰이지 않게 되었다고 하였다.(≪설문해자주≫)

<囗부>에 속한 글자들은 대부분 '울타리'와 관계가 많다. 현재 이 부수에 속한 글자로는 '囚(가둘 수)', '四(넉 사)', '囝(아이 건)', '回(돌 회)', '囟(정수리 신)', '囤(작은 창고 돈)', '囧(창 밝을 경)', '囱(창 창; 굴뚝 총)', '囫(완전할 홀)', '囮(다른 새를 유인하기 위하여 잡아 가둔 새 와)', '困(괴로울 곤)', '囲(닫을 벽)', '囷(둥근 창고 균)', '囹(감옥 령)', '固(굳을 고)', '囿(담으로 둘러싸인 정원 유)', '圂(뒷간 혼)', '圃(밭 포)', '圄(감옥 어)', '圅(담을 함)', '圇(덩어리 륜)', '圈(우리 권)', '圉(마구간 어)', '圊(뒷간 청)', '國(나라 국)', '圍(둘레 위)', '園(동산 원)', '圓(둥글 원)', '圖(그림 도)', '圛(맴돌 역)', '圜(감옥 담 원; 두를 환)', '圞(둥글 란)' 등이 있다. ■

2 四

넉 사　sì

'四'자는 갑골문, 서주(西周) 시대의 금문 그리고 ≪설문해자≫에 수록된 주문(籒文) 등에서는 '亖'처럼 획을 네 번 그어서 숫자 '4'를 나타냈다.

　소전의 자형은 춘추전국(春秋戰國)시대의 금문 <여종(邵鐘)>·<대량정(大梁鼎)>과 대체로 비슷한데, 이 '四'자는 가차(假借)된 것이다.

　정산(丁山)은 '四'는 '呬(숨쉴 희)'자에서 나온 것이라고 하였고(≪수명고의(數名古誼)≫), 고홍진(高鴻縉)은 '四'자에서 'ㅁ'는 입이고 '八'은 기(氣)를 그린 것이라고 하여 정산과 같이 '四'를 '숨쉬다'라는 뜻을 나타내는 상형자라고 하였다.(≪중국자례(中國字例)≫)

　한편 마서륜(馬敍倫)은 '四'는 '泗(강 이름 사)'자에서 가차된 것이라고 하였다.(≪중국 문자의 원류와 연구 방법의 신경향(中國文字之源流與硏究方法之新傾向)≫)

　≪설문해자≫에서는 "四는 음수(陰數)이다. 넷으로 나뉘어진 형태를 그린 것이다. ᐊ는 四의 고문(古文)이다. 亖는 四의 주문(籒文)이다.(「四, 陰數也. 象四分之形. ᐊ, 古文四. 亖, 籒文四.」)"라고 하였다. ■

囚

가둘 수　qiú

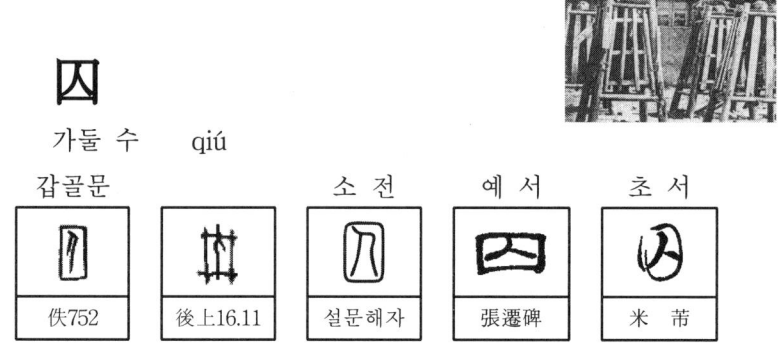

口部 251

'囚'자는 갑골문을 보면 사람[人(인)]이 울타리[囗(위)] 안에 갇혀 있는 모양이다. 소전도 이와 같다.

≪설문해자≫에서는 "囚는 매여 있다는 뜻이다. 사람이 울타리 안에 있는 형태(의 회의자)이다.(「囚, 繫也. 从人在囗中.」)"라고 하였다.

이를 명사로 쓰면 '매여 있는 사람'→'죄수(罪囚)'가 된다. 수의(囚衣), 수인(囚人) 등과 같은 말도 모두 여기에서 나온 것이다. ■

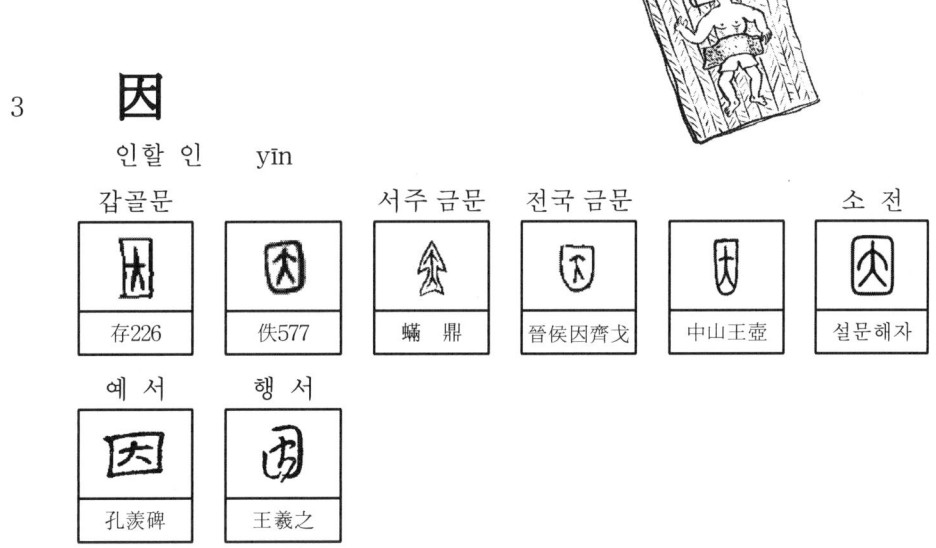

3 因

인할 인　yīn

갑골문		서주 금문	전국 금문		소 전
存226	佚577	蠆鼎	晉侯因齊戈	中山王壺	설문해자

예 서	행 서
孔羨碑	王羲之

'因'자는 갑골문과 전국(戰國)시대 금문을 보면 '囗' 안에 '大'가 있는 형태이다.

이에 대해 서중서(徐中舒, ≪갑골문자전(甲骨文字典)≫)와 임의광(林義光, ≪문원(文源)≫)은 모두 '囗'는 방석 또는 자리를 뜻하고 '大'는 그 위에 있는 무늬라고 하여, '因'은 '茵(자리 인)'자의 초문(初文)으로 본래 갑골문 '圀'(=丙, 첨)과 같은 글자인데 후대에 둘로 나뉘어졌다고 하였다.(≪문원(文源)≫) 이 주장은 참고할 만하다.

이 설에 따른다면 '因'은 '돗자리'를 그린 상형자였는데, '원인(原因)'·'말미암다' 등과 같은 뜻으로 가차(假借)된 것이라고 할 수 있다. 인연(因緣), 인습(因習), 인과응보(因果應報) 등과 같은 말은 모두 여기에서 나온 것이다.

≪설문해자≫에서는 "因은 나아간다는 뜻이다. 囗(위)와 大(대)는 모두 의미부분이다.(「因, 就也. 从囗·大.」)"라고 하였다. ■

回

돌아올 회　huí

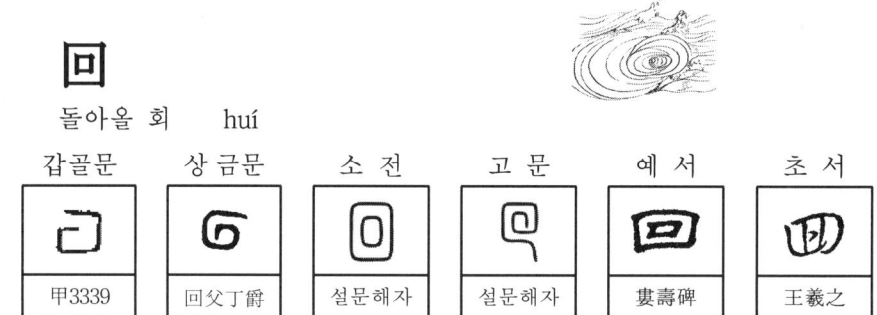

갑골문	상금문	소전	고문	예서	초서
甲3339	回父丁爵	설문해자	설문해자	婁壽碑	王羲之

'回'는 갑골문, 금문 그리고 ≪설문해자≫에서의 고문(古文)의 자형이 거의 같다.

고홍진(高鴻縉)은 '回'는 연못의 물이 회전(回轉)하는 모양으로, '회전하다'라는 뜻을 나타낸다고 하였다.(≪중국자례(中國字例)≫) 이 설에 따르면 '回'는 '洄(물 거슬러 흐를 회)'의 초문(初文)이 된다.

≪설문해자≫에서는 "回는 돈다는 뜻이다. 囗(위)는 의미부분이고, 가운데 부분은 회전하는 모양을 그린 것이다. ⓐ는 고문이다.(「回, 轉也. 从囗. 中象回轉形. ⓐ, 古文.」)"라고 하였다.

'回'는 본래 '물이 돈다'는 뜻이었는데, 그 후 '돈다'는 일반적인 뜻으로 널리 쓰였다. 회람(回覽), 선회(旋回), 회진(回診), 회피(回避) 등은 모두 '도는 것'과 관계있는 말들이다. 나아가 '돌아오는 일'에도 쓰인다. 회고(回顧), 회귀(回歸), 회복(回復), 회춘(回春), 철회(撤回) 등과 같은 말이 그러한 예이다. ■

4　困

곤할 곤　kùn

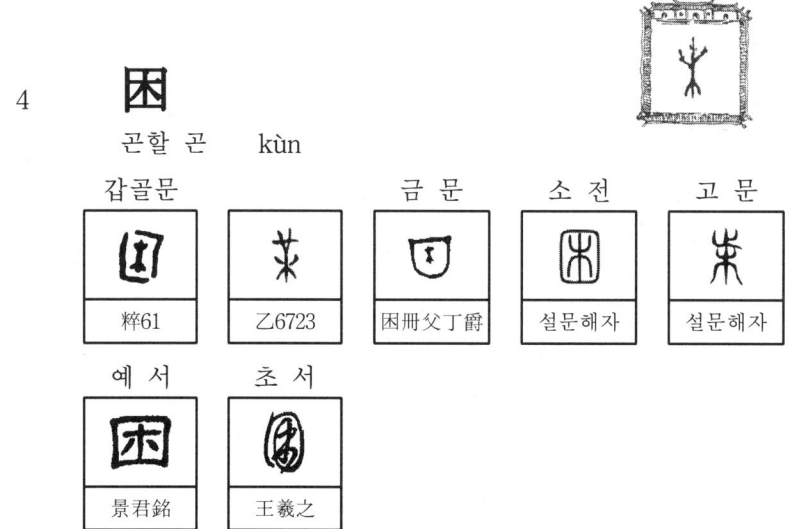

갑골문		금문	소전	고문
粹61	乙6723	困冊父丁爵	설문해자	설문해자

예서	초서
景君銘	王羲之

'困'자는 갑골문을 보면 '囗(위)'와 '木(목)'으로 이루어진 것(<수(粹) 61>)과 '止(지)'와 '木'으로 이루어진 것(<을(乙) 6723>) 등 두 가지 형태가 있다.

서주(西周) 금문과 소전은 앞의 것과 같고, ≪설문해자≫에 수록된 고문(古文)은 뒤의 것과 같다.

≪설문해자≫에서는 "困은 오래된 초가집을 뜻한다. 나무[木]가 울타리[囗] 안에 있는 형태(의 회의자)이다. 朱은 困의 고문이다.(「困, 故廬也. 从木在囗中. 朱, 古文困.」)"라고 하였다.

이에 대해 유월(兪樾, 1822~1907)은 ≪아점록(兒笘錄)≫에서 "困이 경전에서 오래된 초가집이라는 뜻으로 쓰인 예는 거의 없다. 또 나무가 울타리 안에 있는 것과 오래된 초가집이라는 뜻과는 역시 아무런 관련이 없다. 허신의 주장은 틀린 것 같다. 내 생각에, 困은 梱(문지방 곤)자의 고문이 아닌가 생각한다."라고 하였다. 유월의 이 주장은 학계에서 널리 인정받고 있다.

문지방은 드나들 때 발이 걸리지 않도록 조심해야 하는 부분이다. 곤난(困難)→곤란하다 '어렵다'라는 뜻은 여기에서 나온 것이다. 곤경(困境), 곤궁(困窮), 곤욕(困辱), 곤혹(困惑) 등과 같은 말이 그러한 예이다. 이러한 일을 당하면 몸이 피곤(疲困)하기 마련이다. ■

5 **固**

굳을 고 gù

금문		소전	예서	행서	초서
成固戈	東庫圓壺	설문해자	鄭固碑	王羲之	祝允明

갑골문에는 '固'자가 보이지 않고, 전국(戰國)시대 금문과 소전의 자형은 같다.

≪설문해자≫에서는 "固는 사방이 막혀 있다는 뜻이다. 囗(위)는 의미부분이고, 古(고)는 발음부분이다.(「固, 四塞也. 从囗, 古聲.」)"라고 하였다.

'固'는 본래 '사방이 막혀 있는 단단한 요새'를 뜻하였다. 여기에서 견고(堅固), 공고(鞏固), 확고(確固) 등과 같은 말이 나오게 되었다. 사람이 너무 딱딱하면 완고(頑

固)하다고 하고 또 고집(固執)이 세다고도 한다. 모두 '단단한 것'과 관련이 있는 말들이다. 이를 부사로 쓰면 '진실로'·'정말로'라는 의미가 된다. 고사(固辭, 굳이 사양함), 고소원(固所願, 진실로 바라던 바) 등과 같은 말이 그러한 예이다. ■

8　國　国(中)(日)
　　나라 국　guó

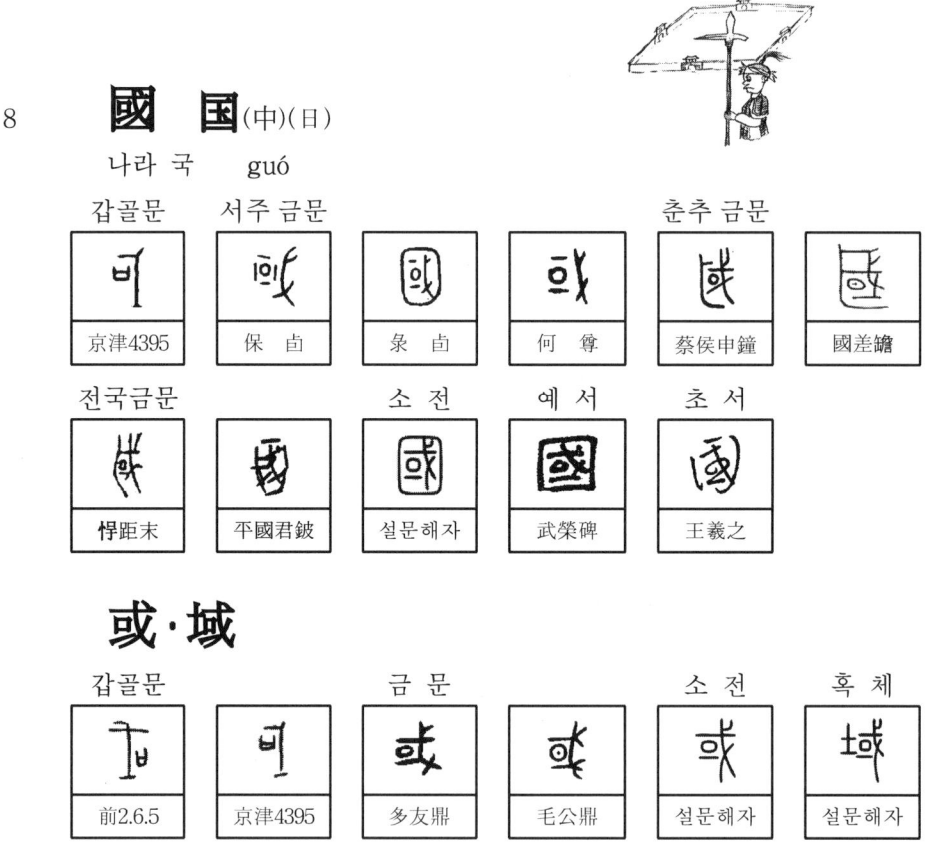

'國'자는 갑골문을 보면 '或'으로 창[戈(과)]과 구역을 뜻하는 'ㅂ'로 이루어져 있다. 즉 창을 가지고 영토를 지킨다는 뜻이다.

금문에서의 '國'자는 '向'(<보유(保卣)>) 또는 '二'(<하존(何尊)>) 등으로 영토의 외곽을 표시하거나 '口'(<녹유(彔卣)>)·'匸'(<채후신종(蔡侯申鐘)>) 등으로 구역을 구체적으로 나타낸 형태 등 다양한 자형을 보이고 있다.

또한 《설문해자》를 보면 '或(혹)'자의 이체자(異體字)로 '域(역)'자를 수록하고 있는데, 이와 같은 상황을 종합해 보면 '國'·'或'·'域' 이 세 글자는 본래 한 글자였음을 알 수 있다.

그런데 한자의 발전 과정에서 볼 때 글자의 근원이 같고 뜻 또한 완전히 같은 글자군(群)이 있을 경우, 그 글자군에 속한 각각의 글자들이 원래 가지고 있던 뜻을 그대로 보존하여 후세까지 쓰이는 경우는 거의 없다. 왜냐하면 효율성을 따져 볼 때 하나의 뜻을 굳이 똑같은 글자 여럿이 함께 표현할 필요가 없기 때문이다. 따라서 '國'·'或'·'域' 세 글자 역시 이 가운데 '國'자만이 '나라'를 뜻하는 글자로 자리잡게 되고, '或'은 '어떤'·'또는'이라는 의미로 가차(假借)되어 갔고, '域'은 부분적인 지역을 뜻하는 글자로 의미가 축소되었다.

'國'자와 '或'자에 대한 ≪설문해자≫의 해설을 보면 다음과 같다.

"國은 나라[邦(방)]를 뜻한다. 囗(위)와 或(혹)은 모두 의미부분이다.(「國, 邦也. 从囗, 从或.」)"

"或은 나라[邦]를 뜻한다. 囗는 의미부분이고, 창[戈]을 들고 一을 지키는 형태(의 회의자)이다. 一은 땅을 뜻한다. 域은 或의 혹체자(或體字)로 土(토)를 더하였다.(「或, 邦也. 从囗, 从戈以守一. 一, 地也. 域, 或又从土.」)" ■

9   **圍**   **囲**(中)   **囲**(日)

둘레 위   wéi

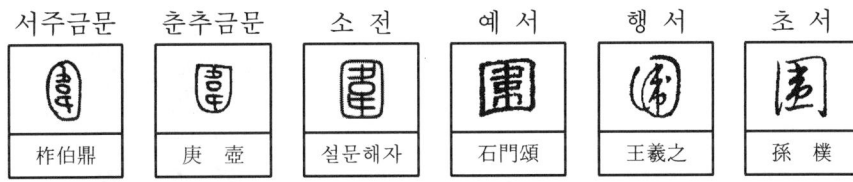

서주금문	춘추금문	소 전	예 서	행 서	초 서
柞伯鼎	庚 壺	설문해자	石門頌	王羲之	孫 樸

갑골문에는 '圍'자가 보이지 않는다.

금문과 소전의 자형은 울타리[囗] 안에서 구역을 뜻하는 '口'를 가운데 놓고 발[止]이 위 아래로 엇갈려 있는 모양이다. 즉 어떤 구역을 사람이 빙글 빙글 돌면서 지키고 있다는 뜻이다. 울타리를 의미하는 밖의 테두리는 없어도 마찬가지의 뜻이 된다. 주위(周圍)·둘레 등과 같은 뜻은 여기에서 나온 것이다.

≪설문해자≫에서는 "圍는 지킨다는 뜻이다. 囗(위)는 의미부분이고, 韋(위)는 발음부분이다.(「圍, 守也. 从囗, 韋聲.」)"라고 하였는데, 본래 '韋'자에 '돌면서 지킨다'는 뜻이 있으므로 '韋'는 의미부분도 된다.

형성자는 일반적으로 한 쪽은 뜻을 담당하고, 한 쪽은 소리를 담당한다고 알려져 있다. 그런데 어떤 글자들은 '圍'자의 경우처럼 의미부분은 전체 뜻의 범위를 정할

뿐이고, 구체적인 뜻은 발음부분에 있을 때도 있다.(<부록·낱말풀이> 우문설(右文說) 참조) ■

10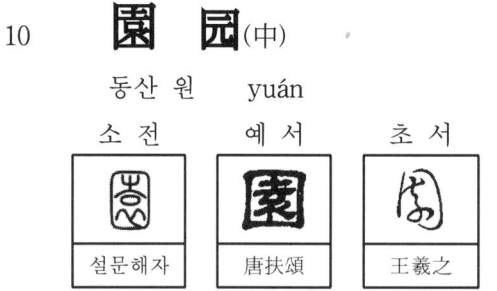

갑골문과 금문에는 '園'자가 보이지 않는다.

≪설문해자≫에서는 "園은 과실수(果實樹)를 심는 곳이다. 囗(위)는 의미부분이고, 袁(원)은 발음부분이다.(「園, 所以樹果也. 从囗, 袁聲.」)"라고 하였다.

園"은 본래 과수원(果樹園)을 뜻하였다. 그 후 뜻이 넓어져서 '울타리를 친 곳'이면 어디나 두루 쓰인다. 화원(花園), 공원(公園), 전원(田園), 정원(庭園), 학원(學園), 동물원(動物園), 식물원(植物園) 등과 같은 말이 그러한 예이다. ■

갑골문과 금문에는 '圓'자가 보이지 않는다.

고홍진(高鴻縉)은 ≪중국자례(中國字例)≫에서 다음과 같이 말하였다.

"내 생각에, ○은 의상자(意象字, 뜻을 그린 글자)로, 원형을 의미하는 員자의 초문(初文)이다. … 뒤에 의미부분으로 鼎(정)을 더해 員로 썼는데, (이것은) 솥의 입이 바로 원형임을 말하는 것이다. 뒤에 또 (鼎을) 줄여 貝로 썼다. … 후세 사람들은 다시 員자 외곽에 의미부분으로 囗를 더하여 圓자를 만들어서, 원래의 뜻으로 돌아갔다.(「按: ○爲意象字, 本卽方員之員之初文. … 後加鼎爲意符作員, 言鼎之口正爲圓形也. 後又省从貝作. … 後人又於員外加囗爲意符作圓, 以還其原.」)

이 주장에 따르면 '圓'자에서 '員'은 발음부분과 의미부분의 역할을 동시에 겸하고 있다고 할 수 있다.(<구부(口部)> 7획 236쪽 '員'자 참조)

≪설문해자≫에서는 "圓은 둥글고, 완전하다는 뜻이다. 囗(위)는 의미부분이고, 員(원)은 발음부분이다. 員처럼 읽는다.(「圓, 環, 全也. 从囗, 員聲. 讀若員.」)"라고 하였다. 원만(圓滿), 원숙(圓熟), 원탁(圓卓), 원활(圓滑) 등과 같은 말은 모두 여기에서 나온 것이다. ■

11 團 团(中) 団(日)

둥글 단   tuán

갑골문에는 '團'자가 보이지 않는다.

서주(西周) 금문과 소전의 자형은 모두 '囗(위)'와 '專(전)'으로 이루어져 있다.

≪설문해자≫에서는 "團은 둥글다는 뜻이다. 囗는 의미부분이고, 專은 발음부분이다.(「團, 圜也. 从囗, 專聲.」)"라고 하였다.

단결(團結), 단란(團欒), 단합(團合) 등과 같은 말은 모두 '둥글다'는 뜻에서 나온 것이다. 이를 명사로 쓰면 영어로 '서클', 우리말로 하면 '동아리'가 된다. 단체(團體), 단원(團圓), 단장(團長), 집단(集團) 등과 같은 말이 그러한 예이다.

그런데 의미부분인 '囗'는 구역을 뜻할 뿐 '둥글다'는 뜻은 발음부분인 '專'자에 있다. '專'은 본래 실북[방전(紡塼)]을 그린 상형자로, '專'자와 함께 쓰인 글자들은 대체로 '돌아가면서 움직인다'는 뜻을 나타낸다. 그러므로 '團'자에서 '專'은 발음부분뿐 아니라 의미부분의 역할을 겸하고 있다고 할 수 있다.(<부록·낱말풀이> 우문설(右文說) 참조) ■

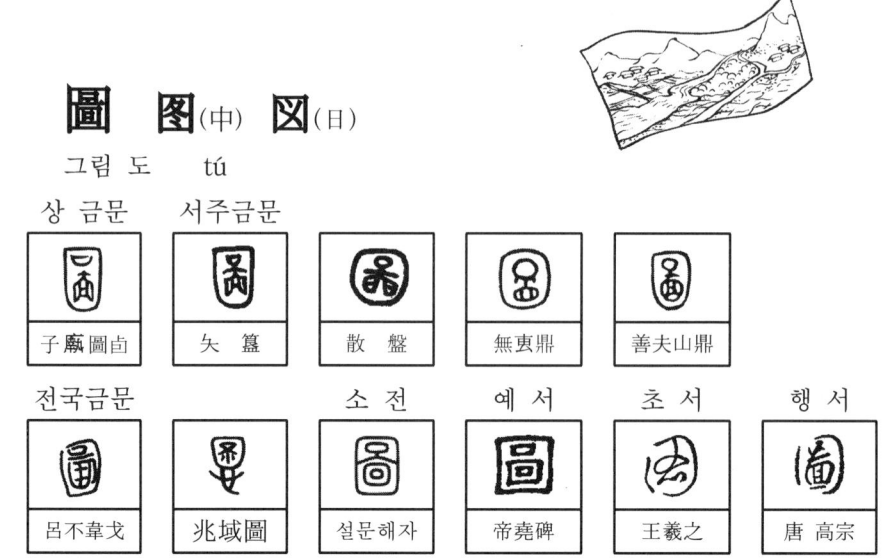

圖 图(中) 図(日)
그림 도 tú

상 금문	서주금문			
子廠圖卣	矢簋	散盤	無叀鼎	善夫山鼎

전국금문		소전	예서	초서	행서
呂不韋戈	兆域圖	설문해자	帝堯碑	王羲之	唐 高宗

갑골문에는 '圖'자가 보이지 않는다.

금문과 소전의 자형을 비교하면 울타리를 뜻하는 '囗(위)'는 같지만, 그 안에 있는 형태는 조금씩 다를 뿐만 아니라 그것이 무엇을 뜻하는지도 분명하지 않다.

임의광(林義光, ≪문원(文源)≫)과 양수달(楊樹達, ≪적미거소학술림(積微居小學述林)≫)은 '囗'는 나라[國(국)]를 의미하고 '啚(비)'는 시골이라는 뜻의 '鄙(비)'의 초문(初文)이므로 '圖'는 나라 전체의 지도(地圖)를 의미한다고 하였고, 장훤(張暄)은 '啚'는 창고를 그린 것으로 '囗'는 그것을 에워싼 모양이라고 하였는데(≪문자형의원류신석전(文字形義源流新釋典)≫), 누구의 주장이 옳은지는 알 수 없다.

≪설문해자≫에서는 "圖는 그림을 그려 계획하기가 어렵다는 뜻이다. 囗와 啚는 모두 의미부분이다. 啚는 어렵다는 뜻이다.(「圖, 畫計難也. 从囗, 从啚. 啚, 難意也.」)"라고 하였다.

'圖'은 본래 '지도'를 뜻하였다. '그림'이라는 훈은 여기에서 나온 것이다. 도록(圖錄), 도서(圖書), 도표(圖表), 도안(圖案) 등은 모두 그림과 관련이 있는 말들이다.

집을 지으려면 먼저 설계도(設計圖)부터 그려야 하는 것처럼 무슨 일을 하려면 그에 대한 구도(構圖)가 있어야 한다. '무슨 일을 꾸미다'라고 하는 동사의 뜻은 여기에서 나온 것이다. 도모(圖謀), 기도(企圖), 의도(意圖) 등과 같은 말이 그런 예이다. ■

土部

土
흙 토   tǔ

갑골문			서주금문		
甲2241	前7.36.1	合集20576	大盂鼎	亳鼎	散盤

춘추금문	전국금문	소 전	예 서	초 서
哀成叔鼎	無土鼎	州句劍	설문해자	曹全碑	王羲之

'土'는 흙더미를 그린 상형자이다.

갑골문에서 '◇'는 흙을 쌓아 놓은 모양이고, '一'는 지면(地面)을 가리킨다. <전(前)7.36.1>에서 흙더미 옆에 있는 점들은 흙 부스러기를 나타내는 것일 것이다.

한편 곽말약(郭沫若)은 '土'와 '且(차)'(=俎, 제사 그릇 조) 그리고 '士(사)' 등 세 글자를 모두 숫소의 생식기를 그린 같은 글자로 간주하였다.(≪갑골문자연구(甲骨文字硏究)·석조비(釋祖妣)≫) 그래서인지 현재 중국 본토에서 나온 책 가운데 ≪갑골문자전(甲骨文字典)≫·≪한어대자전(漢語大字典)≫·≪갑금전례대자전(甲金篆隸大字典)≫ 등에서는 이효정(李孝定)선생의 ≪갑골문자집석(甲骨文字集釋)≫에서 '士'자의 갑골문이라고 소개하고 있는 '⊥'(<수(粹) 907>)와 같은 자형을 '土'자의 갑골문으로 소개하고 있다.

금문의 자형은 갑골문과 거의 같고, 소전은 이것을 직선으로 표현한 것이다.

≪설문해자≫에서는 "土는 땅이 만물을 토(吐)해 내어 생겨나게 하는 것이다. 二는 땅의 아래와 가운데를 그린 것이고, ㅣ은 사물이 나오는 모양이다.(「土, 地之吐生萬物者也. 二象地之下地之中. ㅣ, 物出形.」)"라고 하였는데, 갑골문과 금문의 자형과 비교할 때 믿기가 어렵다.

<土부>에 속한 글자들은 대부분 '땅'과 관련이 많다. 예는 너무 많아 생략한다. ■

3 在
있을 재   zài

갑골문	서주 금문	전국 금문	소 전	예 서	행 서
才	才	在	在	在	在
菁3.1	大盂鼎	林氏壺	설문해자	桐柏廟碑	王羲之

'在'자는 본래 '才(재)'자와 한 글자로서, 초목의 새싹[丨]이 땅[▽]을 뚫고 솟아 나온 모양을 그린 상형자이다.

갑골문과 금문에서는 '才'로 쓰거나, '士(사)'를 덧붙여 '在'로 쓰기도 하였다.(<대우정(大盂鼎)>·<임씨호(林氏壺)>)

소전에서는 '士'가 다시 '土(토)'로 변하였다.

≪설문해자≫에서는 "在는 있다는 뜻이다. 土는 의미부분이고, 才는 발음부분이다.(「在, 存也. 从土, 才聲.」)"라고 하였는데, 갑골문과 금문을 볼 때 '才'는 의미부분이기도 하다.

재고(在庫), 재직(在職), 재학(在學), 소재(所在), 존재(存在) 등과 같은 말은 모두 '있다'라는 뜻에서 나온 것이다. ■

地
땅 지   de dì

금 문	소 전	주 문	예 서	초 서	행 서
地	地	墜	地	地	地
胤嗣壺	설문해자	설문해자	曹眞碑	陳壽	李兆洛

갑골문과 서주(西周)금문에는 '地'자가 보이지 않고, 전국(戰國)시대 금문은 주문(籒文)과 비슷한 형태이다.

≪설문해자≫에서는 "地, 원기(元氣)가 처음 나누어질 때, 가볍고 맑고 밝은 것은 하늘이 되고, 무겁고 흐리고 어두운 것은 땅이 되었다. 땅은 만물이 펼쳐지는 곳이다. 土(토)는 의미부분이고, 也(야)는 발음부분이다. 墜(지)는 地의 주문(籒文)으로

(也 대신) 隊(전)을 썼다.(「地, 元氣初分, 輕淸陽爲天, 重濁陰爲地, 萬物所陣列也. 从土, 也聲. 隊, 籒文地, 从隊.」)라고 하였다. ■

4

갑골문에는 '均'자가 보이지 않는다.

춘추(春秋)시대 금문과 소전의 자형은 모두 '土(토)'와 '勻(고를 균)'으로 이루어져 있다.

≪설문해자≫에서는 "均은 (땅이) 고르다는 뜻이다. 土와 勻은 모두 의미부분인데, 勻은 발음부분이기도 하다.(「均, 平徧也. 从土, 从勻, 勻亦聲.」)"라고 하였다.

균등(均等), 균일(均一), 균형(均衡), 평균(平均) 등과 같은 말은 모두 여기에서 나온 것이다. ■

≪고문자류편(古文字類編)≫(2010)을 보면 '坐'자의 갑골문으로 사람이 돗자리를 깔고 앉은 모양의 '🯄'(<합집(合集) 975>)·'🯄'(<합집 16998>) 등과 같은 글자를 수록하고 있다.

소전에서는 '壄'로 썼다. '坐'는 이 글자의 고문(古文)으로 ≪설문해자≫에 수록되어 있다.

임의광(林義光)은 '坐'자는 두 사람이 '土(토)' 위에 마주 앉아 있는 모양을 그린 것이라고 하였다.(《문원(文源)》)

《설문해자》에서는 "𡋑는 머문다는 뜻이다. 土와 留(류)의 생략형은 모두 의미부분이다. 土는 (사람들이) 머무는 곳을 뜻한다. 이것과 留는 (坐자에서 土와 留자에서 田(전)은 사람이 머문다는 면에서) 같은 뜻이다. 坐는 𡋑의 고문이다.(「𡋑, 止也. 从土, 从留省. 土, 所止也. 此與留同意. 坐, 古文𡋑.」)"라고 하였다.

'坐'는 본래 두 사람이 땅에 마주 앉아 있는 모양을 그린 것이다. '앉다'라고 하는 훈은 여기에서 나온 것이다. 좌선(坐禪), 좌시(坐視), 좌초(坐礁), 연좌죄(連坐罪), 좌불안석(坐不安席) 등과 같은 말이 그러한 예이다. ■

5 **坤**

땅 곤   kūn

소 전	예 서	행 서	초 서
설문해자	孔羨碑	王羲之	裴休

갑골문과 금문에는 '坤'자가 보이지 않는다.

《설문해자》에서는 "坤은 땅을 뜻한다. 《주역(周易)》의 괘(卦) 이름이다. 土(토)와 申(신)은 모두 의미부분이다. 土는 (12지지(地支)의 9번째인) 申에 위치한다.(「坤, 地也. 《易》之卦也. 从土, 从申. 土位在申.」)"라고 하였다.

건곤(乾坤)을 하늘과 땅이라고 하는 것은 《주역》의 괘 이름에서 비롯된 것이다. ■

垂

①드리울 수 ②변방 수   chuí

소 전	예 서	초 서	초 서
설문해자	孔羨碑	王羲之	王獻之

갑골문과 금문에는 '垂'자가 보이지 않는다.

소전에서는 '埀'로 썼다. '垂'는 '埀'의 예서체이다.

≪설문해자≫에서는 "埀(垂)는 먼 변방(邊方)을 뜻한다. 土(토)는 의미부분이고, 㒸(수)는 발음부분이다.(「垂, 遠邊也. 从土, 㒸聲.」)"라고 하였다. 요즘 이 뜻으로는 '陲(변방 수)'자를 많이 쓴다.

'㒸'는 본래 초목이 아래로 드리워진 것을 그린 상형자였다. 단옥재(段玉裁)는 "㒸는 인신(引伸)하여 모든 아래로 드리워진 것을 일컬을 때 쓰인다. 현재는 埀(즉 垂)자가 널리 쓰이면서 㒸자는 잘 쓰이지 않게 되었다."라고 하였다.(≪설문해자주≫)

수훈(垂訓, 후세에 전하는 교훈), 수직선(垂直線), 수렴청정(垂簾聽政, 발을 드리우고 정사(政事)를 들음) 등은 모두 '아래로 드리우다'라는 뜻에서 나온 말이다. ■

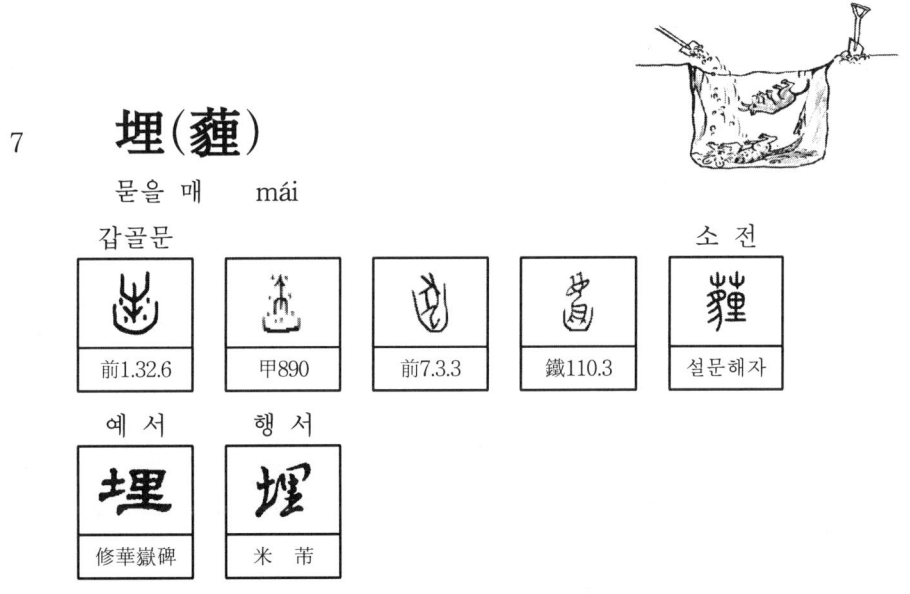

7 **埋(薶)**

묻을 매   mái

갑골문
前1.32.6 · 甲890 · 前7.3.3 · 鐵110.3

소전
설문해자

예서
修華嶽碑

행서
米芾

'埋'는 '薶(묻을 매)'의 속자(俗字)이다.

'薶'자는 갑골문을 보면 소[牛(우)](<전(前) 1.32.6>)·(<갑(甲) 890>), 개[犬(견)](<전 7.3.3>), 사슴[鹿(록)](<철(鐵) 110.3>) 등이 구덩이 안에 있는 형태로, '매장(埋藏)하다'라는 뜻을 나타낸다. 구덩이 안에 있는 점들은 흙덩어리를 그린 것이다.

소전의 자형 '薶'는 동물[豸(치)]을 구덩이 안[里(리)]에 넣고 풀[艹(초)]로 덮은 형태이다.

≪설문해자≫에서는 "薶는 매장한다는 뜻이다. 艸(초)는 의미부분이고, 貍(리)는 발음부분이다.(「薶, 瘞也. 从艸, 貍聲.」)"라고 하였는데, 갑골문을 보면 '貍'에도 뜻이 있다고 할 수 있다. 매립(埋立), 매복(埋伏), 매몰(埋沒) 등과 같은 말은 모두 여기에서 나온 것이다.

참고로 '薶'의 고음은 *mrwəɣ / muɛi(뭬이→매)이고, '貍'의 고음은 *miəɣ / mi(미)로, '薶'와는 첫소리가[m-]으로 같고, 상고음(上古音)의 주모음(主母音)과 운미(韻尾)도 [əɣ]로 같다. 그래서 '薶'자에서 '貍'가 발음부분으로 쓰일 수 있는 것이다. ■

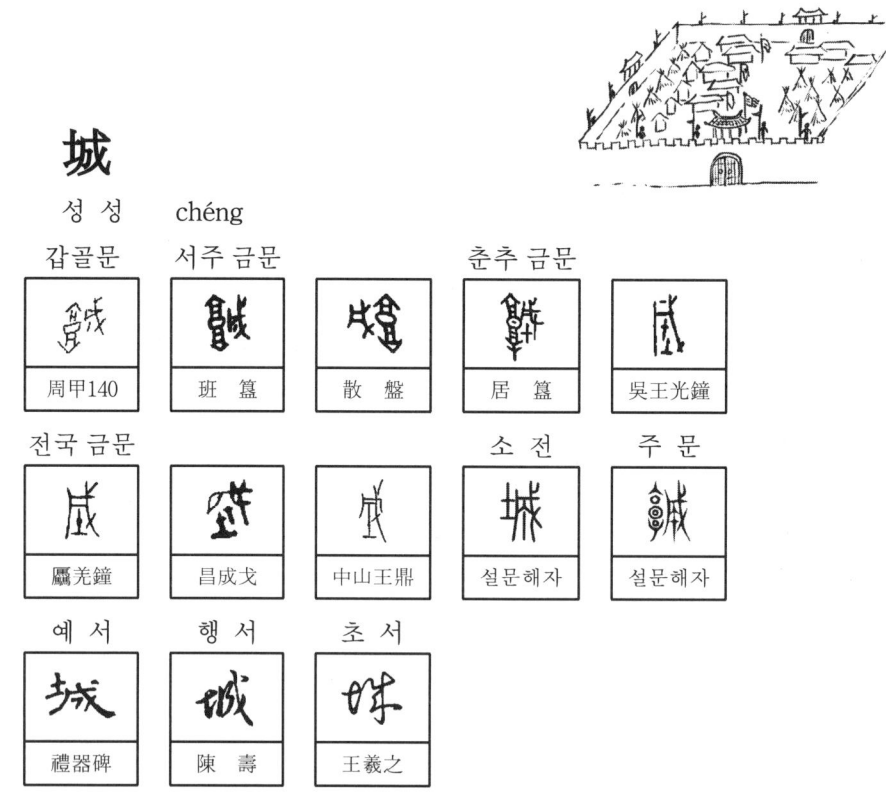

'城'자는 갑골문은 성곽을 의미하는 '亯(곽)'과 '成(성)'으로 이루어졌다.

금문의 자형은 갑골문과 같은 것(<반궤(班簋)> 등)도 있고, '土(토)'와 '成'(<오왕광종(吳王光鐘)>) 또는 '戌(술)'로 이루어진 것(<표강종(鱻羌鐘)>) 등 세 종류이다.

소전은 뒤의 자형을 따랐고, 주문(籒文)은 앞의 자형을 따랐다. 고문자에서 '戌'과 '成' 두 글자는 서로 통용되었다.

≪설문해자≫에서는 "城, 성(城)을 '성'이라고 부르는 까닭은 (그릇에 물건이 가득 담겨 있다는 뜻의 '盛(성)'자와 같이) 그 안에 백성들이 많이 모여 살기[盛] 때문이다. 土와 成은 모두 의미부분인데, 成은 발음부분이기도 하다. 䧹은 城의 주문으로 (土 대신) 㲦을 썼다.(「城, 以盛民也. 从土, 从成, 成亦聲. 䧹, 籒文城, 从㲦.」)"라고 하였다. ■

8 堅

갑골문과 금문에는 '堅'자가 보이지 않는다.

≪설문해자≫에서는 "堅은 단단하다는 뜻이다. 臤(간·견·경·긴·현)과 土(토)는 모두 의미부분이다.(「堅, 剛也. 从臤, 从土.」)"라고 하였다.

'臤'은 본래 '단단하다[堅(견)]'라는 뜻을 가진 글자이다. 견고(堅固), 견실(堅實), 견지(堅持), 중견(中堅) 등과 같은 말은 모두 여기에서 나온 것이다. ■

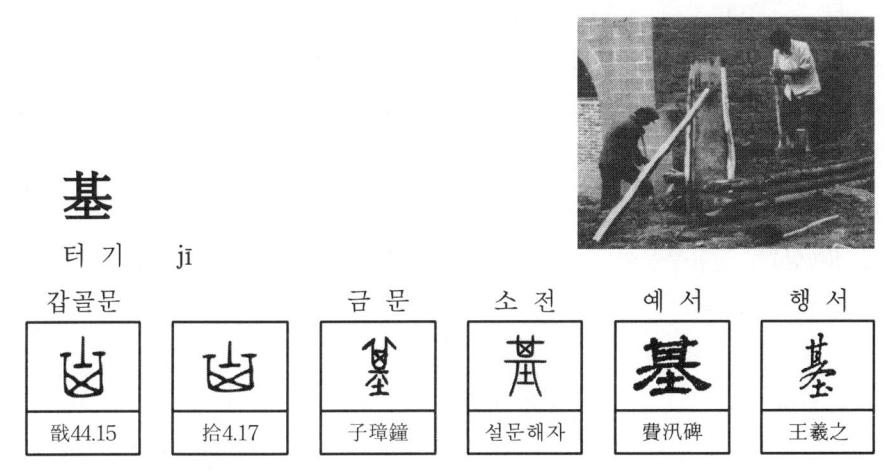

'基'자는 갑골문과 춘추(春秋)시대 금문 그리고 소전 등이 모두 '其(기)'와 '土(토)'로 이루어져 있다. 다만 갑골문에서는 '土'가 '其' 위에 있고, 금문과 소전에서는 '土'가 '其' 아래에 있는 것만이 다를 뿐이다.

고문자에서 부수의 위치는 고정된 것이 아니기 때문에 '土'가 위에 있거나 아래에 있거나 뜻의 차이는 없다고도 볼 수 있지만, 다만 갑골문의 자형으로 보면 '基'자는 본래 '키를 사용하여 흙을 일구어낸다'는 뜻으로 쓰였을 가능성도 없지 않다.(서중서(徐中舒), ≪갑골문자전(甲骨文字典)≫)

≪설문해자≫에서는 "基는 담의 기초(基礎)가 되는 부분을 뜻한다. 土는 의미부분이고, 其는 발음부분이다.(「基, 牆始也. 从土, 其聲.」)"라고 하였다.

'基'은 본래 '담장의 기초'를 뜻하였는데, 그 후 일반적인 '기초'·'기반(基盤)'에 관계되는 말에 두루 쓰인다. 기금(基金), 기본(基本), 기준(基準) 등과 같은 말이 그러한 예이다. ■

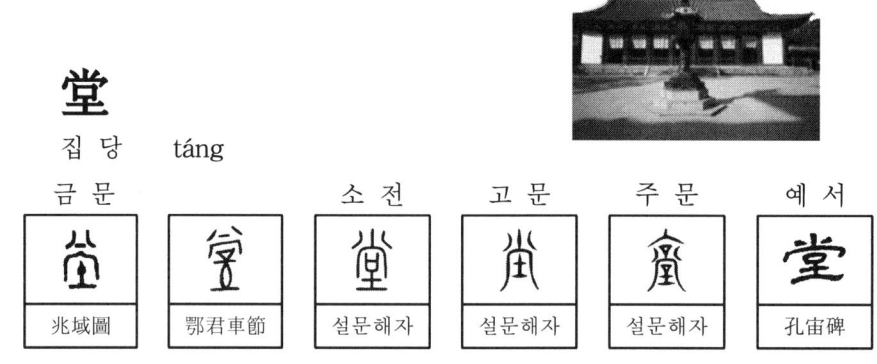

堂
집 당   táng

금문		소전	고문	주문	예서
坐	坣	堂	坐	䯆	堂
兆域圖	鄂君車節	설문해자	설문해자	설문해자	孔宙碑

갑골문과 서주(西周) 금문에는 '堂'자가 보이지 않는다.

전국(戰國)시대 금문 <조역도(兆域圖)>에서의 자형은 '坐'으로 ≪설문해자≫에 수록된 고문(古文)과 같고, <악군차절(鄂君車節)>에서는 '坣'으로 썼다.

≪설문해자≫에서는 "堂은 집 안에 있는 정실(正室)을 뜻한다. 土(토)는 의미부분이고, 尙(상)은 발음부분이다. 坐은 堂의 고문이다. 䯆은 堂의 주문(籒文)으로 高(고)의 생략형을 더하였다.(「堂, 殿也. 从土, 尙聲. 坐, 古文堂. 䯆, 籒文堂, 从高省.」)"라고 하였다.

옛날 집의 구조는 문을 들어서면 먼저 '堂'이 있고, 그 뒤에 실(室)이 있었다. 그래서 '堂'은 본래 '집 안에 있는 정실'을 뜻하였다. 그 후 뜻이 넓어져 '활동할 수 있는 크고 넓은 공간'을 가리키게 되었다. '집'이라고 하는 훈은 여기에서 비롯된 것이다. 식당(食堂), 불당(佛堂), 예배당(禮拜堂), 예술의 전당(殿堂) 등과 같은 말이 그러한 예이다. 이를 형용사로 쓰면 '크고 넓다'가 되는데, '당당(堂堂)하다'라는 말은 여기에서 나온 것이다.

옛날 명당(明堂)은 조상을 받드는 곳이었다. 그래서 '堂'은 할아버지가 같은 친속 관계를 가리키기도 한다. 당숙(堂叔), 당질(堂姪) 등과 같은 말이 그러한 예이다. 또 모당(母堂)·자당(慈堂)자처럼 남의 어머니를 높여 부르는 말에도 쓰인다. ■

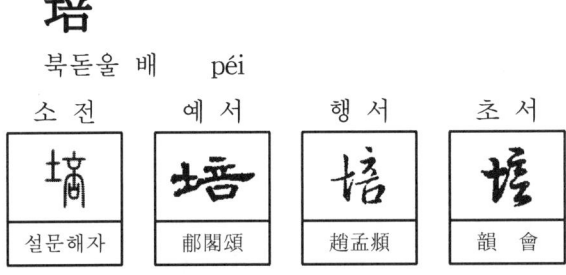

培
북돋울 배   péi

소전	예서	행서	초서
설문해자	郙閣頌	趙孟頫	韻會

갑골문과 금문에는 '培'자가 보이지 않는다.

《설문해자》에서는 "培는 두텁게 한다는 뜻으로, 토지(土地)·전답(田畓)·산천(山川)에 대한 말이다. 土(토)는 의미부분이고, 음(투·부)는 발음부분이다.(「培, 培敦, 土田山川也. 从土, 音聲.」)"라고 하였다.

'培'는 본래 '흙을 북돋는다'는 뜻이었는데, 그 후 뜻이 넓어져 모든 '길러내는 일'에 쓰인다. 배양(培養), 재배(栽培) 등과 같은 말이 그러한 예이다. ■

域(或)
지경(地境) 역   yù

소전	혹체	예서	초서
설문해자	설문해자	隷辨	孫虔禮

'域'은 '或(혹)'자의 혹체자(或體字)이다.(<위부(囗部)> 8획 '國'자 참조)

그런데 '或'은 본래 '國(국)'자의 여러 자형 가운데 하나였고, 또 '域'은 '或'의 혹체자이므로, '或'·'國'·'域' 세 글자는 본래 같은 글자였음을 알 수 있다.

왕명성(王鳴盛, 1722~1793)은 서현(徐鉉, 916~991)의 말을 인용하여 '或'은 본래 나라·영토·지역(地域) 등과 같은 뜻이었는데, 당(唐)나라 말에서 송(宋)나라 초 사이에 '혹은'·'또는'이라는 뜻으로 가차(假借)되어 쓰이기 시작하였다고 하였다.(≪아술편(蛾術編)≫) ■

執 执(中)
잡을 집 zhí

갑골문: 甲2909, 前6.17.4
서주금문: 師同鼎, 不嬰簋, 師衰簋, 散盤
춘추금문: 庚壺
전국금문: 兆域圖
소전: 설문해자
예서: 侯成碑
초서: 明人

'執'자는 갑골문을 보면 사람이 꿇어앉아 있고 두 손에 수갑을 채운 모양이다.

서주(西周) 금문도 대체로 이와 같은데 때로는 '女(녀)'자가 더해진 것(<불기궤(不嬰簋)>)도 있고, 두 손[廾(공)]이 더해진 것(<사원궤(師衰簋)>)도 있다.

소전의 자형은 '幸(놀랄 녑)'과 '丮(잡을 극)'자로 이루어졌다. '幸'자는 본래 손을 묶는 형벌 도구를 그린 상형자였고(<간부(干部)> 5획 '幸(행)'자 참조), '丮'은 꿇어앉은 사람의 변형으로 보인다. 그렇지만 갑골문·금문과 비교할 때 이미 형태가 많이 바뀌어 글자만을 보고는 원래의 뜻을 알 수 없게 되었다.

소전의 '幸'은 예서에서 '幸(행)'으로 바뀌고, '丮'은 '丸(환)'으로 바뀌어 현재의 '執'자가 되었다.

≪설문해자≫에서는 "𡙕(執)은 죄인을 체포한다는 뜻이다. 丮과 幸은 모두 의미부분인데, 幸은 발음부분이기도 하다.(「執, 捕罪人也. 从丮, 从幸, 幸亦聲.」)"라고 하였다.

'執'은 본래 '죄인을 붙잡는다'는 뜻이었다. 그 후 뜻이 넓어져 '붙잡는 일'에 두루 쓰인다. '잡다'라고 하는 훈은 여기에서 나온 것이다. 집권(執權), 집념(執念), 집요(執拗), 집착(執着), 집행(執行), 고집(固執) 등과 같은 말이 그러한 예이다. ■

9 報 报(中)
갚을 보 bào

갑골문에는 '報'자가 보이지 않는다.

그런데 ≪고문자류편(古文字類編)≫·≪갑금전례대자전(甲金篆隸大字典)≫·≪한어고문자자형표(漢語古文字字形表)≫ 등에는 '報'자의 갑골문으로 '𫝀'(<전(前) 6.29.5>)·'𫝂'(<후하(後下) 23.9>) 등과 같은 자형을 소개하고 있다. 그렇지만 ≪갑골문자집석(甲骨文字集釋)≫·≪갑골문자전(甲骨文字典)≫·≪한어대자전(漢語大字典)≫·≪형음의자전(形音義字典)≫ 등에는 이러한 자형을 수록하고 있지 않다.

서주(西周) 금문을 보면 '報'자는 손을 묶는 형벌 도구인 '㚔(녑)'과 꿇어앉은 사람[卩(절)] 그리고 손[又(우)]으로 이루어져 있다. 즉 사람을 잡아다가 형틀 앞에 꿇어앉게 한 모양이므로, "사람의 죄를 다스린다"는 뜻을 나타내는 회의자임을 알 수 있다.('㚔'은 예서에서 '幸(다행 행)'으로 바뀌었다.)

≪설문해자≫에서는 "報는 죄인을 판결(判決)한다는 뜻이다. 㚔과 㔾(복)은 모두 의미부분이다. 㔾은 죄에 대한 형량을 정한다는 뜻이다.(「報, 當罪人也. 从㚔, 从㔾. 㔾, 服罪也.」)"라고 하였다.

'報'는 본래 '죄인을 판결한다'는 뜻이었다. 옛날 죄인을 판결한 다음에는 상부에 보고(報告)를 해야 했고, 그에 대한 회답을 보답(報答)이라고 하였다. '알리다'·'갚다'라는 훈은 여기에서 나온 것이다.

또 한(漢)나라나 당(唐)나라 때 지방의 관원들은 수도인 장안(長安)에 저택(邸宅)을 마련해 살면서 새로 나오는 법규나 시행령을 수시로 각자의 소속 지방에 보고하였다. 이를 '저보(邸報)'라고 하였는데, 이것이 오늘날 '소식'을 전하는 모든 활동, 예를 들어 보도(報道), ○○일보(日報), 전보(電報), 정보(情報) 등과 같은 말의 모태가 되었다. ■

場　场(中)
마당 장　cháng　chǎng
소전　　예서　　행서
설문해자　桐柏廟碑　王羲之

갑골문과 금문에는 '場'자가 보이지 않는다.

≪설문해자≫에서는 "場은 신에게 제사를 지내는 평지를 말한다. 土(토)는 의미부분이고, 昜(양)은 발음부분이다. 일설에는 경작하지 않은 논밭을 뜻한다고도 하고, 또는 곡식을 심는 터라고도 한다.(「場, 祭神道也. 从土, 昜聲. 一曰田不耕者, 一曰治穀田也.」)"라고 하였다.

'場'은 본래 '제사터'를 뜻하였고, 때로는 경작지를 뜻하였다. 여기에서 발전하여 일정한 '터'는 모두 '場'자를 쓰게 되었다. 장면(場面), 장소(場所), 광장(廣場), 등장(登場), 시장(市場), 파장(罷場) 등이 그러한 예이다. ■

堤
방죽 제　dī　dǐ
소전　　예서　　초서
설문해자　張遷碑　孫虔禮

갑골문과 금문에는 '堤'자가 보이지 않는다.

≪설문해자≫에서는 "堤는 멈춘다는 뜻이다. 土는 의미부분이고, 是(시)는 발음부

분이다.(「堤, 滯也. 从土, 是聲.」)"라고 하였다.

한편 주준성(朱駿聲)은 '堤'는 '坁(머무를 지)'자의 이체자(異體字)로서, 제방(堤防)을 뜻하는 '隄(둑 제)'자와는 다르다고 하였다.(≪설문통훈정성≫) ■

10 塊 块(中)

덩어리 괴   kuài

소 전	혹 체	예 서	초 서
설문해자	설문해자	帝堯碑	唐 高宗

갑골문과 금문에는 '塊'자가 보이지 않는다.

소전에서는 '凷'로 썼고, '塊'는 ≪설문해자≫에 '凷'의 혹체자(或體字)로 수록되어 있다.

≪설문해자≫를 보면 "凷는 흙더미를 뜻한다. 土(토)와 凵(감)은 모두 의미부분이다. 凵은 (꼬리가 없다는 뜻의) 屈(굴)의 상형 부분이다. 塊는 凷의 혹체자로 (凵 대신) 鬼(귀)를 썼다.(「凷, 墣也. 从土·凵. 凵, 屈象形. 塊, 凷或从鬼.」)"라고 하였다.

'塊'는 본래 '흙더미'를 뜻하였는데, 지금은 뭉쳐있는 일반적인 '덩어리'와 관련된 말에 쓰인다. 괴석(塊石), 금괴(金塊) 등과 같은 말이 그러한 예이다. ■

塗

바를 도   tú

소 전	예 서	행 서	초 서
설문해자	孔宙碑	王羲之	趙孟頫

갑골문과 금문에는 '塗'자가 보이지 않는다.

≪설문해자·토부(土部)·신부(新附)≫에서는 "塗는 진흙을 뜻한다. 土(토)는 의미부분이고, 涂(도)는 발음부분이다.(「塗, 泥也, 从土, 涂聲.」)"라고 하였다.

"백성의 생활이 도탄(塗炭, 진흙탕에 빠지고 숯불에 타는 괴로움)에 빠졌다"라고 할 때의 '塗'가 바로 이 뜻이다. 이를 동사로 쓰면 '진흙을 바르다'가 된다. '바르다'라고 하는 훈은 여기에서 나온 것이다. 도료(塗料), 도배(塗褙), 도장(塗裝), 호도(糊塗) 등과 같은 말이 그러한 예이다.

그런데 옛날에는 '진흙' 또는 '칠하다'·'바르다' 등과 같은 뜻으로 '涂(개천 도; 칠할 차)'자를 쓰기도 하였다. 그러므로 '涂'와 '塗'는 고금자(古今字)의 관계이고, '塗'자에서 '涂'는 발음뿐만 아니라 의미도 담당하고 있다고 해도 될 것이다. ■

塞

①변방 새 ②막을 색   sāi sài sè

갑골문	금문		소전	예서	초서
			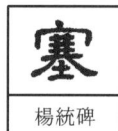		
粹945	塞公孫匜	塞簠	설문해자	楊統碑	孫虔禮

'塞'자는 갑골문과 춘추(春秋)시대 금문에서는 '土(토)'를 쓰지 않고, 단순히 '寒(하)'로 썼다.

≪설문해자≫에서는 "塞는 떨어져 있다는 뜻이다. 土는 의미부분이고, 寒는 발음부분이다.(「塞, 隔也. 从土, 寒聲.」)"라고 하였다.

'塞'자에는 두 가지 발음이 있다. 변방(邊方)·변경(邊境)·요새(要塞)라는 뜻일 때는 '새'(현대 중국어 발음 제4성 [sài], 싸이)로 읽고, '막다'라는 뜻으로 쓰일 때는 '색'(제1성 [sāi]): 막다(동사), 마개(명사); [sè](써): 막음, 얼버무림)으로 읽는다.

그래서 새옹지마(塞翁之馬, 변방에 사는 할아버지의 말에 얽힌 이야기)라고 할 때는 '새'로 읽고, 발본색원(拔本塞源, 뿌리를 뽑고 샘물의 근원지를 틀어막음)이라고 할 때는 '색'으로 읽는다. ■

塔
탑 탑   tǎ

소전	예서	행서	초서
塔	塔	塔	塔
설문해자	夏承碑	趙孟頫	趙孟頫

'塔'은 산스크리트(Sanskrit)어인 'stupa(스투파)'(즉 탑)를 중국어로 음역(音譯)한 글자로서, 한 글자는 하나의 음절로 표현하는 중국어의 습관에 따라 'stupa'에서 맨 앞에 있는 's'와 맨 뒤에 있는 'a'를 빼고 'tup' 부분만을 중국어로 옮긴 것이다.

'塔'자는 중국 육조시대(六朝時代) 진(晉, 265~420)나라 갈홍(葛洪)의 《자원(字苑)》에 처음 쓰인 것으로 알려져 있다. 따라서 진나라 이전에는 어느 서적에도 이 글자는 보이지 않는다.

서현(徐鉉) 등의 《설문해자·토부(土部)·신부(新附)》에서는 "塔은 서역(西域)의 부처를 뜻한다. 土(토)는 의미부분이고, 荅(답)은 발음부분이다.(「塔, 西域浮屠也. 从土, 荅聲.」)"라고 하였다.

'浮屠(부도)'란 'Buddha(붓다)'의 중국어식 표기이다. '佛陀(불타)'라고도 쓴다. ∎

11 境
지경(地境)   jìng

소전	예서	초서	초서
境	境	境	境
설문해자	周公禮殿	王羲之	孫虔禮

갑골문과 금문에는 '境'자가 보이지 않는다.

《설문해자·토부(土部)·신부(新附)》에서는 "境은 구역(區域)을 뜻한다. 土(토)는 의미부분이고, 竟(경)은 발음부분이다. 경전에서는 竟자와 통용된다.(「境, 疆也. 从土, 竟聲. 經典通用竟.」)"라고 하였다.

경계(境界), 국경(國境), 비경(秘境) 등은 모두 '지역'과 관계있는 말이다. 여기에서 나아가 사람이 처한 환경(環境)이나 형편을 뜻하는 경지(境地)·경황(境況) 등과 같은 말이 나왔다. 경우(境遇), 심경(心境), 역경(逆境), 사경(死境) 등도 그러한 예이다. ■

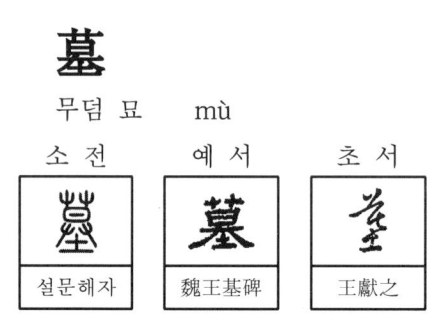

墓
무덤 묘 mù
소 전   예 서   초 서
설문해자 魏王基碑 王獻之

갑골문과 금문에는 '墓'자가 보이지 않는다.

《설문해자》에서는 "墓는 봉분(封墳)을 뜻한다. 土(토)는 의미부분이고, 莫(막)은 발음부분이다.(「墓, 丘也. 从土, 莫聲.」)"라고 하였다.

단옥재(段玉裁)는 평평한 것을 '墓(무덤 묘)'라고 하고, 높게 만든 것을 '墳'이라고 한다고 하였다.(《설문해자주》)

옛날에는 흙을 쌓아 봉분(封墳)을 만든 것을 '墳'이라고 하고, 흙을 높이 쌓지 않고 지면과 평평하게 만든 것을 '墓'라고 하였는데, 후대에는 이런 구별 없이 모두 '墓'라고 부른다. 묘소(墓所), 묘비(墓碑), 묘지(墓地), 성묘(省墓) 등과 같은 말이 그러한 예이다.

참고로 '墓'의 고음은 음성운(陰聲韻) *mwaɣ / muo(뭐→묘)이고, '莫'의 고음은 입성운(入聲韻) *mwak / muak(꽉→막)과 *mrwak / muɑk(꽉→막) 그리고 음성운 *mwaɣ / muo(뭐→모) 등 세 가지이다. '墓'와 '莫' 두 글자는 '莫'을 음성운 '모'로 읽을 경우에는 발음이 완전히 같고, 입성운 '막'으로 읽을 경우에도 첫소리는 [m-]으로 같고, 상고음(上古音)의 주모음(主母音) 역시 [a]로 같으며, 운미(韻尾)는 혀뿌리 소리[설근음(舌根音)]인 [-ɣ]와 [-k]으로 발음 부위가 같다. 그래서 '墓'자에서 '莫'이 발음부분이 될 수 있는 것이다. 고대에는 음성운과 입성운이 협운을 하기도 하였다. ■

12 墨
먹 묵 mò

소전	예서	초서
설문해자	孫叔敖碑	王羲之

갑골문과 금문에는 '墨'자가 보이지 않는다. 그 때는 필기도구로 아직 '墨'을 쓰지 않았기 때문일 것이다.

≪설문해자≫에서는 "墨은 글씨 쓸 때 쓰는 먹을 뜻한다. 土(토)와 黑(흑)은 모두 의미부분인데, 黑은 발음부분이기도 하다.(「墨, 書墨也. 从土, 从黑, 黑亦聲.」)"라고 하였다. ■

墳 坟(中)
무덤 분 fén

소전	예서	초서	행서
설문해자	鄭固碑	王羲之	褚遂良

갑골문과 금문에는 '墳'자가 보이지 않는다.

≪설문해자≫에서는 "墳은 분묘(墳墓)를 뜻한다. 土(토)는 의미부분이고, 賁(분)은 발음부분이다.(「墳, 墓也. 从土, 賁聲.」)"라고 하였다.

단옥재(段玉裁)는 평평한 것을 '墓(묘)'라고 하고, 높게 만든 것을 '墳'이라고 한다고 하였다.(≪설문해자주≫)

옛날에는 흙을 쌓아 봉분(封墳)을 만든 것을 '墳'이라고 하고, 흙을 높이 쌓지 않고 지면과 평평하게 만든 것을 '墓'라고 하였는데, 후대에는 이런 구별 없이 모두 '墓'라고 부른다. ■

增 增(中) 增(日)

더할 증　zēng

소전 - 설문해자 / 예서 - 魏大饗碑 / 초서 - 王羲之

'增'자는 갑골문과 금문에는 보이지 않는다. 금문에서는 '增'자를 '曾(증)'자를 써서 대신하였다.

≪설문해자≫에서는 "增은 늘어난다는 뜻이다. 土(토)는 의미부분이고, 曾은 발음부분이다.(「增, 益也. 从土, 曾聲.」)"라고 하였다.

증가(增價), 증액(增額), 증축(增築), 할증(割增) 등과 같은 말은 모두 여기에서 나온 것이다. ■

墮 墮(中)(日)

떨어질 타　duò　huī

'墮'자는 갑골문, 금문 그리고 ≪설문해자≫ 등에 보이지 않는다.

≪광운(廣韻)·과운(果韻)≫을 보면 "墮는 떨어진다는 뜻이다.(「墮, 落也.」)"라고 하였다. 타락(墮落)은 여기에서 나온 말이다.

'墮'자의 구조를 분석해보면, 土(토)는 의미부분이고, 隋(수)는 발음부분이 될 것이다.

또 '墮'자에는 두 가지 발음이 있다. 먼저 '떨어지다'라는 뜻으로 쓰일 때는 '타'(현대 중국어 발음 [duò], 둬)로 읽고, 잘 쓰이지는 않지만 '무너뜨리다'·'게으르다'라는 뜻으로 쓰일 때는 '휴'([huī], 훼이)로 읽는다. ■

13 壇
제 터 단   tán

소 전	예 서	초 서
壇	壇	壇
설문해자	桐柏廟碑	董其昌

갑골문과 금문에는 '壇'자가 보이지 않는다.

≪설문해자≫에서는 "壇은 제사를 지내기 위해 흙으로 만든 제단(祭壇)을 뜻한다. 土(토)는 의미부분이고, 亶(단)은 발음부분이다.(「壇, 祭場也. 从土, 亶聲.」)"라고 하였다.

'壇'은 본래 제사를 지내기 위해 흙으로 만든 제단을 뜻하였는데, 여기에서 '(흙으로) 약간 높게 만든 자리'→'활동 장소 또는 범위'로 발전하였다. 단상(壇上), 강단(講壇), 교단(敎壇), 화단(花壇); 문단(文壇), 화단(畫壇) 등과 같은 말이 그러한 예이다. ■

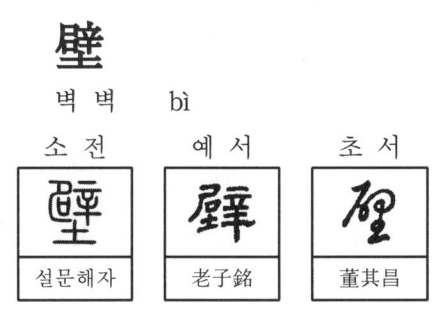

壁
벽 벽   bì

소 전	예 서	초 서
壁	壁	壁
설문해자	老子銘	董其昌

갑골문과 금문에는 '壁'자가 보이지 않는다.

≪설문해자≫에서는 "壁은 담을 뜻한다. 土(토)는 의미부분이고, 辟(벽)은 발음부분이다(「壁, 垣也. 从土, 辟聲.」)"라고 하였다.

벽보(壁報), 벽지(壁紙), 벽화(壁畵), 장벽(障壁), 절벽(絶壁) 등은 모두 여기에서 나온 말이다. ■

墻(牆) 墙(中)
담 장　qiáng

갑골문	금 문			
粹1161	牆父乙爵	師酉簋	師寰簋	師寰簋

소 전	주문(1)	주문(2)	예 서	초 서
설문해자	설문해자	설문해자	石經殘碑	孫虔禮

'墻'은 '牆'의 속자(俗字)이다. '牆'은 갑골문과 서주(西周) 금문 그리고 ≪설문해자≫에 수록된 주문(籒文)(1)의 자형은 모두 '爿(장)'과 '秝(력)' 그리고 '靣(곳간 름)'(=廩)으로 이루어져 있다.

소전은 '爿'과 '嗇(아낄 색)'으로, 주문(籒文)(2)는 '秝' 대신 두 개의 '來(래)'를 썼다. '禾(화)'와 '來'는 자형이 비슷할 뿐만 아니라, '禾'는 벼를 그린 상형자이고 '來'는 보리를 그린 상형자여서 모두 곡식을 뜻하므로 의미상의 차이도 없다고 하겠다.

≪설문해자≫에서는 "牆은 담을 뜻한다. 嗇은 의미부분이고, 爿(장)은 발음부분이다. 牆은 주문으로 禾자 둘을 썼다. 牆도 역시 주문으로 來자 둘을 썼다.(「牆, 垣蔽也. 从嗇, 爿聲. 牆, 籒文从二禾. 牆, 亦籒文, 从二來.」)"라고 하였다. ∎

14　壓 压(中) 圧(日)
누를 압　yā

소 전	예 서	초 서
설문해자	楊君碑	趙孟頫

갑골문과 금문에는 '壓'자가 보이지 않는다.

≪설문해자≫에서는 "壓은 무너졌다는 뜻이다. 일설에는 틈을 막는다는 뜻이라고도 한다. 土(토)는 의미부분이고, 厭(염)은 발음부분이다.(「壓, 壞也. 一曰塞補. 从土, 厭聲.」)"라고 하였다.

장순휘(張舜徽)는 "壓자는 土를 의미부분으로 쓰는데, 그 본뜻은 흙이 스스로 붕괴되어 무너져 내렸다는 뜻이다. 그래서 허신도 壓을 壞(무너질 괴)라고 풀이한 것이다. 후세에 壓을 '누른다[鎭壓(진압)]'는 뜻으로 빌려 쓰면서 壓의 본뜻은 사라졌다."라고 하였다.(≪설문해자약주(約注)≫)

'壓'은 무너졌다는 뜻이었다. 무엇이든 무너지면 위에서 눌려지게 마련이다. 압력(壓力), 압박(壓迫), 압축(壓縮), 억압(抑壓), 진압(鎭壓) 등과 같은 말이 그러한 예이다.

옛날 과거시험에서 1등을 한 답안지[卷(권)]는 다른 사람의 답안지 맨 위에 올려놓았다. 압권(壓卷)이라는 말은 여기에서 나온 것이다. '다른 사람보다 뛰어나다'는 의미 역시 여기에서 비롯되었다. 압도(壓倒), 압승(壓勝) 등이 그러한 말이다. ■

16

갑골문과 금문에는 '壞'자가 보이지 않는다.

≪설문해자≫에서는 "壞는 무너졌다는 뜻이다. 土(토)는 의미부분이고, 裹(회)는 발음부분이다. 𡌨는 壞의 고문(古文)으로 생략형이다. 𡇄는 壞의 주문(籀文)이다.(「壞, 敗也. 从土, 裹聲. 𡌨, 古文壞省. 𡇄, 籀文壞.」)"라고 하였다.

괴멸(壞滅), 붕괴(崩壞), 파괴(破壞) 등은 모두 '무너졌다'는 뜻에서 나온 말이다. ■

17

갑골문과 금문에는 '壤'자가 보이지 않는다.

≪설문해자≫에서는 "壤은 부드러운 흙을 뜻한다. 土(토)는 의미부분이고, 襄(양)은 발음부분이다.(「壤, 柔土也. 从土, 襄聲.」)"라고 하였다. ■

士部

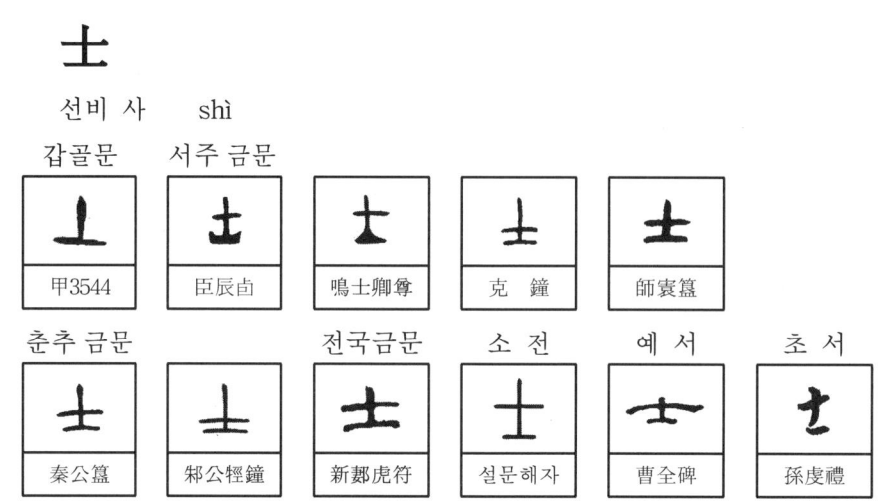

선비 사　shì

갑골문	서주 금문			
甲3544	臣辰卣	鳴士卿尊	克鐘	師寰簋

춘추 금문		전국금문	소 전	예 서	초 서
秦公簋	邾公牼鐘	新郪虎符	설문해자	曹全碑	孫虔禮

　'士'자는 갑골문을 보면 'ᅩ'로 썼다.

　곽말약(郭沫若)은 이것을 소[牛(우)]의 생식기를 그린 것이라고 하였는데(≪갑골문자연구(甲骨文字硏究)·석조비(釋祖妣)≫), 마서륜(馬敍倫, ≪마서륜학술논문집(馬敍倫學術論文集)≫)과 이효정(李孝定)선생(≪갑골문자집석(甲骨文字集釋)≫)은 이 견해에 찬동하고 있다.

　그런데 곽말약은 '士'와 '土(토)'를 같은 글자로 간주하였다. 그래서인지 현재 중국 본토에서 나온 책 가운데 ≪갑골문자전(甲骨文字典)≫·≪고문자류편(古文字類編)≫(2010)·≪갑금전례대자전(甲金篆隷大字典)≫·≪한어대자전(漢語大字典)≫ 등에는 '士'자의 갑골문이 소개되고 있지 않다.

　한편 금문의 자형을 보면 가운데에 한 획이 더 그어진 형태인데, 소전은 이 자형을 따랐다.

　오기창(吳其昌)은 금문의 '士'는 도끼[斧(부)]를 그린 것으로, 도끼는 일을 하는 도구이므로 '일을 하다'라는 뜻은 여기에서 비롯된 것이라고 하였다.(무한대학(武漢大學) ≪문사철계간(文史哲季刊)≫ 5권(卷) 3기(期) <금문명상소증(金文名象疏證)>)

　≪설문해자≫에서는 "士, 선비를 '사'라고 부르는 까닭은 (선비는) 일[事(사)]을 하기 때문이다. 숫자는 一(일)에서 시작해서 十(십)에서 끝난다. 一과 十은 모두 의미부분이다. 공자(孔子)는 '十과 一이 합해서 士가 되었다.'라고 하였다.(「士, 事也. 數始

於一, 終於十. 从一, 从十. 孔子曰: '推十合一爲土.'」)"라고 하였는데, 믿기가 어렵다.

'士'는 약간의 논란이 있지만 '남자의 생식기'를 그린 글자였다는 것이 학계의 정설이다. 여기에서 '남자'→'지식이나 품격을 갖춘 남자'라는 뜻으로 발전하였다. 병사(兵士), 용사(勇士); 박사(博士), 석사(碩士) 등과 같은 말이 그러한 예이다. 옛날에는 대부(大夫) 아래 계급을 '士'라고 하였다. '선비'라고 하는 훈은 여기에서 나온 것이다.

<士부>에 속한 글자는 별로 많지 않다. '壬(아홉째 천간 임)', '壯(씩씩할 장)', '壻(사위 서)', '壹(한 일)', '壺(병 호)', '壽(목숨 수)' 등이 있다. '壻'자를 제외하고는 대부분 '士' 형태가 들어간 글자들로 이루어져 있다. ∎

1 壬

아홉째 천간 임   rén

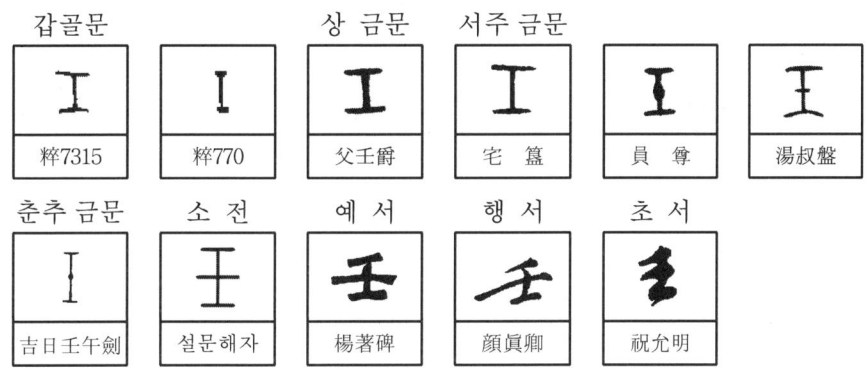

갑골문에서는 '壬'을 '工'으로 썼고, 금문에서 가운데에 점을 더하였다. 소전은 금문의 형태를 따랐다.

그런데 '壬'자가 무엇을 본뜬 것인지에 대해서는 여러 가지 추측만 있을 뿐 근거 있는 주장은 아직까지 없다.

오기창(吳其昌)은 양쪽에 날이 있는 도끼를 그린 것이라고 하였고(≪금문명상소증(金文名象疏證)·병기편(兵器編)≫), 곽말약(郭沫若)은 돌침[石針(석침)] '鑱(참)'자의 본자(本字)라고 하였으며(≪갑골문자연구(甲骨文字研究)·석간지(釋干支)≫), 임의광(林義光)은 '縢(노끈 등)'자의 고문(古文)이라고 하였는데(≪문원(文源)≫), 그 어떤 설도 학계에서 정설로 인정받고 있지는 못하다.

≪설문해자≫에서는 "壬은 북방(北方)에 위치한다. 음이 다하면 양이 생겨난다. 그러므로 ≪주역(周易)≫에서 '용이 들판에서 만났다.'라고 한 것이다. 여기에서 戰(전)

은 만났다는 뜻이다. 사람이 임신을 한 모양을 그린 것이다. 亥(해)와 壬을 뒤이어 子(자)가 시작되는데, 이는 생(生)의 시작을 뜻한다. 巫(무)와 같은 뜻이다. 壬은 辛(신)의 다음이다. 사람의 정강이를 그린 것이다. 정강이는 몸을 지탱한다.(「壬, 位北方也. 陰極陽生. 故≪易≫曰: '龍戰于野.' 戰者, 接也. 象人裹妊之形. 承亥壬, 以子生之叙也. 與巫同意, 壬承辛, 象人脛. 脛, 任體也.」)"라고 하였다.

허신(許愼)은 겨울을 음기가 극성한 때이자 양기가 시작되는 시기로 보았다. 음기와 양기가 만난다는 것은 남녀가 교합하는 것을 의미한다. ≪주역·곤괘(坤卦)≫에서 '용'은 양에 속하고 '野(야)'는 땅을 의미하므로 음에 속한다. '용이 들판에서 만났다'는 것도 이러한 의미이다. 여기서의 '戰(전)'은 만났다는 의미이다. 글자의 구조로 보면, '壬'자에서 '工'은 사람을 의미하고, 그 가운데 '一'은 배가 툭 튀어나온 모양으로 임신했다는 것을 가리키므로, 그래서 '壬'자가 사람이 임신한 모양이라고 주장한 것이다. 또 '巫(무)'자 역시 '工' 양 옆에 두 사람을 끼고 있는 형태이므로, 구조상으로는 일맥상통한다는 것이다.

그렇지만 이러한 해설은 '壬'자의 본뜻을 설명한 것이 아니라, '壬'자가 10천간(天干)의 9번째 글자로 가차(假借)된 다음 다시 음양오행설에 따라 뜻을 설명한 것이다. ■

4 壯

씩씩할 장   zhuàng

금문			소전	예서	초서
壯	壯	壯	壯	壯	壯
中山王鼎	者汈鐘	者汈鐘	설문해자	度尙碑	王義之

갑골문에는 '壯'자가 보이지 않는다.

전국(戰國)시대 금문과 소전의 자형은 모두 '爿(장)'과 '士(사)'로 이루어졌다.

≪설문해자≫에서는 "壯은 크다는 뜻이다. 士는 의미부분이고, 爿은 발음부분이다.(「壯, 大也. 从士, 爿聲.」)"라고 하였다.

'壯'은 본래 '사람이 크다'는 뜻으로, 이는 진진(秦晉) 지역의 방언이었다. 여기에서 '크다'→'씩씩하다' 등으로 발전하였다. 장관(壯觀), 장담(壯談), 장렬(壯烈), 웅장

(雄壯) 등과 같은 말이 그러한 예이다.

　옛날에는 20살을 약관(弱冠), 30살을 '壯'이라고 불렀다. 장년(壯年)은 여기에서 나온 말이다. ∎

11　壽　寿(中)　寿(日)

목숨 수　shòu

　갑골문에는 '壽'자가 보이지 않는다.

　금문에서는 의미부분인 '老(로)'자의 윗부분과 발음부분인 '𠷎(주)'가 합해진 형태(<심자타궤(沈子它簋)>)를 기본으로, 때로는 'ㅁ'와 손[ㅋ, 즉 又(우)]이 더해지거나(<극정(克鼎)>) 두 손[𠬞, 즉 廾(공)]이 더해진 것(<선부극정(善夫克鼎)>), 또는 'ㅁ'만 더해진 것(<로대재궤(魯大宰簋)>), '皿(명)'이 더해진 것(<사유종(師兌鐘)>) 그리고 단지 '𠷎(주)'로 쓴 것(<두폐궤(豆閉簋)>)과 '𠷎'에 손[ㅋ]이 더해진 것(<구년위정(九年衛鼎)>) 등 여러 가지 형태가 있다.

　소전은 <노백보>의 형태와 같이 '壽'로 썼다. 현재의 '壽'자는 '壽'의 예서체로, 모양이 많이 바뀌어서 원래의 자형을 알기가 어렵게 되었다.

　≪설문해자≫에서는 "壽(壽)는 오래 되었다는 뜻이다. 老(로)의 생략형은 의미부분이고, 𠷎는 발음부분이다.(「壽, 久也. 从老省, 𠷎聲.」)"라고 하였다.

　'壽'는 본래 '오래 되었다'는 뜻이었다. 여기에서 '노인', → 동사로 '오래 살다', → 다시 명사로 '목숨'→'생일' 등으로 발전하였다. 수명(壽命), 장수(長壽), 축수(祝壽), 수연(壽宴) 등과 같은 말이 그러한 예이다.

　참고로 ≪광운(廣韻)≫을 보면 '𠷎'의 발음을 '直由切(직유절)' 즉 '주'라고 하였다. ∎

夂部

夂

뒤져 올 치　zhǐ

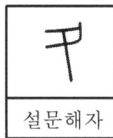
소 전
설문해자

갑골문과 금문에는 '夂'자가 보이지 않는다.

≪설문해자≫에서는 "夂는 뒤따라서 다다른다는 뜻이다. 사람의 두 종아리가 뒤에 다다르는 것이 있음을 그렸다. 黹(치)자처럼 읽는다.(「夂, 从後至也. 象人兩脛後有致之者. 讀若黹.」)"라고 하였다.

한편 ≪집운(集韻)·동운(東韻)≫에서는 '夂'는 '終(종)'자의 고문(古文)인 '夂'의 예서체라고 하였다. 그런데 이효정(李孝定)선생은 '夂'와 '夊(쇠)'는 모두 갑골문에서 사람의 발을 그린 '止'(=止, 지)자를 거꾸로 한 같은 글자라고 하였다.(≪갑골문자집석(甲骨文字集釋)≫)

'夂'와 다음에 소개할 '夊'는 본래 같은 글자이다. 이 두 부에 속한 글자들은 대부분 '이동하다'·'가다'라는 뜻을 가져야 하지만 실제는 그렇지 않다. 그 이유는 전서(篆書)·예서에 이르러서는 '夂'나 '夊'가 '사람의 발'을 그린 상형자였음을 알기가 어려워졌고, 또 해서체에 의거하여 글자를 분류하였기 때문이다.

<夂부>에 속한 글자는 많지 않다. '夃(이익 얻을 고)', '夆(만날 봉)' 등이다.

한편 '各(각각 각)'자는 본래 '도착하다'라는 뜻이므로 마땅히 이 부에 속해야 하지만 현재의 자전에서는 모두 <구부(口部)> 3획에서 찾도록 되어 있다.

참고로 '이동하다'라는 뜻을 나타내는 부수를 살펴보면 다음과 같다.

① '彳(조금 걸을 척)': '行(다닐 행)'자의 왼 쪽 부분이다.
② '行(다닐 행)': 갑골문을 보면 '╬'으로, 본래 사거리를 그린 상형자였다.
③ '廴(길게 걸을 인)': '彳'자의 변형이다.
④ '止(발 지, 멈출 지, 머무를 지)': 갑골문을 보면 '止'로, 본래 사람의 발을 그린

상형자였다.

　⑤ '辵(辶)(쉬엄쉬엄 갈 착)': 'ㅕ'과 '止'의 결합으로 이루어진 글자이다.

　⑥ '夂(뒤져서 올 치)'·'夊(천천히 걸을 쇠)': 갑골문으로 볼 때 '止'가 ''라면, '夂'와 '夊'는 ''로 발의 방향이 다르다.

　⑦ '疋(발 소)'·'足(발 족)': 두 글자 모두 사람의 다리를 그린 상형자이다. ■

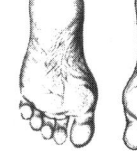

夊部

夊
천천히 걸을 쇠　　suī

갑골문	소 전
乙2110	설문해자

　'夊'는 갑골문을 보면 발 '止'이 거꾸로 된 모양이다. 그렇다고 해서 반대의 뜻은 아니고 이 역시 '이동하다', '움직이다', '걷다' 등의 뜻을 나타낸다. 갑골문이나 금문에서 글자의 정반(正反)·도치(倒置) 등은 특별히 구분을 할 때를 제외하고는 대부분 뜻에 영향을 끼치지 않는다.

　≪설문해자≫에서는 "夊는 행보가 느리며 질질 끈다는 뜻이다. 사람의 두 종아리가 끌리는 바가 있는 것을 그렸다.(「夊, 行遲曳夊夊, 象人兩脛有所躧也..」)"라고 하였다.

　이론대로라면 <夊부>에 속하는 글자들은 대부분 '이동하다'·'가다'라는 뜻을 가져야 하지만 그렇지 않은 글자들도 많다. 그 이유는 앞의 '夂(치)'자에서 설명한 바와 같이 전서(篆書)·예서에 이르러서 '夂'나 '夊'가 '사람의 발'을 그린 상형자였음을 알기가 어려워졌고, 또 해서체에 의거하여 글자를 분류하였기 때문이다.

　현재 <夊부>에 속한 글자로는 '夌(넘을 릉)', '复(갈 복)', '夏(여름 하)', '夐(멀 형)', '夔(조심할 기)' 등이 있다. ■

7 夏

여름 하   xià

춘추 금문			전국 금문		
秦公簋	莒平鐘	遱祁鐘	鄂君舟節	邡伯罍	夏官鼎

소 전	고 문	예 서	초 서
설문해자	설문해자	華山廟碑	王羲之

갑골문에는 '夏'자가 보이지 않는다.

금문의 '夏'는 사람의 머리·손·다리 등을 모두 그려낸 것(<진공궤(秦公簋)>)과 '頾'(<심륙종(遱祁鐘)>) 등 두 종류이다.

소전의 자형은 '覅'로 금문 <진공궤>의 형태를 따른 것이다. '夏'는 이 글자의 예서체이다.

≪설문해자≫에서는 "覅(夏)는 중원(中原)의 사람들을 뜻한다. 夊(쇠)·頁(혈)·臼(곡)은 모두 의미부분이다. 臼은 두 손이고, 夊는 두 발이다. 衾는 夏의 고문(古文)이다.(「覅, 中國之人也. 从夊, 从頁, 从臼. 臼, 兩手; 夊, 兩足也. 衾, 古文夏.」)"라고 하였다.

'夏'는 본래 사람을 그린 상형자로, 특별히 중원 지역의 사람을 뜻하였다. 여기에서 나라의 이름인 '夏'가 나왔고, 이것이 다시 '華(화)'와 발음이 비슷하여 '중화(中華)'로 발전하였다. '여름'이라는 뜻은 가차(假借)이다.

참고로 '臼'과 '臼(절구 구)'자는 현재의 자형으로는 구별을 할 수 없다. 그렇지만 소전에서는 '臼'은 '臼'으로 두 손을 위쪽에서 마주잡고 있는 형태이고, '臼'는 '臼'로 썼다. 오늘날 이 글자는 '臼'자와 통합해서 쓰인다.

'臼'자의 발음은 ≪광운(廣韻)≫에 따르면 '居六切(거륙절)' 즉 '국'과 '居玉切(거옥절)' 즉 '곡' 등 두 가지이다. 그런데 대서본(大徐本) ≪설문해자≫·≪설문해자주≫·≪설문해자의증≫·≪설문해자구두≫·≪설문해자교록(校錄)≫ 등에서는 모두 '居玉切' 즉 '곡'이라고 하였다. 여기에서는 공통된 발음인 '곡'이라고 하였다. ■

 夕部

夕

저녁 석 xī

갑골문			금문	
菁2	粹137	前2.13.3	大盂鼎	毛公鼎

춘추금문	전국금문	소 전	예 서	초 서
秦公鎛	中山王鼎	설문해자	孔宙碑	王羲之

'夕'자는 갑골문과 금문을 보면 '月(월)'자와 같은 모양이다. 본래 갑골문과 금문에서는 '夕'과 '月'은 구별이 없었다.

≪설문해자≫에서는 "夕은 저녁때를 뜻한다. 月이 반쯤 보이는 형태이다.(「夕, 莫也. 从月半見.」)"라고 하였다.

<夕부>에 속한 글자들은 대부분 '저녁'과 관련이 많다. '外(밖 외)', '多(많을 다)', '夙(일찍 숙)', '夜(밤 야)', '夢(꿈 몽)' 등이 있다. 그런데 '多'자에서의 '夕'은 '달'이 아니라 어떤 물건이나 '肉(고기 육)'의 변형이다. ■

2 ## 外

바깥 외 wài

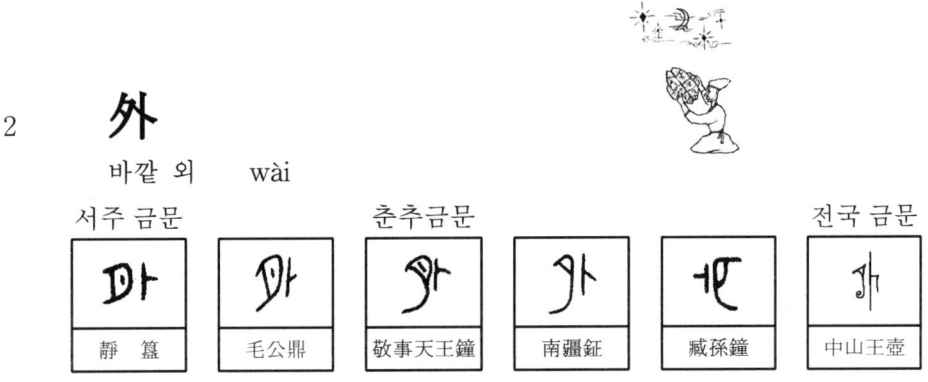

서주 금문		춘추금문			전국 금문
靜簋	毛公鼎	敬事天王鐘	南疆鉦	臧孫鐘	中山王壺

갑골문에서는 '外'자를 단지 'ㅏ'(<전(前) 1.5.2>)으로 썼다.

금문에서는 '肞'(<정궤(靜簋)> 등) 또는 '外'(<남강정(南疆鉦)> 등)로 썼다.

'月(월)'이나 '夕(석)'은 모두 '달'을 그린 상형자로 본래는 한 글자였다. 그러므로 '肞'와 '外'는 모두 "저녁 때 점을 치다"라는 뜻으로 의미상의 차이는 없다.

≪설문해자≫에서는 "外는 멀리 있다는 뜻이다. 점(占)은 평상시 날이 밝은 때를 중시하는데, 오늘 저녁 때 점을 치는 것은 예외적인 일이다. 夃는 外의 고문(古文)이다(「外, 遠也. 卜尙平旦, 今夕卜, 於事外矣. 夃, 古文外.」)"라고 하였다.

'外'는 본래 '밖에 멀리 있다'는 뜻이었다. 여기에서 '바깥'을 가리키게 되었다. 외교(外交), 외모(外貌), 외유(外遊), 섭외(涉外), 외계인(外界人) 등과 같은 말이 그러한 예이다.

또 친척의 호칭에서 '外'자가 붙으면 어머니 쪽을 가리킨다. 예를 들면 외가(外家), 외삼촌(外三寸), 외숙(外叔), 외척(外戚) 등과 같다. ■

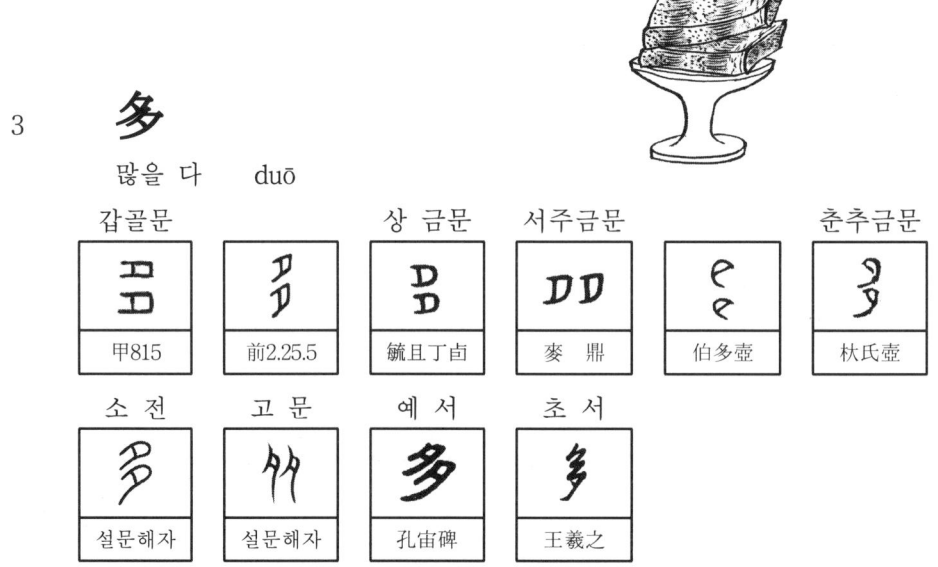

'多'자는 갑골문, 금문, 그리고 소전 등 모두가 '夕'을 두 번 겹쳐 쓴 모양이다. 따라서 '겹치다', '많다' 등과 같은 뜻을 나타낸다. 다만 '夕'이 무엇을 본뜬 것인가에 대해서는 학자들의 의견이 각각 다르다.

임의광(林義光)은 '夕'을 어떤 물건을 나타내는 'ㅂ'을 비스듬히 놓은 것이라고 하여 '多'는 물건이 많다는 의미에서 보면 '品(품)'자와 같은 뜻이라고 하였고(≪문원(文源)≫), 서중서(徐中舒)는 '夕'은 고깃덩어리[肉(육)]를 그린 것이라고 하였다. (≪갑골문자전(甲骨文字典)≫)

≪설문해자≫에서는 "多는 겹쳤다는 뜻이다. 夕이 겹쳐 있는 형태로 이루어졌다. 夕은 서로 실을 끝까지 잘 풀어낸다는 뜻이다. 그래서 '많다'라는 뜻의 多자가 된 것이다. 夕을 겹쳐 쓴 것이 多이고, 日(일)을 겹쳐 쓴 것이 疊(첩)이다. 𡖇는 多의 고문(古文)이다.(「多, 重也. 从重夕. 夕者, 相繹也. 故爲多. 重夕爲多, 重日爲疊. 𡖇, 古文多.」)"라고 하였다. ■

5 夜
   밤 야   yè

갑골문	서주 금문		전국 금문		
周甲56	效卣	師寰簋	克鼎	中山王鼎	宅陽令矛

소 전	예 서	초 서	초 서
설문해자	孔宙碑	王羲之	王獻之

'夜'자는 갑골문과 금문이 모두 사람이 겨드랑이[亦(역)]에 달[夕]을 끼고 있는 모양으로, '어둡다'는 뜻을 나타낸다. '밤'이라고 하는 훈은 여기에서 나온 것이다. 사람[大(대)] 옆에 있는 점(ヽ)은 겨드랑이를 가리키는 표지이다.

≪설문해자≫에서는 "夜, 밤을 '야'라고 하는 까닭은 밤이 되면 누구나 집에 들어가 쉬기[舍(사)] 때문이다. 夕은 의미부분이고, 亦의 생략형(즉 亠)은 발음부분이

다.(「夜, 舍也. 天下休舍也. 从夕, 亦省聲.」)"라고 하였다.

　야간(夜間), 야경(夜景), 야학(夜學), 제야(除夜), 철야(徹夜) 등은 모두 여기에서 나온 말이다. ■

11 夢 梦(中)
　　꿈 몽　méng mèng

금 문	소 전	예 서	초 서	초 서
卯簋	설문해자	蟄道人	王羲之	祝允明

　갑골문에는 '夢'자가 보이지 않고, 서주(西周) 금문과 소전의 자형은 거의 같다.

　≪설문해자≫에서는 "夢은 밝지 않다는 뜻이다. 夕(석)은 의미부분이고, 瞢(몽)의 생략형은 발음부분이다.(「夢, 不明也. 从夕, 瞢省聲.」)"라고 하였다.

　참고로 '꿈꾸다'라는 뜻의 '夢'자는 갑골문을 보면 ' '(<전(前) 6.33.2>)·' '(<후(後) 1.6.4>) 등으로 썼다. 즉 사람이 침대[丬]에 누워 잠을 자는 모양을 그린 것이다. 이 글자는 소전체로는 ' '로 쓰고, 해서체로는 '寢'로 쓴다.

　참고로 ≪설문해자·몽부(寢部)≫ '寢'자 해설을 보면, "寢은 잠을 자고 있지만 감각이 있는 상태를 뜻한다. 宀(면)과 疒(녁)은 의미부분이고, 夢(몽)은 발음부분이다. ≪주례(周禮)·춘관(春官)·점몽(占夢)≫에서 '해와 달과 별을 가지고 6가지 꿈의 길흉(吉凶)을 점쳤다. 첫째는 정몽(正寢, 정상적인 꿈), 둘째는 악몽(噩寢, 놀라는 꿈), 셋째는 사몽(思寢, 생각하는 꿈), 넷째는 오몽(悟寢, 깨어나도 느껴지는 꿈), 다섯째는 희몽(喜寢, 기쁜 꿈) 그리고 여섯째는 구몽(懼寢, 무서운 꿈)이다.'라고 하였다.(「寢, 寐而有覺也. 从宀, 从疒, 夢聲. ≪周禮≫: "以日月星辰占六寢之吉凶: 一曰正寢, 二曰噩寢, 三曰思寢, 四曰悟寢, 五曰喜寢, 六曰懼寢."」)"라고 하였다.

　요즘 쓰이는 몽매(夢寐), 몽상(夢想), 태몽(胎夢), 해몽(解夢) 등은 모두 여기에서 나온 말이다.

　'寢'자는 '夢'이 '꿈꾸다'라는 뜻으로 사용되면서 더 이상 쓰이지 않게 되었다. ■

大部

大
① 큰 대 ② 클 태   dà dài tài

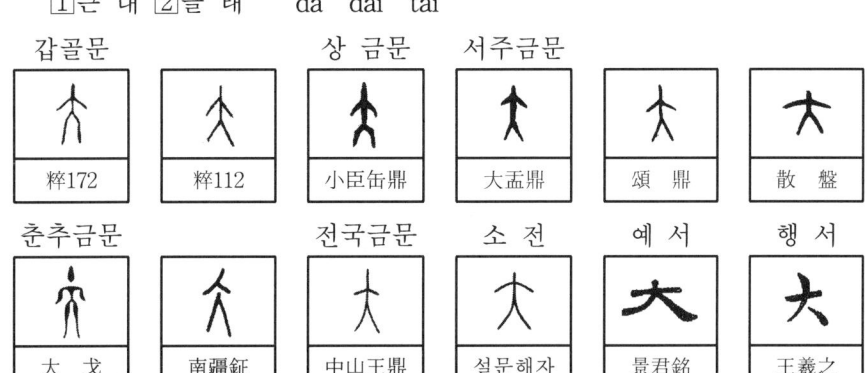

'大'자는 사람이 정면으로 서 있는 모양을 그린 상형자이다.

'大'가 '크다'라는 뜻으로 쓰이게 된 데 대해서 학자들의 견해는 뜻의 인신(引伸)과 발음상의 가차(假借) 등 크게 두 가지로 나뉜다.

인신이라는 주장의 내용을 알아보면, '大'는 본래 어린아이를 뜻하는 '子(자)'와 상대적인 개념으로 성인(成人)을 뜻하였는데, 의미가 확대·발전되어 대소(大小)의 뜻으로 쓰이게 되었다는 것이다.(서중서(徐中舒), ≪갑골문자전(甲骨文字典)≫)

가차라는 주장은 '大'는 사람의 정면을 그린 상형자였는데, '크다'라는 뜻으로 가차되어 쓰이자 그 자리는 사람의 옆모습을 그린 '人(인)'자로 대신하였다는 것이다.(이효정(李孝定)선생, ≪갑골문자집석(甲骨文字集釋)≫; 고홍진(高鴻縉), ≪중국자례(中國字例)≫)

≪설문해자≫에서는 "大는 (크다는 뜻으로), 하늘도 크고 땅도 크고 사람 역시 크다. 그래서 大자는 사람의 모양을 그린 것이다.(「大, 天大, 地大, 人亦大. 故大象人形.」)"라고 하였다.

대권(大權), 대망(大望), 방대(尨大), 비대(肥大), 대기만성(大器晚成), 대동소이(大同小異), 대서특필(大書特筆) 등은 모두 '큰 것'과 관련 있는 말이다.

<大부>에 속한 글자들은 대체로 '사람'과 관련이 있거나, 아니면 단순히 '大' 형태가 들어간 글자들이다. '夫(사내 부)', '夭(일찍 죽을 요)', '天(하늘 천)', '夬(나눌

쾌; 깍지 결)', '太(클 태)', '失(잃을 실)', '央(가운데 앙)', '夷(오랑캐 이)', '夾(낄 협)', '奇(기이할 기)', '奈(어찌 내)', '奉(받들 봉)', '奔(달아날 분)', '契(맺을 계)', '奎(별 이름 규)', '奏(아뢸 주)', '奕(클 혁)', '套(투식 투)', '奚(어찌 해)', '奬(권면할 장)', '奪(빼앗을 탈)', '奮(떨칠 분)' 등이 있다. ■

1 夫
   사내 부   fū fú

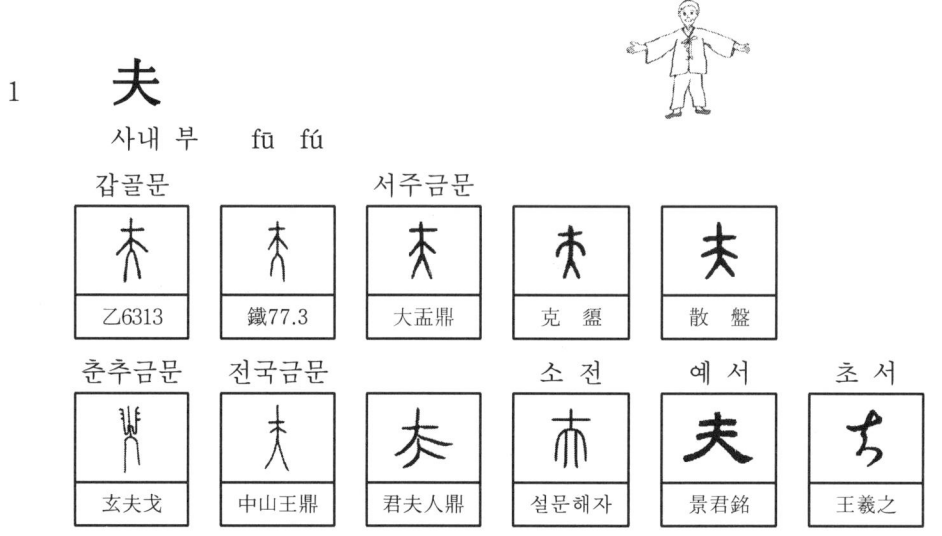

갑골문		서주금문		
乙6313	鐵77.3	大盂鼎	克盨	散盤

춘추금문	전국금문	소전	예서	초서
玄夫戈	中山王鼎	君夫人鼎	설문해자	景君銘	王羲之

'夫'자는 갑골문, 금문 그리고 소전 등의 자형이 모두 사람의 정면 모양을 그린 상형자임을 알 수 있다.

이에 대해 임의광(林義光)은 '大(대)'와 '夫'는 본래 한 글자로서 사람이 정면으로 서 있는 모양을 그린 상형자였는데, 뒤에 두 개의 글자로 나뉘고 뜻과 발음도 각각 다르게 되자 둘 사이의 구별을 하기 위하여 '大'자에 '一'획 하나를 더 그어 '夫'자를 만든 것이라고 하였다.(≪문원(文源)≫)

≪설문해자≫에서는 "夫는 성인(成人)을 뜻한다. 大는 의미부분이고, 一은 비녀를 그린 것이다. 주(周)나라의 제도에 따르면 8촌(寸)이 1척(尺)이고, 10척이 1장(丈)인데, 사람은 8척까지 자라므로, 그래서 장부(丈夫)라고 하는 것이다.(「夫, 丈夫也. 从大, 一以象簪也. 周制以八寸爲尺, 十尺爲丈, 人長八尺, 故曰丈夫.」)"라고 하였다.

고홍진(高鴻縉) 역시 ≪설문해자≫의 풀이에 따라 "소년은 머리를 땋고, 성인은 머리를 묶는다. 夫는 大자에 비녀를 꽂아 머리를 묶은 모양이므로, 夫는 성인을 뜻한다."라고 하였는데(≪중국자례(中國字例)≫), '一'이 과연 '비녀'를 그린 것인지는 확실하지 않다.

참고로 현재의 길이 표준에 따르면 1척은 약 33cm에 해당하지만, 주(周)나라 때의 1척은 19.91cm였고, 한(漢)나라 때의 1척은 27.65cm였다. ■

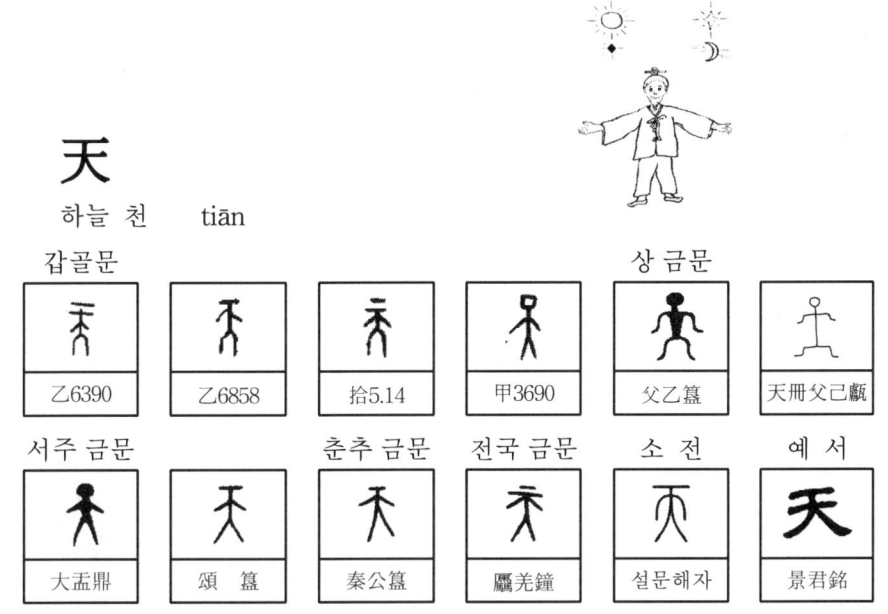

'天'자는 갑골문과 금문을 보면 모두 사람 특히 머리 부분을 강조하여 그린 상형자임을 알 수 있다. 그래서 ≪설문해자≫에서도 '天'을 '(사람의) 정수리[顚(전)]'라고 풀이한 것이다.

그런데 이들 자형을 다시 세분하면 '𠀾'(<갑(甲) 3690>) 또는 '𠁁'(<부을궤(父乙簋)>·<대우정(大盂鼎)>) 등과 같이 사람의 머리를 강조하여 그린 상형자류(象形字類), '𠀽'과 같이 머리 부분을 '一'로 나타낸 것(<을(乙) 6858>·<송궤(頌簋)>·<진공궤(秦公簋)>), 그리고 '𠁊'(<습(拾) 5.14>·<표강종(䱷羌鐘)>) 등과 같이 사람 위에 '二'(즉 上)을 더하여 머리를 표시한 지사자류(指事字類) 등 3종류로 나뉜다. 소전은 두 번째 형태와 가깝다.

≪설문해자≫에서는 "天은 顚이다. 더 이상 오를 곳이 없는 지극히 높은 곳을 의미한다. 一(일)과 大(대)는 모두 의미부분이다.(「天, 顚也. 至高無上. 从一·大.」)"라고 하였다.

이것은 한(漢)나라 때 유행하였던 성훈법(聲訓法)으로 뜻풀이를 한 것이다. 성훈법이란 발음이 같거나 비슷한 글자를 사용하여 글자의 뜻을 풀이하는데, 왜 그 글자가 그렇게 발음해서 그 뜻을 가지게 되었는지에 대한 까닭까지 밝히는 뜻풀이 방법을 말한다.(<부록·낱말풀이> '성훈' 참조)

예를 들어 "日, 實也."라고 할 때, 이것은 "해[日]를 '일'이라고 발음하는 까닭은 해는 그 안이 '가득 찼기[實(실)]' 때문이다"라는 뜻이고, "月, 闕也."라고 할 때, 이것은 "달[月]을 '월'이라고 발음하는 까닭은 달은 그 안이 '비어있기[闕(궐)]' 때문이다"라는 뜻이며, "土, 吐也."라고 할 때, 이것은 "흙[土(토)]은 만물을 토(吐)해내기 때문이다"라는 뜻이다.

그러므로 ≪설문해자≫에서 '天'을 '顚'이라고 풀이한 것은 '天'과 '顚'은 발음이 비슷하고, 사람에게서 가장 높은 곳은 정수리이므로, "하늘을 '천'이라고 부르는 까닭은 (사람에게 있어서) 가장 높은 곳[顚]이기 때문이다"라는 뜻을 말하고 있는 것이다. ■

太(泰)
클 태　tài

소전	고문	예서	초서	예서	행서
설문해자	설문해자	禮器碑	王羲之	白神君碑	王羲之

갑골문과 금문에는 '泰'자가 보이지 않는다.

소전의 자형은 물이 두 손 사이를 빠져나가고 있는 모양이다.

≪설문해자≫에 수록된 고문(古文)에서는 '夳'로 썼는데, 예서에서 획을 하나 더 줄여 지금의 '太'자가 되었다.

≪설문해자≫에서는 "泰는 빠르게 흘러간다는 뜻이다. 廾(공)과 水(수)는 의미부분이고, 大(대)는 발음부분이다. 夳는 泰의 고문이다.(「泰, 滑也. 从廾, 从水, 大聲. 夳, 古文泰.」)"라고 하였다.

한편 단옥재(段玉裁)는 '泰'는 '넓고 여유있다[寬裕(관유)]'라는 뜻이 있는데, 여기에서 태평(泰平) 또는 사치(奢侈) 등과 같은 뜻이 파생되어 나왔고, '太'는 후세에 '너무 커서 말로 형용할 수 없는 것'을 '太'라고 쓰기 시작했다고 하였다.(《설문해자주》)

요즘은 '泰'는 '국태민안(國泰民安)'과 같이 '평안하다'라는 뜻으로 많이 쓰이고, '太'는 형용사로는 '大' 보다 더 큰 의미로, 부사로는 '아주'·'매우' 등과 같은 뜻을 나타낸다. 태고(太古), 태반(太半), 태초(太初) 등이 그러한 예이다. ■

2

갑골문에는 '失'자가 보이지 않는다.

서주(西周) 금문의 자형은 사람의 머리 위에 무슨 장식이 있는 모양인데, 이것이 무엇을 뜻하는 지에 대해서는 알 수 없다.

《설문해자》에서는 "失은 잃어버렸다는 뜻이다. 手(수)는 의미부분이고, 乙(을)은 발음부분이다.(「失, 縱也. 从手, 乙聲.」)"라고 하였다.

실격(失格), 실망(失望), 실업(失業), 실종(失踪), 분실(紛失) 등은 모두 '잃은 것'과 관련 있는 말이다. 무엇을 잃어버렸다면 일이 잘못되었을 경우가 많다. 실수(失手), 실언(失言), 실책(失策), 실패(失敗), 과실(過失) 등과 같은 말이 그러한 예이다. ■

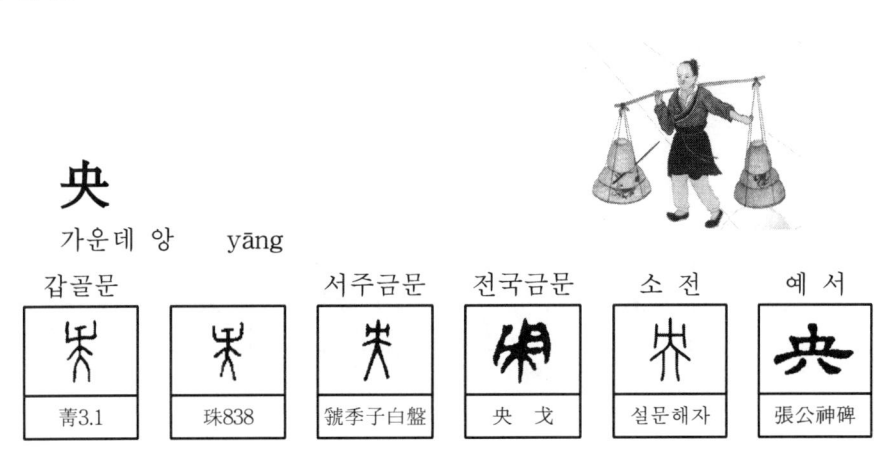

'央'자는 갑골문을 보면 사람[ᄎ, 즉 天(천)]의 목에 'ㄩ'이 걸려 있는 모양이다.

서주(西周) 금문과 소전에서는 '天'은 '大(대)'로, 'ㄩ'은 'H'로 바뀌었다.

'天'과 '大'는 모두 사람의 정면을 그린 글자로 고문자에서는 서로 구별 없이 섞어 썼다.

'央'은 소전 '뉫'의 예서체이다.

'央'자에 대해서는 크게 두 가지 견해가 있다.

정산(丁山)은 '央'은 사람이 목에 칼을 쓴 모양으로 재앙(災殃)이라는 뜻의 '殃(앙)'자의 본자(本字)인데, 머리가 가운데 있으므로 '가운데'라는 뜻이 파생되어 나온 것이라고 하였고(《갑골문으로 본 씨족 및 그 제도(甲骨文所見氏族及其制度)》), 고홍진(高鴻縉)은 사람이 물건을 어깨에 짊어지고 있는 모양으로 물건을 지면 반드시 그 가운데를 들기 마련이므로 '중앙(中央)'이라는 의미로 쓰이게 된 것이라고 하였다.(《중국자례(中國字例)》)

서중서(徐中舒, 《갑골문자전(甲骨文字典)》)는 정산의 견해와 같고, 양수달(楊樹達, 《적미거갑문설(積微居甲文說)》)·이효정선생(李孝定, 《갑골문자집석(甲骨文字集釋)》)·장일승(張日昇, 《금문고림(金文詁林)》) 등은 고홍진의 견해와 같다.

《설문해자》에서는 "央은 가운데를 뜻한다. 大가 冂(경) 안에 있는 형태(의 회의자)이다. 大는 사람을 뜻한다. 央과 旁(방)은 같은 뜻이다. 일설에는 오래되었다는 뜻이라고도 한다.(「央, 中央也. 从大在冂之內. 大, 人也. 央·旁同意. 一曰久也.」)"라고 하였다. ■

3 夷

오랑캐 이   yí

갑골문	서주금문	춘추금문	소전	예서	초서
粹519	柳鼎	廊季白歸鼎	설문해자	曹全碑	文天祥

'夷'자는 갑골문을 보면 사람이 걸터앉아 있는 모습이다.

서주(西周) 금문은 화살을 묶어 놓은 모양인데, 춘추(春秋)시대 금문에서는 여기에 '土(토)'가 더해져 '夷'로 썼다.

이에 대해 서중서(徐中舒)는 갑골문의 '夷'자는 'ㄕ(시)'자와 같다고 하면서, 이것은 동방 사람들이 꿇어 앉아 생활하는 모습을 나타낸다고 하였고(≪갑골문자전(甲骨文字典)≫ 'ㄕ'자 해설 참조), 이효정(李孝定)선생 역시 갑골문의 '夷'자는 동방 사람들이 평상시 앉는 자세를 그린 것으로, '大(대)'와 '弓(궁)'이 합쳐진 '夷'자는 뒤에 생겨난 이체자(異體字)로서 동방 사람들이 무예를 숭상해서 다닐 때 언제나 활을 가지고 다녔기 때문에 이 글자를 만들어 나타낸 것이라고 하였다.(≪갑골문자집석(甲骨文字集釋)≫)

≪설문해자≫에서는 "夷는 평평하다는 뜻이다. 大와 弓은 모두 의미부분이다. 동방 사람을 가리킨다.(「夷, 平也. 从大, 从弓 東方之人也.」)"라고 하였는데, '夷'를 '평평하다'라고 풀이한 것은 인신의(引伸義)이다. ■

5 奇

기이할 기   qí jī

소전	예서	초서
奇	奇	奇
설문해자	孫叔敖碑	杜衍

갑골문과 금문에는 '奇'자가 보이지 않는다.

≪설문해자≫에서는 "奇는 특이하다는 뜻이다. 일설에는 짝을 짓지 않는다는 뜻이라고도 한다. 大(대)와 可(가)는 모두 의미부분이다.(「奇, 異也. 一曰不耦. 从大, 从可.」)"라고 하였다.

기발(奇拔), 기이(奇異), 기인(奇人), 기적(奇績), 신기(神奇), 기상천외(奇想天外); 기수(奇數, 홀수) 등은 모두 여기에서 나온 말이다.

한편 서호(徐灝)는 대동(戴侗)의 ≪육서고(六書故)≫를 인용하여 말하기를, "奇는 立(입)이 의미부분이고, 그 나머지는 可의 생략형으로 발음부분이다. 한 쪽 다리로 서 있다는 뜻이다. 踦(기)라고 쓰기도 한다.(「奇, 从立, 可省聲. 一足立也. 別作踦.」)"라고 하였다.(≪설문해자주전(注箋)≫) ■

柰(奈)

① 어찌 내 ② 나락 나　nài

소전	예서	초서
설문해자	景君銘	王羲之

'奈'는 '柰(능금나무 내)'의 속자(俗字)이다.

≪설문해자≫에서는 "柰는 능금나무 열매이다. 木(목)은 의미부분이고, 示(시)는 발음부분이다.(「柰, 柰果也. 从木, 示聲.」)"라고 하였다.

단옥재(段玉裁)는 '柰'는 가차(假借)되어 '내하(柰何)'(어떻게 하나?)라는 뜻으로 쓰이며, '奈'는 '柰'의 속자라고 하였다.(≪설문해자주≫) ■

奉

받들 봉　fèng

금문	소전	예서	초서	행서
散盤	설문해자	孔龢碑	王羲之	王羲之

'奉'자는 서주(西周) 금문을 보면 두 손[𠬞, 즉 廾(공)]으로 '丰' 즉 '丰(봉)'을 잡고 있는 모양이다. 소전에서는 여기에 '手(수)'가 더해졌다.

≪설문해자≫에서는 "奉은 받든다는 뜻이다. 手와 廾은 의미부분이고, 丰은 발음부분이다.(「奉, 承也. 从手, 从廾, 丰聲.」)"라고 하였다.

봉사(奉仕), 봉양(奉養), 신봉(信奉), 성화봉송(聖火奉送) 등은 모두 '받드는 것'과 관련 있는 말이다. ■

6 契

①맺을 계 ②종족 이름 글 ③사람 이름 설 ④애쓸 결   qì xiè

소 전	예 서	초 서	행 서
契	契	契	契
설문해자	鄭固碑	王羲之	董其昌

《설문해자》에서는 "契는 '큰 약속'이란 뜻이다. 大(대)와 㓞(갈)은 모두 의미부분이다.(「契, 大約也. 从大, 从㓞.」)"라고 하였다.

옛날에는 계약(契約)을 할 때 나무판에 칼로 새겨 그 내용을 적었다. 그래서 '㓞'이 의미부분이 되는 것이다.

그런데 서개(徐鍇)의 《설문해자계전(繫傳)》과 단옥재(段玉裁)의 《설문해자주(注)》에서는 '㓞'은 발음부분이라고 하였고, 주준성(朱駿聲)의 《설문통훈정성(說文通訓定聲)》에서는 "大와 㓞은 모두 의미부분이다. 회의이다. 㓞은 발음부분이기도 하다.(「从大, 从㓞. 會意. 㓞亦聲.」)"라고 하였다.

'契'는 여러 가지 훈이 있다. 먼저 '맺다'라고 하는 훈은 계약을 한다는 동사적 표현이고, 종족이름 '글'은 글단(契丹)→글안·거란을 가리킨다. 사람이름 '설'은 상(商)나라 시조의 이름을 읽을 때 쓰는데, 현재 중국에서는 '偰'로 많이 쓴다. 그리고 '애쓰다'라는 뜻은 많이 쓰이지는 않지만 결활(契闊, ①생활을 위하여 애쓰고 고생함 ②오래 소식이 막힘)이라는 낱말이 있다. ■

奔

달아닐 분   bēn bèn

서주금문	전국금문	소 전	예 서	초 서
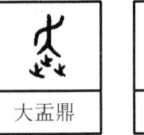				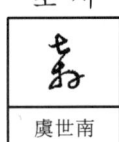
大盂鼎	㦰簋	中山王鼎	설문해자	魏元丕碑	虞世南

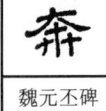

갑골문에는 '奔'자가 보이지 않는다.

서주(西周) 금문의 자형을 보면 사람이 팔을 휘젓고 있으면서 그 아래에는 발을 뜻하는 '止(지)'자가 세 개 있는 모양이다. 즉 사람이 뛰어가는 모습을 나타내는 회의자임을 알 수 있다. <동궤(𢦏簋)>에서는 '行(행)'자의 왼쪽 부분으로 이동을 뜻하는 '彳(척)'자를 더하여 뛰어간다는 뜻을 좀 더 확실히 하였다.

소전에서는 '止' 부분이 '屮'과 비슷하게 변형되어 '桒'으로 썼고, 예서에서 다시 '夭' 부분이 '大'로 바뀌어 "奔"으로 썼다.

≪설문해자≫에서는 "桒(奔)은 달린다는 뜻이다. 夭(요)는 의미부분이고, 賁(분)의 생략형은 발음부분이다. 走(주)와 같은 뜻으로, (이 두 글자는) 모두 夭를 의미부분으로 삼고 있다.(「桒, 走也. 从夭, 賁省聲. 與走同意, 俱从夭.」)"라고 하였다.

분주(奔走), 광분(狂奔), 동분서주(東奔西走), 자유분방(自由奔放) 등은 모두 '달리는 것'과 관련 있는 말이다. ■

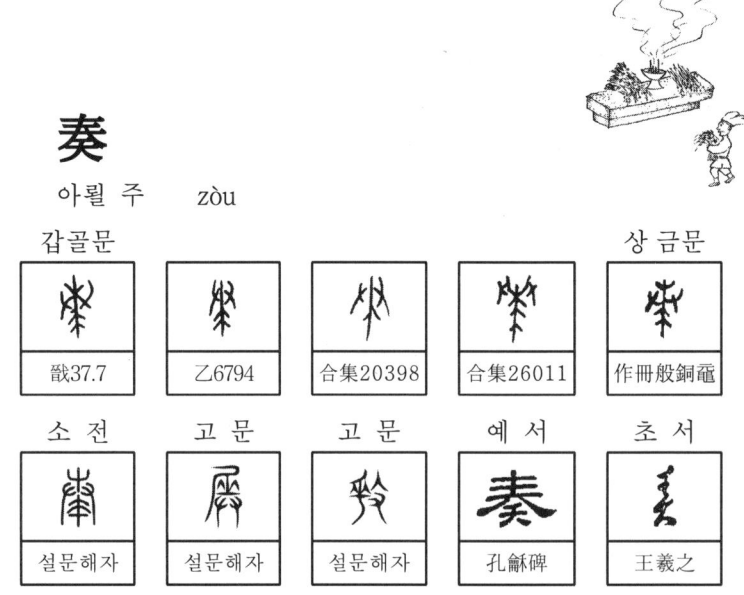

奏

아뢸 주 zòu

갑골문				상 금문
戩37.7	乙6794	合集20398	合集26011	作冊般銅黿

소전	고문	고문	예서	초서
설문해자	설문해자	설문해자	孔龢碑	王羲之

'奏'자는 갑골문과 금문 그리고 소전의 자형이 대체로 비슷하다.('奏'자의 갑골문은 1987년에 나온 고명(高明)의 ≪고문자류편(古文字類編)≫(북경 중화서국)에서는 '奉(봉)'자로 여겼었는데, 2010년에 나온 증정본(增訂本, 상해 고적출판사)에서는 '奏'자에 넣었다. 여기에서도 이에 따랐다.)

소전에서는 '𡗓'로 썼는데, '奏'는 이 글자의 예서체이다.

'奏'자에서 '夲(도)'는 나아간다는 뜻이고, '収' 즉 '廾(공)'은 두 손을 그린 것이며, '屮'은 무슨 물건을 뜻한다. 그러므로 '奏'는 곧 두 손으로 물건을 받들고 나아간다는 뜻을 나타내는 회의자임을 알 수 있다. 현재의 '奏'자는 소전에 비해 글자의 모양이 많이 간략해졌기 때문에, 이제는 글자만을 보고는 그 뜻을 알기가 어려워졌다.

《설문해자》에서는 "𡙕(奏)는 아뢰러 나아간다는 뜻이다. 夲·廾·屮(철)은 모두 의미부분이다. 屮은 위로 나아간다는 뜻이다. 𡬯는 고문(古文)이다. 𡬳도 역시 고문이다.(「𡙕, 奏進也. 从夲, 从廾, 从屮. 屮, 上進之義. 𡬯, 古文. 𡬳, 亦古文.」)"라고 하였다.

'奏'는 본래 '바친다'는 뜻이었다. 특히 임금에게 말씀을 올리는 것을 '상주(上奏)한다'고 하였는데, '아뢰다'라고 하는 훈은 여기에서 나온 것이다. 주청(奏請)한 내용이 받아들여지면 그것이 "주효(奏效)했다"고 말한다.

요즘은 음악을 연주(演奏)하는 말에 많이 쓰인다. 주악(奏樂), 반주(伴奏), 취주(吹奏) 등과 같은 말이 그러한 예이다. ■

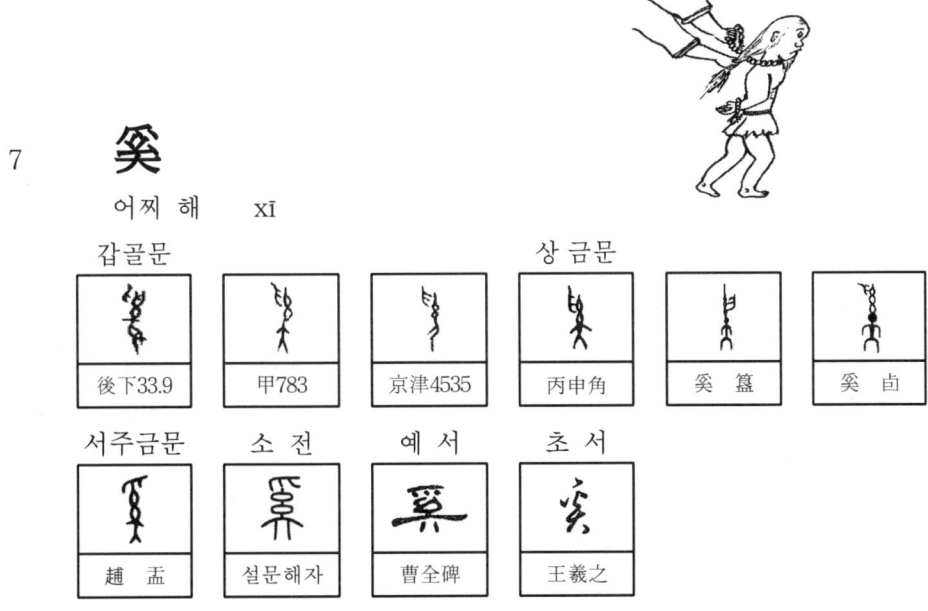

7 奚

어찌 해   xī

갑골문

| 後下33.9 | 甲783 | 京津4535 |

상 금문

| 丙申角 | 奚簋 | 奚卣 |

서주금문 | 소 전 | 예 서 | 초 서

| 趠盂 | 설문해자 | 曹全碑 | 王羲之 |

'奚'자는 갑골문과 금문 모두 사람[大(대)]과 '幺', 그리고 손[爪(조)]으로 이루어져 있다.

나진옥(羅振玉)은 손으로 끈[幺]을 잡고 죄인을 묶는 모양이라고 하였고(《증정은허서계고석(增訂殷虛書契考釋)≫), 서중서(徐中舒, ≪갑골문자전(甲骨文字典)≫)와 고홍진(高鴻縉, ≪중국자례(中國字例)≫)은 사람의 땋은 머리[幺]를 손[爪]으로 잡아당기고 있는 모양이라고 하였다.

이 두 가지의 견해는 '幺'를 '糸(멱·사)' 즉 끈으로 보느냐 아니면 사람의 땋은 머리로 보느냐의 차이일 뿐, 모두 '奚'가 노예를 뜻하는 회의자라는 것에는 의견을 같이 한다.

≪설문해자≫에서는 "奚는 큰 배[腹(복)]를 뜻한다. 大는 의미부분이고, 繇(계)의 생략형은 발음부분이다. 繇는 주문(籒文)의 系(계)자이다.(「奚, 大腹也. 从大, 繇省聲. 繇, 籒文系字.」)"라고 하였는데, 갑골문과 금문을 볼 때 믿기가 어렵다.

옛날 책에서 '奚'가 '큰 배'라는 뜻으로 쓰이는 예는 거의 없고, '무엇' 또는 '어찌' 등과 같은 뜻으로 가차(假借)되어 쓰였다. ■

11 獎 奖(中) 奨(日)

①권면(勸勉)할 장 ②칭찬할 장   jiǎng

갑골문과 금문 그리고 ≪설문해자≫ 등에는 '獎'자가 보이지 않는다.

양웅(揚雄)의 ≪방언(方言)≫에 의하면 "함곡관(函谷關) 서쪽 지방, 진(秦)과 진(晉) 지방 사이에서는 서로 권한다는 뜻을 聳(용)이라고 하거나 또는 獎이라고 한다.(「自關而西, 秦晉之間, 相勸曰聳, 或曰獎.」)"라고 하였다.

한편 ≪자휘(字彙)·대부(大部)≫ '獎'자 해설을 보면, "獎자는 犬(견)이 의미부분으로, <犬부>에 보인다. 속자로는 (犬 대신) 大(대)를 쓴다.(「獎, 字从犬, 見犬部. 俗作大.」)"라고 하였다.

참고로 ≪설문해자·견부(犬部)≫ '獎'자 해설을 보면, "獎은 개가 사나워지도록 부추긴다는 뜻이다. 犬은 의미부분이고, 將(장)의 생략형은 발음부분이다.(「獎, 嗾犬厲之也. 从犬, 將省聲.」)"라고 하였다.

'獎'은 본래 '개를 부추긴다'는 뜻이었는데, 후에 사람을 '부추기는 일'에 쓰이게 되었다. '권면(勸勉)하다'·'칭찬하다'라고 하는 훈은 여기에서 나온 것이다. 장려(獎勵), 권장(勸獎), 장학금(獎學金) 등과 같은 말이 그러한 예이다. ■

奪 夺(中)

빼앗을 탈　duó

금　문		소　전	예　서	초　서
		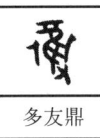			
奪　壺	奪　簋	多友鼎	설문해자	白神君碑	王羲之

갑골문에는 '奪'자가 보이지 않는다.

서주(西周) 금문의 '奪'은 옷[衣(의)] 안에 있는 새[隹(추)]를 손[又(우)]으로 잡으려는 모양이다. 회의자이다.

소전에서의 '大'는 '衣'를 잘못 변형시킨 것이라고 볼 수 있다.

≪설문해자≫에서는 "奪은 손에 새를 쥐고 있다가 놓쳤다는 뜻이다. 又(우)와 奞(순)은 모두 의미부분이다.(「奪, 手持隹, 失之也. 从又, 从奞.」)"라고 하였다.

단옥재(段玉裁)는 "무릇 손 안에 있던 물건을 놓쳐 떨어뜨렸을 때 이 글자를 쓴다. (그런데 이 뜻으로는) 요즘은 脫(탈)자를 쓰고, 奪은 쟁탈(爭奪)이라는 뜻으로 쓰인지가 오래되었다."라고 하였다.(≪설문해자주≫)

'奪'은 본래 '새를 놓쳤다'는 뜻이었는데, 여기에서 '잃어버리다'→'빼앗다'로 발전하였다. 고대 중국어에서는 피동과 능동의 의미가 함께 있는 경우가 종종 있다.

탈취(奪取), 탈환(奪還), 강탈(强奪), 박탈(剝奪), 약탈(掠奪), 찬탈(篡奪) 등은 모두 '빼앗는 것'과 관련 있는 말이다. ■

13　奮 奋(中)

떨칠 분　fèn

서주금문	전국금문	소　전	예　서	행　서	초　서
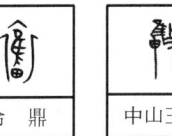			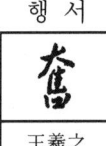	
令　鼎	中山王鼎	설문해자	楊叔恭碑	王羲之	唐 高宗

갑골문에는 '奮'자가 보이지 않는다.

서주(西周) 금문 <영정(令鼎)>의 자형을 보면 '衣(의)'와 '隹(추)' 그리고 '田(전)'으로 구성되어 있다. 즉 새[隹]를 잡아 옷[衣] 안에 넣으니, 새가 몸부림을 치며 탈출해서 자유롭게 들[田]로 날아간다는 뜻을 나타내는 회의자임을 알 수 있다.

소전에서는 '衣'자가 '大(대)'자로 변형되었다.

≪설문해자≫에서는 "奮은 훨훨 날아간다는 뜻이다. 새[奞(순)]가 들판[田] 위에 있는 형태(의 회의자)이다.(「奮, 翬也. 从奞在田上.」)"라고 하였다.

'奮'은 본래 새가 옷 속에서 몸부림치며 탈출에 성공해서 자유롭게 들판으로 날아갔다는 뜻이었다. 그런데 후세에는 '훨훨 날아갔다'는 뜻보다는 오히려 그 전 동작인 '몸부림친다'는 의미로 많이 쓰이게 되었다. 분발(奮發), 분전(奮戰), 분투(奮鬪), 흥분(興奮) 등과 같은 말이 그러한 예이다. ■

女部

女
계집 녀　nǚ

갑골문		상 금문		
菁7	佚807	者女甗	女盉	射女方鑑

서주금문		춘추금문	전국금문	소 전	예 서
矢方彝	大盂鼎	南疆鉦	中山王鼎	설문해자	曹全碑

'女'자는 갑골문과 금문을 보면 사람이 무릎을 꿇고 두 손을 가지런히 모으고 앉아 있는 모습이다. 즉 '실내에서 거주하는 사람'이라는 의미에서 '여자(女子)'를 뜻하게 되었다.

≪설문해자≫에서는 "女는 여자를 뜻한다. 상형이다. (이것은) 왕육(王育)의 주장이다.(「女, 婦人也. 象形. 王育說.」)"라고 하였다.

<女부>에 속한 글자들은 대부분 '여자'와 관련이 많다. 예는 너무 많아 생략한다. ■

2 奴
종 노   nú

갑골문	서주금문	춘추금문	전국금문	소전	고문
粹380	佞奴甗	弗奴父鼎	上郡守戈	설문해자	설문해자

'奴'는 갑골문에서는 보이지 않고, '女(녀)'와 '人(인)'으로 이루어져 있고, 금문과 소전은 '女'와 '又(우)'로 이루어져 있다.

임의광(林義光)은 손[又]이 여자를 쥐고 있는 '奴'자와 손[爪]이 남자를 누르고 있는 '孚(부)'·'奚(해)'자는 같은 뜻이라고 하였다.(≪문원(文源)≫)

≪설문해자≫에서는 "奴는 奴와 비(婢)로, 옛날에는 모두 죄인들이었다. ≪주례(周禮)≫(<추관(秋官)> 사려(司厲)조)에 이르기를 '죄인을 관장하는데 남자 죄인은 죄례(罪隷)에서 다루고, 여자 죄인은 용인(舂人)·고인(藁人)에서 다룬다.'라고 하였다. 女와 又는 모두 의미부분이다. 伩는 고문(古文)으로 (又 대신) 人을 썼다.(「奴, 奴·婢, 皆古之辠人也. ≪禮≫曰: '其奴男子入于皁隷, 女子入于舂藁.' 从女, 从又. 伩, 古文奴, 从人.」)"라고 하였다.

왕균(王筠)은 '奴'자에서 '女'는 의미부분이고, '又'는 발음부분이라고 하였다.(≪설문해자구두≫) ■

3 妄
망녕될 망   wàng

금문	소전	예서	행서	초서
毛公鼎	설문해자	景君銘	王羲之	祝允明

갑골문에는 '妄'자가 보이지 않는다.

서주(西周) 금문과 소전은 모두 '亡(망)'과 '女(녀)'로 이루어져 있다.

≪설문해자≫에서는 "妄은 어지럽다는 뜻이다. 女는 의미부분이고, 亡은 발음부분이다.(「妄, 亂也. 从女, 亡聲.」)"라고 하였다.

망령(妄靈)→망녕, 망발(妄發), 망언(妄言), 경망(輕妄), 허망(虛妄) 등은 모두 여기에서 나온 말이다. ■

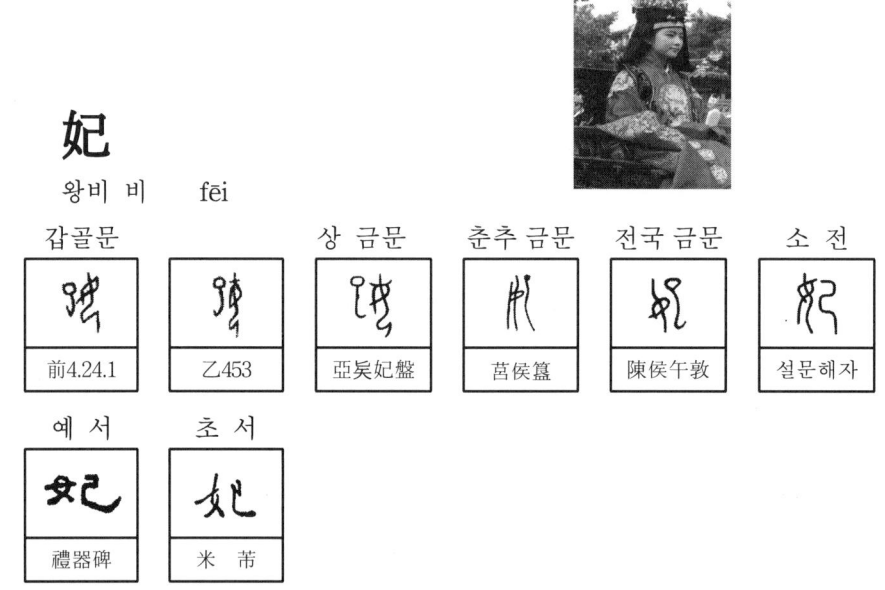

妃
왕비 비   fēi

갑골문		상 금문	춘추 금문	전국 금문	소 전
前4.24.1	乙453	亞곳妃盤	莒侯簋	陳侯午敦	설문해자

예 서	초 서
禮器碑	米 芾

'妃'자는 갑골문을 보면 '㚰' 즉 '妃'로 썼다. 고문자에서 구성 요소들의 위치는 비교적 자유로웠다.

금문에서는 '巳(사)' 부분이 '己(기)'로 바뀌어 '妃'(<곽문공정(虢文公鼎)>)로 썼다.

나진옥(羅振玉)은 '妃'는 '배우자'라는 뜻을 나타내는 본자(本字)이고, '妃'는 성씨(姓氏)로서 '己씨' 성(姓)을 뜻한다고 하였다.(≪증정은허서계고석(增訂殷虛書契考釋)≫) 이 설은 많은 학자들이 동의하고 있다.

≪설문해자≫에서는 "妃는 배우자를 뜻한다. 女(녀)는 의미부분이고, 己는 발음부분이다.(「妃, 匹也. 从女, 己聲.」)"라고 하였다.

참고로 ≪예기(禮記)·곡례(曲禮)≫를 보면: "천자의 배우자를 后(후)라고 한다.(「天子之妃曰后.」)"라고 하였고, 천자의 첩(妾)과 태자와 왕후(王侯)의 아내를 '妃'라고 하였다. '왕비'라고 하는 훈은 여기에서 나온 것이다. ■

如

같을 여　rú

'如'자는 갑골문과 소전이 모두 '女(녀)'와 '口(구)'로 이루어져 있다. 그런데 이와 같은 자형이 무엇을 뜻하는지에 대해서는 아직 정론이 없다.

≪설문해자≫에서는 "如는 따른다는 뜻이다. 女와 口는 모두 의미부분이다.(「如, 从隨也. 从女, 从口.」)"라고 하였다.

이에 대하여 서개(徐鍇)는 여자는 아버지의 가르침을 따르고 남편의 명령을 따라야 하므로 '口'가 의미부분이 된 것이라고 하였고(≪설문해자계전(繫傳)≫), 서호(徐灝)는 '如'자는 '女'가 의미부분이고 '口'가 발음부분인 형성자의 구조가 아닌가 하고 추측하였다(≪설문해자주전(注箋)≫).

'如'는 본래 '따른다'는 뜻이었는데, 여기에서 '동의하다'→'같다'로 발전하였다. 여전(如前)하다, 여반장(如反掌), 여의주(如意珠), 만사여의(萬事如意) 등과 같은 말이 그러한 예이다. ■

好

①좋을 호 ②좋아할 호 hǎo hào

'好'자는 갑골문·금문·소전 등이 모두 '女(녀)'와 '子(자)'로 이루어져 있다.

당란(唐蘭)은 "好는 여자의 성(姓)으로, 상(商)나라 사람들의 자성(子姓)의 본자(本字)이다.(「好爲女姓, 卽商人子姓之本字.」)"라고 하였다.(≪천양각갑골문존고석(天壤閣甲骨文存考釋)≫)

≪설문해자≫에서는 "好는 예쁘다는 뜻이다. 女와 子는 모두 의미부분이다.(「好, 美也. 从女子.」)"라고 하였다.

'好'는 본래 성씨에서 '여자가 예쁘다'→'좋다'로 발전하였다. 호감(好感), 호의(好意), 호황(好況), 호사다마(好事多魔), 호의호식(好衣好食) 등은 모두 '좋다는 것'과 관련 있는 말이다. 이때는 중국어로 제3성 [hǎo](하오)라고 읽는다. 이를 동사로 쓰면 '좋아한다'는 뜻이 된다. 이때는 제4성 [hào]라고 읽는다. 호색(好色), 애호(愛好), 호기심(好奇心) 등과 같은 말이 그러한 예이다. ■

妙

4

묘할 묘 miào

'妙'자는 갑골문, 금문, ≪설문해자≫ 등에 모두 보이지 않는다. 그런데 ≪설문해자·인부(人部)≫에 "散는 미세(微細)하다는 뜻이다.(「散, 妙也.」)"라고 하였으므로 본래는 '妙'자가 있었던 것으로 추측되는데 오늘날 전해지는 판본에는 보이지 않는다.

한편 ≪광아(廣雅)·석고(釋詁)≫를 보면 "妙는 좋다는 뜻이다.(「妙, 好也.」)"라고 하였고, ≪정자통(正字通)·여부(女部)≫에서는 "妙는 아주 작다는 뜻이다; 또 나이가 어리다는 뜻이다.(「妙, 精微也; 小年也.」)"라고 하였다.

'妙'자의 구조를 분석해보면, '女(녀)'와 '少(소)'는 모두 의미부분이 되고, '少'는 발음도 담당하는 회의겸 형성자라고 할 수 있을 것이다.

'妙'는 '좋다'·'아주 작다'·'나이가 어리다' 등과 같은 뜻이라고 하였는데, 중국 사람들이 '精微(정미)'라고 하면 우리말로는 '오묘(奧妙)' 정도로 이해하면 된다. '묘하다'라고 하는 훈은 여기에서 나온 것이다. 묘미(妙味), 묘수(妙手), 묘안(妙案), 교묘(巧妙), 미묘(微妙), 절묘(絶妙) 등과 같은 말이 그러한 예이다. 묘령(妙齡)은 나이가 젊은 여자에 대해서만 쓰는 말이다. ■

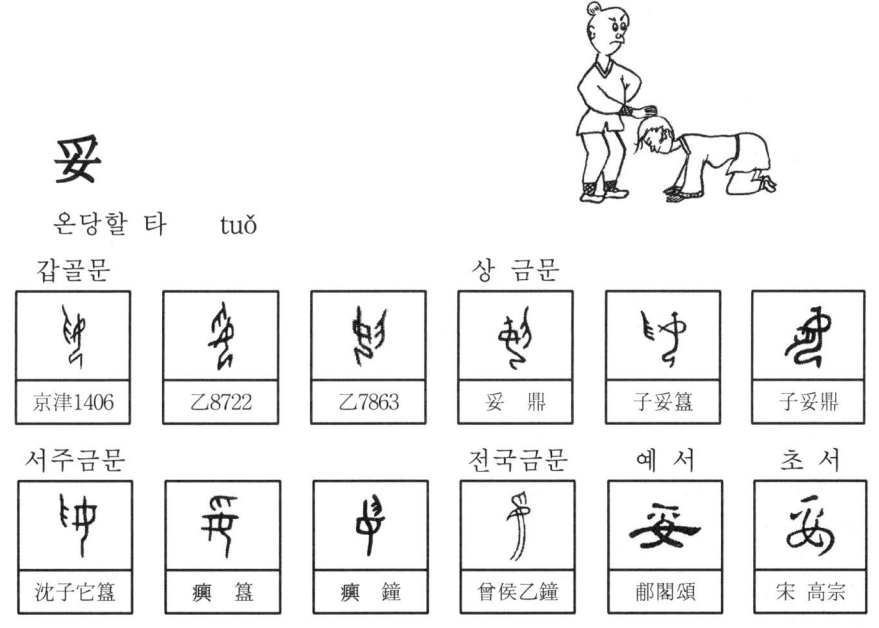

'妥'자는 갑골문과 금문을 보면 모두 손[爪(조)]과 여자[女(녀)]로 이루어져 있다.

이에 대해 서중서(徐中舒)는 손으로 여자를 내리 눌러 앉힌다는 뜻으로서 여기에서 '안정(安定)'이라는 의미가 파생되어 나왔다고 하였고 ≪갑골문자전(甲骨文字典)≫, 단옥재(段玉裁)는 손으로 여자를 어루만진다는 뜻으로 '안무(安撫)'의 의미라고 하였다.(≪설문해자주≫)

≪설문해자≫에는 '妥'자가 없다.

≪설문해자주≫를 보면 "妥는 편안하다는 뜻이다. 爫와 女는 모두 의미부분이다. 妥는 安(편안할 안)과 같은 뜻이다.(「妥, 安也. 从爫·女. 妥與安同意.」)"라고 하였다.

'妥'는 본래 '여자를 내리 눌러 앉힌다'는 뜻이었다. 여기에서 '평온(平穩)하다'→'타당(妥當)하다'로 발전하였다. ■

5 **姑**
시어미 고   gū

상 금문	서주 금문		춘추 금문		소 전
婦闖卣	婦姑鼎	庚嬴卣	姑口句鑃	太子姑發劍	설문해자

예 서	초 서
費鳳別碑	懷 素

갑골문에는 '姑'자가 보이지 않는다.

금문과 소전의 자형은 모두 좌우의 위치만 다를 뿐 모두 '女(녀)'와 古(고)로 이루어졌다.

≪설문해자≫에서는 "姑는 남편의 어머니를 뜻한다. 女는 의미부분이고 古는 발음부분이다.(「姑, 夫母也. 从女, 古聲.」)"라고 하였다.

옛날 '姑'자는 두 가지의 뜻이 있었다. 하나는 시어머니를 가리키고, 다른 하나는 아버지의 자매 즉 고모(姑母)를 뜻하였다. ≪설문해자≫에서는 이 가운데 한 가지만을 설명한 것이다.

'姑'자가 이렇게 두 가지의 뜻을 한 몸에 가질 수 있었던 것은 옛날 중국에서는 사촌 간에 결혼이 가능해서 고모가 시어머니도 될 수 있었기 때문이다. '고부(姑婦) 간의 갈등'이라고 하면 시어머니와 며느리 사이의 갈등을 가리킨다. ■

'妹'자는 갑골문과 금문 그리고 소전 등이 모두 '女(녀)'와 '未(미)'로 이루어져 있다.

《설문해자》에서는 "妹는 여자 동생을 뜻한다. 女는 의미부분이고, 未는 발음부분이다.(「妹, 女弟也. 从女, 未聲.」)"라고 하였다. ■

'姓'자는 갑골문을 보면 모두 '女(녀)'와 '生(생)'으로 이루어졌다.

금문에서는 '生'(<혜갑반(兮甲盤)>), '姓'(<소성호(小姓壺)>), '侳'(<제박(齊鎛)>) 등으로 썼다. 금문에서는 '姓'·'性(성)' 등은 단순히 '生'으로 썼으며, 또 '女'와 '人(인)'은 모두 '사람'과 관계있는 부수이므로 의미상의 차이는 없다.

소전은 갑골문의 형태를 따랐다.

≪설문해자≫에서는 "姓은 사람이 태어난 바이다. 옛날 성모(聖母) 신(神)께서 하늘과 감응하여 아들을 낳았으니, 그리하여 그를 천자(天子)라고 부르게 되었다. 女와 生은 모두 의미부분인데, 生은 발음부분이기도 하다. ≪춘추좌전(春秋左傳)·은공(隱公) 8년≫에 이르기를 '천자가 태어난 곳에 근거하여 姓을 내렸다.'라고 하였다.(「姓, 人所生也. 古之神聖母, 感天而生子, 故稱天子. 从女, 从生, 生亦聲. ≪春秋傳≫曰: '天子因生以賜姓.'」)"라고 하였다.

옛날 천자가 제후를 임명할 때 그의 출생한 바를 따져 성을 하사하였다. 제후가 봉해진 곳으로 가서 나라를 세우면 그 나라의 이름으로 자신의 씨(氏)를 삼았다. 제후는 다시 공이 많은 대부들에게 그들 이름의 자(字)·관직명·식읍(食邑)의 이름 등으로 씨에서 나와 다시 일족(一族)을 이루게 하였다. 즉 성은 천자가 내리는 것이고, 씨는 나라를 세운 제후가 본래 있던 성에서 자신의 성씨를 만든 것이며, 족은 제후가 대부에게 내린 성씨이다. 따라서 모두 성에서 갈라져 나온 것이라고 할 수 있다.

진(秦)나라 때 위와 같은 봉건제도를 없애고 호적을 불태우면서 대부의 자손들은 평민이 되었는데, 그들은 일상적으로 씨를 쓰고 성은 쓰지 않았기 때문에 세월이 흐르면서 씨가 성을 대신하게 되었고, 점차 성과 씨의 구별이 없어졌다. ■

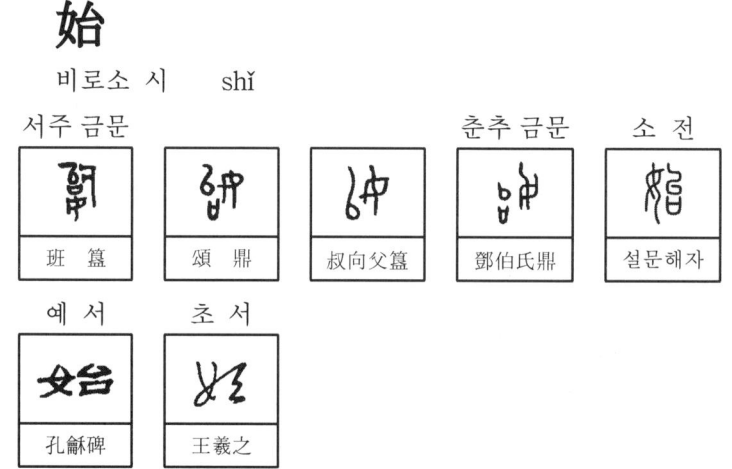

始
비로소 시 shǐ

서주 금문			춘추 금문	소 전
班簋	頌鼎	叔向父簋	鄧伯氏鼎	설문해자

예 서	초 서
孔龢碑	王羲之

갑골문에는 '始'자가 보이지 않는데, '姤(여자 이름 시)' 또는 '姒(언니 사)'와 같은 글자라는 견해도 있다.(이효정(李孝定)선생, ≪갑골문자집석(甲骨文字集釋)≫ 권12 '姤'자 참조)

금문의 자형은 의미부분인 '女(녀)'를 기본으로 발음부분이 '司(사)'인 것(<반궤(班簋)>), '台(태·이)'인 것(<송정(頌鼎)>·<등백씨정(鄧伯氏鼎)>), 'ㅿ'(=以, 이)인 것(<숙향부궤(叔向父簋)>) 등 약간씩 다른 형태를 하고 있다.

소전은 '女'와 '台'의 결합으로 이루어져 있다.

'始'와 '姒'에 대하여 고홍진(高鴻縉)은 다음과 같이 말하였다.

"(언니라는 뜻의) 姒는 옛날에 원래 姬로 썼는데, 女는 의미부분이고, 㠯(=以)는 발음부분이다. 또 始로 변하여 女가 의미부분이고, 台가 발음부분이 되었는데, 두 글자의 뜻과 발음은 같았다. (그 후) 始가 首(수)를 대신하여 통용되면서, '처음'이라는 뜻으로 쓰이게 되었다. 그러자 진한(秦漢)시대 사람들이 다시 姒자를 만들었는데, 姒의 뜻과 발음은 (이전과) 여전히 다르지 않았다."(《중국자례(中國字例)》)

《설문해자》에서는 "始는 제일 먼저 낳은 여자(즉 언니)를 뜻한다. 女는 의미부분이고, 台는 발음부분이다.(「始, 女之初也. 从女, 台聲.」)"라고 하였다. '처음'이라는 뜻은 여기에서 나온 것이다.

시작(始作), 시초(始初), 개시(開始), 시종일관(始終一貫) 등은 모두 '처음'과 관련 있는 말이다.

참고로 '台'자의 옛날 발음을 살펴보면 *t'əɣ / t'iə(터이→태)라는 발음과 *rieɣ / i(이)라는 발음 두 가지가 있었다. ■

委

①맡길 위 ②쌓일 위   wēi wěi

갑골문		소전	예서	초서
乙4770	乙4869	설문해자	司馬碑	王羲之

'委'자는 갑골문과 소전 모두 '女(녀)'와 '禾(화)'로 이루어져 있다.

《설문해자》에서는 "委는 따른다는 뜻이다. 女와 禾는 모두 의미부분이다.(「委, 委隨也. 从女, 从禾.」)"라고 하였다.

서현(徐鉉) 등은 '委'는 구부러졌다[曲(곡)]는 뜻인데, 벼가 익어 고개를 숙인 모양에서 비롯되었기 때문에 벼의 의미를 따랐다고 한 것이라고 하였고(대서본 ≪설문해자≫), 서개(徐鍇)는 "女는 의미부분이고, 禾는 발음부분이다.(「从女, 禾聲.」)"라고 하여 형성자로 보았다.(≪설문해자계전(繫傳)≫)

'委'는 본래 '따른다'는 뜻이었다. 여기에서 '속해 있다'→'맡기다'로 발전하였다. 위원(委員), 위임(委任), 위탁(委託) 등과 같은 말이 그러한 예이다. 그리고 다시 '방치하다'→방치한 채로 '쌓여 있다' 등과 같은 뜻이 나왔다. 위적(委積)이 그런 말이다. ■

姉(姊)

누이 자 zǐ

금 문	소 전	예 서	초 서
季宮父簠	설문해자	費鳳別碑	王羲之

갑골문에는 '姊'자가 보이지 않고, 서주(西周) 금문과 소전의 자형은 거의 같다. '姉'는 '姊(자)'의 속자(俗字)이다.

≪설문해자≫에서는 "姊는 언니를 뜻한다. 女(녀)는 의미부분이고, 𠂔(자·지)는 발음부분이다.(「姊, 女兄也. 从女, 𠂔聲.」)"라고 하였다. ■

妻

①아내 처 ②시집보낼 처 qī qì

'妻'자는 갑골문과 금문을 보면 모두 여자와 손으로 이루어져 있다.

이에 대해 이효정(李孝定)선생은 '妻'는 여자가 손으로 머리를 매만지거나 혹은 비녀를 꽂는 모습이라고 하면서, 여자가 비녀를 꽂은 것은 결혼을 했다는 뜻이라고 하였다.(≪갑골문자집석(甲骨文字集釋)≫)

≪설문해자≫에서는 "妻는 부인으로, 남편과 동등한 지위의 적실(嫡室)을 뜻한다. 女(녀)·屮(철)·又(우) 등은 모두 의미부분이다. 又는 일을 맡은 것을 말하는데, 아내의 직분을 뜻한다. 𡜊는 妻의 고문(古文)으로, 𦥔와 女로 이루어져 있다. 𦥔는 고문의 貴(귀)자이다.(「妻, 婦與夫齊者也. 从女, 从屮, 从又. 又, 持事也, 妻職也. 𡜊, 古文妻, 从𦥔·女. 𦥔, 古文貴字.」)"라고 하였다.

그런데 풀[屮]이 의미부분이 된다고 한 것은 머리의 모양을 풀의 모양으로 잘못 본 것인지, 아니면 풀이 위로 솟아 나온다는 뜻에서 '나아가다'의 의미를 따른 것인지는 확실하지 않다.

한편 '𦥔'가 '貴(귀)'의 고문이라고 하였는데, ≪설문해자≫에는 '貴'자의 고문으로 이와 같은 글자를 수록하고 있지 않다. ■

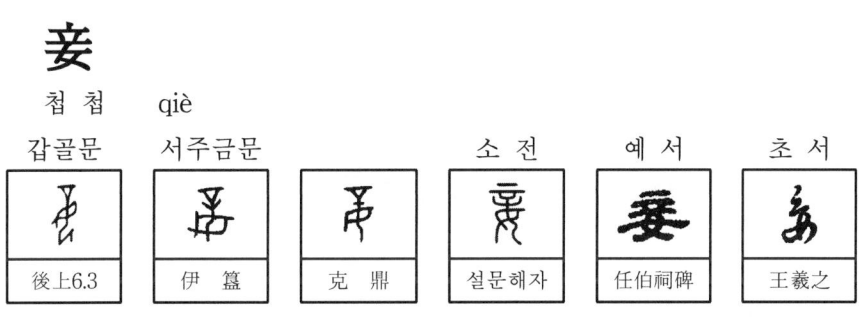

妾 첩 첩 qiè

갑골문	서주금문	소 전	예 서	초 서
後上6.3	伊簋	克鼎	설문해자	任伯祠碑	王羲之

'妾'자는 갑골문과 금문을 보면 여자의 머리 위에 '辛(건)' 또는 '▽' 등이 있는 모양이다.

이에 대해 우성오(于省吾)는 '▽' 등은 머리 장식이라고 하였고 (≪고문잡석(古文雜釋)·석경(釋鏡)≫), 이효정(李孝定)선생은 '妾'자는 '妻(아내 처)'자의 머리 위에 비녀를 꽂은 모습으로, '妾'이 '▽' 등과 같은 머리 장식을 한 것은 그 의미상 아무런 차이가 없을 뿐만 아니라 지위 면에서도 차별이 없다고 하였다.(≪갑골문자집석(甲骨文字集釋)≫)

≪설문해자≫에서는 "妾은 죄 있는 여자가 군주의 접촉을 득하여 (군주를 위하여) 일을 하게 된 자를 뜻한다. 辛과 女(녀)는 모두 의미부분이다.(「妾, 有罪女子, 給事之得接於君者. 从辛, 从女.」)"라고 하였다.

참고로 '辛'은 옛날 죄인의 얼굴에 죄목을 새길 때 쓰던 칼을 그린 상형자이다. 그래서 '辛'과 함께 쓰인 글자들에는 '죄' 또는 '죄인'과 관련된 뜻이 많다. 허신(許愼)

은 비록 갑골문을 보지 못하였지만, 소전에서 '辛'과 함께 쓰인 글자들에게 이런 뜻이 많다는 것은 짐작할 수 있었을 것이다. 그래서 '妾'자의 풀이를 "죄 있는 여자"라고 하면서 시작했던 것이 아닌가 생각된다. ■

6

간음할 간　jiān

상 금문	서주금문	소 전	고 문	예 서	초 서
戶姦罍	長由盃	설문해자	설문해자	夏承碑	董其昌

갑골문에는 '姦'자가 보이지 않는다.

금문과 소전의 자형은 모두 '女(녀)'자 셋으로 이루어져 있다. 회의자이다.

《설문해자》에서는 "姦은 사사롭다는 뜻이다. 세 개의 女자로 이루어졌다. 悬은 姦의 고문(古文)으로, 心(심)은 의미부분이고 旱(한)은 발음부분이다.(「姦, 私也. 从三女. 悬, 古文姦, 从心, 旱聲.」)"라고 하였다.

'姦'은 본래 '여자가 사사롭다' 즉 '몰래 불법행위를 저지른다'는 뜻이다. 여기에서 간통(姦通)·간음(姦淫)이라는 말이 나왔고, 나아가 '간사(奸邪)하다'는 뜻도 생겨났다. 지금은 이 뜻으로 '奸(간)'자를 많이 쓴다. ■

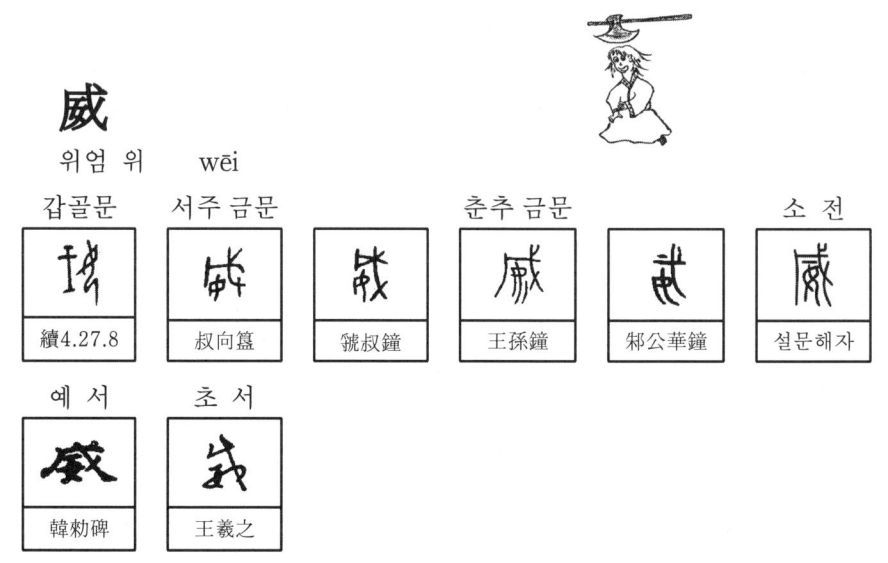

위엄 위　wēi

갑골문	서주 금문		춘추 금문		소 전
續4.27.8	叔向簋	虢叔鐘	王孫鐘	邾公華鐘	설문해자

예 서	초 서
韓勅碑	王羲之

'威'자는 갑골문을 보면 '女(녀)'와 '戈(과)'의 결합으로 이루어졌고, 금문에서는 '女'와 '戉(월)'(<숙향궤(叔向簋)>), '戌(술)'(<괵숙종(虢叔鐘)>·<왕손종(王孫鐘)>), '戈'(<주공화종(邾公華鐘)>) 등의 결합으로 이루어져 있다.

소전은 '女'와 '戌'의 결합으로 이루어졌다.

'戉'·'戌'·'戈' 등은 모두 무기로서, '위협(威脅)하다'라는 뜻을 나타낸다.

《설문해자》에서는 "威는 시어머니를 뜻한다. 女와 戌은 모두 의미부분이다.(「威, 姑也. 从女, 从戌.」)"라고 하였다.

'威'는 본래 시어머니를 뜻하였다. 위력(威力), 위엄(威嚴), 위세(威勢), 권위(權威) 등과 같은 말에서 '시어머니'를 연상하면 어렵지 않게 그 의미를 짐작할 수 있을 것이다. ∎

갑골문과 금문에는 '姻'자가 보이지 않는다.

《설문해자》에서는 "姻은 신랑집을 뜻한다. 여자가 따라가는 곳이므로 姻이라고 한 것이다. 女(녀)와 因(인)은 모두 의미부분인데, 因은 발음부분이기도 하다. 婣(인)은 姻의 주문(籒文)으로 (因 대신) 㐭(연)을 썼다.(「姻, 壻家也. 女之所因, 故曰姻. 从女, 从因, 因亦聲. 婣, 籒文姻, 从㐭.」)"라고 하였다. ∎

갑골문과 금문에는 '姿'자가 보이지 않는다.

≪설문해자≫에서는 "姿는 자태(姿態)를 뜻한다. 女(녀)는 의미부분이고, 次(차)는 발음부분이다.(「姿, 態也. 从女, 次聲.」)"라고 하였다.

자색(姿色), 자세(姿勢) 등은 여기에서 나온 말이다. ■

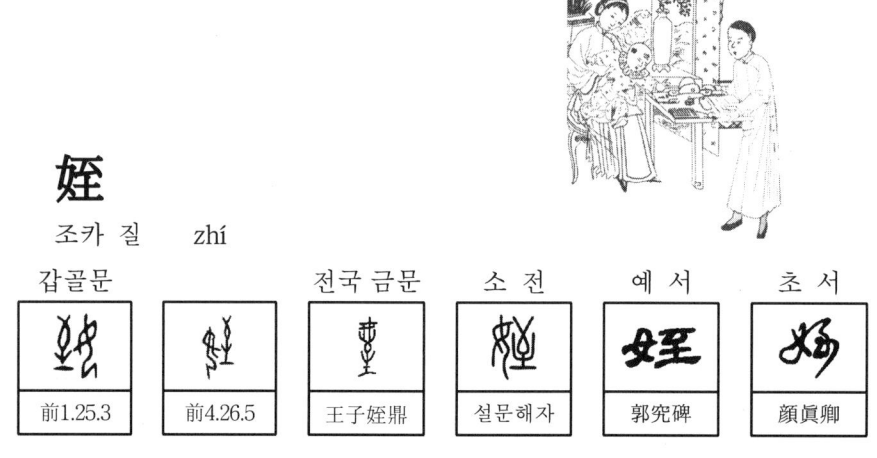

姪

조카 질　　zhí

갑골문		전국 금문	소전	예서	초서
前1.25.3	前4.26.5	王子姪鼎	설문해자	郭究碑	顔眞卿

'姪'자는 갑골문·금문·소전 등의 자형이 '女(녀)'자의 위치만 약간씩 다를 뿐 거의 같다.

≪설문해자≫에서는 "姪은 형의 딸을 뜻한다. 女는 의미부분이고, 至(지)는 발음부분이다.(「姪, 兄之女也. 从女, 至聲.」)"라고 하였다.

참고로 '姪'의 고음(古音)은 입성운(入聲韻) *diet / ɖiIt(딛→질)과 *det / diɛt(뎉→질) 등 두 가지이고 '至'의 고음은 음성운(陰聲韻) *tjier / tɕiIi(지)이다. '姪'과 '至' 두 글자는 첫소리가 [t-] 계열로 비슷하고, 상고음(上古音)의 주모음(主母音)이 [e]로 같으며, 운미(韻尾)는 혀 끝 가운데 소리[설첨중음(舌尖中音)]인 [-r]와 [-t]로 발음 부위가 같다. 그래서 '姪'자에서 '至'가 발음부분이 될 수 있는 것이다. 고대에는 입성운과 음성운이 협운을 하기도 하였다.

참고로 '至'를 발음부분으로 하는 글자들은 대체로 [-ㄹ]로 끝나는 발음이 많다. 예를 들면 '室(집 실)'·'窒(막을 질)'·'姪(조카 질)'·'帙(책갑 질)' 등이 그러하다. ■

女部 | 319

7 娘
　　각시 낭　niáng

갑골문	예서	초서
	娘	娘
乙972	夏承碑	蔡襄

'娘'자는 갑골문에는 있으나, 금문과 ≪설문해자≫에는 보이지 않는다.

≪옥편(玉篇)≫과 ≪광운(廣韻)≫에서는 모두 "娘은 소녀(少女)를 지칭하는 말이다.(「娘, 少女之號」)"라고 하였다.

'娘'은 처음에는 소녀라는 뜻이었는데, 뒤에 어머니 또는 여자를 통칭하는 말로 쓰이게 되었다.

'娘'자의 구조를 분석해보면, 女(녀)는 의미부분이고, 良(량)은 발음부분이 될 것이다. ■

娛　娛(中)
　　즐거워할 오　yú

소 전	예서	초서
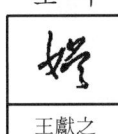	娛	娛
설문해자	李翊碑	王獻之

갑골문과 금문에는 '娛'자가 보이지 않는다.

≪설문해자≫에서는 "娛는 즐겁다는 뜻이다. 女(녀)는 의미부분이고, 吳(오)는 발음부분이다.(「娛, 樂也, 从女, 吳聲.」)"라고 하였다. 오락(娛樂)은 여기에서 나온 말이다. ■

8 婦
며느리 부   fù

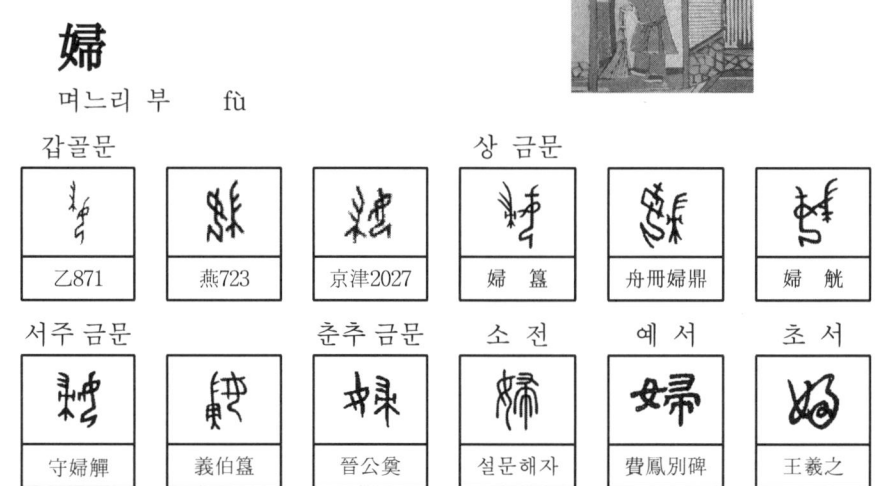

갑골문			상 금문		
乙871	燕723	京津2027	婦簋	舟冊婦鼎	婦觥

서주 금문		춘추 금문	소 전	예 서	초 서
守婦觶	義伯簋	晉公奠	설문해자	費鳳別碑	王羲之

 '婦'자는 갑골문에서는 대부분 '帚(빗자루 추)'자를 가차(假借)해서 썼다.
 갑골문 <을(乙) 871>·<연(燕) 723>·<경진(京津) 2027> 등의 자형은 '女(녀)'가 덧붙여진 형태로, 금문과 소전은 모두 이 자형을 따랐다.
 ≪설문해자≫에서는 "婦는 부인을 '부'라고 하는 까닭은 (집 안 일을) 돌보기[服(복)] 때문이다. 여자[女]가 빗자루[帚]를 들고 있는 형태(의 회의자)로, 이는 청소를 한다는 뜻이다.(「婦, 服也. 从女持帚, 灑掃也.」)"라고 하였다.
 '아내'·'며느리' 등 '시집간 여자'를 가리키는 부부(夫婦), 고부(姑婦), 신부(新婦), 부인(婦人) 등은 모두 여기에서 나온 말이다.
 참고로 '帚'자에 대하여 알아보면, 나진옥(羅振玉)은 '빗자루'를 그린 상형자라고 하였고(≪증정은허서계고석(增訂殷虛書契考釋)≫), 당란(唐蘭)은 초목을 심는 모양이라고 하였다.(≪은허문자기(殷虛文字記)≫) ■

婢
계집종 비   bì

갑골문		소 전	예 서	초 서
寧滬1.231	京津5080	설문해자	鄭子碑	王羲之

'婢'자는 갑골문에서는 '女(녀)' 대신 '妾(첩)'을 썼다. '女'와 '妾'은 모두 여자를 뜻하므로 의미상의 차이는 없다.

≪설문해자≫에서는 "婢는 계집종을 뜻한다. 女와 卑(비)는 모두 의미부분인데, 卑는 발음부분이기도 하다.(「婢, 女之卑者也. 从女·卑, 卑亦聲.」)"라고 하였다. ■

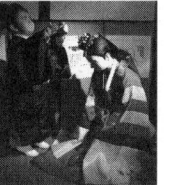

婚

혼인할 혼   hūn

서주금문	춘추 금문	소 전	주문	예 서	초 서
		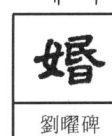		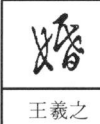	
彔伯簋	䁂子鐘	설문해자	설문해자	劉曜碑	王羲之

갑골문에는 '婚'자가 보이지 않는다.

금문의 '婚'자는 모두 '爵(술잔 작)'과 '女(녀)'로 이루어져 있다. ≪설문해자≫에 수록된 주문(籀文)의 자형도 이와 비슷하다.

곽말약(郭沫若)은 금문의 '婚'자는 '어리석다[婚庸(혼용)]'라는 뜻의 '昏(어두울 혼)'자의 본자(本字)로서, '爵'을 쓴 이유는 사람의 머리가 술 때문에 어지러워져서 손발을 주체할 수 없는 상태를 나타내기 위함이라고 하였다.(≪양주금문사대계고석(兩周金文辭大系攷釋)≫)

한편 손이양(孫詒讓, ≪명원(名原)≫)과 임의광(林義光, ≪문원(文源)≫)은 옛날 결혼 풍습으로 시집을 보내거나 신부를 맞이할 때 술로써 예를 갖추었기 때문에 혼인할 '婚'자에 '爵'을 쓴 것이라고 하였다.

그리고 주방포(朱芳圃)는 ≪설문해자≫에 수록된 주문의 자형에서 윗부분 '爵'은 '爵'의 변형이고, 아랫부분 '夂(치)'는 '女'의 잘못이라고 하였다.(≪은주문자석총(殷周文字釋叢)≫)

위의 주장 가운데 누구의 설이 보다 합당한지는 좀 더 연구가 필요하겠지만, 어쨌든 '婚'은 금문과 주문에 보이는 '嬞'이라는 회의자 뒤에 만들어진 회의겸 형성자임에는 틀림없다.

한편 ≪고문자류편(古文字類編)≫에서는 '婚'과 '聞(들을 문)'자가 옛날에는 같은 글자였다고 하였다.

≪설문해자≫에서는 "婚은 신부의 집을 뜻한다. ≪예경(禮經)·사혼례(士婚禮)≫에 따르면 '신부는 황혼(黃昏) 때 맞이한다.'라고 하였다. 여자는 음에 해당하기 때문이다. 그래서 (혼인이라는 글자를 '저녁'이라는 뜻의 '昏'과 함께 써서) 婚이라고 하는 것이다. 女와 昏은 모두 의미부분인데, 昏은 발음부분이기도 하다. 䁔은 婚의 주문이다.(「婚, 婦家也. ≪禮≫: '娶婦以昏時.' 婦人陰也, 故曰婚. 从女, 从昏, 昏亦聲. 䁔, 籒文婚.」)"라고 하였다.

참고로 송말(宋末)의 학자 대동(戴侗)은 '昏'을 발음부분으로 쓰는 글자에 대하여 다음과 같이 분석하였다.

"昏은 본래 '날[日(일)]이 어두워졌다'는 뜻이다. 마음이 어둡거나 눈이 어두운 것도 날이 어두운 것과 같다. 때로는 昏자에 心(마음 심)변과 目(눈 목)변을 덧붙이기도 한다. 결혼식은 반드시 어두울 때 하기 때문에 昏이라고 하는데, 때로는 女변을 덧붙이기도 한다. …… 그런데 오히려 학자들은 본래의 뜻에 어둡다. 그래서 婚이라고 해도 결혼식이 어두울 때 거행되는 것이라는 사실을 모른다.(「'昏'本義日之昏; 心目之昏, 猶日之昏也, 或加'心'與'目'焉. 嫁取者必以昏時, 故因謂之昏, 或加女焉. …… 然而反使學者昧于本義. 故言'婚'者, 不知其爲用昏時.」)"(≪육서고(六書故)·육서통석(六書通釋)≫) ■

9 **媒**

중매 매   méi

소 전	예 서	행 서

설문해자	夏承碑	米 芾

갑골문과 금문에는 '媒'자가 보이지 않는다.

≪설문해자≫에서는 "媒, 중매쟁이를 '매'라고 부르는 까닭은 일을 꾸미기[謀(모)] 때문이다. 두 성씨(姓氏)를 합하게 만들어 준다. 女(녀)는 의미부분이고, 某(모)는 발음부분이다.(「媒, 謀也, 謀合二姓. 从女, 某聲.」)"라고 하였다.

'媒'는 본래 '중매쟁이'를 뜻하였다. 매파(媒婆), 중매(仲媒) 등과 같이 '결혼'과 관련 있는 말들은 여기에서 비롯된 것이다. 지금은 뜻이 넓어져 '중간에 껴서 연결하는 일'에 관련된 말에도 쓰인다. 매개(媒介), 매체(媒體), 촉매제(觸媒劑) 등과 같은 말이 그러한 예이다. ■

10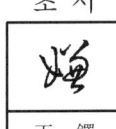

싫어할 혐　xián

소　전	예　서	초　서
설문해자	景北海碑	王　鐸

갑골문과 금문에는 '嫌'자가 보이지 않는다.

≪설문해자≫에서는 "嫌은 마음이 평안하지 않다는 뜻이다. 일설에는 의심한다는 뜻이라고도 한다. 女(녀)는 의미부분이고, 兼(겸)은 발음부분이다.(「嫌, 不平於心也. 一曰疑也. 从女, 兼聲.」)"라고 하였다.

혐오(嫌惡), 혐의(嫌疑) 등은 여기에서 나온 말이다. ■

찾아보기

※괄호 안의 숫자는 본문의 쪽수,
㊛은 2000년 12월 30일 교육부가 새롭게 지정한 글자, ☒는 빠진 글자

가

가 春佳(71), 假(89), 價(102), 加(159), 可(207), 夏家(346), 暇(608), 架(639), 歌(669), 秋街(1032)

각 春刻(146), 却(190), 各(215), 秋脚(973), 冬覺(1050), 角(1052), 閣(1209)

간 春刊(141), 姦(316), 夏干(414), 幹(419), 懇(507), 秋看(839), 簡(903), 肝(964), 冬間(1206)

갈 夏渴(729)

감 夏感(492), 敢(570), 減(729), 秋甘(795), 監(835), 冬鑑(1202)

갑 秋甲(801)

강 春剛(153), 夏康(431), 強(449), 江(699), 秋綱(925), 冬講(1077), 鋼(1196), 降(1213)

개 春介(47), 個(83), 夏慨(498), 改(561), 槪(658), 秋皆(828), 蓋(1015), 冬開(1207)

객 夏客(343)

갱 夏更(614)

거 春去(197), 夏居(381), 巨(398), 拒(531), 據(554), 擧(557), 冬距(1121), 車(1126)

건 春乾(26), 件(56), 健(90), 夏建(439)

걸 春乞㊛(24), 傑(93)

검 春儉(102), 劍(157), 夏檢(664)

격 夏擊(554), 格(644), 激(745), 冬隔㊛(1223)

견 春堅(265), 夏牽㊛(775), 犬(775), 秋絹(923), 肩(966), 冬見(1047), 遣(1163)

결 夏決(702), 潔(743), 秋結(920), 缺(938)

겸 春兼(125), 冬謙(1078)

경 春京(43), 傾(96), 卿(192), 境(273), 夏庚(425), 徑(461), 慶(499), 敬(572), 景(605), 秋硬(853), 竟(888), 競(891), 經(924), 耕(955), 冬警(1082), 輕(1131), 鏡(1200), 頃(1254), 驚(1280)

계 春係(75), 啓(238), 契(299), 夏季(330), 戒(514), 桂(645), 械(651), 溪(732), 秋界(805), 癸(822), 系(907), 繫㊛(935), 繼(935), 冬計(1055), 階(1221), 鷄(1295)

고 春古(208), 告(222), 固(253), 姑(310), 夏孤(331), 庫(429), 故(564), 枯(640), 秋考(951), 稿(880), 苦(999), 冬顧(1263), 高(1283), 鼓(1311)

곡 春哭(233), 夏曲(614), 秋穀(880), 冬谷(1086)

곤 春困(252), 坤(262)

골 冬骨(1282)

- **공** 春供(71), 公(118), 共(121), 功(159), 夏孔(327), 工(397), 恭(481), 恐(481), 攻(562), 秋空(884), 冬貢(1097)
- **과** 夏寡(356), 戈㊅(511), 果(633), 秋瓜㊅(794), 科(873), 誇(1062), 冬課(1071), 過(1158)
- **곽** 冬郭(1177)
- **관** 春冠(129), 夏官(339), 寬(360), 慣(500), 秋管(898), 冬觀(1051), 貫(1098), 關(1210), 館(1273)
- **광** 春光(109), 夏廣(434), 狂㊅(777), 冬鑛(1203)
- **괘** 夏掛(542)
- **괴** 春塊(271), 壞(279), 夏怪(477), 愧(496)
- **교** 春交(40), 夏巧(399), 敎(566), 校(645), 橋(662), 秋矯(851), 冬較(1130), 郊(1176)
- **구** 春丘(9), 久(19), 九(24), 俱(84), 具(112), 區(176), 口(207), 句(209), 夏懼(510), 拘(531), 救(567), 構(657), 求(698), 狗(778), 秋球(790), 究(883), 舊(987), 苟(1000), 冬驅(1279)
- **국** 春國(254), 夏局(379), 秋菊(1009)
- **군** 春君(223), 秋群(945), 冬軍(1127), 郡(1176)
- **굴** 夏屈(382)
- **궁** 夏宮(347), 弓(443), 秋窮(886)
- **권** 春券(147), 勸(167), 卷(191), 夏拳(538), 權(666)
- **궐** 春厥(196)
- **궤** 冬軌㊅(1128)
- **귀** 夏歸(676), 冬貴(1102), 鬼(1288), 龜(1318)
- **규** 春叫(210), 秋糾㊅(910), 冬規(1048)
- **균** 春均(261), 秋菌(1009)
- **극** 春克(111), 劇(157), 夏極(655)
- **근** 春僅(96), 勤(165), 夏斤(578), 根(646), 冬謹(1080), 近(1141)
- **금** 春今(48), 秋琴(792), 禁(865), 禽(870), 冬金(1191), 錦(1196)
- **급** 春及(201), 夏急(478), 秋級(912), 給(921)
- **궁** 秋肯(967)
- **기** 春企(56), 其(123), 器(247), 基(265), 奇(297), 夏寄(351), 己(401), 幾(422), 忌(472), 技(525), 旗(587), 旣(588), 期(624), 棄(653), 機(662), 欺(668), 氣(695), 秋畿(814), 祈(859), 紀(910), 冬記(1056), 豈(1088), 起(1118), 飢(1268), 騎(1278)
- **긴** 秋緊(925)
- **길** 春吉(216)

- **나** 冬那(1174)
- **낙** 冬諾(1074)
- **난** 夏暖(608), 冬難(1233)
- **남** 春南(183), 秋男(804)
- **납** 秋納(912)
- **낭** 春娘(319)
- **내** 春乃(18), 內(115), 奈(298), 秋耐(953)
- **녀** 春女(304)
- **년** 夏年(417)
- **념** 夏念(475)
- **녕** 夏寧(357)
- **노** 春努(160), 奴(305), 夏怒(478)
- **농** 夏濃㊅(745), 冬農(1140)
- **뇌** 夏惱(492), 秋腦(975)

능 秋 能(971)
니 夏 泥(705)

다

다 春 多(288), 秋 茶(1004)
단 春 丹(3), 但(63), 單(242), 團(257), 壇(277), 夏 斷(581), 旦(590), 檀(665), 段(683), 秋 短(851), 端(891)
달 冬 達(1159)
담 夏 擔(555), 淡(723), 冬 談(1071)
답 秋 畓(805), 答(896), 冬 踏(1123)
당 春 唐(235), 堂(266), 秋 當(813), 糖(907), 冬 黨(1306)
대 春 代(49), 大(291), 夏 對(371), 帶(411), 待(458), 秋 臺(983), 冬 貸(1102), 隊(1221)
덕 夏 德(468)
도 春 倒(84), 刀(139), 到(147), 圖(258), 塗㊂(271), 夏 導(372), 島(392), 度(428), 徒(461), 挑(539), 桃(647), 渡(730), 秋 盜(832), 稻(881), 冬 跳(1121), 逃(1145), 途(1149), 道(1160), 都(1179), 陶(1217)
독 夏 毒(688), 獨(781), 秋 督(846), 篤(902), 冬 讀(1084)
돈 夏 敦(571), 冬 豚(1091)
돌 秋 突(884)
동 春 冬(132), 凍(133), 動(162), 同(217), 夏 東(634), 洞(713), 秋 童(890), 冬 銅(1193)
두 夏 斗(576), 冬 豆(1087), 頭(1259)
둔 夏 屯㊂(388), 冬 鈍(1193)
득 夏 得(463)
등 夏 燈(759), 秋 登(823), 等(896), 冬 騰㊂(1278)

라

라 秋 羅(943)
락 夏 樂(660), 秋 絡(921), 落(1011)
란 春 亂(27), 卵(190), 夏 欄(665), 秋 蘭(1021)
람 夏 濫(747), 冬 覽(1050)
랑 夏 廊(433), 浪(718), 冬 郎(1177)
래 春 來(72)
랭 春 冷(133)
략 夏 掠(543), 秋 略(808)
량 春 兩(116), 凉(134), 夏 梁(651), 秋 糧(907), 良(995), 冬 諒(1072), 量(1190)
려 春 勵(167), 夏 慮(500), 旅(584), 冬 麗(1299)
력 春 力(158), 夏 曆(612), 歷(676)
련 夏 憐(505), 戀(510), 秋 練(927), 聯(959), 蓮(1017), 冬 連(1150), 鍊(1198)
렬 春 列(142), 劣(160), 夏 烈(752), 秋 裂(1038)
렴 夏 廉(434)
렵 夏 獵㊂(782)
령 春 令(52), 夏 嶺(393), 冬 零(1237), 靈(1243), 領(1258)
례 春 例(73), 秋 禮(868), 冬 隸㊂(1227)
로 春 勞(163), 夏 爐(763), 秋 老(950), 冬 路(1122), 露(1242)
록 秋 祿(865), 綠(926), 冬 錄(1197), 鹿(1298)
론 冬 論(1072)
롱 夏 弄(441)
뢰 冬 賴(1113), 雷(1238)
료 春 了(28), 僚㊂(100), 夏 料(577)
룡 冬 龍(1317)

루	夏 屢(384), 樓(659), 淚(723), 漏(735), 秋 累(916)
류	夏 柳(640), 流(714), 秋 留(807), 冬 類(1262)
륙	春 六(119), 冬 陸(1216)
륜	春 倫(85), 夏 輪(732)
률	夏 律(459), 栗(647), 秋 率(786)
륭	冬 隆(1222)
릉	冬 陵(1218)
리	春 利(143), 吏(219), 夏 履(385), 李(630), 梨(652), 秋 理(791), 裏(1039), 冬 里(1187), 離(1234)
린	冬 隣(1225)
림	夏 林(635), 秋 臨(980)
립	秋 立(887)

마

마	秋 磨(855), 冬 馬(1277), 麻(1301)
막	夏 幕(413), 漠(736), 秋 莫(1007)
만	夏 慢(501), 晚(603), 滿(736), 漫(737), 秋 萬(1012)
말	夏 末(627)
망	春 亡(39), 妄(305), 夏 忘(473), 忙(473), 望(623), 秋 茫(1005)
매	春 埋(263), 妹(311), 媒(322), 夏 梅(652), 每(687), 冬 買(1103), 賣(1109)
맥	秋 脈(972), 冬 麥(1300)
맹	夏 孟(331), 猛(779), 秋 盟(834), 盲(838)
면	春 免(112), 勉(161), 秋 眠(843), 綿(926), 冬 面(1247)
멸	夏 滅(733)
명	春 冥(130), 名(218), 命(227), 夏 明(593), 冬 銘(1194), 鳴(1293)

모	春 侮㉑(76), 冒㉕(128), 募(165), 夏 慕(501), 暮(610), 某(641), 模(659), 母(686), 毛(690), 秋 矛㉙(848), 冬 謀(1075), 貌(1094)
목	夏 木(626), 牧(772), 秋 目(837), 睦(846)
몰	夏 沒(702)
몽	春 夢(290), 秋 蒙(1015)
묘	春 卯(187), 墓(274), 妙(308), 夏 廟(435), 秋 苗(1001)
무	春 務(164), 夏 戊(512), 武(674), 無(754), 秋 舞(990), 茂(1002), 冬 貿(1104), 霧(1242)
묵	春 墨(275), 冬 默(1305)
문	春 問(239), 夏 文(575), 秋 聞(958), 冬 門(1205)
물	春 勿(168), 夏 物(773)
미	春 味(228), 夏 尾(380), 微(467), 未(627), 秋 眉(840), 米(904), 美(945), 冬 迷(1145)
민	夏 憫(505), 敏(567), 民(692)
밀	夏 密(351), 秋 蜜(1027)

바

박	春 博(184), 夏 拍(532), 朴(629), 泊(705), 冬 迫(1143)
반	春 伴㉑(62), 半(179), 反(201), 叛(205), 秋 班(789), 盤(836), 般(992), 冬 返(1142), 飯(1269)
발	夏 拔(532), 秋 發(824), 冬 髮(1284)
방	春 傍(93), 夏 房(521), 放(563), 方(582), 秋 芳(998), 冬 訪(1058), 邦(1174), 防(1212)
배	春 倍(85), 培(267), 夏 拜(533), 排(543), 杯(635), 秋 背(968), 冬 輩(1132), 配(1182)

백 春 伯(62), 秋 白(825), 百(826)

번 夏 煩(756), 秋 番(811), 繁(931), 冬 飜(1267)

벌 春 伐(57), 秋 罰(941)

범 春 凡(136), 夏 犯(776), 秋 範(900)

법 夏 法(706)

벽 春 壁(277), 秋 碧(854)

변 冬 變(1085), 辨(1136), 辯(1137), 邊(1172)

별 春 別(144)

병 春 丙(10), 兵(122), 夏 屛(384), 秋 病(818), 竝(888)

보 春 保(77), 報(269), 夏 寶(362), 普(606), 步(673), 秋 補(1039), 冬 譜(1080)

복 春 伏(59), 卜(185), 夏 復(466), 服(621), 秋 福(866), 腹(976), 複(1042), 覆④(1045)

본 夏 本(628)

봉 春 奉(298), 夏 封(365), 峯(392), 秋 蜂(1027), 冬 逢(1150), 鳳(1294)

부 春 付(50), 副(154), 否(224), 夫(292), 婦(320), 夏 富(355), 府(426), 扶(525), 浮(718), 父(766), 秋 符(894), 簿(903), 腐(975), 冬 負(1096), 賦(1109), 赴(1117), 部(1178), 附(1213)

북 春 北(172)

분 春 分(140), 墳(275), 奔(299), 奮(303), 夏 憤(506), 秋 粉(905), 紛(913)

불 春 不(7), 佛(63), 夏 弗㉔(446), 拂(533)

붕 夏 崩(392), 朋(622)

비 春 備(94), 卑(180), 妃(306), 婢(320), 夏 悲(488), 批(526), 比(689), 秋 碑(854), 祕(860), 肥(967), 冬 費(1104), 非(1246), 飛(1266), 鼻(1313)

빈 冬 貧(1099), 賓(1108), 頻(1260)

빙 夏 氷(697), 秋 聘(956)

사 春 事(29), 使(73), 仕(53), 似(64), 司(210), 史(211), 四(250), 士(280), 夏 寫(360), 寺(364), 射(366), 巳(403), 師(409), 思(479), 捨(544), 斜(578), 斯(579), 査(642), 死(678), 沙(703), 秋 社(858), 祀(859), 私(872), 絲(922), 舍(989), 蛇(1026), 冬 詐(1060), 詞(1060), 謝(1078), 賜(1110), 辭(1137), 邪(1175)

삭 春 削(150), 夏 朔(623)

산 春 傘(95), 夏 山(390), 散(571), 秋 産(798), 算(899)

살 夏 殺(683)

삼 春 三(4), 參(199)

상 春 上(4), 傷(97), 像(100), 償(105), 商(239), 喪(243), 嘗(246), 夏 尙(374), 常(412), 床(423), 想(493), 桑(648), 狀(777), 秋 相(841), 祥(863), 裳(1041), 冬 詳(1063), 象(1091), 賞(1111), 霜(1242)

쌍 冬 雙(1232)

새 春 塞(272)

색 秋 索(913), 色(996)

생 秋 生(796)

서 夏 序(424), 庶(432), 徐(462), 恕(482), 敍(568), 暑(608), 書(615), 秋 緖(928), 署(942), 西(1043), 冬 誓㉔(1065), 逝㉔(1151)

석 春 夕(287), 夏 席(410), 惜(489), 昔(594), 析(636), 秋 石(852), 冬 釋(1186)

선 春 仙(51), 先(110), 善(244), 夏 宣(344), 旋(585), 秋 禪(868),

선 線(928), 船(994), 冬選(1167), 鮮(1291)

설 秋舌(988), 冬設(1058), 說(1066), 雪(1236)

섭 夏攝㉑(559), 涉(719)

성 春城(264), 姓(311), 夏性(479), 成(515), 星(598), 秋盛(833), 省(842), 聖(957), 聲(959), 冬誠(1067)

세 春世(11), 勢(166), 夏歲(675), 洗(714), 秋稅(877), 細(917)

소 春召(213), 夏小(372), 少(373), 所(521), 掃(544), 昭(599), 消(720), 燒(768), 秋疏(815), 笑(894), 素(914), 蔬(1018), 蘇(1020), 冬訴(1061), 騷(1279)

속 春俗(78), 夏屬(386), 束(631), 秋粟(905), 續(936), 冬速(1152)

손 夏孫(332), 損(551)

송 夏松(637), 冬訟(1059), 誦(1067), 送(1146), 頌(1258)

쇄 春刷(148), 冬鎖(1199)

쇠 秋衰(1036)

수 春修(86), 受(203), 囚(250), 垂㉑(262), 壽(283), 夏守(336), 帥(407), 愁(493), 手(522), 授(545), 搜㉑(551), 收(561), 數(573), 樹(663), 殊(680), 水(696), 獸(782), 秋睡(847), 秀(873), 冬誰(1073), 輸(1133), 遂(1161), 隨(1225), 雖(1232), 需(1240), 須(1256), 首(1274)

숙 春叔(204), 夏熟(333), 宿(352), 淑(724), 孰(758), 秋肅(963)

순 夏巡(396), 循(467), 旬(591), 殉(680), 秋盾㉑(843), 純(915), 脣(974), 冬順(1256)

술 夏戌(513), 秋術(1032), 冬述(1144)

숭 夏崇(393)

습 夏拾(539), 濕(748), 秋習(948), 襲(1042)

승 春乘(22), 僧(101), 勝(164), 夏承(527), 昇(595)

시 春侍(74), 始(312), 夏市(405), 施(583), 是(599), 時(602), 秋矢(849), 示(857), 冬視(1048), 試(1063), 詩(1064)

씨 夏氏(691)

식 夏式(443), 息(482), 植(654), 冬識(1081), 食(1267), 飾(1270)

신 春伸(65), 信(78), 夏愼(497), 新(580), 晨(603), 秋申(802), 神(861), 臣(978), 冬身(1125), 辛(1135)

실 春失(295), 夏室(345), 實(358)

심 夏審(361), 尋(368), 心(471), 深(724), 秋甚(795)

십 春十(177)

아

아 春亞(37), 兒(113), 夏我(516), 牙(771), 秋芽(998), 冬雅(1229), 餓(1270)

악 夏岳(390), 惡(489)

안 夏安(337), 岸(391), 案(648), 秋眼(845), 冬顔(1260), 雁(1229)

알 冬謁(1076)

암 夏巖(394), 暗(609)

압 春壓(278), 夏押㉑(534)

앙 春仰(60), 央(295), 夏殃(679)

애 春哀(231), 夏愛(494), 涯(725)

액 春厄(194), 冬額(1261)

야 春也(25), 夜(289), 秋耶(956), 冬野(1189)

약 夏弱(449), 秋約(911), 若(1002), 藥(1019), 冬躍㉑(1124)

	義(946), 衣(1035), 冬 議(1083), 醫(1185)
이	春 二(33), 以(53), 夷(296), 夏 已(404), 秋 異(809), 移(876), 而(953), 耳(955)
익	秋 益(832), 翼(949)
인	春 人(46), 仁(49), 印(189), 因(251), 姻(317), 夏 寅(353), 引(442), 忍(474), 冬 認(1069)
일	春 一(1), 夏 日(589), 冬 逸(1156)
임	春 任(59), 壬(281), 冬 賃(1106)
입	春 入(114)

자

자	春 刺(148), 姉(314), 姿(317), 夏 子(326), 字(328), 恣(484), 慈(497), 秋 紫(918), 者(952), 自(980), 玆(1005), 冬 資(1107), 雌㉑(1231)
작	春 作(67), 夏 昨(601), 爵(766), 冬 酌(1183)
잔	夏 殘(681)
잠	夏 暫(610), 潛(744)
잡	冬 雜(1233)
장	春 丈(5), 場(270), 墻(278), 壯(282), 奬(302), 夏 將(367), 帳(412), 張(450), 掌(545), 秋 章(889), 粧(906), 腸(977), 臟(977), 莊(1008), 葬(1013), 藏(1019), 裝(1040), 冬 長(1204), 障(1224)
재	春 再(128), 哉(231), 在(260), 夏 宰㉑(349), 才(523), 材(632), 栽(649), 災(750), 秋 裁(1038), 冬 財(1098), 載(1130)
쟁	夏 爭(764)
저	春 低(68), 夏 底(427), 抵(535), 秋 著(1014), 冬 貯(1105)

적	夏 寂(352), 摘(553), 敵(574), 滴(739), 秋 的(827), 積(882), 籍(904), 績(932), 冬 賊(1107), 赤(1115), 跡(1123), 適(1166)
전	春 傳(98), 全(115), 典(124), 前(150), 夏 專(367), 展(383), 戰(518), 殿㉑(684), 秋 田(800), 冬 轉(1134), 錢(1197), 電(1239)
절	春 切(140), 夏 折(528), 秋 竊㉑(886), 節(900), 絶(922)
점	春 占(186), 夏 店(427), 漸(740), 冬 點(1306)
접	夏 接(546), 秋 蝶(1028)
정	春 丁(2), 井(36), 亭(46), 停(91), 夏 定(341), 庭(429), 廷(438), 征(457), 情(490), 政(564), 整(574), 正(671), 淨(726), 秋 程(857), 精(907), 冬 訂(1056), 貞(1096), 靜(1245), 頂(1255)
제	春 制(149), 堤(270), 夏 帝(408), 弟(448), 提(549), 濟(748), 秋 祭(864), 第(895), 製(1041), 冬 諸(1077), 除(1215), 際(1224), 題(1261), 齊(1314)
조	春 兆(111), 助(161), 夏 弔(445), 操(556), 早(591), 朝(625), 條(653), 潮(744), 照(757), 燥(761), 秋 祖(861), 租(875), 組(918), 冬 調(1073), 造(1152), 鳥(1292)
족	夏 族(586), 冬 足(1120)
존	夏 存(328), 尊(370)
졸	春 卒(181), 夏 拙(535)
종	夏 宗(342), 從(465), 秋 種(878), 終(919), 縱(932), 冬 鐘(1200)
좌	春 佐(68), 坐(261), 夏 左(399), 座(430)
죄	秋 罪(940)
주	春 主(4), 住(69), 周(228), 奏㉑(300), 夏 宙(343), 州(395), 晝(605), 朱(629), 柱(644), 株(650), 注(709), 洲(715), 珠㉑(790),

양 春 壤(279), 夏 揚(548), 楊(655), 樣(661), 洋(715), 秋 羊(944), 冬 讓(1085), 陽(1222), 養(1271)

어 夏 御(464), 於(583), 漁(737), 冬 語(1068), 魚(1291)

억 春 億(103), 夏 憶(508), 抑(527)

언 夏 焉(754), 冬 言(1054)

엄 春 嚴(248)

업 夏 業(656)

여 春 余(65), 予(129), 如(307), 夏 汝(700), 秋 與(985), 冬 興(1134), 餘(1273)

역 春 亦(41), 域(267), 夏 役(456), 易(595), 秋 疫(818), 冬 譯(1082), 逆(1146), 驛(1281)

연 夏 宴(348), 延(437), 沿(707), 演(738), 然(燃)(755), 煙(757), 燕(760), 秋 硏(853), 緣(929), 冬 軟(1129), 鉛(1193)

열 夏 悅(486), 熱(758), 冬 閱㉑(1210)

염 夏 染(642), 炎(751), 冬 鹽(1297)

엽 秋 葉(1013)

영 夏 影(454), 映(600), 榮(657), 永(697), 泳(707), 營(761), 秋 英(1003), 冬 詠(1061), 迎(1143)

예 秋 藝(1020), 冬 譽(1083), 豫(1093), 銳(1195)

오 春 五(35), 傲(97), 午(178), 吾(224), 嗚(246), 娛(319), 夏 悟(486), 汚(700), 烏(於)(753), 冬 誤(1068)

옥 夏 屋(382), 獄(780), 秋 玉(787)

온 夏 溫(734)

옹 夏 擁㉑(555), 秋 翁(948)

와 秋 瓦(794), 臥(979)

완 夏 完(339), 秋 緩(929)

왈 夏 曰(613)

왕 夏 往(456), 秋 王(788)

외 春 外(287), 秋 畏(806)

요 夏 搖(552), 秋 腰(977), 要(1044), 冬 謠(1079), 遙(1164)

욕 夏 慾(502), 欲(668), 浴(720), 冬 辱(1139)

용 春 勇(162), 夏 容(348), 庸(433), 秋 用(798)

우 春 于(34), 偶(90), 優(105), 又(200), 友(202), 右(214), 夏 宇(337), 尤(376), 愚(494), 憂(502), 牛(772), 秋 羽(947), 冬 遇(1161), 郵(1178), 雨(1235)

운 春 云(36), 冬 運(1162), 雲(1237), 韻(1252)

웅 冬 雄(1230)

원 春 元(106), 原(195), 員(236), 園(256), 圓(256), 夏 怨(480), 援(549), 源(733), 冬 遠(1165), 院(1214), 願(1263)

월 夏 月(619), 冬 越(1118)

위 春 位(66), 偉(91), 僞(101), 危(188), 圍(255), 委(313), 威(316), 夏 慰(503), 爲(765), 秋 緯(930), 胃(969), 冬 衛(1033), 謂(1076), 違(1162)

유 春 乳(25), 儒(104), 唯(240), 夏 幼(420), 幽(421), 悠(487), 惟(490), 愈(495), 有(620), 柔(643), 油(708), 猶(779), 秋 由(804), 維(927), 裕(1040), 冬 誘(1069), 遊(1163), 遺(1168), 酉(1181)

육 秋 肉(964), 育(965)

윤 夏 潤(743), 冬 閏(1208)

은 夏 恩(483), 冬 銀(1194), 隱(1226)

을 春 乙(23)

음 春 吟(225), 夏 淫(725), 冬 陰(1219), 音(1251), 飮(1269)

읍 夏 泣(708), 冬 邑(1173)

응 春 凝㉑(134), 夏 應(508)

의 春 依(75), 儀(103), 夏 宜(340), 意(495), 秋 疑(816), 矣(849),

	秋 舟(991), 冬 走(1116), 酒(1183), 鑄㉑(1202)
죽	秋 竹(893)
준	春 俊(79), 夏 準(734), 冬 遵(1168)
중	春 中(13), 仲(61), 秋 衆(1030), 冬 重(1188)
즉	春 卽(191)
증	春 增(276), 夏 憎(506), 曾(614), 秋 症(819), 蒸(1016), 冬 證(1081), 贈(1114)
지	春 之(20), 只(214), 地(260), 夏 志(474), 持(540), 指(540), 支(559), 智(606), 枝(637), 止(670), 池(701), 秋 知(850), 紙(916), 至(982), 冬 誌(1070), 遲(1169)
직	秋 直(839), 織(934), 職(960)
진	夏 振(541), 秋 珍(789), 盡(836), 眞(844), 冬 辰(1138), 進(1157), 鎭(1199), 陣(1215), 陳(1219), 震㉑(1241)
질	春 姪(318), 秋 疾(819), 秩(876), 冬 質(1111)
집	春 執(268), 冬 集(1231)
징	夏 徵(469), 懲(509)

차

차	春 且(12), 借(86), 夏 差(400), 次(667), 此(672)
착	夏 捉(541), 秋 着(846), 冬 錯(1198)
찬	冬 讚(1086), 贊(1115)
찰	夏 察(358)
참	春 參(199), 夏 慘(504), 慙(504)
창	春 倉(87), 創(154), 唱(241), 夏 昌(596), 暢(609), 秋 窓(885), 蒼(1016)
채	春 債(99), 夏 彩(454), 採(546), 秋 菜(1010)

책	春 冊(127), 秋 策(897), 冬 責(1099)
처	春 妻(314), 秋 處(1023)
척	夏 尺(378), 戚(517), 拓(536), 斥(579)
천	春 千(178), 天(293), 夏 川(395), 泉(709), 淺(726), 冬 賤(1112), 踐(1124), 遷(1167)
철	春 哲(237), 夏 徹(470), 冬 鐵(1201)
첨	夏 尖(374), 添(727)
첩	春 妾(315)
청	夏 廳(436), 晴(607), 淸(728), 秋 聽(961), 冬 請(1074), 靑(1244)
체	夏 替(617), 滯㉑(740), 冬 逮㉑(1157), 遞㉑(1165), 體(1282)
초	春 初(145), 夏 秒㉑(529), 招(536), 秋 礎(856), 抄(874), 肖(966), 草(1006), 冬 超(1119)
촉	春 促(80), 夏 燭(762), 冬 觸(1054)
촌	夏 寸(363), 村(632)
총	秋 總(933), 聰(960), 冬 銃(1195)
최	春 催(99), 夏 最(618)
추	夏 抽(537), 推(547), 秋 秋(874), 冬 追(1147), 醜(1185)
축	春 丑(8), 秋 畜(807), 祝(862), 築(902), 縮(933), 蓄(1017), 冬 逐(1154)
춘	夏 春(601)
출	春 出(138)
충	春 充(108), 夏 忠(476), 秋 蟲(1029), 衝(1033)
취	春 取(205), 吹(226), 夏 就(377), 秋 臭(981), 冬 趣(1119), 醉(1184)
측	春 側(92), 夏 測(730)
층	夏 層(385)
치	春 値(88), 夏 恥(484), 治(710), 秋 置(941), 致(983), 冬 齒(1315)
칙	春 則(152)
친	冬 親(1049)

칠	春 七(3), 夏 漆(741)
침	春 侵(81), 夏 寢(359), 枕(638), 沈(704), 浸(721), 冬 針(1192)
칭	秋 稱(879)

| 쾌 | 夏 快(476) |

타

타	春 他(55), 墮(276), 妥(309), 夏 打(524)
탁	春 卓㊛(181), 夏 托(524), 濁(746), 濯(749)
탄	夏 彈(450), 歎(669), 炭(752), 冬 誕㊛(1070)
탈	春 奪(303), 秋 脫(974)
탐	夏 探(547), 冬 貪(1100)
탑	春 塔(273)
탕	夏 湯(731)
태	春 泰(294), 夏 怠(480), 態(498), 殆(679), 太(711)
택	夏 宅(338), 擇(556), 澤(746)
토	春 吐(220), 土(259), 冬 討(1057)
통	秋 痛(821), 統(917), 冬 通(1154)
퇴	冬 退(1148)
투	夏 投(529), 冬 透(1155), 鬪(1286)
특	夏 特(774)

파

파	夏 把㊛(530), 播(553), 波(711), 派(716), 秋 破(852), 罷(942), 冬 頗(1259)
판	春 判(145), 夏 板(638), 版(770), 冬 販(1101)
팔	春 八(117)
패	夏 敗(569), 冬 貝(1095)
편	春 便(81), 偏㊛(92), 夏 片(769), 秋 篇(901), 編(930)
평	夏 平(416), 冬 評(1062)
폐	夏 幣(414), 廢(436), 弊(441), 秋 肺(968), 蔽(1018), 冬 閉(1206)
포	春 包(169), 夏 布(406), 抱(537), 捕(542), 浦(721), 秋 胞(970), 冬 飽(1271)
폭	夏 幅(413), 暴(611), 爆(762)
표	夏 標(661), 漂(741), 秋 票(864), 表(1036)
품	春 品(232)
풍	冬 豊(1089), 風(1265)
피	夏 彼(458), 秋 疲(820), 皮(830), 被(1037), 冬 避(1170)
필	春 匹(174), 夏 必(472), 秋 畢(810), 筆(898)

하

하	春 下(6), 何(70), 夏(286), 夏 河(712), 秋 荷(1008), 冬 賀(1106)
학	夏 學(334), 冬 鶴(1296)
한	夏 寒(355), 恨(484), 旱(592), 汗(701), 漢(742), 冬 閑(1208), 限(1214), 韓(1250)
할	春 割(155)
함	春 含(226), 咸(233), 冬 陷(1220)
합	春 合(220)
항	夏 巷(404), 恒(485), 抗(530), 港(731), 秋 航(993), 冬 項(1257)
해	春 亥(41), 奚(301), 夏 害(350), 海(722), 冬 解(1053), 該(1064)

핵	夏 核(650)
행	夏 幸(418), 秋 行(1031)
향	春 享(45), 向(221), 冬 鄕(1180), 響(1253), 香(1275)
허	秋 虛(1024), 冬 許(1059)
헌	夏 憲(506), 獻(783), 冬 軒(1129)
험	冬 險(1226), 驗(1281)
혁	冬 革(1248)
현	夏 懸(509), 秋 玄(785), 現(792), 絃(920), 縣(931), 冬 賢(1113), 顯(1264)
혈	秋 穴(883), 血(1029)
혐	春 嫌㉑(323)
협	春 協(182), 秋 脅(972)
형	春 亨(43), 兄(108), 刑(142), 夏 形(453), 秋 螢(1028), 衡㉑(1034)
혜	春 兮(120), 夏 惠(491), 慧(504)
호	春 乎(21), 互(37), 呼(230), 好(308), 夏 戶(520), 毫(690), 浩(722), 湖(732), 秋 胡(970), 虎(1022), 號(1024), 冬 護(1084), 豪(1092)
혹	夏 惑(491), 或(516)
혼	春 婚(321), 夏 昏(597), 混(728), 冬 魂(1289)
홀	夏 忽(477)
홍	夏 弘(447), 洪(716), 秋 紅(912), 冬 鴻(1295)

화	春 化(171), 和(230), 夏 火(750), 秋 畵(812), 禍(867), 禾(871), 花(999), 華(1010), 冬 話(1065), 貨(1101)
확	夏 擴(558), 秋 確(855), 穫(882)
환	春 丸(15), 夏 患(487), 換(550), 歡(670), 秋 環(793), 冬 還(1171)
활	夏 活(717)
황	夏 況(713), 秋 皇(829), 荒(1006), 冬 黃(1303)
회	春 回(252), 夏 悔(488), 懷(509), 會(618)
획	春 劃(156), 夏 獲(781)
횡	夏 橫(663)
효	夏 孝(329), 效(565), 曉(612)
후	春 侯(82), 候(89), 厚(195), 喉㉑(244), 夏 後(460)
훈	冬 訓(1057)
훼	夏 毁(685)
휘	夏 揮(550), 冬 輝(1133)
휴	春 休(61), 夏 携(552)
흉	春 凶(137), 秋 胸(973)
흑	冬 黑(1305)
흡	春 吸(227)
흥	秋 興(986)
희	春 喜(245), 夏 希(407), 戱(519), 秋 稀(878)

지은이약력

이병관(李炳官)

지은이는 1958년 서울에서 태어나 연세대학교 중어중문학과를 졸업하고, 같은 대학원에서 박사학위를 받았다.

대만(臺灣) 동해대학(東海大學) 중문연구소(中文硏究所)에서 유학할 당시에는 중국 언어학의 대가인 주법고(周法高) 교수의 문하에서 수학하였으며, 현재는 공주대학교 중어중문학과 교수로 재직 중이다.

저서로는 ≪중국현대어법≫, ≪중국언어학사(상)(하)≫(공저), ≪옛날이야기와 함께 하는 중국언어학사(상)(하)≫(이상 대전 도서출판 보성), ≪나의 사랑, 중국어법≫(서울 신아사) 등이 있으며, 번역서로는 주법고 선생의 논문을 편역한 ≪중국언어학논총≫(서울 탑출판사)이 있다.

논문으로는 <고대한어(古代漢語)의 복음절사(複音節詞) 연구>(박사학위논문), <주제문(主題文) 연구>, <세설신어(世說新語) 피동문 연구>, <돈황(敦煌) 변문(變文) 통가자(通假字) 연구>, <현행 중고 한문 교과서 자형(字形) 분석 문제점 연구>, <갑골문 '皁'자 탐원(探源)>, <중국 어법학 100년사 술평(述評)(상)(하)>, <중국현대어법 교육에 대한 몇 가지 제안> 등 여러 편이 있고, <설문해자(說文解字) 역주(譯註)> 논문 시리즈가 있다.

漢字天地(春)

인 쇄 | 2019년 1월 11일
발 행 | 2019년 1월 11일

지은이 | 이 병 관
사진삽화 | 강태립·정은지
발행인 | 박 상 규
발행처 | 도서출판 보성

주 소 | 대전광역시 동구 태전로126번길 6
전 화 | (042) 673-1511
팩 스 | (042) 635-1511
E-mail | bspco@hanmail.net
등록번호 | 61호
ISBN 978-89-6236-187-2 94720
　　　　978-89-6236-186-5 (세트)

정가 20,000원